U0606389

吴官正

民贵泰山

山东改革发展稳定的实践与思考

人民出版社

出 版 说 明

本书选编了吴官正同志任中共中央政治局委员、山东省委书记期间的部分讲话、谈话、文章、书信和批示，大多数篇目是第一次公开发表。

吴官正同志在山东工作期间，适逢山东改革发展稳定的关键时期。在推进社会主义现代化建设中，他团结带领省委一班人，高举邓小平理论伟大旗帜，不断深化对“三个代表”重要思想的认识和实践，紧紧依靠广大干部群众，着力解决影响经济社会发展的突出矛盾和问题，为山东发展倾注了大量心血和汗水。

本书所选篇目，贯穿了吴官正同志所一贯大力倡导的“爱民、为民、富民、安民”这条主线，生动反映了在推进山东改革、加快经济发展、维护社会稳定和繁荣社会事业等各项工作中，一切从人民群众根本利益出发的执政理念。书名《民贵泰山》兼取了孟子的名言“民为贵，社稷次之，君为轻”和泰山“五岳独尊”之意，即国家政治，一切以民为本，人民利益重于泰山，人民之尊贵于泰山。领导干部必须时刻清醒认识人民在赋予相应职权的同时，更赋予责任。“一枝一叶总关情”，群众利益无小事，是共产党人应有的政治立场和政治品质。只有从内心深处饱含着对人民群众的热爱，时刻铭记肩负的责任，才能真正做到权为民所用、情为民所系、利为民所谋，让人民群众最大程度地享受改革发展的成果。这些都是吴官正同志经常强调的观点和要求，也是本书选编时注意把握和体现的重要内涵。

在全面推进山东社会主义现代化建设的事业中，吴官正同志和省委一班人作出了一些前瞻性思考，提出了一些创新性思路，采取了一些创造性措施；不仅当时具有很强的针对性、实效性，对经济社会的长远发展也有着重要借鉴指导意义。如，关于解放思想、推进改革、创新机制，不断激发社会活力的论述；关于从重速度规模向重效益质量转变的论述；关于提高装备制造水平、增强科技创新能力、发展知识经济、提高经济的科技含量的论述；关于发展生态农业、科学集约用水、开发保护海洋、走可持续发展道路的论述；关于认识和遵循市场经济规律、适应经济全球化发展趋势、防范化解金融风险、善于运用财税手段支持经济发展的论述；关于维护和促进社会公正、推进政务公开、接受人民监督、高度关注民生、落实执政为民的论述；关于严格约束领导干部、预防和惩治腐败、深化干部制度改革、转变工作作风的论述……都体现着吴官正同志的深邃思考和真知灼见。这些重要探索，今天看来仍然对进一步推进社会主义经济建设、政治建设、文化建设、社会建设、生态文明建设和党的建设有着重要的指导价值；对于在以胡锦涛同志为总书记的党中央领导下，深入贯彻落实科学发展观，构建社会主义和谐社会，具有重要的现实意义。

人民出版社

二〇一〇年二月

目　　录

重视通过信访渠道察民情解民忧[*]

（1997 年 4 月 10 日）

信访工作是十分重要的工作，因为人民群众最关心的一些问题，首先从这里得到反映。信访是个“安全阀”，这项工作没做好，一些社会矛盾就可能激化，很危险。做好这项工作，可以化解许多矛盾，各级干部尤其是基层干部工作上的某些压力就会降下来，社会就能安定。许多信访问题，既反映了人民群众的要求，又能从中看到我们工作中的问题，所以，信访工作丝毫不能放松。

信访干部是做群众工作的，是无名英雄，接触群众最多。做信访工作的同志，对人民群众要有深厚的感情。处理信访问题，要换位思考，如果是自己的父母、兄弟姐妹遇到困难向党和政府反映，我们应当怎么办？所以一定要有深厚的感情，要有较高的政策水平，还要有好的工作方法。有些上访群众有气，不让他出出气不行。如果群众把气出到你们身上，心情能够舒畅一些的话，我看你们就作出了贡献。如果有人对不住你们，千万不要怪罪群众，就算是我对不住你们，好不好？如果没有对人民群众深厚的感情，什么工作都搞不好。一切从人民利益出发，一切为了人民群众，这是共产党的传统，也是我们的法宝。

---

* 这是吴官正同志到山东省上任的第一天，到省信访局走访时的谈话。

我在这里提两条要求。第一，希望全省每个市地委书记、市长专员，县市区委书记、县市区长都亲自做信访工作，每人每月亲自处理一件人民群众最关心的信访问题。我想，这个要求不会过分，工作再忙，每月处理一件总是可以办到的。我建议把这作为一项制度定下来，坚持下去。再难的问题，“一把手”亲自处理就不难。第二，减少信访量，控制上访，要标本兼治，最根本的是要切切实实帮助群众解决实际困难。群众日子过不下去，信访怎么能控制得住啊？同志们，日子好过的时候不觉得，日子过不下去的时候真难啊！所以，控制上访是必要的，但怎样控制要研究，不要单纯讲控制，关键是给群众解决实际问题。人民群众关心的事，就是大事，也是实事。我们当干部的，就应当为人民办事，少说大话，少说空话，多办实事，多办好事。信访部门是了解老百姓脉搏的“窗口”，这也是我来了之后到的第一个单位就是你们这里的道理。

解决信访问题不能光靠信访部门，有些问题必须综合治理。比如说，干部作风问题，农民负担问题，中央有明确要求，要扎扎实实抓落实，从根本上解决好。我们要千方百计加快经济发展，这非常重要，但制定经济指标要从实际出发，留有余地。各地情况不一样，有些地方发展快一些，有些地方发展慢一些，这是正常的，一定要因地制宜。现在发展慢的地方特别是那些财政困难的地方压力很大，但我觉得，这些地方更要关心群众生活，注意工作方法，无论如何不能在老百姓身上打主意，在老百姓身上打主意不会有出路。我们党的政策是爱民政策、富民政策。基层干部作风问题和农民负担问题要由县委书记、县长、市委书记、市长去解决。他们不重视，光靠部门的同志做工作，就像十个指头按蚂蚱，按住这个，那个又蹦起来。对基层出现的一些问题不能光怪基层干部，有的人作风为什么那么霸道？为什么欺压老百姓？我认为，这在某种程度上也反映了县里、市里工作指导上的问题。我们所做的一切都是为了经济的发展、社会的全面进步和人民生活的不断改善。所以请市地县党政领导千万要把群众关心的事办好，恳请大家每人每月都亲自解决一个突出的信访问题。

过去，我与许多领导同志谈过这么一个观点，群众到省上访，说明相信我们，如果认为我们解决不了问题，就不会来找我们。我分析群众到北京上访无非有这么几种情况：一种是离北京比较近，有些事顺便就去了；再一种是对我们不太放心，认为我们不能帮助他们解决问题，只好上北京；还有一种情况是无理纠缠的上访户。对前两种情况，我看要多做工作，用我们多为群众办实事的实际行动，赢得群众的信任。对第三种人不能迁就，不然会把风气搞坏。总之，群众找我们，说明他们相信我们，如果我们不解决问题，他们就找中央，那也说明我们这些人没用。老百姓反映的问题应当解决而未能解决，中央要我们干什么？有的人给他一碗肉吃，他不感谢你，吃了怕得病，怕高血脂。而有些老百姓你给他碗饭吃，再给他点咸菜，他是永远不会忘记的。人民群众最困难的时候、最需要我们的时候，就是我们党和政府应当去帮助他们的时候。

山东的经济发展很快，财力也比较雄厚，城市困难企业职工的问题应该想办法解决得更好一些。毛主席讲过，屋里有只老鼠，你还睡不着觉。何况一个人没有发工资，怎么能让他不去向组织反映呀！他们要生活、要工作、要饭吃，这都是合情合理的，我们应当从根本上解决好这个问题。怎么解决？中央有政策，省委、省政府有措施，市地县都做了许多工作，只要上下共同努力，我想，一定能妥善解决。这个担子，要压在市地县党政“一把手”身上，请他们去解决。山东的老百姓非常好，抗日战争、解放战争时期有上百万人参战，几百万民工支前。我们讲为老百姓服务，怎么服务？解决老百姓的困难才是最大的服务。这个问题要提到各级党委、政府的重要议事日程。有的人再能干、再有本事，如果欺压老百姓，就不是好干部。只有真心实意地帮助老百姓解决困难，人民群众才会相信我们还是共产党，我们还是为人民服务的。山东有很多非常好的干部，有一支好的干部队伍，孔繁森就是榜样。但是山东这么大的地方，发展不会平衡，干部素质也不一样。对干部严格要求，这是对他们的爱护。对基层干部的问题，要从市里、县里、区里找原因，由他们去解决，不要过多地责怪基层干部。要以教育为主，保护他们的积极性。

同志们，拜托你们了，希望你们由专人处理群众给我的来信来访，使我每个星期都能阅批一些群众来信。你们在处理群众信访问题时，不要光找市地县信访部门，因为他们解决问题有一定难度。要直接找市地、县委书记，市长、专员、县长，请向他们打招呼。我相信领导同志都有这个觉悟，会从根本上去解决问题。

希望同志们对我多帮助多监督*

（1997 年 4 月 11 日）

中央决定，由我接替志浩同志担任山东省委书记，我深感责任大、担子重。山东物华天宝、人杰地灵，是华夏文明发祥地之一，有着灿烂的文化艺术和辉煌的科技成就，历史上涌现了许多杰出的思想家、政治家、军事家、科学家和文学艺术家，对中华民族历史的发展作出过卓越的贡献。在社会主义革命和建设时期，齐鲁大地更是英才辈出，涌现了许多杰出人物和优秀人才。山东资源富集、物产丰富，主要工农业产品在全国占有相当的份额，地下地表资源开发利用的潜力很大。山东素有“礼仪之邦”之称，又是我国著名的革命老区之一，齐鲁人民不仅以勤劳勇敢、豪爽豁达、吃苦耐劳、朴实礼让为世人所称道，而且以英勇无畏、不屈不挠、不怕牺牲、甘于奉献的革命精神享誉中华大地。新中国成立以来，特别是改革开放以来，在历届省委的领导下，山东人民坚持以经济建设为中心，积极推进改革开放，国民经济蓬勃发展，人民生活显著改善，全省面貌发生了翻天覆地的变化，山东经济实现了历史性的跨越，已经成为我国东部沿海地区的一个经济大省。

山东这些年经济和社会各项事业有很大发展，关键是有一支讲党性、顾大局、守纪律、善开拓、有干劲，具有较高素质的干部队伍。中央调我到山东工作，我情况不熟，经验不足，水平和

---

* 这是吴官正同志在山东省党员领导干部会议上的讲话。

能力不够，但也深深感到，在齐鲁大地上，可以更多地向山东的广大干部和群众学习，不断吸取新的知识、新的营养，不断提高自己，改造自己，充实自己。我有信心与常委同志一道，依靠全省广大干部群众，在过去的基础上，把山东的工作继续推向前进。

宋代范仲淹有句名言，“居庙堂之高则忧其民，处江湖之远则忧其君”。作为地方干部，我们处“江湖之远”，有责任努力搞好山东这个局部，支持全局，为中央分忧；对于山东人民来说，我们又居“庙堂之高”，要情系百姓，为山东人民排忧解难。在这世纪之交和改革开放的关键时期，我们肩负的责任非常重大。我想，只有老老实实多学习，一心一意干事业，齐心协力促团结，身体力行倡清廉，扑下身子抓落实，才能不辜负中央和山东人民的期望，竭尽全力完成历史赋予我们的光荣使命。在此，我说几点想法，与同志们共勉。

一、集中精力进一步发展经济。经济是基础，解决一切问题，归根结底要靠发展经济。坚持党的基本路线不动摇，关键是坚持以经济建设为中心不动摇。对于这一点，我们任何时候都不能松懈。改革开放 18 年来，山东经济有了很大发展，经济总量和人均水平的主要指标在全国排列位次前移。但是，在继续前进的道路上，我们正面临着你追我赶、激烈竞争的逼人态势。因此，我们还要一如既往地自我加压，千方百计地寻找和抓住发展的机遇。要按照中央确定的方针，坚持稳中求进，进一步加快全省经济的发展，进一步加快经济体制和经济增长方式的转变，进一步加快经济结构的调整，进一步加快对外开放的步伐，进一步加快城镇化的进程，保持全省经济既快又好的发展势头。要坚持两手抓，两手都要硬，在抓好经济工作的同时，进一步抓好社会主义精神文明建设和民主法制建设。

二、扎扎实实进一步抓好党的建设。加快经济发展，做好各项工作，关键在党，关键在人。要继续按照党的十四届四中全会决定的精神，全面加强各级党组织的思想、组织和作风建设。要进一步学好邓小平建设有中国特色社会主义理论，在融会贯通、联系实际、指导实践上下功夫，提高贯彻执行党的基本路线的自觉性和坚定性。要坚决维护以江泽民同志为核心的党中央的权威，不折不扣地从实际出发贯彻落实好中央的一系列方针政策，自觉与中央在思想上、政治上保持高度一致。要坚持和健全民主集中制，积极推进决策的民主化、科学化，既充分发扬党内民主，又善于在民主的基础上进行正确的集中。要高度重视培养和选拔年轻干部的工作，努力做到"容才有量，识才有智，用才有术"，按照干部"四化"方针和德才兼备的标准，使一批跨世纪的年轻干部尽快成长并担当重任。孔繁森同志就出在山东，我们作为在山东工作的干部更应以孔繁森同志为榜样，严格要求自己，在改造客观世界的同时不断改造自己的主观世界，努力把全省各级领导班子建设成为政治坚定、顾全大局的班子，锐意进取、富有作为的班子，真诚团结、步调一致的班子，联系群众、勤政廉政的班子，善谋实干、精干高效的班子。

三、齐心协力进一步增强团结。领导班子的力量，来自于一班人的团结与合作。团结出凝聚力，团结出战斗力，团结出新的生产力。要在全省上下进一步倡导顾大局、讲团结、讲风格、讲友谊、讲支持的好风气。班子成员要互相关心、互相尊重、互相支持、互相谅解，严于律己，宽以待人，有事多通气，多酝酿，多商量，多交心。省委常委首先是我在这方面更要严格要求，希望同志们对我多帮助，多监督。通过大家的共同努力，真正形成既有民主又有集中，既有自由又有纪律，既有统一意志又有个人心情舒畅，生动活泼的政治局面，形成振兴山东的强大合力。

四、切切实实为群众多办实事。人民群众是我们的衣食父母，为人民服务是我们党的根本宗旨。我们的一切工作都是为了经济发展、人民生活改善和社会全面进步。“一枝一叶总关情”，我想，作为党的干部，无论何时何地，都要把群众的冷暖挂在心上，时刻关心群众生活、群众利益、群众情绪，经常深入基层，了解群众的疾苦，倾听群众的呼声，总结群众的经验。要继续采取有效措施，加大扶贫开发力度，切实减轻农民负担，妥善安排城镇下岗人员的生活。要进一步发扬求真务实、真抓实干的作风，看准了、决定了的事，一定要锲而不舍、一鼓作气抓落实，切切实实抓出成效。要大力弘扬艰苦奋斗、清正廉洁的精神，认真执行中央有关廉政建设的各项规定。

我刚到山东，需要有一个了解和熟悉情况的过程。我这一段的工作主要是熟悉情况，熟悉干部。省里的工作按照省委、省政府已有部署进行，请大家认真抓好落实。经济工作的任务很重，更要切实抓紧。

我相信，在邓小平建设有中国特色社会主义理论和党的基本路线、基本方针指引下，在以江泽民同志为核心的党中央领导下，有省委常委一班人的团结合作，有全省广大干部群众和老同志的支持，只要我们积极进取，励精图治，埋头苦干，山东的改革和建设一定能够迈出新的步伐，全省人民一定能够以新的更大的成绩迎接党的十五大召开。

在省内不要用警车领路*

（1997 年 4 月 12 日）

我们地方干部，要按照江泽民同志的要求多接触基层群众和干部，要严格要求。为此，从明日起，我到省内各地市县工作，万万不要用警车领路，路上也不要特意安排干警值勤。我想您一定会理解和支持我，也会做好地市县同志的工作。

---

* 这是吴官正同志致山东省公安厅负责同志的一封信。

多宣传老百姓关心的事*

（1997年4月16日）

宣传思想工作为经济社会发展服务，需要做多方面的努力。但最根本的一条就是要坚持群众观点，坚持走群众路线，多宣传老百姓身边的事，多宣传老百姓关心的事。要把群众的情绪、群众的呼声、群众的意愿、群众的利益，作为宣传思想工作的出发点和落脚点，切切实实地发挥好宣传思想工作的导向作用。当前，尤其要抓住群众关心的农民负担问题、困难企业职工的生活安排问题、社会治安问题、干部作风问题等，积极主动地做好宣传思想工作，多报道一些解决这些方面问题的好经验、好做法。要注意研究群众的心理，切忌讲大话、讲空话，多用一些群众容易理解、容易接受的语言，多采取一些群众喜闻乐见的形式，把宣传思想工作做活，真正收到实效。

---

* 这是吴官正同志在山东省宣传部长座谈会上讲话的一部分。

一定要想办法帮助困难职工*

（1997年4月17日）

纺织工业是我们的传统产业，纺织工人是我们党早期革命活动的重要依靠力量。建设时期，纺织系统为我们国家的出口创汇、财政收入作出了重要贡献。现在纺织系统面临的形势很严峻，我们更要依靠纺织工人的力量，全心全意地为他们服务。刚才玉堂〔1〕同志谈的济南市调整纺织企业结构的思路，我看是可行的。我走访的职工家庭，他们非常理解目前的状况，也非常感谢市里为他们采取的政策、资金方面的扶持帮助，对与他们一起同甘共苦的厂里的干部也很信赖。我们的工人非常好，我们一定要想办法帮助他们。对其他困难企业的职工也要想些办法，认真做好生活困难职工的工作。

注　　释

〔1〕玉堂，即谢玉堂，时任山东省济南市委副书记、市长。

---

* 这是吴官正同志在山东省济南市调查了解纺织企业生产经营和职工生活情况时的谈话。

重视研究关系山东经济发展的几个重大问题*

（1997 年 4 月 19 日）

改革开放以来，山东经济发展很快，整个经济比较稳定，产业结构相对来讲比较合理，农业搞得非常成功，有一大批重大建设项目已经建成或正在建设。你们的发展思路比较明确，项目选得也比较好。比如 30 万辆轿车零部件项目、重型汽车项目等都选得好。山东的经济发展还有一些大的问题需要研究，有的书香〔1〕同志和大家已经谈到，我再说一说，供你们研究时考虑。

第一，电力发展问题。要下决心发展核电，否则难有出路。我估计到 2000 年以后，我们国家的煤炭供应将比较紧张，即使有煤炭，搞火电运输也成问题，对环境的污染也很严重。作为能源政策，我们省还是要发展核电。搞核电初始投资多一些，但运行成本比较低。山东电网是全国六大电网之一，基本是火电机组，调峰能力弱，要搞抽水蓄能电站，这对改善整个电网的调峰能力、提高电网的运行水平都有好处。加强对现有电网的管理有很大的学问，计委、经委、电力局要密切配合，使大电厂能够开足马力，满发多发，实现整个山东电网的最优调节和控制。比如，负荷中心在哪里，哪个电厂靠负荷中心近，机组又比较大，煤耗比较低，就应当让它多发。管理和调度运筹的潜力很大，调度运筹得好，使各项指标达到先进水平，一年为山东人民省出几个

---

* 这是吴官正同志在山东省计委调研时的谈话。

亿来并不难吧?

第二,利用外资问题。要积极利用外资,但必须提高效益和偿还能力。我们要争取多借一些外债,特别是多借一些长期的低息外债,但项目一定要选好。借外债不容易,我们希望多借一些,但有时候还债是很痛苦的。现在全省的外债余额 61 亿美元,今后几年每年要偿还十几亿美元。一些项目建起来后不能按时还款,就失去了信誉。在借外债的时候首先要考虑到项目的效益,考虑到有没有偿还能力,增强效益意识和偿债意识。不注意这个问题,我们借债,后人还债,后人就会责怪我们。

第三,水资源问题。水资源不足是山东经济发展的长期制约因素,干旱一直制约着山东的农业和工业,影响人民生活。水的问题到底怎么解决,需要认真地进行研究。当然,“九五”期间不可能完全解决这个问题,“十五”或更长一段时间必须下决心解决。这对山东今后经济发展关系重大,对人民生活关系重大。调水重要,节水更重要。我们要学习以色列的农业技术,充分发挥现有水资源的效益。

第四,黄河的安全问题。山东一个很大的危险是黄河。黄河现在的流量不大,但是河床很高,沿河都是平原,不彻底治理,出了问题就不得了。病险水库除险加固很重要,一旦决口,损失很大。如果黄河出了问题,损失就更大。好在山东沿黄没有山,黄河水主要是客水,山东境内没有支流,水从河南过来,流量减少,不会增加。黄河已经多年没出现大问题,到底能经受住多少年一遇的考验,心里没有底。人有时候都不听话,要天气听我们的话是做不到的,要防患于未然。黄河不出问题则已,一出问题就不得了,无论如何要保证黄河的安全。黄河有大量泥沙沉积,到底怎样治理,要有长远的打算。水大了泄得快还好办,就怕泄得慢。如果水大,我们要考虑分洪能力,在保证全局安全的情况下,有些地方要牺牲一点,不要谁都舍不得,到处都去堵,要局部服从全局。黄河问题是心腹之患，还要找水利厅、黄河河务局，听取他们的意见。

第五，农村劳动力转移问题。山东到本世纪末有9000万人口吧？你们讲目前32%的人口在城镇，还有68%的人搞农业，现在城镇下岗人员有40多万人。就业问题是关系经济发展和社会安定的一个重大问题。实现现代化的过程，就是推进工业化、城市化的过程。有近70%的劳动力搞农业，就不能实现现代化。要从大的方面考虑劳动力就业问题怎样妥善解决。大城市不能膨胀过快，不能走墨西哥城急剧膨胀的路子，要大中小相结合，多层次实现城镇化。山东是沿海开放地区，发达国家有些产业要转移出来，我们可以承接。我们人口很多，产业发展要统筹考虑。既要发展技术、资金密集型产业，也要发展劳动密集型产业，包括发展轻工业。

第六，科技教育问题。要把发展科技教育摆到重要的战略地位。山东的资源比较丰富，有煤、有油、有3000多公里的海岸线，有一批在全国有竞争力的大型企业。在今后的竞争中，能不能站得住脚，关键靠人才、靠科技。买人家一架737飞机要花几千万美元，我们要出口多少农产品才能挣来这么多钱？从长远讲，经济发展最终要靠人才、靠科技。随着市场经济体制的建立和对外开放的扩大，这个问题越来越突出。要考虑采取两条措施，一要培养拔尖人才，吸引外地的优秀人才到山东来工作。要舍得花本钱，到北京、上海等地找名牌大学的优秀毕业生。代价高一点，才能把全国最优秀的人才吸引到山东来。这样办，来得快一些。没有大批优秀的人才，经济素质就不可能提高。二要十分重视职业技术教育。德国的经济发展，秘密武器就是发展职业技术教育，他们的劳动力素质很高，经济发展的素质也就高。山东人很聪明，又能吃苦，如果再加上发展职业技术教育，提高劳动者素质，经济发展会更快更好。

第七，培育大型企业集团问题。山东一些企业集团在全国是有名气的。山东要有更大气魄，不能满足销售收入过100亿元，要下决心培育销售收入过500亿元，甚至更大的企业集团。小的企业要为大企业搞配套服务，一个大型集团带动一大片企业。国外的小企业也很多，日本的企业就像富士山，真正的大企业就那么几个，其他企业绝大多数为大企业服务。韩国也只有现代、大宇那么几个大集团。不要搞“小而全、大而全”。如果山东能搞两三个销售收入过500亿元、过1000亿元的大型企业集团，就是一件很了不起的事。现在市场竞争越来越激烈，一些企业垮掉，不要可惜。市场竞争的规律就是优胜劣汰。不仅现在存在这个问题，只要搞市场经济，永远会存在这个问题。美国搞了那么多年市场经济，照样每年都有一些企业垮台，这并不奇怪。要通过培育大的企业集团，带活一部分困难企业，分流消化一部分困难企业职工，这对社会安定是一个贡献。

第八，进一步提高整体经济效益问题。提高一个产业、一个行业的经济效益，要十分注意有选择地从后道工序、从最终产品搞起，从后往前延伸。多少年来，我们都是从前往后搞，比如发展冶金，先开矿，再炼铁、炼钢，最后轧材，赚不到多少钱，耗电多，运力也大。要面向国际国内两个市场，从最终产品入手，多发展市场潜力大、效益好的加工工业。我们的基础设施发展很快，只有大批高效率企业的车在路上跑，整个基础设施才有支撑，才能提高效益。现在能不能转换一下思路，重点考虑从后往前发展。当然，要有选择地搞，都这么办也不行。从最终产品搞起有什么好处呢？一是效益高，二是投入回收快，三是能耗低。浙江的经验很值得我们学习，浙江缺少自然资源优势，但浙江人蛮聪明，老百姓蛮富裕。江西的五十铃汽车被浙江的两弟兄买去，搞了5年，赚了8000多万。怎么赚的呢？就是从最终产品搞起。现在各地修了很多飞机场，他们把五十铃汽车买来以后，改装成机场用的客梯车，销路非常好，赚了大钱。我们要进一步解放思想，统一认识，认真分析是从前往后搞合算还是从后往前搞合算，怎样提高经济效益。但也不能遍地开花，不能乱来，不顾市场需求，搞不好也容易出大问题。“九五”这么多大项目都落实了，有一部分项目还要继续抓下去，争取“九五”后期能再上几个大项目。“十五”的项目，也要早作准备，使山东的经济继续保持旺盛的发展势头。

第九，防范金融风险问题。金融风险是最大的风险。项目要选准确，防止决策失误，特别要防止银行和企业串通一气，拿银行的钱去炒股票、炒期货、炒债券，有时一亏就是几亿、几十亿，像吃了鸦片烟，越亏越想捞。如果一个省出那么大的问题，是一件非常痛苦的事情。再就是要注意银行债务问题，现在能还银行利息的企业就不错，能够还本的不多吧？银行的钱都是老百姓的。我很赞成你们的意见，要争取多发一些股票。美国的一些大型企业负债率都不高，原因是上市公司比较多。我们的企业负债率很高，付银行的利息也很多。从战略的角度考虑，国有企业要多发行一些股票。我们去年通过发行股票募集了38亿元，今年计划50亿元，不算多。国家对股票、债券有个总的规模控制，我们要去争取，把一些企业包装上市。已上市的还可以扩股，包括A股、B股和H股，如果今年能搞到70亿至80亿元，整个企业负债率还会降下来。但是发行股票也有风险，既要很好组织运筹，又要考虑各方面的承受能力。再就是银行不良资产的处理，如果每年能处理10亿元或20亿元，加上发行股票80亿元，就是100亿元，光利息就可少交10亿元。

注　释

〔1〕书香，即林书香，时任山东省计划委员会主任。

发展地方经济要找准路子*

（1997 年 4 月 21 日—23 日）

发展地方经济，要坚持实事求是，因地制宜，走出一条符合本地实际、具有本地特点的路子来。工业，要立足两个根本性转变，加大结构调整力度，在提高技术水平、扩大生产规模上下功夫。结构调整、培植新的增长点，要善于从调整产品结构抓起，从后道工序搞起，培植发展自己的名牌产品。坚持高起点，努力提高产品的技术水平、科技含量，形成规模，占领市场，以此带起一批骨干企业和企业集团来。劳动密集型产业可以多安置劳动力，有利于农村富余劳动力转向非农产业，要根据地方资源条件和产业基础加快发展。农业，要以增产增收为目标，重点研究如何增加有效供给，增加农民收入。你们人多地少，要依靠科技，加大投入，发展优质高产高效农业，发展创汇农业。乡镇企业，要坚持一手抓发展，一手抓提高，上水平、上规模、上档次，进行“第二次创业”。农村集体经济，也要创新发展机制，走股份合作制的路子。这样，才能增强活力，壮大实力，才会有人管事，有钱办事，才能真正把农民负担降下来。第三产业，要注意发挥自身的优势，加快旅游业的发展。要把发展旅游业与整个第三产业结合起来，带动和促进一、二产业的发展。同时，还要放手发展非公有制经济，特别是“三资”企业和个体私营企业。对外开放，要着力引进外面的人才，特别是吸引高层次的、领头的、优秀的

---

* 这是吴官正同志在山东省泰安市、莱芜市考察时谈话的一部分。

科技人才,为他们搞技术开发创造条件;要多吸引有钱的人到这里来经商办企业,特别是搞独资企业。希望你们勇于探索,创造性地开展工作,走出一条适合当地实际的发展路子。

纪检监察工作的重点是监督领导干部*

（1997年4月25日）

我首先说明，省委研究分工，由我分管纪检监察工作。怎么管呢？省委对你们是放权、放手、放心的。你们大胆地工作，该怎么干就怎么干，重大事情、重要案件，由福德[1]同志组织大家一起研究，提出意见，我们商量一下，其他的事，你们大胆地干。我支持你们的工作，你们做好了，也是对我的支持。

对大案要案，特别是“三机关一部门”的案件，既要坚决查处，又要慎重，务必搞准。查处大案有一个是一个，一定要坚决、慎重、搞准。搞准是关键，只有态度既坚决又慎重，才能搞准，如果搞不准，那就谈不上正确处理。光态度坚决，不慎重也不行。

搞好党风廉政建设，非常重要的是加强对领导干部特别是“一把手”的监督。在山东，关键是对我和春亭[2]同志的监督，尤其是对我的监督。我们要自觉接受纪检监察机关的监督，接受人民群众的监督，接受舆论的监督，接受中央纪委的监督。“一把手”出了问题不得了，如果各级各单位的“一把手”能坚决执行党的路线方针政策，严格遵守廉政规定，我看许多问题就好办了。在这方面，一是要严格制度。譬如，沿海开放地区，经常与外商打交道，问题是如何打交道。送给你的东西，你交到外办

---

* 这是吴官正同志到山东省纪委、省监察厅看望纪检监察干部时的讲话。

去，该怎么处理就怎么处理。再譬如，住房问题，你是哪一级的干部就应住哪一级的标准，自己不能乱来。现在中央纪委有一系列制度规定，要贯彻落实好。对送钱送物的、行贿的，纪委要查一查，找他们的麻烦；严重的，要严肃处理。现在有些人死皮赖脸，给领导干部送不动就送给老婆，老婆送不动就送给孩子，你收下来，他胆子就更大了，一步一步把你拉下水，一个案子涉及一大批人。对这个问题，要两头堵，搞个夹击。领导干部要管住自己，一般不要在家里谈事情，有事到办公室去谈。二是对干部要教育、帮助。党组织培养一个干部不容易，对干部一定要爱护。廉洁自律，是个很好的办法，有问题在廉洁自律会上讲一讲，主动解决了就好。听到反映，纪委要给干部打招呼，有的可以打个电话，有的可以把他找来，当面谈谈。如果有问题，就提出批评，尽快改正，不要小错酿成大问题。如果没有，提个醒也好。当然，如果有问题不交代，欺骗组织，一旦发现，就要加重处理。山东的干部素质是好的，党组织是有战斗力的，一定有能力解决好自身的问题。

注　　释

〔1〕福德，即谭福德，时任山东省委常委、省纪委书记。

〔2〕春亭，即李春亭，时任山东省委副书记、省长。

坚持开源节流并重 解决水资源问题*

（1997年5月9日—11日）

水利是国民经济的重要基础产业，水利上去了，工业、农业的发展就有了基础，国民经济和社会发展就有了保障，居民用水就有了保证。

水资源紧缺的矛盾，一直是长期制约山东经济发展的重要因素之一。为解决水资源问题，全省上下进行了不懈努力和探索，提出的思路和措施是符合山东实际的，要坚持不懈地实施下去。解决水资源问题，要注意远近结合，坚持开源与节流并重。开源十分重要，要千方百计开辟新水源；节水也很重要，节水是缓解水资源缺乏的重要措施。首先要开发利用好当地水资源，使有限的水资源发挥最大的综合效益。搞工程要坚持先易后难的原则，南水北调、西水东调等工程都是些大工程，投资大，涉及的因素多，必须全面考虑，认真、充分地做好论证工作。实施调水工程，沿途建一些调蓄工程，这样，才能提高供水保证率。胶东地区经济比较发达，用水量大，缺水的矛盾很突出，要拿出切实有效的措施，一步一个脚印、踏踏实实地把工作做好。

近年来，黄河出现了提前断流、断流时间延长、来水量减少的新情况，严重影响了沿黄市地的工农业生产和人民群众的生

---

* 这是吴官正同志在山东省德州市考察工作期间听取有关全省水利工作情况汇报后的谈话。

活。修建平原水库，是鲁西北地区利用黄河水、缓解水资源供需矛盾的一条好路子。听法棠[1]同志讲，沿黄市地现有的蓄水工程及规划建设的工程完成后，可以蓄水 20 亿立方米。这能够解决不少问题，一旦黄河来水不足，这些蓄水就可以发挥巨大作用。要鼓励和支持地方把平原水库建设好。德州市的平原水库建设搞得很好，丁东水库是解决农业用水、电厂等工业用水和城市居民用水的重要工程，功能多，作用大，一定要建设好、管理好、使用好。修建平原蓄水工程要科学规划，精心设计，精心施工，保证质量。

水土保持很重要，要继续采取搞工程、植树造林、种草等综合措施，走治理与开发相结合的路子。

水利要适应市场经济的要求，按经济规律办事。供水水价要符合价值规律，定价合理，不能高了，也不能低了，既要能促进水利事业的发展，促进节约用水，又要让群众能承受得了。总之，水利是大事业，修桥、铺路、干水利是为民办实事，是德政工程，一定要把水利的事情办好。

山东一方面水资源短缺，另一方面降水时段又比较集中，防汛工作事关国家和人民生命财产安全，也不能放松。要确保今年的防汛工作不出问题，做到万无一失。要严格落实防汛责任制，强化措施，抓紧修复水毁工程，加快河道的清淤除障，搞好抗洪抢险料物储备和抗洪抢险队伍组织，充分做好防汛的各项准备。山东病险水库较多，这是影响安全度汛的突出问题。黄河存在工程老化退化、河床淤积严重等不少问题，潜在威胁很大。一定要落实好各项度汛措施，避免发生重大工程事故。小清河治理是省委、省政府从大局出发作出的重要决策，关系沿河市地乃至全省人民的切身利益，要抓紧时间，克服困难，一定要在汛前打通干流，决不能影响度汛安全。各级党委、政府都要高度重视防汛工作，以对国家和人民生命财产高度负责的精神，加强对防汛工作的领导，加大工作力度，采取实实在在的措施，确保安全度汛。

注　释

〔1〕法棠，即宋法棠，时任山东省委副书记、副省长。

减轻农民负担　转变干部作风*

（1997年5月13日）

农民负担问题，党中央、国务院历来十分重视，去年底专门作出了《关于切实做好减轻农民负担工作的决定》。省委、省政府和各地各部门对此做了大量工作，取得了明显效果。但是，与中央和群众的要求相比，还有差距，还有大量工作要做。解决农民负担问题，关键是各级党委、政府特别是“一把手”对这项工作要深刻认识、高度重视。农民负担问题，不仅是经济问题，而且是政治问题。农民是农村改革、发展和稳定的决定性力量，是实现新时期经济和社会发展宏伟目标的主力军。如果因为负担过重而使农民的合法权益受到侵犯，生产积极性受到挫伤，对党和政府的感情受到伤害，势必会影响基层政权的巩固，影响整个社会的安定。对这个问题，我们一定要有强烈的责任感和紧迫感，痛下决心解决好。

减轻农民负担需要上下共同努力，不能光要求基层的同志，领导机关更负有重要责任。各级党政领导机关特别是省直有关部门，要认真清理和纠正不符合《决定》精神的文件、项目，把住加重农民负担的关口，带头执行中央和省委减轻农民负担的有关政策规定。各项集资活动，一律先停下来，以后的集资也要严格控制；各种检查评比、达标升级活动，要逐步减少；报纸、刊物的征订，一律不准层层硬性摊派，省委机关首先要带头压下来。

---

* 这是吴官正同志在山东省市地纪委书记座谈会上的讲话。

发展经济，进行建设，为群众办好事，都要坚持实事求是、量力而行、尽力而为的原则，充分考虑本地的条件和群众的承受能力，把好事办好。减负工作不能就负担抓负担，还必须切实保障农民的民主权利，既要教育农民自觉履行应尽的义务，又要充分尊重农民的意愿，把农民群众和基层干部的积极性引导好、保护好、发挥好。要加强农村民主法制建设，建立健全"村务公开、民主管理"制度，依法管理农民负担，把减负工作纳入法制化轨道。要努力发展壮大农村集体经济，提高农民群众共同富裕的程度，增强集体经济组织服务和兴办公益事业的实力，逐步从根本上解决农民负担过重问题。

农民负担能不能减下来，与干部作风关系甚大。要善于从群众最关心的事情入手，改进工作，转变作风，千方百计把群众的事情办好。如果我们对群众的态度端正了，真正把老百姓看成是自己的衣食父母，时刻把群众的冷暖挂在心上，怀着深厚的感情去帮助他们，就决不会去打群众的主意，向农民乱"伸手"，更不会简单粗暴。我们所做的工作是为老百姓服务，想问题、办事情都应当以群众答应不答应、赞成不赞成、满意不满意作为出发点和落脚点。各级干部特别是领导干部，一定要牢固树立为群众谋利益的思想，把对上级负责与对群众负责统一起来，办群众满意、放心的事情，做人民信任、拥护的干部。

转变作风，要从领导干部、领导机关做起，从现在做起，从具体事情做起，树立良好形象。在这方面，各级都不要等，有什么问题，就解决什么问题。要大力倡导求实务实，把各项工作真正落到实处。各级领导同志，每年都应安排一定时间，到最穷的村里去，到最困难的企业去，了解群众意愿，体察群众疾苦，帮助他们解决实际问题。转变作风，对不同层次的干部应提出不同的具体要求。省纪委制定了一个《乡（镇）党员领导干部廉洁自律、转变作风若干规定》，先试行，边实践，边完善。

纪委要在加强干部作风建设中发挥积极作用。党章规定纪委的任务之一是协助党委加强党风建设。抓党风主要是加强干部作风建设。纪委要认真履行职能，坚持有破有立，既坚决刹住各种不良风气，又大力发扬党的优良传统和作风，弘扬正气，刹风正纪，走注重建设的路子。一要抓教育。要按照“讲学习，讲政治，讲正气”的要求，针对干部作风方面的突出问题，组织大家学理论、学党章，学习中央最近颁布的《廉政准则》、《纪律处分条例》等重要法规，树立正确的世界观、人生观、价值观，强化廉洁从政意识和群众观念、纪律观念。还要大力发现、培养、宣传正面典型，使党的优良传统和作风进一步发扬光大。二要抓监督。搞好党风，非常重要的是加强对领导干部特别是主要领导干部的监督。省里关键是对我的监督。各级领导干部都要自觉接受常委会的监督、纪委的监督、人民群众的监督、新闻舆论的监督。作为纪委，要大胆行使党章赋予的权力，敢于和善于对领导干部进行监督，积极研究一些搞好监督的有效办法。比如，纪委听到对干部的反映，有的可以打个电话，有的可以把他找来当面谈，打个招呼。如果有问题，就提出批评，促其尽快改正，防止小错酿成大错。省纪委提出建立的纪委领导同下级党政“一把手”谈话制度，是增进了解、教育干部、加强监督的好办法，应当很好地坚持下去。三要抓查处。对败坏党风、违反纪律的行为，决不能姑息，必须严肃处理。否则，歪风邪气刹不住，正气树不起来。近几年违纪案件尤其是大案要案呈上升趋势，一方面说明办案力度在加大，另一方面也说明违纪问题相当突出。对大案要案，特别是“三机关一部门”的案件，一定要坚决查处，同时要慎重对待，务必搞准。只有态度坚决，才能一查到底；只有慎重、搞准，才能正确处理。要通过严肃执纪，推动党风建设。四要抓带头。这个“带”字很重要。如果各级领导都能带头发扬党的优良传统，党风建设就大有希望。抓领导带头，重点是抓“一把手”。如果“一把手”能坚决执行党的路线方针政策，许多事情就比较好办了。抓好“一把手”，就能带好一个班子，管好一个地区。各级党政“一把手”要明确自己的责任，在党风建设中发挥表率作用。

要把大部分版面让给老百姓*

（1997 年 5 月 14 日）

我来山东一个多月的时间，关于我的稿子发了不少。今天和喜凯〔1〕、凤基〔2〕同志来看看大家。关于我的报道，你们要把好关，觉得应该怎么办，就怎么办；稿子放在什么位置，由你们定，不一定都放在主要位置，该短的要短。

领导干部的讲话，不要发得太多。不要让群众看了不舒服。哪些该报，哪些不该报，要把握好。我讲的话，把主要意思写出来就行了。有时可以把几次讲的合在一起发。要把大部分版面让给老百姓，多登些老百姓喜欢看的东西，多登些反映加大改革力度、加快开放步伐的稿子，多反映基层群众的声音。

办好报纸是件很难的事，要高度负责，严肃认真，防止出现原则性错误。如果出现个别差错，不要过多地批评、指责。我们做什么工作都可能犯错误，我也犯过不少错误，怎么能要求报纸一点差错不出呢？因此，要多体谅办报的人，不要过多地指责。

注　　释

〔1〕喜凯，即韩喜凯，时任山东省委副书记。

〔2〕凤基，即董凤基，时任山东省委常委、宣传部部长。

---

* 这是吴官正同志与山东省大众日报社负责同志的谈话。

搞好乡镇企业的第二次创业*

（1997年5月22日）

如何搞好乡镇企业的第二次创业，我谈点看法，供大家考虑。

一、进一步深化改革，完善创新经营机制。改革是乡镇企业发展壮大的根本动力，解决发展中的诸多问题，出路还在于深化改革。要积极推进产权制度改革，塑造多元化产权结构，减少行政干预，完善创新经营机制，增强乡镇企业的生机和活力。改革要多种形式推进，有的可以按照《公司法》组建股份有限公司或有限责任公司，进行现代企业制度试点；有的可以实行股份合作制；有的可以因势利导，进行集团化改组。对于小型、微利、亏损企业，要加大租赁、拍卖、联合、兼并和破产的力度，实现资产重组。切实加强集体资产监管，防止集体资产流失，确保集体资产保值增值。要注重改革与管理相结合，不能以改革代替管理，也不能以管理代替改革，把机制创新、管理创新、练好内功和提高效益融为一体，形成适应社会主义市场经济的运行机制。

二、调整优化结构，培植新的产业产品优势。要以市场为导向，搞好产品定位，重点开发新产品、特色产品，加快产品更新换代，努力增产农村适销对路产品。积极培植名牌产品，强化营销措施，提高市场占有率。要巩固发展提高现有主导产业，大力发展农副产品深加工，制定优惠政策，培植"龙头"企业，带动农业

---

* 这是吴官正同志关于搞好乡镇企业第二次创业谈话的一部分。

的产业化，增加农民收入，形成新的产业优势和经济增长点。在坚持大中小并举的前提下，继续实施规模带动战略，支持有条件的企业以资产为纽带组建跨地区、跨行业、跨所有制的大型企业集团。众多小企业要向“小而精”、“小而专”方向发展，围绕主导产业搞好配套和专业化协作，形成以大带小、以小促大、大中小协调发展的新格局。要积极引导乡镇企业向小城镇和工业小区集中，促进农村劳动力向小城镇转移，加快城乡一体化进程。

三、增强开放意识，加快外向型经济发展。要瞄准国际市场需求，提高出口产品的技术含量和附加值，大力培植出口创汇支柱行业、骨干企业和拳头产品，逐步实现资源性、初加工出口向工业制成品和精加工出口转变。要切实改善投资环境，加大招商引资力度，有计划地组织一些企业经营者出国考察，开阔视野，广交朋友，引进项目和资金，包括引进国外、境外及沿海地区的项目和资金。在引进外资和国外先进技术、设备上，要敢于迈大步，并力争取得好的投资效益。要把利用外资的重点放在嫁接改造老企业上来。鼓励和支持有条件的乡镇企业走出国门，直接参与国际市场竞争，走跨国经营的发展路子。

四、推动科技进步，增强开发创新能力。要十分重视技术创新工作，积极采用新技术、新工艺、新设备，加快现有企业的技术改造。要把改造的重点放到主导产业、骨干企业和“四高”产品上来，加快产业升级步伐。进一步密切与大专院校、国有大企业和科研单位的联系，搞好自主开发与联合开发。充分利用国际技术资源，引进先进技术和关键设备，并做好消化、吸收和创新工作。多渠道搞好人才开发和引进，提高职工队伍素质。

五、坚持分类指导，促进地区间协调发展。东部地区要突出提高，在提高中发展；中西部地区要继续加快发展，在发展中提高。东部地区重点是上规模、上档次、上水平，发展“四高”产品，走大、高、外的发展路子，率先实现经济增长方式的转变，发挥好示范带动作用。中西部要从实际出发，学习外地经验，发挥自身优势，启动内部活力，搞好综合开发和多种经营，大力发展农副产品加工业。有条件的要集中力量上一批起点高、效益好的项目，培植优势产业和拳头产品。在坚持公有制为主导的前提下，要创造宽松环境，放手发展非公有制经济，鼓励民营企业跨区经营、横向联合。无论东部还是中西部，都要高度重视项目的科学论证，选好项目，选准项目，保护资源，控制污染，避免和减少盲目建设和重复建设，坚持可持续发展。东西部之间要进一步拓宽合作领域，加快合作步伐，实现优势互补，携手共进。

六、抓好企业领导班子建设，提高经营者队伍素质。一个企业要搞好，关键在于要有一个好厂长，在于企业领导能够大胆而慎重地决策。因此，一定要十分注意加强企业领导成员的培养和教育，帮助他们牢固树立建设有中国特色社会主义的坚定信念，坚定不移地坚持党的基本路线，坚定不移地依靠广大职工办好企业。要大力培养和选拔一批跨世纪的懂经营、会管理、甘愿奉献的优秀年轻干部。进一步加强企业思想政治工作，抓好精神文明建设，充分发挥基层党组织的战斗堡垒作用和党员的模范带头作用，造就一支有理想、有道德、有文化、有纪律的新型产业大军。

秘书人员要加强理论学习和实践锻炼*

（1997 年 5 月 23 日）

秘书人员要加强理论学习，认真学习邓小平建设有中国特色社会主义理论，把握科学内涵和精神实质。学习邓小平同志的经济理论，关键是深刻理解和领会社会主义的本质和根本任务是发展生产力，明确发展是硬道理。要结合学习邓小平同志经济理论，学习《资本论》、《自然辩证法》的有关论述。要学习系统论、信息论、控制论，掌握一些数理统计、模糊数学等方面的知识，了解西方经济学中对我们有用的东西，加深对社会主义市场经济规律的认识，使自己既有较宽的知识面，又有一定的专业知识，既是杂家，又是专家。

秘书人员要深入基层，深入实际，向实践学习，在实践中增长才干。要多下基层搞调查研究，抓住影响全局和人民群众关心的问题，了解实情，解剖“麻雀”，总结经验，提出建议。一个时期可集中研究一两个题目。

要改进文风，反对八股。为省委和领导起草文稿，要符合中央的精神，符合山东实际，做好“结合”的文章。写文章要开门见山，有的放矢，言简意赅，提倡什么，反对什么，要清清楚楚。要少讲空话，多办实事；少讲大话，多办小事；少讲错话，莫讲假话。大家在领导身边工作，更要讲真话、说实话。

---

* 这是吴官正同志参加山东省委办公厅综合一室党支部组织生活会时的发言。

切实把黄河三角洲开发建设好*

（1997 年 5 月 24 日）

黄河三角洲开发是我省跨世纪的一项重大工程，对山东经济的发展至关重要。就这个问题，我讲几点意见。

第一，要搞好规划。黄河三角洲是块宝地，这块宝地每年增加 3 万亩，100 年就是 300 万亩。搞好黄河三角洲土地开发，前景诱人。国家需要粮食、棉花，东营有资源，有条件，只要解决了水的问题，潜力是很大的。土地是宝贵的资源，要十分珍惜，充分合理地利用好。关键是搞好规划，这对黄河三角洲的开发非常重要。制定规划要因地制宜。哪里种粮食，哪里种棉花，哪里搞养殖，包括水利设施、植树造林等，都要通盘考虑。规划和建设要合理美观，面向 21 世纪。

第二，要制定政策。政策的制定，要放开一些，能种粮的种粮，能挣钱的挣钱，只要合法经营，老百姓怎么富得快，就怎么搞，不搞固定模式。制定政策，既要考虑当前，又要考虑长远，而且要留有余地。要留出一部分土地，用于发展集体经济，这样可以减轻农民负担。对土地开发，要考虑得长远一些，为子孙后代着想。铁打的衙门流水的官。我们在位的时间是短暂的，而老百姓要世世代代生活在这里。蜀中百姓至今称颂李冰父子，就是因为他们为老百姓办了功在千秋的好事。所以，定政策、办事情，既要考虑老百姓的眼前利益，更要考虑老百姓的长远利益，

---

* 这是吴官正同志在山东省东营市考察时讲话的一部分。

一定要短、中、长结合。由于可能会受到各方面客观条件的限制，有些事可以先试点，抓好典型。大家看到好处，就会蜂拥而上。黄河三角洲的土地不是在减少，而是在增加，开发的前景广阔。今后山东粮食上台阶，很可能有相当一部分要靠这里作贡献。

第三，要依靠科技。要使老百姓富得快、富得好，离不开科技支持。如果一个农户开发 50 亩地，亩收入达到 1000 元，总收入就是 5 万元。要依靠科技，高产高效。盐碱地、低洼地的治理，需用资金，但更要重视科技投入。依靠科技搞出样板，使土地不断增值。

第四，要多方融资。要争取国家支持开发，鼓励市内外单位、个人参与开发，引进外资共同开发。要想方设法引进资金。引资方式要慎重，处理好各方面的利益关系，不能顾此失彼。荒碱地开发平均每亩投入 300 元，效益很可观，搞工业也不一定有这样好的效益。外商来开发，可以搞试点，但不能白给，面积也不要一下搞得太大，要考虑东营自身的利益和老百姓的长远利益。要引导群众搞开发。去年东营农民人均收入 2000 多元，如果每户投入 1000 元搞开发，加上劳力投入，就可开发两三亩地。老百姓有了积极性就好办，没有劳动力可以雇人。要鼓励下岗职工来搞开发，尽管辛苦一点，但会取得好效益。要建设好示范项目，让大家看一看，只要有效益，大家就愿意参与。

第五，要综合开发。有了资金，修上水库，治好盐碱，土地就是最大的财富。因此，要把规划、科技、资金结合起来，提高土地的产出率。靠海边的地方搞海水养殖，建设“海上山东”。引用黄河水，建平原水库，搞淡水养殖，还可以种植饲草，发展畜牧业。同时，要重视发展农业产业化，发展现代化农业。

高度重视机械电子等装备工业在国民经济中的重要作用*

（1997 年 5 月 30 日—6 月 10 日）

我来山东后，看了一部分企业，发现多数好企业的主要生产设备都是从国外引进的，国产设备很少。这就给我们的机械、电子工业提出一个问题，为什么国外的产品能这样占领我们的机械设备市场呢？这里有多方面的原因，但主要还应从我们自身找原因。机械、电子工业是装备工业，代表国家的水平。机械需要电子的支持，机电一体化的水平反映一个国家制造能力的总体水平，在某种程度上衡量一个国家的科技实力。机械、电子工业上不去，能说是工业化吗？“四个现代化”是买不来的。西方发达国家怎么可能把最先进的东西卖给我们呢？即使有些能卖给我们，付出的代价也是很昂贵的。另外，从我们看到的企业，包括合资企业在内，买进来的只是相对先进的设备。技术开发能力，先进设备的制造技术，买进来的不多，这个问题很值得注意。如果产品随市场的变化需换代，更新设备仍然要去买人家的东西，就可能会出现新一轮进口设备的高潮。十多年来引进国外的先进设备是需要的，如果十年后，还要这样大批引进就成问题了。长期下去，丢掉的不仅是机电产品的国内市场，而且是机电产业在国际竞争中的发展机遇，对我们的发展将造成重大

---

* 这是吴官正同志在听取山东省机械厅负责同志汇报及考察潍坊、威海、烟台三市机械企业时谈话的一部分。

损失。一定要高度重视机械电子工业在国民经济中的重要作用，下大力气把这两个产业搞上去。山东的机械工业在全国是好的，农机等行业在全国名列前茅，很多产品争得了全国第一，但从总体上看，技术含量不算高，在“两个转变”面前还不适应，为国民经济各部门提供服务的本领还不算大。这次出来，看了许多工厂及他们引进的先进设备，使你们能直观地看到自己的差距和努力的方向，看到机械工业潜在的大市场。省委、省政府支持你们牵头，电子部门配合，有关产业部门参加，下决心有选择性地把引进机械设备的消化、吸收、创新搞上去。我们山东这么大个省，应该在这方面作出自己的成绩。

办公厅工作要高标准严要求*

（1997年6月25日）

对办公室（厅）的同志要严格要求，无论如何不能给领导帮倒忙。现在中央有许多文件、条例和规定，你们要多看一看，当个别领导同志在有些问题上不太注意的时候，请你们提醒一下，如果提醒了，有的领导还那么干，你们就记录在案。要教育办公室（厅）的同志决不能搞自由主义，说话办事要严谨细致。领导同志之间对某个问题可能有不同看法，不要添油加醋，到处传播。中央的有关规定，比如会议要精简10%，这些要靠你们来抓落实。对领导身边的工作人员，一个是秘书，一个是司机，要严加管理，严加监督。有的同志不太注意，甚至打着领导名义办私事。即使真有困难，也不要这么做，可以请组织上帮助解决。总之，希望你们爱护领导，支持领导，提醒领导，不帮倒忙。从严治党，从严管干部，首先要管好我们各级党委、政府的领导成员，管好各级党委、政府的办公室（厅），树立好形象，大家齐心协力，坚定不移地执行好中央的方针政策。

---

* 这是吴官正同志在看望参加山东省党委秘书长、办公室（厅）主任会议代表时的谈话。

解放思想要落实到推进改革上*

（1997 年 7 月 10 日）

改革开放以来，山东同全国一样，先后有几次思想大解放，都极大地解放和发展了社会生产力。第一次是十一届三中全会以后，家庭联产承包责任制在全省推开，很快解决了农民温饱问题；第二次是邓小平同志视察南方和党的十四大以后，全省改革开放和经济建设上了一个新台阶。江泽民同志在中央党校的重要讲话，必将带来全党全国又一次思想大解放。我们要认真总结前几次思想解放的经验，使这次思想解放更加成熟，更加科学，更加符合山东实际，更加有力地促进经济社会的健康发展。各级各个方面都要结合自己的工作，进一步解放思想，把解放思想落实到观念更新上，落实到改革开放上，落实到促进两个根本性转变上，落实到人才的发现和使用上，落实到两个文明建设上。这里，我着重谈谈发展多种所有制形式和深化企业改革问题。

以公有制为主体、多种所有制经济共同发展，是邓小平同志的重要战略思想。坚持公有制为主体，是社会主义性质决定的，是不能动摇的。怎样理解“主体”？江泽民同志在论述经济建设十二大关系时提出要把握好四条：一是在社会总资产中要保持国家所有和集体所有的资产占优势，二是国有经济在关系国民

---

* 这是吴官正同志在山东省委理论学习中心组读书会上发言的一部分。

经济命脉的重要部门和关键领域占支配地位，三是国有经济对整个经济发展起主导作用，四是公有制经济特别是国有企业要适应社会主义市场经济发展的要求，不断发展和壮大自己。只要符合这四条，就是以公有制为主体。我们不能把以公有制为主体狭义地理解为国有经济为主体，不能简单地从国有企业数量和占国民经济比重上去衡量，不能用一个地方、一个行业国有经济的多少来评判。关系国民经济命脉的大企业，关系国计民生的主导产业和企业，一定要由国家来控制，其他企业则不必拘泥于所有制形式，只要有利于生产力发展，各种形式都可以用。即使是一些大企业，也不一定全由国家独资经营。就我省来说，地方国有企业大多属于竞争性行业，应当在思想上更解放一些，在改革的力度上更大一些，在公有制实现形式上更灵活一些。公有制的实现形式究竟有多少种，哪种形式最有效，要靠广大干部群众在实践中大胆探索和创造。即使有些探索不那么成功，也不要横加指责，更不能随便戴帽上纲，而要帮助总结经验教训，纠正偏差，逐步完善。实践表明，股份制是一种反映社会化生产规律的财产组织形式和经营管理制度，是市场经济的产物。在社会主义条件下，不论是股份制，还是股份合作制，都是公有制的有效实现形式。应消除疑虑，把股份制改革作为事关全省国有企业改革和经济发展的重大举措，加大力度，争取有较大突破。

我国社会主义初级阶段的生产力水平，决定了所有制形式必然是多样性的。发展个体民营经济，既不需要国家投入，又能繁荣市场、安排就业、增加税收。要进一步解放思想，放宽政策，减少限制，放手发展。特别是经济欠发达地区和就业压力大、财政困难的市县，更要采取优惠政策，为其创造有利的发展环境。同时，加强引导和管理，促其健康发展。鼓励具备条件的个体民营企业进入开发区，与其他企业享受同等待遇，进行公平竞争。

加快国有企业改革，是事关整个改革成败的关键。应当说，国有企业改革与发展的思路是清晰的，就是江泽民同志所讲的“三改一加强”。坚定不移地按照这个思路搞下去，把各项措施落到实处，就一定能够成功。要继续坚持抓大放小，着眼于搞活整个国有经济，通过改革激发活力，通过改组优化生产要素配置，通过改造提高技术水平。要着手解决国有企业历史包袱沉重的问题，用足用好国家政策，尽可能为企业创造休养生息的好条件。进一步打破地区、所有制和隶属关系的界限，大力发展企业集团。既要以强带弱，也要强强联合；既要把规模搞大，也要使素质提高，形成山东的优势企业群体。经过几年的努力，力争培育出十几个销售收入50亿至100亿元、两三个500亿元甚至上千亿元的大型企业集团，经过更长一些时间，使有的企业跻身于世界大型企业集团行列。大力推广诸城等地的经验，并不断创新，采用多种形式把中小企业搞活。进一步加快社会保障体系建设，建立统一、有序、多层次的社会保障体系。这项工作必须加快研究实施。

解放思想，推进企业改革，必须与深化金融体制改革相结合，大力发展和培育资本市场。通过发行股票、债券、可转换债券等，既多又快地聚集和吸收社会资金，形成投资主体多元化格局。建立资本运营市场，搞好国有资产的运营、监管和增值。现在我们一方面每年有几百亿元生产性投资，另一方面有几百亿元固定资产不能充分发挥效用，这是造成资金紧张、效益低下、经济运行质量不高的重要原因。解决这个问题，出路只有到市场上去找，遵循市场经济规律，建立一种促进资源优化配置和重组的资本运营机制，使生产要素能够按照市场需求，及时流动、调整、优化。同时，政府要积极做好牵线搭桥和协调促进工作。进一步发展和完善产权市场，打破地区分割、部门分割、所有制分割，为企业资产并购重组创造条件，真正使企业到市场上接受优胜劣汰的检验。充实完善现有信托投资机构的职能，使其能够真正发挥投资银行的中介作用。研究制定有关企业资本流动的政策法规，选拔、引进一批有金融、投资知识和经验的专门人才，确保资本运营的规范有序和有效运转。

解放思想，大胆探索，必须坚持不争论的原则。改革、发展没有固定的模式，需要在探索中前进。如果有点探索就评头论足，争来争去，不仅争不明白，论不清楚，还会贻误时机。只要是为人民办事，为党工作，就没有什么可怕的，就应当敢想敢干，敢担风险，敢于负责。解放思想必须把精力用在研究问题、解决问题上，用在认真履行职责、齐心协力推进改革、促进经济和社会发展上。不要把眼睛总盯在挑别人毛病上，横竖看着不顺眼。要以事业为重，为了事业求同存异。解放思想必须创造良好的环境。作为领导者，应当对下放心、放手、放责，鼓励他们去创造，出了问题则要主动承担责任，为干事业的撑腰。我们不是讲要保护和发展生产力吗？保护干事业的人就是保护生产力，支持他们工作也就是发展生产力。应当这样来看待问题，努力为大家营造动脑筋、想问题、干实事、创事业的机制和环境。当然，解放思想不是胡思乱想，而是要使我们的主观认识符合客观实际，符合客观规律。衡量的标准就是“三个有利于”，只要符合这个标准，一切反映社会化生产规律的经营方式和组织形式都应当大胆采用，大胆地去闯、去试、去突破。要把满腔热情与科学态度结合起来，防止片面性，防止头脑发热。要实事求是，从本地的基础、条件出发，能快则快，不能快的也不要勉强。

建设经济强省关键在于转变增长方式*

（1997 年 7 月 10 日）

实现由经济大省向经济强省的跨越，关键在于促进经济增长方式的转变，提高全省经济的整体素质。今后我们的经济工作，要围绕强省做文章。有几个问题与同志们商量。

（一）加快农业发展问题。山东农业连续十几年丰收，今年小麦总产又创历史最高水平，形势很好。但农业基础仍比较脆弱。对农业决不可忽视，更不能放松。当前旱灾很严重，要千方百计抗旱保苗，适时补种、扩种，争取全年有个好收成。保持农业持续稳定发展，我感到有几个问题要解决好：一是发展产业化。这是实现农业增长方式转变的有效途径。我省在这方面积累了许多经验，应进一步总结、推广。产业化有多种形式，总的是要把种养、加工、销售、科研连为一体，把农户与市场连为一体，形成规模和产业优势。二是处理好粮与钱的关系。在稳定粮食生产的前提下，多搞一些高收益的经济作物，既保证主要农产品增产，又使农民收入不断增加。发展特色农业是增加农民收入的一条好路子，要选准项目和产品，做到你无我有，你有我优；要上规模，有特色无规模难成气候；要靠科研，不断开发新品种。要注意保护耕地，加强农田基本建设，改善农业生产条件，

---

* 这是吴官正同志在山东省委理论学习中心组读书会上发言的一部分。

提高农业综合生产能力。三是搞活流通。目前流通滞后，每年都有一部分农副产品卖不出去，影响了农民的积极性，甚至损害了党群、干群关系。各级政府特别是县乡政府，要高度重视流通，坚持生产、流通一起抓，国家、集体、个人一起上，主要依靠农民自身的力量搞活流通。现在，全省常年从事农副产品流通的农民约有200多万人，这是一支了不起的流通大军，是搞活农村流通的希望，应当进一步扶持、壮大这支队伍。搞农业结构调整，要先考虑市场和流通问题，用流通引导生产、促进生产，防止出现“谷贱伤农”、“果贱伤农”、“菜贱伤农”现象。要坚决按照国务院的有关政策，认真做好粮食收购工作，保护农民的利益。四是保护和调动农民积极性。坚定不移地稳定家庭联产承包责任制，让农民放心。不能脱离客观实际、违背农民意愿变更农村土地承包关系。农民负担过重是当前挫伤农民积极性的主要问题，要严肃纪律，落实责任，加强督促，限期解决。

（二）产业结构调整问题。调整优化产业结构，是实现强省目标的要害。首先，要努力开阔视野，站在山东看全国、看世界，站在全国和世界看山东。有些产业、产品在省内可能有优势，但拿到全国和国际上就不一定是优势。应当多搞一些在国内、国际市场上有发展潜力的产品，增强我省产品在国内外市场上的占有率，拓展发展空间。其次，处理好几个方面的关系。主要是处理好现有企业与新上项目的关系，把住投资这个关口，主要走内涵扩大再生产的路子；处理好集约化经营与扩大劳动就业的关系，既坚持发展资金、技术密集型产业，也注意发展劳动密集型产业，更多地吸纳劳动力就业；处理好全省发展与各地区发展的关系，因地制宜地确定不同地区的产业方向和重点，避免产业雷同化。第三，从最终产品搞起。加强基础设施和基础产业建设是必要的，但更要重视最终产品的生产，有选择地从后道工序搞起，从后往前延伸，促进基础设施和基础产业的发展，带动整个结构的调整。这样,投入回收快,消耗低,效益高。第四,大力发展第三产业。进一步理顺流通体制,加快流通企业改革,增强企业活力。积极发展农贸市场、商业零售、饮食服务和文化娱乐业,把市场搞得更活。第五,强化政策导向,集中力量,集中资金,确保重点。我省有不少好产品,但真正形成规模、市场占有率高的并不多。要通过重点扶持、政策引导,使名牌产品的规模迅速膨胀,逐步建立起技术先进、竞争力强的主导产业和产品体系。要把"海上山东"建设和黄河三角洲开发两个跨世纪工程作为新的经济增长点,带动相关产业的增长,为山东下世纪的发展增添后劲。

(三)发展县域经济问题。从秦实行郡县制到如今,已延续2000多年,县仍然是一个关键层次。县是城乡结合部,在经济发展中举足轻重。山东"八五"以来县域经济发展速度高于全省平均2个多百分点,去年县市以下国内生产总值已占全省的85%左右,县级提供的财政收入占全省地方财政收入的58%左右。今后,要进一步加大措施,促进县域经济发展。为此,一要靠县里同志的努力,充分发挥各自的资源、技术、市场等优势,做好结合的文章,着重解决农民增收和财政增长问题。二要大力支持县里的同志大胆工作,为他们施展才能创造良好的环境。加快县域经济发展问题涉及方方面面,省里要搞一些调查研究,有针对性地采取一些措施。

(四)加快城市化进程问题。城市化是实现现代化的必由之路。近几年我省城市化水平明显提高,由九十年代初的26.7%上升到32%,城镇人口达到2800万。但我省城市化进程与整个经济发展还不相适应,与广东、浙江等省相比,还有差距。实现向强省的跨越,必须大力推进城市化进程,使城市真正强起来,以此带动全省经济素质的提高。城市是一个大系统,具有多种功能,加快城市化进程,要从全局、总体发展上加以考虑。总的要求是，注重城市经济、社会、人口、资源、环境相互协调和可持续发展，注重推进城乡一体化，注重建立完善大中小城市与重点乡镇相结合的城镇体系，争取使我省成为全国重要的城市化区域。积极培植和发展城市产业，繁荣城市经济，为更多的人提供就业机会，尤其要搞好再就业工程，尽量使大家都有活干。加快城市基础设施建设，完善城市功能。重视城市的规划、建设和管理，充分发挥中心城市的作用，特别是青岛市的龙头作用和济南市省会城市的辐射带动作用。要妥善解决城市中出现的新矛盾、新问题。今年以来，到省委、省政府上访的群众，城市的占了一半，已成为影响社会稳定的一个大问题。我们要增强城市意识，掌握城市工作的规律，提高城市管理水平；对群众反映的问题，要及时解决，暂时解决不了的，也要做好解释说服工作，防止矛盾激化。

（五）实施科教兴鲁战略问题。经济社会发展关键靠科技，靠教育。要把大力促进科技成果的推广应用，促进科研与生产相结合作为重点，有选择地对机电一体化、电子信息产业、精细化工、生物工程、新材料、新工艺等方面进行科研攻关和技术开发，提高我省经济的科技含量，增强发展后劲。进一步健全完善农村科技推广网络，培养科技带头人，提高农民科技文化素质。工业要向科学技术要产品、要市场、要效益、要发展，多搞一些高新技术产业，多生产高新技术产品。进一步调整教育结构，普及提高基础教育，抓好高等教育，发展职业技术教育，更多地培养改革和建设的适用人才。大力培养拔尖人才。一个拔尖人才，可以带起一支队伍，形成一个优势学科，提高一个领域的科研水平。要尊重知识，尊重人才，尊重专家。不仅要努力改善他们的工作和生活条件，更要注意发挥他们的聪明才智，相信他们，依靠他们，使他们在各自的岗位上建功立业。

（六）促进平衡发展问题。要坚持允许和鼓励一部分地区、一部分人通过诚实劳动和合法经营先富起来的方针，更好地发挥示范带动作用。同时，必须把促进平衡发展的工作提到重要议事日程上来，促进共同富裕。现在全省经济发展的不平衡性比较突出，东西部差距也比较大，而且还有继续扩大的趋势。有的市人均国内生产总值已达到16700元，有的地区还不到2500元；人均国内生产总值最高的县市达到26000多元，最低的县不到2000元。差距是由多方面因素造成的，有自然条件的原因，有历史的原因，也有投入不足等方面的问题。我们既要正视差距，加大措施缩小差距；也要从实际出发，量力而行，不可操之过急。加快西部发展潜力很大，省里应继续向西部倾斜，有关部门要研究制定政策措施，通过一些项目的建设，带动西部地区产业结构的调整和升级；促进东西部交流，鼓励东部的一些产业和企业向西部转移；继续实行区别对待、分类指导的政策，有些政策东部可以实行，西部可以不实行，有些政策只给西部，东部也不要攀比。东部地区要更热心地积极帮助和扶持西部发展，西部地区则要进一步增强信心，自力更生，艰苦奋斗，通过深化改革，充分挖掘自身潜力，发挥优势，增强经济活力。困难大家都有，上级能支持的一定要支持，但毕竟力量有限，心有余而力不足。要认真总结西部地区加快发展的好典型，加以推广，给人以信心和鼓舞。总之，省、市地、县要协调一致，上下一条心，共同努力，逐步实现平衡发展。

千方百计多安排下岗职工就业*

（1997年7月22日）

设法广开就业门路，千方百计多安排下岗职工就业，这是十分重要的工作，而且是长期需要十分重视的工作。在这方面要坚决堵住"吃拿卡要"，创造一个良好的环境，促进多种经济成分共同发展。希望你们系统再努一把力，这是关系几十万人生活的大问题，也是关系稳定的大问题。

---

* 这是吴官正同志就下岗职工就业问题所作的批示。

书要越读越薄*

（1997 年 7 月 30 日）

政研室的工作很重要，在党委和政府的决策中起着重要的参谋助手作用。作为在政研室工作的干部，怎样才能适应工作需要呢？

第一，要加强学习。学习邓小平理论，学习江泽民同志一系列重要讲话，还要学点现代科学技术。要弄清楚现代科学技术与经济和社会发展究竟是什么关系，究竟会引起经济社会的哪些变化，会出现什么新问题。信息产业、精细化工、生命科学、遗传工程和新能源、新材料等，都要知道一点。如果我们对现代科学技术一无所知，做好政研工作是很难的。当然搞得很深也不可能，但基础性、普及性的知识应当了解。

要学点经济理论。美国有位经济学家叫萨缪尔森，写了一部厚厚的《经济学》并不断修订再版，里面有些观点可以参考。比如，评价宏观经济运行常用四个指标：一是经济增长率，二是通货膨胀率，三是失业率，四是国际收支平衡。经济运行情况怎么样，主要看这四个指标。经济增长率，有名义增长率和实际增长率，同是 GDP 增长 10％，质量也不一样，最佳的增长方式应当是消耗最少，效益最好。打个比方，同样是 200 斤的猪，有的是瘦肉型，有的多是肥肉，还有的可能是病猪，同样的重量，质量大不一样。看经济增长率也是同样的道理，要讲质量，不能光讲

* 这是吴官正同志在山东省市地委政研室主任会议上的讲话。

速度。我们山东与江苏、浙江比较一下，用我们的经济增长率、国内生产总值、消耗的能源和原材料以及经济效益情况与人家比一比，就能找到差距。再如通货膨胀率，一般情况下，经济增长率高，通货膨胀率也高，失业率下降；如果经济增长率低，通货膨胀率也低，失业肯定增加，经济学上把这种关系称为菲利普斯曲线。科学技术发展到现在，对经济发展的影响更大了，菲利普斯曲线在当时条件下很可能是对的，现在就不一定对。近来美国经济增长率较高，失业率比较低，通货膨胀率也比较低，这在美国是少见的。为什么呢？就是因为现代科学技术对经济的影响越来越大，经济增长中的科技含量大大增加了。如果我们做政研工作的同志，对邓小平理论和江泽民同志的重要讲话精神不理解，对经济和科学技术知识不了解，当参谋、写东西就很难有创造性。

要学习法律。搞研究的人，出的主意首先要与国家法律相衔接。当然，国家法律也在逐步完善之中。

还要学点汇率、利率、债券、股票、期货等方面的知识。对这些市场经济新知识总要懂一点。否则，等十五大的文件下来以后，有的我们看都看不懂，就谈不到很好地理解了。既然是搞研究的，就应该比人家高一着。

加强学习不能囫囵吞枣，照抄人家的，一定要变成自己的。书要越读越薄，而不能越读越厚，越读越厚地读没有用，杂乱无章地读也没有用。有些同志喜欢做点笔记，搞点卡片，这是必要的，但是关键的问题是要自己消化。政研室要提倡民主讨论的风气，鼓励大家畅所欲言，讨论问题。这一点至关重要。

第二，要注意收集信息，加强分析研究，把握社会发展的趋势。收集的信息包括我们自己各市地和县里的信息，也包括外地的信息。对这些信息，要进行观察、分析、研究。有的人说政研室的人很敏感，不敏感，怎能搞好研究！应该走在一般人的前面，对当前社会大变革时期的一些重要问题，应该能够很敏锐地观察到。比如，人才问题，现在大家都讲要重视人才，重视科学，这无疑是对的。我举两个例子，上海科技人员很多，江苏、浙江、广东都到上海引进人才。有的科技人员在上海工作，但是星期六、星期天被江苏、浙江等地请去帮忙了。为什么呢？他在单位一个月的工资最多一两千块钱，而到外地的乡镇企业，一年给他十万、几十万，甚至上百万。苏、浙的乡镇企业这么做了，把人才挖去了，把智慧挖去了，他们的乡镇企业发展得快，很重要的一个窍门就在这里。广东、深圳为什么发展快？深圳每年从全国各地招一批博士生、硕士生和1万名大学生去就业。广东省委、省政府作了一个决定，在京的学部委员到广东服务，一年给他10万元钱，关系不用转。今后分配制度也要改革，生产要素可以参加分配。比如参与股份制、股份合作制企业的投资者，可以按资分配；技术可以参与分配，在技术上作出贡献的可以拿企业利润的多少或销售收入的多少。如果我们不能大跨步走出去引进人才，我们的经济素质就很难提高。江苏省有一个市，世界前50家大财团，有43家在那里安家落户，光聘请国外专家就达上千名。人才是创业之本，人才的作用越来越重要。人才可以分三类：一是高素质的党政干部队伍；二是高水平的管理干部队伍；三是高级技术人才队伍。同志们大都读过《三国演义》或《三国志》，都了解“三顾茅庐”的故事。当时刘备47岁，诸葛亮才27岁，既没当过科长，也没当过处长，更没当过县长、市长，但是刘备认为他是个人才。诸葛亮的《隆中对》就是两部分，一是分析形势，二是提出对策。政研室的工作也主要是分析形势，拿出对策。刘备破格提拔诸葛亮为军师。诸葛亮出山后，三国鼎立的局面逐渐形成。所以，人才是创业之本呀！市场竞争越来越激烈，过去是争原材料，现在是争市场，争市场的背后是争人才。克玉[1]同志和省委组织部给我提供过一份材料，反映我省干部队伍的知识结构、年龄结构，与中组部的要求有不小的差距，与市场经济发展的要求还不适应。为什么？市场的背后是要搞产品，产品要成本低、质量好、适应老百姓需要，也就是经济学上说的“生产什么，怎样生产，为谁生产”。这些都要靠人，靠高水平的管理人才，靠高水平的科技人才。有了高水平的人才，才能增强竞争力，才能及时推出老百姓喜欢的产品，才能质量好、效益高、消耗低。有人讲现在市场疲软，有它的道理，因为现在很多产品供过于求。但是也不完全对，市场既疲软又“皮厚”。谁有本事能看得透、干得好，谁就可以搞上去。市场竞争激烈，就为那些有本事的人开辟了一条道路。现在争夺市场，根本的问题是争夺人才，你们要注意这个动向。

第三，眼界要开阔。立足本省，面向全国，放眼世界。搞研究仅局限在周围一点小圈子不行，一定要站得高、看得远一些。比如，研究经济发展，不能只研究当前，也不能只研究生产，而要研究得更深、更广一些。经济增长主要有三个拉力：第一是固定资产投资；第二是消费；第三是外贸出口。生产的东西要卖出去，价值才能实现，再生产才能继续。马克思讲再生产有四个环节，其中一个环节就是消费，没有消费就没有市场，也就没有了经济增长的拉力。同志们要研究这个问题。在国内市场容量有限的情况下，外贸出口显得尤为重要。我们必须走出去。浙江人特别是温州人，什么赚钱、哪个行业赚钱就搞什么，全国各地都跑，春节也不休息，哪里有市场哪里就有温州人。现在浙江省有一百多万人在东南亚、在国外做生意。他们及时搜集外边的信息，缺什么，马上在国内加工生产。他们为了打开国外市场，把一部分初加工产品，拿到外面再加工，实际上是占领人家的市场。济南钢铁厂就有这样的例子。我们山东的企业一定要面向国际市场，以提高我们的水平。山外有山，楼外有楼。现在都讲要搞大型企业集团，这是对的。韩国大宇公司去年的销售收入是630亿美元,这是什么概念呢?它相当于我们山东省乡及乡以上整个工业销售收入的总和。所以我们不要认为一个企业集团销售收入搞到几十亿、百把亿元就不错了,要有更大的气魄。一定要研究动态,要深入观察,进行分析、研究,看到发展的趋势,提出我们的对策。

第四,要善于总结经验。调查的过程是个了解情况的过程,研究的过程则是分析提炼的过程。搞调查研究工作,既要深入,又要深思,两者缺一不可。山东是个出经验的地方,农业产业化搞得很好,诸城的企业改革在全国也是带头的,我们有许多好的经验。山东人很能干,很聪明,是出思想家的地方,孔子、孟子、孙子都是思想家。我们正处在伟大的时代,伟大的时代必然产生伟大的人物。我们山东也要有大哲学家、大文学家、大艺术家、大科学家。全省政研系统有一千人,真正出几个出类拔萃的人就很好。有的人虽写不了什么文章,但能出大主意,会改文章。政研室的干部,既要是专家,也要是杂家,知识面要宽一点。比如有的人对党的工作很有研究,有的对市场经济很有研究,有的对科学技术很有研究,有的对情报信息分析很有研究,当然达到这个层次不容易,但要求应该更高一点。搞研究不可能面面俱到,谁也没有那个本事和能力。我看政研室一年能研究一两件事,拿出有价值的东西,有两页纸能被党委、政府采纳,就了不起,就是很大的成绩。要集中力量研究重大课题,一年研究一个到两个有水平的问题,就能在全省、甚至全国叫得响。

注　　释

〔1〕克玉,即王克玉,时任山东省委常委、组织部部长。

把群众工作做细做实*

（1997 年 8 月 4 日）

今天一早，有两个市的两拨群众大规模集体到省委上访，说明这两个地方的群众工作做得扎实、细致吗？是群众没有找当地党委、政府反映吗？还是去了多次没有解决问题？我们的工作究竟做到家没有？这么多人来省上访，有关部门的领导及时报告了区、市主要领导吗？请两市地主要领导为此专门开会认真研究，多从自身工作上找原因，并于三天内向省委、省政府写出专题报告。

请省委办公厅立即将省信访局的情况报告转发到各市地委、政府及各县市区委、政府主要领导同志。希望同志们从中吸取教训，举一反三，认真检查自己的工作做得怎样，特别是群众工作是否做得细致、扎实，切实转变作风，关心群众疾苦，必要时主要领导要亲自出面做工作，把问题和矛盾解决在基层，保持社会稳定。

---

* 这是吴官正同志对山东省某地部分群众上访问题的批示。

善于运用财税手段支持经济发展*

（1997 年 8 月 9 日）

要进一步加强对经济运行的分析研究，多从财税的角度上提出支持经济发展的对策，注重研究财税支持经济发展的着力点和切入点。一是大力支持农业发展。农业过去一向被认为是“弱质产业”，“只能糊口、不能致富”。实践表明，农业发展只要路子找得准，措施得当，照样能致富。在有些地方，投资农业的收益还远远高于工业项目。我们必须转变观念，把农业作为一个新的经济增长源，加大扶持力度，不断提高农业的贡献率。二是加快国有企业改革与发展的步伐。充分发挥现有财税政策的作用，帮助国有企业解决历史包袱沉重的问题，促使企业轻装上阵。调节并引导企业以资产经营为突破口，通过企业的兼并、重组等方式，促进国有资产的合理流动，提高国有资产利用效率，增强国有资产发展的活力。三是进一步转变观念，重视个体民营经济发展。我国社会主义初级阶段的生产力水平，决定了所有制形式必然是多样性的。发展个体民营经济，既不需要国家投入，又能繁荣市场，安排就业，增加税收。要从政策上为个体民营经济的发展创造宽松的环境，使各类企业享受同等待遇，进行公平竞争。四是促进经济的均衡发展。目前我省经济发展的不平衡性比较突出，东西部差距也比较大。过去各级财税部门

* 这是吴官正同志在山东省财政税务工作会议上讲话的一部分。

为缩小东西部差距，认真实施“抓两头、带中间”战略，从财税体制和转移支付等方面重点倾斜，许多做法有创新、有突破。

财税工作，说到底，也就是要生财有道，聚财有度，用财有效。这都需要加强管理。从财税部门来讲，财政实现十年收支平衡以后，财政工作再上新台阶的突破口应当选在管理上。要看到，虽然我省财政收入连续多年保持了30%以上的增幅，新增财力四年超过了200多亿元，但支出的压力并没有得到缓解，仅就人头费而言，全省每年就新增加10万人，新增支出高达10亿多元。在这种情况下，要解决收支矛盾，一方面要发展经济，增加收入来源；另一方面就要在管理上狠下功夫，而且这也是最直接、最有效的办法。通过加强管理，把该收的都收上来，把该压的压下来，把该管的都管起来，促进财政经济健康发展。要抓住重点，解决好薄弱环节的问题。在加强预算内收支管理的同时，要重点抓好预算外资金管理，既要坚持财政统管的原则，又要注意为部门服好务，协调好方方面面的关系。要重视财务管理工作，不仅要抓好国有、集体企业财务管理，而且要加强对农村财务、境外财务的管理，全面提高财政管理水平。要积极探索加强国有资产管理的新路子，不断提高国有资产管理、营运水平。要严格执行财税纪律，在原则问题上不让步。比如，对偷漏骗税、越权减免税等行为要严肃查处；对违反中央厉行节约、反对奢侈浪费的规定，浪费国家资财的行为，要坚决予以处罚。要把管理与服务结合起来，把加强管理与改进管理方式和管理手段结合起来，注意调动各个方面的积极性，提高管理效率。

财政是经济工作的“总开关”，是经济活动的集中反映。经济发展如何，运行质量高低，都要反映到财政上来。一个财政收入，一个银行信贷，最能真实地反映出经济运行的特点，都是硬指标，是实实在在的，一点也不能假。各级党委、政府一定要高度重视财税工作，要真正弄明白这个“总开关”的作用，通过财税工作来发现经济生活中存在的问题，来分析经济运行的规律。各级党政领导同志要学财政、懂财政，明白如何当家理财，这有助于我们正确地分析和把握经济形势和规律，提高决策的科学性，更好地指导经济工作。

多办老百姓关心的事*

（1997 年 8 月 12 日）

工会要关心职工疾苦，为他们多办实事。工人阶级是我们党的基础，对产业工人要特别关心。要教育我们的干部，老百姓的事看起来是小事，实际上是大事。比如一个职工家有 5 口人，住一间房子，你看这是小事，在他家里就是大事。如果一家的厕所堵了，粪便到处流，你说这是大事还是小事？在他家里不解决就是大事，如不解决，他们什么事也难以考虑。比如一家 4 口人，一个小孩没有工作，夫妻俩又下了岗，日子怎么过？这在职工家里就是大事。我们要少说那些官话、大话，多干些“小事”，多办些老百姓关心的事。通过我们的工作，解决一些矛盾。要教育我们的干部热爱老百姓、关心老百姓，倾听他们的呼声，解决他们的实际问题。

我拜托工会办两件事。第一件事是帮助考上大中专院校的困难职工子女上学。凡是困难职工的小孩考上大学的，都要让他们能够上大学，不能因没钱使孩子上不了大学。工会要帮助，企业要帮助，如果还有困难咋办？各级政府要帮助，财政帮一点，教委帮一点，甚至民政也要帮一点。如果职工在困难的时候，我们帮助了他，支持了他，孩子大学毕业后，他会想到要不是党和政府，还有工会、企业帮助了我，哪会有今天？他会考虑为国家做贡献，报效国家。

---

* 这是吴官正同志在山东省总工会调研时的谈话。

第二件事是解决好因公致残、死亡的职工家属、子女的生活。这个问题你们一定要帮忙，如果工会没有足够的力量解决，要向党委、政府反映。特别是劳动模范，他们的问题应优先解决。我们绝不能忘了他们。他们现在有的生活很困难，一定要帮助解决。他们生病了，一定要想办法帮助治疗。对下岗职工、生活困难的职工，工会要和政府、企业及职工本人一起想办法，使他们日子能过得去。职工有什么问题找工会，工会要代表职工向上反映。同时，工会也要积极做好疏导工作。

坚决把过重的农民负担减下来*

（1997年8月15日）

要坚决按中央要求把过重的农民负担减下来！省直部门要带头自查，不要搞什么限期达标，不要搞“一刀切”，不要搞劳民伤财之事，不要搞“苛政”。对不按中央要求办事的领导干部，省纪委要追究其责任！

---

* 这是吴官正同志就减轻农民负担问题所作的批示。

让110发挥更大社会效益*

（1997年8月26日）

我们党和政府的一切工作、一切活动，都是为人民谋利益的，这是根本的出发点和落脚点，也是我们党的优良传统和作风。搞好110报警服务工作，是全心全意为人民服务宗旨的具体体现。要转变作风，密切联系群众，在群众中树立良好的公仆形象，就要从这些具体事情，从点点滴滴群众关心的“小事”做起，为群众排忧解难。这样做才能得到群众的信赖和支持。

搞好110报警服务，是各部门、各单位的共同义务。要动员全社会的力量，充分发挥职能作用，属于哪个部门的任务就由哪个部门承担起来，形成共同参与、整体联动的局面。我们的老百姓非常讲究实际，不管这件事归哪个部门、哪个人管，也不管这件事办得好与坏，最终都要记在党和政府的账上。各级、各部门、各单位都要学习110报警服务的工作精神，做好本职工作，加强职业道德和为人民服务宗旨教育，转变工作作风，提高工作效率，努力为社会提供优质服务，为群众多办实事、办好事。希望公安机关要抓住机遇，再接再厉，进一步健全内部快速反应机制，完善各项工作制度，做到各环节动作规范，高效有序，运转灵敏，处置得当。要大力加强110报警队伍建设，强化教育训练，提高执法、服务水平。在推动城区110报警服务工作上水平的同时，要根据我省的实际，逐步向广大农村地区延伸，进一步方

---

* 这是吴官正同志在视察济南110时的讲话。

便群众，使更多的群众受益。

各级党委、政府要关心、支持 110 工作，切实加强组织领导，及时解决各种实际问题。要进一步加大对 110 的宣传力度，真正做到家喻户晓，人人皆知，让群众更加了解 110、爱护 110、支持 110，使其发挥更大的社会效益。

牢固树立群众观念*

（1997年9月2日）

牢固树立群众观念，不仅是工作方法问题，更是立场问题、世界观问题。

树立群众观念，关键是在各项工作中真正贯彻群众路线。在实际工作中，是不是有群众观念，很重要的一点就是看是否关心群众的疾苦。古代一些开明的政治家都懂得，为政之道在于安民，安民之道在于察其疾苦。作为共产党的干部，来自人民，服务人民，更要把群众的冷暖挂在心上，时刻关心群众的生活、群众的情绪、群众的利益。当前，特别要注意解决农民负担过重、下岗职工再就业和受灾群众的生活问题，解决群众关心的难点、热点问题。通过这些实际工作，进一步树立勤政爱民的良好风气，密切党群干群关系。要增强群众观念，必须增进与人民群众的感情。一个对群众缺乏感情的人，不可能真正关心群众疾苦。大家在党校学习，除了学习理论、增长知识外，还要加强党性修养，其中一个重要方面就是要通过学习，进一步增进对人民群众的感情，这也是一门必修课，希望大家在这门功课上也取得好成绩。

艰苦奋斗，树立群众观念，要求我们保持共产党人的本色，这也是群众对我们的要求和期望。我们国家的生产力水平还不

---

* 这是吴官正同志在山东省委党校1997年秋季开学典礼上讲话的一部分。

高，人民还不富裕。要改变这种状况，实现现代化，赶上中等发达国家的水平，需要几代人的艰苦努力，需要我们在相当长的历史时期，一代一代艰苦奋斗，扎实苦干。历史的经验值得注意，“历览前朝兴亡事，成由勤俭败由奢”。即使将来条件好了，环境变了，艰苦奋斗的精神也不能丢。我们一定要深刻领会社会主义初级阶段的理论，了解国情，进一步明确党在现阶段的主要任务和责任，坚持艰苦奋斗，埋头苦干；坚持勤俭办事，厉行节约；坚持力戒奢靡，反对铺张浪费，反对大手大脚。特别是领导干部，更要吃苦在前，享受在后，“先天下之忧而忧，后天下之乐而乐”。这既是对党负责，对人民负责，也是对自己负责，我们大家都要这样来要求自己。

我更多地想到的是责任*

（1997 年 9 月 19 日）

谢谢你们工作上的支持和帮助。十五届一中全会后，我更多地想到的是责任，心里时常感到不安，觉得有些话要对你们说，请继续给予支持。

1. 由于我主要在省里工作，还应当按照地方领导人的要求去做。对我的新闻报道，除新华社发通稿或中央有明确要求外，一律只称省内职务。

2. 参加公务活动和外出调查研究，要轻车简从，食宿同省里其他领导同志一样，不能有任何特殊，决不能沿途布哨站岗。

3. 我的家人不干预我的工作，也不许以我的名义办事情。这些年，我先后在几个地方工作，总有些熟人。今后如有湖北、江西等地的人，打着我的名义或亲属的名义来山东要求照顾，一概拒绝，一切按规定和原则办理。

4. 如有人要我题词，请代我婉言谢绝。只要我们把话讲清楚，大家会谅解的。报刊杂志要严格控制登我的工作照片，特别不要登在封面上。必要的报道，也要尽量压缩篇幅。

5. 我现在的宿舍很好，全家满意。我哪里都不去，就住在这里。

6. 外事活动中赠送的礼品，要严格按规定办理，不符合规

---

* 这是吴官正同志在党的十五届一中全会上当选中共中央政治局委员后致山东省委分管办公厅负责同志的一封信。

定的一律上交;在省内活动一概不接受礼品。我家里一般不接待客人,有事请大家到办公室谈。这一点似乎不近人情,但作为我也只能如此,请同志们理解。

7. 你们与我接触较多,希望对我加强监督。这个监督包括各个方面,但主要的是对执行民主集中制和廉洁奉公的监督。如发现有违背,你们一定要及时指出来,千万不能顾及面子,更不能粉饰缺点,要知无不言,言无不尽。这样我才能少犯或不犯错误。

领导干部要了解金融熟悉金融*

（1997年9月24日）

在社会主义市场经济条件下，金融是全局性问题，直接关系到经济发展和社会稳定，牵一发而动全身。衡量经济运行状况的四大指标，经济增长率、失业率、通货膨胀率和国际收支，都会通过金融综合反映出来。国外调节经济很重视金融杠杆，如利率、汇率等，我们搞市场经济也要高度重视和充分发挥金融的作用。现在我们有些同志缺乏金融知识，贷款不怕多、利息不怕高、不怕还不了账，这样下去怎么行？一个企业出了问题是局部的，比较好解决，如金融出了大问题，影响不可估量。我们要实现稳中求进，金融不稳定，怎么前进？所以，各级领导干部要了解金融、熟悉金融，学会通过分析金融情况，运用金融杠杆，指导经济工作。

第一，切实加强金融监管。目前，经济形势是好的，金融形势也是好的，但也存在不少问题。东南亚出现了金融危机，马来西亚总理马哈蒂尔说整个经济倒退了10年。我们要研究国外的经验教训，借鉴国外金融监管的成功经验和做法，切实搞好我们的金融管理。首先，要加强对金融机构的监管。对各专业银行、城市合作银行、城乡信用社等，都要加强监管，研究防范风险

---

* 这是吴官正同志召集人民银行济南分行、体改委、农业厅、证管办负责同志座谈研究金融问题时的谈话。

的措施。对问题多、风险大的机构和地方，要及时发现，采取措施，努力化解。其次，要加强对非银行金融机构的监管。各类信托投资公司、证券公司等，要严格规范行为，依法经营，自觉接受金融监管，坚决杜绝高息拉存款、乱集资、乱拆借等违法违规行为。第三，加强对金融队伍的管理，切实提高干部职工的政治素质和业务素质，健全制度，强化纪律，发现问题严肃处理，堵塞漏洞。

第二，进一步规范完善股票产权交易。一是提高上市公司的质量。今后要尽可能上有竞争力的大企业，搞上市公司要与企业的兼并联合结合起来，把规模尽量搞大一些，这样还可以减轻银行一些压力。二是加强对股民风险意识的教育，增强风险承受能力。三是对产权交易要尽快规范和完善，坚决服从国家有关部门的指导和管理，不能盲目发展。四是对企业破产要加强管理，不能随便就把包袱都甩给银行。五是我省金融机构决不能参与炒卖股票、期货、外汇、黄金等活动，风险很大，搞不好要吃大亏，这方面的教训很多。

第三，经济发展一定要讲效益。上项目要慎重，要考虑回报率和收益率。要下大力气压缩产成品资金占压。马克思讲再生产有四个环节，生产、流通、分配、消费必须相互衔接，哪一个环节出了问题，再生产都无法进行。山东未来 5—10 年如果经济保持 10%—12%的增长速度，金融的不良资产有所减少，抗风险能力增强，资金运作逐步进入良性循环，就是对国家、对地方、对群众作出了很大的贡献。看经济是不是良性循环，既要看 GDP 增长高低、财政收入多少，还要注重质量的提高，看经济是否做到了可持续发展，就是环境、人口、资源、社会是不是协调，也要看金融运行质量是否良好。

第四，借外债要讲效益、守信用。有的地方借外债不怕多，风险意识、还款意识不强。外债还款是很严肃的，汇率的风险也是很大的。借外债一定要讲效益,还外债要守信用,担保更要慎重。省国际信托投资公司要切实加强对外债的管理,严把项目关和还款关。

如有人打我旗号办事一概严厉拒绝*

（1997 年 9 月 25 日）

有件事情还是请你们给各市地县区和有关部门打个招呼。我曾在湖北、江西等地工作，在湖北、江西、上海、河南、辽宁等地都有我的亲属。今后，如有人以我的亲属、熟人或朋友的名义（不管是真是假），来山东要求提供方便和照顾，包括经济往来、法律纠纷、人事安排、工作调动等等，一概严厉拒绝。还要对来人严肃批评，坚决制止，并与我办公室联系。我相信，同志们一定会坚持原则，不留情面。

---

* 这是吴官正同志致山东省委办公厅负责同志的一封信。

关键是转变干部作风*

（1997 年 9 月）

保持和发展党同人民群众的血肉联系，是我们党不断夺取社会主义现代化建设新胜利的基本政治保证。当前，密切党群干群关系，需要切实转变党员干部的作风，解决群众所关心的问题。这是一项十分紧迫的政治任务。

从总体上说，当前党群干群关系是好的，这是因为党的基本路线完全符合广大人民群众的根本利益，绝大多数党员干部坚持党的根本宗旨，能够做到全心全意为人民服务。但是也应看到，当前确实存在着一些影响党群干群关系的矛盾和问题。这些矛盾和问题，一方面是社会发展过程中产生的。如，由于产业结构调整和对市场机制不适应，一部分企业出现暂时困难，职工下岗和再就业的矛盾突出起来；农民致富的愿望与现实条件还有差距，一部分地方的群众还没有摆脱贫困；在改革中经济关系的调整触及一些人的利益；经济发展不平衡，存在社会分配不公现象，部分社会成员的收入差距扩大，等等。我们党是执政党，由这些矛盾引发的群众意见，都会影响到党群干群关系。另一方面是党员干部作风不正造成的。主要是一些党员干部官僚主义、主观主义、形式主义严重，党中央的方针政策措施没有得到很好的落实，人民群众有意见。比如，有的在调整农村经济结构

---

* 这是吴官正同志在《党建研究》1997 年第 9 期上发表的一篇文章的节选。

中，只抓生产，不搞服务，不抓市场，结果大量农产品卖不出去，群众受了损失；有的脱离实际，想问题、办事情不量力而行，超出群众的承受能力，好事没有办好，或随意增加农民负担，群众产生抵触情绪；有的思想不解放，缺乏开拓创新精神，改革措施不到位，发展经济没实招，群众生活水平长期得不到提高，群众有埋怨情绪；有的宗旨观念不强，当了"官"就忘了民，对劳动人民感情淡漠，对群众的疾苦冷暖麻木不仁，群众很反感；有的私心重，遇事先替自己打算，甚至以权谋私，腐化堕落，损害了党在群众中的威信。两方面比较，影响党群干群关系的大量问题，主要还是干部作风不正造成的。所以，密切党群干群关系，关键在于充分发挥我们党的政治优势，切实转变党员干部作风，全心全意为人民服务，用我们的实际行动赢得广大人民群众的信赖和拥护。

无数事实证明，什么时候注重作风建设，什么地方党风正、政风正，什么地方党群干群关系就密切，两个文明建设就搞得好。以江泽民同志为核心的党中央一贯高度重视党员干部的作风建设，特别是党的十四大以来，全党普遍加强了党风政风建设，党同人民群众的联系有了新的发展和加强，保证了社会主义现代化建设的顺利推进。山东省这些年经济发展比较快，很大程度上也是得益于加强党风建设。特别是广大基层干部与群众朝夕相处，同甘共苦，艰苦奋斗，默默奉献，团结带领群众勤劳致富，作出了巨大贡献。可以说，党员干部作风建设对于密切党同人民群众的联系至关重要，是一项根本性的建设。

转变党员干部作风，基础是搞好思想教育，提高广大党员干部的思想政治素质。思想是行动的先导，只有真正解决党员干部的世界观、人生观、价值观问题，才能从根本上解决作风建设问题。世界观、人生观、价值观问题，在一定意义上也就是如何对待人民群众的态度问题。人民群众是我们的衣食父母，是"邦之命脉”。没有人民群众的支持，我们的党就成了无本之木、无源之水，我们的所有工作就没有任何意义，我们的一切努力也都不能成功。树立正确的世界观、人生观、价值观，最起码、最基本的就是增强群众观念，加深对人民群众的感情。古人尚且懂得“意莫高于爱民，行莫厚于乐民”，我们是共产党人，更应当把人民群众的冷暖疾苦时刻挂在心上，始终把人民的利益放在第一位。当群众有困难的时候，我们应当吃不下饭，睡不好觉。这就要求我们，必须认真学习马列主义、毛泽东思想，学习邓小平理论，学习江泽民同志的一系列指示，学习党章和党的历史，提高思想政治素质。同时，要深入群众，了解群众，与群众同呼吸、共命运，增进与群众的感情，更加自觉地树立全心全意为人民服务的思想。正确处理个人与群众的关系，处处尊重群众，依靠群众，想群众之所想，急群众之所急，办群众之所需，任何时候都不能把自己摆在群众之上。要正确对待权力与责任，真正懂得领导干部手中的权力是人民给的，是用来为人民谋利益的，从而把权力与责任统一到全心全意为人民服务上来。

转变党员干部作风，就必须扎扎实实为人民群众办好事，办实事。一切为了群众，一切依靠群众，是我们各项工作的根本出发点和落脚点。我们的工作千头万绪，说到底，都是为了让人民群众过好日子。现阶段，我国社会的主要矛盾仍然是人民日益增长的物质文化需要同落后的社会生产之间的矛盾。发展生产力，使群众尽快富裕起来，是群众的根本利益所在，也是广大人民群众最迫切的愿望和要求。密切党群干群关系，就要紧紧抓住这个主要矛盾，坚持以经济建设为中心不动摇，尽快把经济搞上去，使人民群众的生活不断得到改善和提高。这样，广大人民群众才能真正拥护党，真心跟党走，才能把党员干部作为贴心人。我感到当前有三个方面应着重把握好：一是办一切事情都要充分考虑群众的意愿。正像邓小平同志所指出的那样，要把群众满意不满意、赞成不赞成、拥护不拥护、高兴不高兴作为标准，决定取舍。二是选拔任用干部，要坚持德才兼备的原则，选群众公认、坚持改革开放路线并有政绩的人，选真心实意为群众办事的人。三是不仅要抓大事，而且要抓关系群众切身利益的“小事”。群众日常生活中的事情，看起来小，实际上大，“一枝一叶总关情”。群众很大程度上就是从身边的日常琐事中观察我们党、看待我们干部的。因此，要从大量细微的工作做起，关心群众疾苦，为群众排忧解难。近年来，山东省涌现的许多先进典型，如济南交警、烟台市的社会服务承诺、文登市乡镇党委为农民办实事等，都是从一件件具体事情做起，从小事情做起，热情为群众服务，从而赢得群众赞誉的。当前，要特别注意抓好群众普遍关心的热点、难点问题，不回避矛盾。像安排好下岗职工的生活和再就业，加强社会治安综合治理，切实减轻农民负担，帮助尚未摆脱贫困的群众尽快脱贫致富等等，都要千方百计地努力去做。这些方面的工作搞好了，就会大大提高党在群众中的威信，进一步密切党同人民群众的联系。

转变党员干部作风，各级领导干部要带头。优良作风不仅是抓出来的，还是领导干部以身作则，用自己的模范行动带出来的。领导干部所处的位置，决定了其言行举止和作风有很大的影响力。群众看我们这些领导干部不仅看你讲得怎样，更看你做得如何。领导干部带头，一条是要一身正气，两袖清风。“其身正，不令而行；其身不正，虽令不从”。山东的群众讲，“村看村，户看户，群众看干部，党员看支部”。领导干部不管在什么地方、什么时候，都应当模范地遵守中央关于领导干部廉洁自律的各项规定，带头发扬我们党勤俭节约、艰苦奋斗、不讲排场、不图享受的优良传统。再一条是待人公道，做事公正。要出以公心，一视同仁，做事讲求公正，用人不搞亲亲疏疏，拉拉扯扯。公道正派，群众才能信服，干部才能有威信。还有一条就是勤政为民，造福于民。当领导的要能够带领群众致富，如果干了多年还是“山河依旧，面貌未改”，群众照样受穷，群众的困难照样得不到解决，那就是我们最大的失职。干部带头，说到底就是要老老实实做人民的公仆。领导干部带了好头，就会产生强大的感召力、说服力和凝聚力，群众就会更加拥护我们党。

转变党员干部作风，还要有制度保障。这些年山东省围绕落实中央的要求，在制度建设上做了一些工作，如提倡县委书记驻村蹲点，选派机关干部到基层挂职包村、包企业，实行服务承诺、政务公开、财务公开制度，在基层开展依法建制、以制治村、民主管理活动等等，对于转变干部作风，密切党群干群关系，都起到了积极作用。实践告诉我们，制度建设必须有针对性，有操作性，有约束力，要明确应该怎么做，不能怎么做，违反的如何处罚。当前，尤为迫切的是要健全完善监督制度。没有监督，就不能保证有一个好的作风。我们有些干部作风不正，甚至严重损害群众利益，很重要的一个原因就是缺乏监督。加强监督，一要实行政务公开，凡是能够公开的事情，都应该让群众知道，特别是那些事关群众切身利益的事情，都应公之于众。二要加强党内监督。领导干部要按照党章的要求，认真过好组织生活，开展批评与自我批评，有问题先在党内解决，避免给群众造成损害，影响党在群众中的威信。三要做好信访工作。群众来信来访是对干部进行监督的有效途径，也是我们联系群众的重要渠道。作为领导干部，应当高度重视人民群众来信来访，经常亲自处理来信来访，及时研究解决群众来信来访中反映的问题。四要加强社会各个方面的监督。要充分发挥各级人民代表对党委、政府工作的监督作用，尊重人民群众的民主权利，依法办事。充分发挥人民政协和民主党派的监督作用，认真听取和虚心接受他们的意见。充分发挥舆论监督的作用，鼓励积极的舆论批评，扶正祛邪。为了加强党员干部作风建设，最近，山东省正在全省进行干部作风问题调查研究，在此基础上，下一阶段准备集中一定的时间，对全省干部作风进行一次全面整顿，以此进一步提高认识，找准问题，拿出解决的措施，使全省各级干部的思想作风有一个新的改进，努力形成刻苦努力多学习、身体力行倡清廉、扑下身子干事业的浓厚风气，推动全省经济建设和社会各项事业更快更好地发展，以优异成绩迎接党的十五大的胜利召开。

济南交警精神的本质是爱民*

（1997 年 9 月）

济南交警的事迹，山东交警的风采，我在江西就有耳闻。我来济南后的第二天，就去看望了他们。近两年，全国各地掀起了一股学习济南交警的热潮，山东交警一直走在最前头。他们从严治警，严格执法，一心为民，热情服务，爱岗敬业，争创一流；他们不讲条件，无私奉献，一切为了城市交通，一切为了人民安全。其间，涌现出一大批警爱民、民拥警的模范人物和先进集体。在江泽民同志为济南交警题词“严格执法，热情服务”两周年之际，山东省公安厅和新华社山东分社联合编辑出版《齐鲁交警风采》大型画册，形象地展示了山东交警的精神风貌和时代风采，是一件很有意义的事情。

现在，我们各级机关干部和各行各业，都在学习济南交警。学什么，如何学？从《齐鲁交警风采》这本画册里，或许能得到一点启示，即济南交警精神。

精神作为一种概念，既有它的外在现象，又有其内在本质。济南交警那种敬业爱岗、吃苦耐劳，热情服务、无私奉献的事迹，感人至深，是大家有目共睹的。但追根溯源，济南交警精神的本质则是他们拥有一颗爱民之心。

济南交警之所以能够常年如一地对工作高度负责，尽忠职

---

* 这是吴官正同志为《齐鲁交警风采》画册作的序言。

守，在人民心目中铸起不朽的丰碑，就是因为他们爱民是发自内心的，爱心是恒久的，是真情所致。希望我们在知民、爱民、为民方面，都来做一名自觉的实践者。

要善于做新形势下的群众工作*

（1997 年 10 月 11 日）

在新形势下，群众工作出现了一些新情况、新特点，提出了一些新要求。有的干部不善于做新形势下的群众工作，方法简单，作风粗暴，动辄训人，甚至一些好事也办砸了，群众意见很大。做好新形势下的群众工作，很重要的就是要妥善处理人民内部矛盾。江泽民同志对此提出了密切观察，及时发现，不可拖延掩饰，慎重和妥善处理的要求，我们每一个领导同志都要按照这个要求去做。

要敢于正视矛盾，不能回避矛盾，遇到群众有意见、有情绪的事情，首先要反省自问，症结是否在我们自己身上，群众的意见有没有道理。那种不敢接触矛盾，怕群众、怕麻烦、怕困难，遇到矛盾绕道走的做法，最终会导致矛盾激化，这方面的教训是有的，应认真吸取。相反，领导干部相信群众，主动靠上做工作，许多矛盾就解决了，这方面也有许多经验，应当加以总结推广。

要多做说服教育工作，采用疏导的方法。群众是讲道理、知情理的，只要方法得当，道理讲清，群众是会理解、支持的。

要坚持依法办事，把教育的方法、行政的方法、法律的方法结合起来，综合运用，避免简单化，决不能靠压服解决问题。有的干部工作方法简单粗暴，原因是多方面的，首先上级领导负有责任。有些工作要求过急、过高；有的只压任务，不教方法；有的

---

* 这是吴官正同志在山东省委常委扩大会议上讲话的一部分。

工作安排本身就脱离实际，却硬要基层完成；对干部使用多，教育少，关心、培养不够。所以，出了问题不能只埋怨基层，要更多地从领导上找原因，从领导方式、方法上找原因，从领导决策是否正确上找原因。省委确定，对过去因工作方法简单粗暴，侵犯了群众利益，犯了错误的基层干部，只要能认识错误、改正错误、取得群众谅解，原则上不再给予处分。大家着眼于今后，着眼于提高素质，着眼于改进工作方法，着眼于更好地为党为人民工作。今后如果明知故犯，不思改进，再出问题，要从严处理。

上级党委、政府对基层干部感情上要理解，工作上要支持，做得对的要撑腰，帮助他们解决实际困难，保护和调动广大基层干部的积极性。对群众也要善于做思想工作，教育他们增强全局观念、长远观念，正确处理国家、集体、个人三者利益关系，特别要强化法制教育，提高守法素质。这也是各级党委、政府的责任。

信访工作是联系群众的一条重要渠道，也是做群众工作的一种重要形式。作为领导者，必须重视信访工作。人民群众有要求、有怨气、有意见，找上级党委、政府反映，这是对我们的信任。对群众提出的问题一定要认真对待，能解决的要及时解决，这样群众才能信任我们、支持我们。

学习贯彻十五大精神重在落实*

（1997年10月）

党的十五大，对今后我国改革开放和社会主义现代化建设作出了部署，必将极大地推动我国两个文明建设进入一个新的时期。现在，我们的方向更加明确，任务更加清晰，关键是把十五大精神落实到各项工作中。

学好十五大精神，用十五大精神统一思想认识，是落实好十五大精神的前提。江泽民同志的报告，主题鲜明，立意深远，是马克思主义的纲领性文献。学好这个《报告》，对于我们把握正确方向，解决各种矛盾和问题，全面推进建设有中国特色社会主义伟大事业，至关重要。学习《报告》要在领会精神实质上下功夫，把学习十五大精神同学习邓小平理论结合起来，同学习江泽民同志的一系列重要讲话和指示结合起来，同学习党的路线方针政策结合起来，同研究现实问题结合起来。通过学习，使广大党员干部群众进一步认识高举邓小平理论伟大旗帜的极端重要性，更加坚定不移地同以江泽民同志为核心的党中央在思想上、政治上、行动上保持高度一致，不断解放思想，抓住机遇而不丧失机遇，开拓进取而不因循守旧，围绕经济建设这个中心，加快改革开放，加强精神文明建设，实现经济发展和社会的全面进步。

---

* 这是吴官正同志发表在《人民论坛》1997年第10期上的一篇文章。

落实十五大精神，需要着力解决那些影响和制约全局的突出问题。从山东省情出发，在经济上，要紧紧围绕两个根本转变，进一步强化农业基础地位，改造传统工业，大力发展第三产业，提高产品质量和效益，增强山东产品在国内外市场上的竞争力。要积极探索能够极大促进生产力发展的公有制实现形式，大胆利用一切反映社会化生产规律的经营方式和组织形式，实行股份制和股份合作制，增强国有企业的生机活力。要加速实施开放带动战略，加快山东经济国际化的进程。要重视科技进步，促进经科教、产学研相结合，提高全省经济的科技含量与整体素质。在精神文明建设上，要始终坚持“两手抓、两手都要硬”，提高社会成员的道德水准和文化修养，维护社会稳定，为改革开放和现代化建设创造良好的社会环境。在党的建设上，突出抓好各级领导班子建设和高素质干部队伍建设，全面增强各级党组织的凝聚力和战斗力。通过我们的努力，把党的十五大精神贯穿于全省工作的各个方面，全面推进经济社会发展。

落实十五大精神，必须进一步转变各级干部的作风。干部作风特别是领导干部的作风，直接影响到党的路线、方针、政策的贯彻执行。现在，许多问题都是由于某些干部作风不正所导致的。转变干部作风，第一位的是切实增进对人民群众的感情。干部作风问题，说到底是对人民群众的感情问题。我们有的干部并不是不懂为人民服务的道理，但缺乏的是对群众的感情。只有对人民群众有感情，才能对党有感情，对祖国有感情，才能自觉地把对党负责与对群众负责统一起来，自觉地贯彻党的路线方针政策，自觉地落实好党的十五大精神。转变干部作风，就要扎扎实实为群众办实事。从全党全国的大局着眼，从解决那些直接关系群众切身利益的事情做起。当前，要突出解决好农民负担过重和下岗职工增多这两个问题，安排好受灾群众的生产和生活。群众日常生活中的事情，诸如婚丧嫁娶、衣食住行等，看来“事小”，实际事大。对这些涉及群众利益的事情，对群众的实际困难，要切实关心，设身处地为群众着想，扎扎实实为群众排忧解难。通过我们的工作，落实党的十五大精神，使群众看到十五大带来的新变化、新面貌，进一步密切党群、干群关系。转变干部作风，还要善于做新形势下的群众工作，尤其要妥善处理人民内部矛盾。领导干部要敢于正视矛盾，不能回避矛盾。遇到群众有意见、有情绪的事情，首先要反省自问，症结是否在我们自己身上，把工作做细、做好。要坚持依法办事，多做说服教育工作，把疏导的方法、行政的方法、教育的方法、法律的方法等结合起来，综合运用，避免简单化。干部作风转变了，就会进一步密切党群干群关系，激发和调动人民群众的积极性、创造性，使党的十五大精神变为广大人民群众的实际行动，变成改造世界的强大物质力量，推动建设有中国特色社会主义的伟大事业不断前进。

弄虚作假是决不能允许的*

（1997 年 11 月 26 日）

这种现象尽管是极个别的，但也是决不能允许的。个别干部扰民、作假甚至骗人让我看到“政绩”，其实这是败绩，我很难过。在一两个地方，我也曾有所察觉，为了顾全一些干部的“面子”，怕“伤”一些同志，压住了火，没有及时严肃指出，我对不起那里的群众，应作检查，我应负责。请党支部向宗亮〔1〕同志请示，给有过这个问题的地方的领导打个招呼，引以为戒。今后如发现有扰民、作假、骗人等讨上级领导“喜欢”的做法，一定要请省纪委从严查处，否则败坏党风，败坏一代人风。

注　　释

〔1〕宗亮，即张宗亮，时任山东省委常委、秘书长。

---

* 这是吴官正同志在山东省委办公厅督查处《关于调查个别地方弄虚作假情况的报告》上向所在党支部作的检查。

山区开发要讲求生态效益*

（1997年11月）

山区开发建设，要依靠科学技术，坚持水土治理和经济开发相结合，山水林田路综合治理，既要求发展，又要讲求生态效益，真正做到经济、社会和生态效益相统一，实现可持续发展。在山区开发上，除大力发展林果业外，可以适当种些藤类植物，绿化荒山。你们搞荒山拍卖、利用民营方式搞水利建设，使农民富了起来，这条路子是对的。要发挥特色优势，搞好农副产品基地建设，搞好农产品的深层次加工，实现多层次增值。发展农村经济，要选好带头人。这些人既要有觉悟，还要有本事、有开拓精神，能够带领群众艰苦奋斗。刘加坤〔1〕就是好的带头人，像他这样的干部，我们省有一大批。有了这样一些好的带头人，才能使党的政策在基层得到很好的落实，农村才大有希望。

可持续发展，包括经济、社会、环境、人口、资源之间的相互协调发展等内容。在发展中要重视搞好水土保持，控制水质环境的恶化和大气的污染，重视资源的深度开发、综合利用和节约。在结构调整时，要注意有选择地着重培植一些高新技术产业、主导产业和拳头产品，以提高竞争能力。要继续重视教育特别是职业技术教育，不断提高劳动者素质。

大家要认真学一学恩格斯的《自然辩证法》。为什么讲这个呢？因为我们山东的经济要坚持可持续性发展。《自然辩证法》

---

* 这是吴官正同志1997年4月份、11月份两次考察临沂时的谈话。

有许多重要的论述，其中有两点对我的印象很深：一是人们在改造自然的同时，也在改造人类自身，人们的世界观也要得到改造；二是人们在改造自然界的过程当中，自然界往往要给予无情的报复。我们要坚持可持续性发展，就必须加强对资源的有效利用、人口的有效控制，以及环境的有效保护。要使我们的同志知道，经济的增长尽管要付出代价，但要以极小的代价来取得最有效的增长，这符合《自然辩证法》的观点。加快经济发展是对的，但资源消耗要合理，要把环境保护好，经济效益也要提高，这样才是有效的增长方式。

注　释

〔1〕刘加坤，时任山东省临沂市平邑县九间棚村党支部书记，第九、十届全国人大代表。

老老实实做人　踏踏实实做事*

（1997 年 12 月 16 日）

参加今天的支部生活会，向支部检讨一下思想，谈点体会。

有三件事我向同志们说说。一是有些地方弄虚作假，扰乱百姓，欺骗上级，我察觉后没有及时指出来，应负责任。比如有家工厂，我算账应该是亏损的，他们汇报说赚了 300 万，后来有人给我写信，说你受骗了。到某地检查抗旱工作，田间地头好多打井的，一看就知道是有意安排的。有的地方为了让我看到种小麦的场面，玉米还没成熟就让老百姓砍掉。有个地方安排我到一个山上去看，天下着雨，安排好多小孩打拳，孩子冻得直打战。一个地方要我看农业开发，天很冷，让一些老百姓下到塘里拉鱼给我看，明显是搞假动作。有一个村，本来是茅草房，为了让我去看，乡里每户补助 430 元，两天时间就盖上了瓦。以上说的这些现象，其他地方可能还会有。我看到这样一些弄虚作假的问题，心里很难过，但为了顾及一些干部的“面子”，怕“伤”一些同志，有时装糊涂，没有及时严肃地指出来，对不起那里的群众。如果下面出现一两个这样的问题，可以严肃地批评下面，现在的问题是不止一两个，那就应该从上面找原因，根子在省里，主要在我。前些日子，我就这个问题给支部写了个检查，目的是引起各级领导的注意，再也不能搞那种作假、扰民、欺骗上级的

---

* 这是吴官正同志在山东省委办公厅综合一室党支部生活会上的发言。

蠢事了。如再发现这种情况，一定要严肃查处。

二是有些同志很喜欢吹，吹得很厉害，但水平又实在不高。你在那里吹，大家不了解实情，有时可能会相信，这叫“吹牛”。事情明明摆在那里，大家都看得清清楚楚，你还照样吹，吹得没有常识，吹得不是名堂，但考虑到我来山东时间不长，也就忍了，没有严肃批评。在这个问题上，我也有责任。有些人想靠造假、吹牛、搞假政绩骗得领导的喜欢，得到提拔，如果得逞，那就是吏治的腐败，这是很危险的。从严治党，要从省委开始，首先从我开始。

三是我们天天讲全心全意为人民服务，但有些事没做好，心里很惭愧。有一个县，今年 4 月打死一名 18 岁的男孩，4 个凶手放了 3 个，只关了一个 14 岁的，人家不服，凑钱买了冰柜，把尸体冷冻起来不火化，六七个月问题没解决，影响很坏，后来省委政法委派了人去，才把凶手全部抓到。还有一个地方，去年打死一个人，我前段去时，死者亲属向我告状，当地的同志保证马上处理，但最近我又去那里，这件事还没有处理好。看到这些情况，我感到很惭愧。司法的黑暗是最大的黑暗。有些人不是为人民服务，而是人民为他服务。为人民服务这个词说说很容易，天天喊也不难，但真正做起来就难了。因此，作为领导干部，无论什么时候都一定要保持清醒的头脑，注意世界观的改造，像周恩来总理那样，活到老、学到老、改造到老。我要带头改造，你们青年人更要注意世界观的改造。明嘉靖三年，河北有个知县叫郭允礼，他题了一块碑，“吏不畏吾严而畏吾廉，民不服吾能而服吾公”，意思是讲当官的不怕你怎么严厉，就怕你廉洁；老百姓不服你怎么有本事，就服你办事公道。“公生明，廉生威”，当干部的，一要公道，二要廉洁，这是最起码的要求。

再谈几点体会。

一、要夹着尾巴做人。我们就像猴子，都有一条尾巴。平时蹲在地上的时候，尾巴不容易被看到、抓到，爬到树上，尾巴就露出来了。所以，要夹起尾巴做人。人贵有自知之明。我也有不少缺点、错误。“政声人去后”，现在人家说你好，不算好，将来人家说你正确，那才算正确。历史不是写出来的，是干出来的，老百姓心里有杆秤，这才是衡量正确与否的标准。

二、要明白“人走茶凉”的道理。我认为，还是人走茶凉好。有的人希望家里总是门庭若市，这是不可能的。人走茶非凉不可，不然就会变馊。你在一个地方当什么书记，当什么长，人家来请示工作，求你办事，你走了，这些情况就不存在了，还会门庭若市吗？我离开江西以前，给家属子女提了三条要求，一是不要管闲事，不要听闲话；二是要学会过老百姓的生活；三是不找领导，不提要求。

三、要学习“鼻子”精神，只求奉献，不求索取。人长有两只眼睛、两只耳朵、一个嘴巴，就是要你多看、多听、少说。但眼睛有时会看错事、看错人，耳朵有时会偏听偏信，嘴巴容易说错话。有人甚至为了好看，还割个双眼皮、挂上耳环、涂层口红。相比之下，鼻子的优点就很多：一是有同情心，眼睛流泪，它也跟着流鼻涕。二是很勇敢，人一旦伤风感冒，它先打喷嚏、发信号。三是顺其自然，不求粉饰。四是很讲团结，两孔沟通，互相配合。五是很开朗，什么气味都能吸进去，也能吐出来。一个人做官是暂时的，做人是一辈子的事。我们都要向鼻子学习，对人民富有同情心；遇到不正确的东西，敢于作出反应；多做贡献，不求索取；团结一心干工作，不搞无原则的磕磕碰碰；大肚能容，不要小肚鸡肠。

四、我们大家都去过佛教寺庙，寺庙中各位神佛的位置安排是很有学问的。一进大门，两边有四大金刚，即风调雨顺，各司其职。中间是弥勒佛，笑口常开，很讲团结。弥勒佛后边立着横眉怒目的韦陀，他刚正不阿，扶正祛邪，与弥勒佛形成相互补充的关系。走进大雄宝殿，正中间立着佛祖释迦牟尼，两边站着佛祖的两个弟子，一个记忆力好，把佛祖布道讲法时说的话都记在心里了；另一个文字组织能力强，把佛祖的话整理成文字，形成了佛教经典。因为他俩对佛教的贡献大，所以放在佛祖两边，十八罗汉也没有攀比的。世界上凡是存在的东西都是有原因的。从寺庙中神佛的位置排列，我们可以联想到其他一些问题，对我们的工作也会产生一些启发。比如班子的配备，起码应该注意这么三条，一是结构合理，二是人尽其才，三是“论功行赏”。

不断提高国民经济的科技含量*

（1997年12月20日）

我省企业困难多的一个很重要的原因是，产品技术含量不高，吸纳科技成果的能力不强，物耗能耗高，这是阻碍经济增长方式转变的突出因素。必须下决心逐步解决这些问题，真正把经济增长建立在提高科技含量的基础上。

这些年我们引进了不少先进技术设备，对于迅速提高技术水平发挥了重要作用，但消化、吸收、创新不够。明年中央决定对国有企业引进先进技术和国内不能制造的设备，实行进口免税政策。这是一个很好的机遇，我们要积极引进对我省经济发展起重要作用的关键技术和设备，有选择地对一些项目进行消化、吸收、创新，以机电一体化为突破口，以大型企业集团为依托，有组织地进行系统集成。搞得好，既能够替代进口，又可以形成新的经济增长点。

现代科技本身就是资金高度密集、智力高度集约的产业，任何一项重大的技术创新都必须依托相当雄厚的财力和智力投入。要适应这一特点，把科技人才集中起来，把有限的资金集中起来，针对我省经济发展中的一些关键技术，特别是对能够较快提高我省竞争力的技术，进行攻关，力争早出成果。技术进步，最终要体现在产品的科技含量上。突破一项关键技术，相应的配套技术要跟上；产品的核心技术掌握后，零部件的生产和制造

---

* 这是吴官正同志在山东省经济工作会议上讲话的一部分。

技术也必须过关。第二次世界大战以后，世界科技迅猛发展，集中表现为整个产品的科技含量大幅度提高。产品的技术含量越高，生产的社会化程度就越高，也就要求有更高水平的配套生产企业。我们要积极借鉴发达国家的成功经验，建立以行业为主的技术进步服务体系，从产品设计、生产、加工等方面给予中小企业必要的指导，使他们能够生产出高技术含量的产品为国内外大企业配套。这样，既可以使中小企业更好地参与到大企业集团的新产品开发中去，又可以使小产品形成大产业、大市场，带动一个行业。

警惕和防止吏治腐败*

（1998年1月15日）

这些年来，我省组织工作做得是好的。各级组织部门紧紧围绕经济建设这个中心和全党工作大局，大力加强领导班子、干部队伍和基层党组织建设，全省党员干部的思想政治素质有新的提高，工作作风有新的改进。比如，“一推双考”公开选拔部分领导干部、机关中层领导职位实行竞争上岗、对领导干部监督实行“八打招呼”、建立县委书记蹲点制度、农村基层组织三年集中整顿、推广乡镇党建典型经验等等，都搞得很有成效，有的还在全国有关会议上作了介绍。

我们也要清醒地看到，党的建设还面临繁重的任务，干部队伍中还存在一些不容忽视的问题。有的干部政治意识薄弱，理想信念动摇；有的群众观念淡薄，不关心人民疾苦；有的作风飘浮，弄虚作假；有的贪图安逸，为政不勤不廉；有的独断专行，飞扬跋扈；有的任人唯亲，拉帮结伙，封官许愿；有的请客送礼，跑官要官等等。这些问题，集中到一点是吏治方面的问题。历史的经验证明，吏治的腐败是最大的腐败。我们组织部门的每个同志，每个党员干部、特别是领导干部，都应当增强忧患意识，警惕和防止吏治的腐败，把从严治党、从严治吏作为关系党和国家前途命运的大问题认真对待，切实抓好。

一、从严治党，首先要从严要求各级领导干部、尤其是党政

---

* 这是吴官正同志在山东省组织工作会议上的讲话。

“一把手”。我们党是执政党，一级党委是一个地方政治、经济、文化和社会各项事业的领导核心。党政“一把手”在领导班子和全局工作中负有全面的责任，起着关键的作用。“一把手”的状况如何，对整个领导班子和干部队伍的政治方向、领导水平、为政风气有着至关重要的影响。“一把手”配得强，自身素质高，严格要求自己，就会带出风气正、形象好的班子和干部队伍，各项事业就会蓬勃发展。“一把手”配不好，素质差，或者违法犯罪，就会带出一个弱班子，甚至可能带坏整个班子，毁掉一批干部，给一个地区或单位造成很大损失。我省一个市的原市委书记，由于收受贿赂、滥用职权、腐化堕落，造成市委班子中5名成员违法犯罪，多名市县级干部受到党纪处分、国法惩处，对当地工作造成了严重损害，影响恶劣。这说明，端正党风政风，警惕、防止和清除吏治腐败，首先要从严要求各级党委，尤其是党政“一把手”。

要突出抓好三个方面的工作：一是切实把人选准、选好。所选的人确实具备“一把手”的素质，有德有才，德和才都好。那些政治上不强，理想信念不坚定，心术不正，对人民群众缺乏感情的人，其他条件再好也不能用。有的地方选“一把手”片面强调“才”而忽视“德”，把政治素质不高、人品不好的人选了来，结果好端端的一个地方被搞得一塌糊涂。还有的按班子成员的排列位次和资历选“一把手”，“多年的媳妇熬成婆”，年轻的熬老了，许多优秀人才上不来，这怎么行呢？二是严格管理。有的领导干部对下级讲套话、空话、不疼不痒的话太多，推心置腹批评帮助的话少；有的问题已经很严重了，还遮遮掩掩，终于酿成大错。这种状况必须改变。上级党委和组织部门平时要注意掌握下一级党政“一把手”的情况，严格管理，发现问题要及时打招呼，该批评的批评，不能包着、捂着。三是“一把手”要带头严格要求自己。要注重加强自身修养，自重、自省、自警、自励。有些用心不良的人，专门投领导所好，你稍不注意，就会被人钻空子。因此，一定要心中有数，慎言、慎行。要坚持民主集中制，充分发扬民主，自觉接受监督，既要善于听取不同意见，对不正确的东西和歪风邪气也必须敢抓敢管。要按照江泽民同志提出的“坚持原则，把握大局，团结同志，加强修养”的要求，切实把自己管好，把班子带好，把干部队伍建设好。

二、加强世界观的改造，防微杜渐，过好“五关”。世界观、人生观、价值观是总开关，“物必自腐而后虫生”。在改革开放的新形势下，一些领导干部之所以经受不住资产阶级腐朽思想的侵蚀，在灯红酒绿、声色犬马面前败下阵来，根本原因就在于世界观、人生观、价值观扭曲，解除了思想武装，自己打倒了自己。我们省有一个市原市委书记犯罪的事实就很说明问题。这个人过去的表现还是不错的，但后来放松了世界观改造，再加上枕边风吹得厉害，最终滑进了犯罪的泥坑。从全省情况看，近几年党员干部以权谋私、贪污受贿的案件不是在减少。据统计，我省1993年以来，5年的时间共查处省管干部案件65起，其中地厅级干部案件57起。这应当引起我们的深思和警惕。这些事实再次说明，世界观的蜕变是根本的蜕变，领导干部不论职务高低、党龄长短，都要注重世界观的改造。

解决世界观、人生观、价值观问题，必须加强马列主义、毛泽东思想，特别是邓小平理论的学习，加强对江泽民同志一系列重要论述的学习。要把握社会发展的客观规律，坚定政治信念。要时刻牢记全心全意为人民服务的宗旨，增强群众观念。世界观的改造是一生的过程，什么时候也不能放松。北宋的包拯在《书端州郡斋壁》中有一句话，“清心为治本，直道是身谋”，意思是讲，心地清静，这是治事的根本；正道直行，这是立身的纲领。所以，要经常教育干部像周恩来总理那样，活到老、学到老、改造到老，过好名利关、权力关、金钱关、色情关、人情关，永葆共产党员的本色。

三、正确运用手中的权力，全心全意为人民服务。如何对待和运用手中的权力，是市场经济条件下对各级领导干部新的严峻考验。在这个考验面前，我们绝大多数领导干部交了合格答卷，但也有个别的打了败仗。有一个县的原县委书记，权力观发生扭曲，把群众利益、群众要求、群众议论统统放到一边，以权谋私，权钱交易，大肆收受贿赂，受到了法律的制裁。有的人把对上负责和对群众负责的一致性割裂开来，想问题、办事情不是从人民群众的根本利益出发，而是挖空心思应付、取悦上级，甚至编假数字、摆假现场，欺骗上级。还有的人把公仆的责任和义务忘得一干二净，讲排场，摆阔气，贪图安逸。有的干部工作方法简单粗暴，胡作非为，欺压群众。还有的住房越来越大，标准越来越高，甚至占着几套住房。想想那些几代同堂挤在一起的平民百姓，想想那些下岗职工和没有解决温饱问题的农民群众，我们能心安吗？对这些问题，各级党组织务必坚决予以纠正。

我国古代思想家早就提出过"仁者爱人"、"民为贵"的思想。马克思主义的权力观认为，领导就是服务，权力就是责任。权力越大，为人民服务的担子就越重。我们党的政策是爱民、富民，我们干部用权，应该做到爱民、利民、富民。对群众感情越深，越能体恤群众的疾苦，就能够做到"一枝一叶总关情"，时刻把群众的冷暖挂在心上，真心实意地帮助群众解决困难。各地要结合领导班子换届，加强对领导干部马克思主义群众观点和群众路线的教育。抓好领导干部的廉洁自律，落实党政机关厉行节约等各项规定，减轻农民负担和企业负担。坚决纠正少数干部工作作风简单粗暴、侵犯群众利益的行为。通过实际行动，进一步密切党群、干群关系，增强党的凝聚力和战斗力。

四、严格把好关，努力提高选拔干部的质量。在改革开放和发展市场经济的新形势下，人们的思想比较活跃，各方面的情况比较复杂，给我们客观公正地识别干部增加了难度。这就要求各级党委和组织部门在选贤任能上，既要解放思想、更新观念，又要严格把关。如果我们的工作稍有疏忽，使心术不正的人得到提拔，就会给党和人民的事业造成不应有的损失。这方面的教训也是有的。

千秋大业在用人，选贤任能在把关。选拔任用干部，根本的是要坚决贯彻执行党的干部路线和“四化”方针，坚持任人唯贤，反对任人唯亲，切实把德才兼备的干部选拔上来。要注意选拔德才兼备、高文化、年轻的优秀干部充实到各级领导班子中去。为此，要打破论资排辈，广开视野选人才。要认真贯彻执行中央颁布的《党政领导干部选拔任用工作暂行条例》，选用干部要严格按党的原则办事，严格按程序办事，不能搞临时动议。研究决定干部时，主要领导同志不能一个人说了算，或少数几个人说了算，不能用书记办公会代替常委会。对争议比较大的干部，不能简单以少数服从多数作出决定。对待干部的政绩，一定要注意不能被一些虚假的泡沫政绩所迷惑，更不能提拔那些专在老百姓身上打主意，用加重群众负担来搞“政绩”的人。考察干部，要注意听取基层干部群众的反映，防止把个别通过非法组织活动拉票的人提拔到领导岗位上来。

五、强化监督，严肃法纪，坚决清除影响干部队伍建设的腐败现象。近年来，干部队伍中存在的一些问题，原因是多方面的，其中与我们监督、执纪、执法不严有直接关系。当前，强化对干部的监督，要突出解决以下几个问题：一是搞好对“一把手”的监督和“一把手”自觉接受监督。职能部门的同志要认真履行职责，更重要的是主要领导同志一定要敞开胸襟，真诚欢迎、自觉接受监督。二是抓好对干部的经常性监督。一个干部出问题，首先是从政治上和思想道德滑坡开始的。出问题总有个过程，总有苗头出现，如果发现问题，上级组织及时打招呼，把问题消除在萌芽状态，就有可能避免出大的问题。现在有的地方建立干部离任审计等方面的制度，要进一步健全，并严格执行。三是健全党内生活。现在，有的地方领导班子成员之间不讲原则，只讲交情，这样下去很危险。班子内部要讲友谊，相互尊重、相互体谅、相互支持，更要讲原则，开展积极的批评与自我批评，发现有的同志有缺点、有毛病，要及时指出来，帮助其改正，不能当老好人。领导同志要认真参加民主生活会，经常参加所在支部的活动，接受党内监督，更好地约束自己，管好自己。

以关爱之心教育挽救失足少年*

（1998 年 1 月 29 日）

过年了，我代表你们的父母来看看，希望你们好好接受管教，严格要求自己，学会一技之长，争取重新做人。浪子回头金不换。你们年龄都还小，只要改造得好，真正悔过醒悟，是会有前途的。要用自己的努力来弥补过失，做一个对社会有用、有益的人。

干警同志们从事的是一项特殊的工作，既代表国家实施法律管教，又像心理医生治疗他们的心灵创伤，还像当家长的呵护他们成长。大家既要维护法律的尊严，又要有精湛的医术、老师的严教和父母的慈爱。真正当好一个“管教”很不容易，大家面对的是一个特殊群体，要因人施管，因材施教。通过坚持不懈、耐心细致的努力，争取把绝大多数管教对象改造成为有益于国家、有益于社会、有益于人民、有益于家庭的人。

这些孩子原本与其他孩子一样可爱，却由于种种原因失了足，犯了罪，这不能完全归咎于他们，家庭和社会都有责任。其中，有因父母离异没人管成了“混混儿”的，有受坏人教唆走了邪路的，有一时冲动不计后果酿成犯罪的，也有叛逆离家浪迹社会的。要坚持教育、感化、挽救的方针，多用亲情关爱，多从正面教育，多以规矩约束，达到教育挽救的目的，使他们感受到党和政

---

* 这是吴官正同志走访山东省少管所时的谈话。

府的关怀，尽快过上正常生活。

公检法司机关不只是办案子，还要化解矛盾，调解纠纷，安抚帮教。对劳改、劳教释放人员，特别是解除劳教的少年犯，要帮助找出路，使他们融入社会，不受歧视。要区别不同情况，采取有针对性的措施，从各方面帮助他们，让他们感受到党和政府的关怀，感受到社会的温暖。只要我们的工作跟上去，就能够巩固提升管教成果，就会降低重复犯罪率。

不图虚名　要图人民的实惠*

（1998 年 2 月 4 日）

党的政策是爱民富民政策，要下决心按中央政策发展东阿经济，减轻农民不合理负担，制止干部简单粗暴。实事求是，一步一个脚印，把东阿的两个文明建设搞好。不图虚名，要图人民的实惠。

---

* 这是吴官正同志对山东省东阿县委负责同志来信所作的批示。

要公正地对待老百姓*

（1998 年 2 月 10 日）

今天，我想谈两点。一是要关心群众疾苦。我小时候家里很穷很苦，受到许多不公正的待遇。我能有今天，是党和人民的关怀和培养，我永远记得帮助过我的老师和领导。我现在处理信访时，总是想到穷人，想到要公正地对待老百姓。忘记过去就意味着背叛，忘记了穷人同样意味着背叛。当领导的，一定要关心群众生活，尤其是关心那些日子过不下去的人的生活，关心城市下岗职工和困难职工，关心农村还没有脱贫的农民，关心家里出了天灾人祸的干部职工。人有困难的时候，才最需要帮助。找到你们信访的群众，那只是少数，还有好多有困难的群众没找你们呢。所以，我们要主动多帮老百姓解决一些困难。

二是办事要公道。山东的老百姓是非常好的。负担过重和干部作风简单粗暴，是当前老百姓反映最多意见最大的问题。虽然问题表现在下面，但根子在上面。有些县市的领导对基层干部要求不严，实事求是的态度不够。其次是市地和省直部门也有责任。老百姓一年忙到头没赚到几个钱，不要在老百姓身上打主意，交提留确有困难，缓一点是可以的，不要让老百姓过不去，更不能动用公安干警去老百姓家里牵牛、拿粮。现在有些学生家庭不宽裕，父母下岗，吃饭穿衣都很紧。我遇到下岗职工

---

* 这是根据吴官正同志在山东省信访工作会议上的即席讲话整理的。

做小生意的，赚点钱大多是为了小孩上学。有的学校还向学生伸手，做校服、订牛奶等变相收费，从学生手里赚钱，良心何在？这些没有同情心的人，又怎么能当好老师呢？要关心家庭困难的学生，在我省要做到不让一个考上大学的学生，因交不起学费上不了学。这是我们党和政府应尽的责任。

我们共产党是靠人民群众过来的。当时闹革命，动员群众参军参战打天下，现在当了权，能把他们忘掉吗？老百姓是最讲实际的，不管报告上说增长了多少，做了什么政绩，他们就看两条：第一条，看你办事公不公道；第二条，看你当权时，他们的日子过得是不是舒心，生活是不是比过去好一点。有的干部不怕得罪老百姓，就是怕得罪领导。我看，那些领导喜欢但老百姓不拥护的干部不是好干部。选拔和任用干部要注意这一点。孔子讲过“仁者，爱人”，孟子也讲过“民为贵”，就是讲要爱老百姓。孔子讲过“苛政猛于虎”，苛捐杂税，粗暴行政，比老虎还厉害。我们山东是英雄辈出的地方，孔繁森在西藏工作期间，与藏民结下了深厚的感情。焦裕禄对老百姓一往情深，千方百计发展生产，改变那里的面貌。朱彦夫没有手，没有脚，当了几十年党支部书记，全心全意为人民服务，群众就拥护他。王为民是石油工人，没有几个钱，一天到晚做好事。张海迪是残疾人，著了些书，自己拿了5万元办了学校。山东有许多很好的干部，但也有一些人掌了权，对老百姓缺乏感情，办事不太公道，群众不满意。“衙斋卧听萧萧竹，疑是民间疾苦声。些小吾曹州县吏，一枝一叶总关情。”封建社会当县太爷的郑板桥尚且如此，我们共产党的干部不是更应做到吗？你们在座的市地委书记，官可不算小了，比郑板桥、陶渊明大得多，而我们在爱民问题上做得如何，大家扪心自问一下。密切与群众的联系，关键要加深与老百姓的感情，要对干部加强爱民教育，爱护老百姓，关心老百姓。不爱护老百姓，老百姓怎么会尊重你、拥护你？妥善处理群众上访，解决老百姓生活困难，最重要的是集中精力发展经济，注意科学决策，办事要公道，尊重群众意愿，不搞强迫命令，不搞形式，多为老百姓办实事。

总之，只有管好干部，各级干部带头讲公平正义，讲艰苦奋斗，山东才有希望。山东人民心情舒畅，生产力才会得到解放和发展。

找准经济工作的着力点*

（1998年2月13日）

当前经济工作中要办的事情很多，必须抓住突出问题，找准着力点，有四个问题需要引起我们的高度重视，着力加以解决：

一是中小企业的发展问题。现在，中小企业的困难比较多。乡及乡以上独立核算工业企业中，小企业亏损面高达50%；全省下岗失业职工中，城镇中小企业的占60%以上；城镇居民中生活比较困难的部分群众也多数集中在中小企业。中小企业搞不上去，下岗职工安置问题、经济发展问题，都难以解决。事实上，发达国家为了促进充分就业，都制定了一些保护中小企业的法律和政策。我们在发展企业集团，提高规模效益的同时，决不能忽视中小企业的发展。对效益好、有前途的中小企业要在政策上、资金上给予更多的支持。要加快中小企业的改组、改造，优化资本结构，促进生产专业化，提高与大企业协作配套能力，形成小而专、小而精的垂直分工体系，营造和开拓新的生存空间。要进一步解放思想，大胆探索有利于中小企业发展的所有制实现形式，把中小企业的发展与调整、完善所有制结构结合起来，采取承包、租赁、职工收购、向社会出售等多种形式把企业搞活。省政府多方想办法，拿出了20亿元用于中小企业补充流动资金，如一年周转两次，就是40亿元。各地也要开动脑筋，积极主动地研究对策，促进中小企业的发展。

---

* 这是吴官正同志在山东省市长专员会议上讲话的一部分。

二是开拓市场问题。目前，企业产成品积压问题相当严重。只有开拓市场、促进销售，积压产品才能实现其价值，社会再生产才能顺利进行，各种矛盾才能缓解。要把开拓市场、启动消费、减少产品积压作为经济工作的一项重要任务来抓，加大促销力度，已制定的促销政策要不折不扣执行。企业在这方面更要积极主动，千方百计开拓市场。要加快住房改革、医疗改革，引导居民改变传统消费观念，倡导合理消费，开辟新的消费领域。各级政府要按照国家宏观调控的政策，原则上不新上一般工业项目，集中力量加快有市场前景、效益好的在建项目建设，支持企业引进关键设备和高新技术设备，促进产品更新换代。

三是发展外向型经济问题。我省出口产品市场的75%、外商投资的70%集中在日本、韩国、东南亚等国及港澳台地区。受东南亚金融危机的影响，外贸出口和引进外资都遇到许多困难。要保持外向型经济的发展，需要适时调整我们的工作思路与政策，因势利导，营造新的对外开放优势。一方面，要实施市场多元化战略，尽快开辟欧美、大洋洲、非洲市场，改变外贸出口对日本、韩国、东南亚过分依赖的状况。同时，调整外资来源的区域结构，把重点向欧美、中东地区扩展。要加大对跨国公司的招商力度，努力创造条件，支持跨国公司到我省办项目、兼并或收购企业。要用足用好国家的减免税政策。另一方面，要充分利用东南亚和韩国货币大幅度贬值的时机，大力发展来料加工业，实行大进大出，即使赚不到多少钱，能够解决一大批人就业，也是划算的。另外，要密切观察和分析东南亚金融危机的走势，把握其经济复苏的契机，及早采取措施，力争在东南亚市场上占领有利位置。

四是培植新的经济增长点问题。住宅业、农产品加工业都是新的经济增长点，这里着重强调一下发展第三产业和高科技产业的问题。第三产业是促进经济增长、容纳劳动力就业的广阔领域，要加快发展，坚持国家、集体、个体、私营、外商一齐上，充分运用股份制和股份合作制吸引民间参股和外商参股。大中城市要特别注意发展各类便民服务业、文化娱乐业，有条件的机关和企事业单位居住区，可率先把部分家务劳动社会化，为下岗职工提供新的就业机会。同时，也要注意发展物业管理、金融保险、技术服务、信息咨询等高层次产业。要加快高新技术的引进、消化吸收、创新推广工作，在微电子与计算机技术、信息技术、自动化技术、生物工程、海洋开发、新能源和新型复合材料等领域，我省已有一定基础，应着力培植并促进其向产业化发展，使之成为我省经济发展的新增长点。

转变作风关键是领导带头*

（1998年2月14日）

这些年经过各级的共同努力，我省干部的作风有了一些转变。但也要看到，无论是在一些领导机关还是基层组织，形式主义、官僚主义、强迫命令和奢侈浪费等问题还严重存在。有的干部只考虑怎样能在短期内出“政绩”，在造声势上动了不少脑子，表面上热热闹闹，实际上劳民伤财；现在生产任务很重，工作压力很大，少数群众吃穿都成问题，而一些干部却无动于衷，对应解决的问题一拖再拖，整天忙于应酬“上面的活动”；强迫命令，作风粗暴，侵犯群众利益的事情，在一些地方仍相当严重；减轻农民负担，我们一直抓得很紧，但有的地方还是出了逼死人命的事；一些干部把享乐作为一种追求和时尚，变着法地提高标准，消极腐败现象在干部队伍中尚未得到全面有效遏制，有些还在滋长蔓延。对干部作风上存在的问题，群众非常不满，再加上有些事情处理不当，造成一部分群众集体上访、越级上访。

产生上述问题，既有干部自身的原因，也有组织上管理、教育不严的问题。毛主席1953年在山东分局纪委《关于反对官僚主义、反对命令主义、反对违法违纪的报告》上有一段批示：“如果我们的领导任务有所加强，我们的领导方法有所改进，则危害群众的官僚主义和命令主义就可以逐步减少，就可以使我们的许多党政组织较早地远离国民党作风。”各级都要切实重视干部

---

* 这是吴官正同志在山东省纪委九次全会上讲话的一部分。

的作风建设，扎扎实实地落实省委提出的“十条”，尤其要警惕和防止吏治和司法的腐败，提高干部队伍的战斗力和凝聚力。

密切联系群众，要从增进与人民群众的感情入手。一个干部作风好不好，固然与认识能力、工作方法有关，但起决定作用的是自己与群众是否有深厚的感情。古代开明的政治家深知“民为贵”、“民惟邦本，本固邦宁”的道理。人民群众是历史的创造者也是唯物史观最基本的观点。可以讲，密切联系群众，不仅是起码的为政之道，更是一个世界观问题，一个立场问题、党性问题。因此，要广泛深入地进行唯物史观和党的宗旨教育，自觉增进同群众的感情。感情问题解决了，才能把作风转变过来，才能闻得“民间疾苦声”，才能“一枝一叶总关情”。

密切联系群众，就要适应群众民主意识增强的新形势。由计划经济向市场经济转变，是一个根本性的转变，我们的工作作风和领导方法必须与之相适应。有位在乡镇工作的同志跟我说，老一套办法许多不能用了，有的老办法在今天看来都侵犯了群众权利，违纪甚至违法。从另一个方面看，经过近二十年的改革开放，群众民主意识、法制意识、科学意识普遍增强了，对关系切身利益的事，钻研得很深。如果我们的干部作风、工作方法落后于群众的认识，工作又不到家，就可能办一些错事。当前出现的一些问题，往往由此而引发。党员干部特别是领导干部，必须认真执行党的基本路线和基本方针，决不能有任何偏离和改变；必须适应市场经济的要求，按照客观规律办事，决不能盲目蛮干；必须树立公仆意识，“俯首甘为孺子牛”，决不能高高在上，当官做老爷；必须坚持群众观点，工作合情、合理、合法，决不能粗暴蛮横，做损伤群众感情的事；必须讲实话、办实事、求实效，决不能弄虚作假、虚报浮夸。要善于教育、引导群众，做好化解矛盾的工作。对待出现的矛盾，不注意做化解工作，与群众对立，是错误的；不顾群众长远利益，一味迎合某些不合理的要求，也是有害的。正确的做法应该是，在坚持党与人民群众利益的原则下，正确教育和引导群众，把大家的积极性、注意力引导到改革和发展上来，做好维护安定团结大局的工作。同时，又要做好深入细致的思想政治工作，慎重妥善地处理好已出现的矛盾。决不能怕群众、怕麻烦，回避拖延，上推下卸。只要我们的心和党与群众贴在一起，这些是不难做到的。

奢侈浪费是严重的腐败行为，群众深恶痛绝，极大地损害着党和政府在人民群众中的形象。转变干部作风，就要大力弘扬党的艰苦奋斗的优良传统。我们党以艰苦奋斗起家，“艰苦奋斗是我们的政治本色”。每一位党员干部都要扪心自问，自己在政治上褪色了没有？身上沾染了奢侈浪费的恶习没有？如果想想我国现在还处在社会主义初级阶段，有那么多人下岗待业，还有许多群众刚刚解决温饱，自己却醉心于声色犬马，甚至不以为耻反以为荣，那么这些同志就应该感到羞愧。我们知道，最近东南亚发生的严重金融危机，使这些国家蒙受了巨大损失，其根源与过分的奢侈浪费不无关系。应该承认，这些国家的经济发展水平并不比我们差，我们更应该居安思危。发扬艰苦奋斗的作风，要从具体事情做起。落实中央作出的八条规定，我省也采取了一系列措施。现在情况怎么样？有成绩，但也有问题。移动电话和公款吃喝清理起来遇到不少麻烦，主要是一些人不自觉，和组织绕圈子、打埋伏，不愿纠、不想改。这是什么问题？是政治观念不强、阳奉阴违的表现。中央确定的八条，要不折不扣地全面落实。这次中央纪委二次全会又进一步明确，清理通讯工具、禁止会议发放纪念品、严禁公款大吃大喝，年内必须做到、做好，并建立相应的制度。三条中还有没做到、没做好的，要抓紧采取措施，缺什么补什么，不能再拖了。同时，继续查处大案要案，确保党员干部队伍的纯洁性，每一个党员干部都必须以党性作保证，坚决执行中央和省委的规定。

倡导艰苦奋斗，各级党组织负有重要责任。有的党组织不善于从政治上观察和处理问题，用干部不管作风，有的打着为本单位职工办事的幌子，在用车、住房、安装电话、发钱发物等问题上严重违规，集体作出错误决定，以牺牲党和人民的利益来换取一部分人的拥护。尤其不能允许的是，在上级党组织采取措施解决问题的时候，还在搞变通、找理由拖着不办。这就很能说明一个党组织到底是站在什么立场上，为谁掌权、为谁服务，是一个非常严肃的问题。各级党组织务必与党和人民同心同德，讲原则，守规矩，坚决与奢侈浪费之风一刀两断，让艰苦奋斗、勤俭节约的优良传统和作风发扬光大。

能否使我省干部作风在近期内有一个较大的转变，关键在领导机关、领导干部。“上之所为，人之共瞻”。领导在群众中树立什么样的形象，具有重要的导向作用。这些年来，我们倡导了许多事情，定了不少规矩，可在相当一些单位收效不大，很重要的是“上面”没带好头。有的群众说，“是他们定的规矩，也是他们破坏的”。所以，好的作风，既是抓出来的，也是带出来的，只要领导带好头，干部作风就能转变过来。领导干部带头，首先要从自己做起，从身边抓起。开展反腐败斗争以来，中央和省里就廉洁自律提出了若干“不准”，省委提出解决干部作风的“十条”也有半年多的时间了。各级领导干部要认真检查一下，哪些做到了，哪些没有做到，为什么没有做到。上半年的民主生活会，要专题解决这个问题，纪委、组织部门要认真抓一下。对待亲属和身边工作人员，有的领导干部注意不够，致使他们利用自己的权力和影响，干了不好的事情，个别领导干部也被拖了进去。领导干部管住自己是起码的要求，管住下属是基本的职责。现在有一种不好的现象，有的“一把手”讲起来也算清廉，但对班子成员、主管的地区和单位存在的问题，不敢抓，不敢管，明知不对，少说为佳。这种庸俗做法，实质上是好人主义和极端个人主义的表现。各级领导班子都要实行严格的党风廉政建设责任制，“一把手”负总责，分管领导各负其责，坚持党风廉政建设与经济工作和其他工作一起部署，一起落实，一起检查，一起考核。按照这个要求，我们省委常委自己带好头，从省委、省政府两个大院抓起，从省直机关抓起，从分管的部门抓起，从与群众利益密切相关的单位和系统特别是执纪执法部门抓起，一级抓一级，一级带一级，上下一起行动，做到一抓到底，务必抓出成效。

领导转变作风，既有自我约束的问题，还有接受监督的问题。失去监督的权力必然导致腐败。对领导干部进行监督，既是保证权力正确行使的手段，也是保护爱护干部的措施。每位领导干部都要切实增强接受监督的意识，摆正监督与被监督的位置，坚决执行中央和省委颁布的加强党内监督的有关规定。要充分发扬民主，为群众监督领导机关、监督领导干部创造有利条件。过去各级已经实行了的有效监督办法，还要继续坚持，同时要根据目前出现的新情况，积极探索新的监督途径。凡是直接涉及群众利益的部门都要实行公开办事制度。企业领导班子成员每年要经职代会进行一次民主测评，国有企业、县属部门以及乡镇主要领导干部都要实行离任审计。这几个方面现在就要着手抓，已经搞起来的要不断改进和提高，确保能够长期坚持下去。监督工作做好了，就能为转变干部作风提供有力保证。

为群众办事要满腔热情*

（1998 年 4 月）

做好信访工作，首先要解决好感情问题、认识问题。没有对人民群众的深厚感情，没有对信访工作的正确认识，就做不好信访工作。我们所做的一切都是为了经济发展、社会进步和人民生活的不断改善。所有工作都是为老百姓服务的。只有把群众关心的事办好，各级党委、政府才算尽到了职责。做信访工作，必须以高度的责任感和深厚的感情，一切从人民利益出发，切实维护群众的合法利益，满腔热情地帮助群众解决实际问题。

做好信访工作，必须妥善处理人民内部矛盾。人民群众有要求、有怨气、有意见，找党委、政府反映，这是对我们的信任。对群众提出的问题一定要认真对待，能解决的要及时解决。要敢于正视矛盾，遇到群众有意见、有情绪的事情，首先要反省自问，群众的意见有没有道理，我们落实和执行政策中有没有偏差和错误。对群众的合理要求，一定要认真负责地给以答复，抓紧给以解决。那种怕群众、怕麻烦、怕困难，遇到矛盾绕道走的做法，只会导致矛盾的激化。特别是当前，因群体矛盾引发的集体上访增多，信访工作要多做说服教育工作，采用疏导的方法，给群众讲清道理，决不能靠压服解决问题。解决人民内部矛盾，需要各级各部门共同努力做好工作。最近，省里成立了省级机关

---

* 这是中办国办信访局《情况交流》1998 年第 4 期刊载的吴官正同志文章的节选。

联合接访小组，建立了重点市地来省值班制度，目的就是要求各地各部门认真负责地处理好职权范围内的信访问题，共同承担起维护社会稳定的义务。

做好信访工作，关键在领导。领导同志亲自批阅群众来信，接待群众来访，从中可以了解到许多情况和问题，这对我们做好工作是大有裨益的。从全省情况看，多数地方和部门的领导同志对信访工作是重视的，做了大量的工作。但也有个别地方的领导，对信访工作重视不够，措施不力，工作比较被动。希望各级党委、政府的主要领导同志都要关心信访工作，真正把信访工作提到重要议事日程上来。重要信访问题，领导同志要亲自过问、亲自处理，问题复杂、规模较大的集体上访，领导同志要亲自出面，到群众中去做工作。要按照省委《关于解决当前干部作风十个问题的意见》，坚持和完善领导同志阅批群众来信、接待群众来访、包案处理重要信访案件制度；坚持和完善市地县党政一把手每人每月亲自处理一个群众最关心的信访问题的制度，并抓好落实。要关心和支持信访部门的工作，帮助信访部门解决实际困难，改善他们的工作条件和生活条件。要关心信访干部的成长，加强信访干部的培养和使用，进一步调动他们的工作积极性。信访干部要牢记全心全意为人民服务的宗旨，增强工作责任心，提高政策水平和业务能力，提高自身素质，不辜负党和人民的期望。

县委书记岗位责任大*

（1998 年 5 月 25 日）

在党的组织结构中，县（市、区）委直接面对基层和群众，处于重要的地位，负有重要的责任。省委和市地委对县（市、区）党政领导班子建设，特别是选准配强党政“一把手”非常重视。经过换届选举和充实调整，目前我省的县（市、区）党政“一把手”，平均年龄 44 岁，阵容整齐，年轻有为，大家都有干好工作的热情和干劲，这是很可贵的，也是我们山东的希望所在。实现我省由经济大省向经济强省的跨越，各位县（市、区）委书记、县（市、区）长负有重要责任。据匡算，近年来，全省国内生产总值的 80%、财政收入的 60%，是县一级创造的。这说明，各县（市、区）的工作搞好了，经济繁荣，社会稳定，人民群众安居乐业，全省大局就有了可靠的基础和保证。大家一定不要辜负组织重托，增强责任感和使命感，不断提高自身的政治素质和领导能力，认真履行职责，坚持高标准、高起点，创造性地开展工作，切实担负起兴一方经济、富一方百姓、建一方文明、保一方平安的重任。

要加强理论学习。扎实的理论功底，是合格领导干部必备的素质。形势和任务的发展，催着我们学习；肩负的重任，逼着我们学习。今天在座的都是县（市、区）党政主要领导，政务缠身，工作繁忙，也很辛苦。越是在这种情况下，大家越要重视学

---

* 这是吴官正同志在山东省第一期县（市、区）委书记、县（市、区）长培训班上讲话的一部分。

习。只有具备了较高的理论素质和文化水平，才能始终保持清醒的政治头脑，才能把握全局、进行正确决策，才能增强工作的预见性、系统性、原则性和创造性。要继续深入学习《邓小平文选》和江泽民同志的一系列重要讲话，学会运用马克思主义的基本立场、观点和方法，解决改革和发展中的重大问题。在重大原则是非问题上，一定要旗帜鲜明。学习理论，要发扬马克思主义的学风，紧密联系实际，与个人思想和实际工作对光，不能空对空；要自我加压，下苦功夫，真正钻进去，不能浅尝辄止，满足于一知半解。同时，还要重视学习现代科技、财政金融、法律、历史、领导科学等方面知识，不断拓宽知识面，提高知识层次，更好地适应工作需要。

要发扬党的优良作风。全心全意为人民服务，密切联系群众，这是我们党的优势和法宝。县这一级直接与群众打交道，大家作为各县(市、区)的主要领导，这方面做得怎么样，直接关系到党在人民群众中的形象。我们要以焦裕禄、孔繁森等先进人物为榜样，正确运用人民赋予的权力，时刻把群众的疾苦冷暖挂在心上，脚踏实地、尽心竭力地为群众办实事、谋利益。要把对上负责与对下负责有机统一起来，应当说，做好当地群众工作，把本县(市、区)的事业搞上去，就是对上最好的负责。那种只对上“负责”，不管群众疾苦的行为，是与党对领导干部的要求格格不入的。目前，各地下岗职工比较多，一些农民的负担比较重，一些农村基层干部作风简单粗暴，要下决心解决好。大家一定要增强爱民意识，按照中央和省委的有关要求，转变领导作风和工作作风，切实站在群众立场上，设身处地为群众排忧解难。要坚持驻村蹲点制度，经常到基层调查研究，摸透基层情况，了解群众的思想脉搏；要注意做好深入细致的思想政治工作，及时化解矛盾，理顺群众情绪，要抓住群众关心的热点、难点问题，多为群众办实事、办好事，赢得群众的信任和支持。

权力是把双刃剑，用好了可以为人民、为社会造福，用不好就会出问题，甚至会变质。这些年，我省先后有十多个县级领导干部栽了跟头，让人触目惊心，教训是十分深刻的。县委书记、县长处在重要的领导岗位，在这方面要有“如履薄冰、如临深渊”之感，要树立正确的世界观和人生观，保持高尚的道德情操和思想境界，淡泊名利，艰苦奋斗，经受住“糖衣炮弹”的进攻。大家都很年轻，要多想事业，多干工作，少沾染官老爷习气。据有的同志反映，大家来学习报到时，有的来了两辆车，有帮着提包的，还有帮着拿杯子的，有这个必要吗?！大家不仅自己要处处谨言慎行，廉洁自律，还要带好班子、抓好队伍，管好家属及身边工作人员。当前，要从实际出发，认真贯彻落实好省委关于转变干部作风的十条规定，从县委、县政府领导干部抓起，影响和带动基层干部转变作风。

要坚持民主集中制。民主集中制是党的根本组织制度和领导制度。领导干部能否严格执行民主集中制，不是一般的作风问题，而是个政治品质问题。胸无全局者，不足谋一域。在座的都是县(市、区)的党政“一把手”，首先要与以江泽民同志为核心的党中央保持高度一致，自觉维护中央的权威，保证党中央、国务院的政令畅通。要正确处理中央和地方、整体和局部的关系，善于从大局上考虑和处理问题，自觉维护和服从大局。在班子内部，要坚持集体领导和个人分工负责相结合的制度，凡属重大问题决策，都要广泛听取群众意见，集体讨论决定，不能搞“个人说了算”。成员之间既要有明确分工，又要各负其责，抓好工作落实。实践证明，团结出战斗力，团结出生产力，团结也出活力。不团结，于事业、于个人有百害而无一利。大家要增强全局观念，互相信任，互相支持，互相补台，像爱护眼睛一样维护班子的团结。县委书记和县长要加强沟通，要与班子成员谈心交心，化解矛盾，消除误会，做维护团结、增进团结的表率。

要抓好重点工作。县一级处于上下结合、城乡结合、宏观与微观结合的重要位置，可以说无所不包，千头万绪。大家既要统揽全局，突出重点，拿主意，出思路，又要学会“弹钢琴”，抓好方方面面，防止顾此失彼。以经济建设为中心，是党的基本路线的核心内容。发展是硬道理，是解决一切问题的关键。当前，我省经济形势总的是好的，但随着改革的深入，经济和社会生活中的深层次矛盾逐步暴露出来，再加上亚洲金融危机的影响，我省的经济工作既面临着严峻的挑战，也面临着良好的发展机遇。今年我省国内生产总值的增长速度确定为9%，力争11%，这个指标既是积极的，也是留有余地的。大家要认清自己肩负的历史重任，扭住经济建设这个中心不放松，进一步解放思想，抢抓机遇，迎难而上，加快发展。各县（市、区）基础条件不同，各有优势，只要有市场、有效益、有后劲，速度可以快一点。要尊重基层和群众的首创精神，注意总结和推广他们创造的新鲜经验。看准了的，就要大胆地干，大胆地试，一抓到底。当然，一定要从实际出发，量力而行，不能搞短期行为，不能超越群众的承受能力，不能搞虚的、搞假的。

从亚洲金融危机中汲取教训*

（1998 年 5 月 27 日）

过去由于经济环境相对封闭，我们对国际上发生的金融危机和经济危机感受不深。日本 90 年代初期的泡沫经济，1995 年墨西哥金融危机以及在这之前发生的拉美债务危机等，我们感受都不大。但这次亚洲金融危机，对我省的影响超出了预料，其后果已经在经济的许多方面反映出来。这说明，我们经济的外向度明显提高了，与全球经济的联系更加密切了。经济国际化进程中的利益和风险是并存的。但我们无论是在经验上，还是在驾驭能力上，都是准备不足的。必须用开放的眼光看待开放的经济，用开放的措施解决开放中的问题。东南亚、韩国之所以出现严重衰退，主要是经济内部出了问题。比如，政府对市场和企业的不恰当干预，盲目追求数量型增长，企业集团一味贪大，经济结构长期失调等。在经济工作中，我们应当汲取这些教训，尽力避免失误。同时，要看到这次金融危机带来的挑战和机遇，抓紧调整我省经济结构、出口结构和利用外资结构，扎扎实实地推进市场多元化战略，扩大我省产品对欧美、南美、中东、非洲等市场的出口。还要密切关注东南亚、韩国经济发展的走势，早作准备，一旦出现复苏迹象，就发挥我们原有的优势，在这些地区重振雄风，抢回市场。

---

* 这是吴官正同志在山东省经济工作会议上讲话的一部分。

切实解决制约农业发展的突出问题*

（1998年6月2日）

当前，山东农业遇到的突出问题是什么？我认为主要有三个。

第一个是农业增产、农民增收问题。我国过去长期处于短缺经济，是卖方市场。现在是买方市场。大多数农产品供给由短缺变为有余，价格下滑、销售不畅，小麦、玉米不好卖，猪肉、花生、水果价格下跌。蔬菜情况好一点。在这种新形势下，农民如何增收？农民增收靠什么？靠提高农产品价格是不行的，因为现在价格都放开了。恐怕最根本的还是要靠提高农产品质量，比如小麦如果蛋白质含量提高了，就好销了；蔬菜品种、质量档次提高了，就更好卖了。

第二个是农村劳动力的出路问题。我们山东有8800多万人口，其中农业人口接近7000万，农村劳动力3600多万。我们这么多的农业人口，这么多的劳动力搞饭吃，不能转移到二、三产业，那就不可能实现农业现代化。因此，农村富余劳动力的出路问题，需要高度重视，认真解决。

第三个是水资源紧缺的问题。水资源紧缺与降雨量大小是有关系的，但更重要的是水资源的有效利用问题。雨水再多，利用不好，照样缺水。比如喜马拉雅山的迎风坡，年降雨量1万多

---

* 这是吴官正同志在山东省农业专家顾问团工作会议上的讲话。

毫米，直接入了海；江西省年降雨量1500—1900毫米，大都流到湖里、河里去了。我们山东年降雨量一般在600毫米左右，通过兴建多种水利工程，千方百计蓄积起来，少流到海里去，天然降水的利用率就会大大提高。解决缺水问题，既要开源，又要节流。再一个是我们水质污染问题与缺水同样严重，水质污染对生产生活影响太大了，要下决心搞好综合治理。以色列降雨量比我们少得多，但他们利用得好，治理得好。我在以色列待过一个星期，没有看到一条河、一条沟、一个湖，就是靠雨水。他们把下的雨全都蓄起来了，节水农业搞得很好，农业产量很高，良种也搞得很好。这方面，很值得我们学习借鉴。

不失时机地发展知识经济*

（1998 年 6 月 12 日）

现在人们时常议论新技术革命问题，如果把 18 世纪 60 年代以蒸汽机应用为标志的技术变革称作第一次技术革命，把 19 世纪 70 年代以电力应用为标志的技术变革称作第二次技术革命，那么 20 世纪 80 年代起的新技术变革可以说是以信息技术为标志的第三次技术革命。

当今世界，知识经济正在兴起。知识经济离我们又远又不远，说远，是因为我们还没有形成知识经济的支柱产业；说不远，是因为我们的海信、浪潮、中创软件、青岛 AT&T、华光等企业已敲开了知识经济的大门。

随着科学技术日新月异的发展，知识经济将使新产业、新产品和新服务不断涌现，产品和服务越来越知识化、智能化、数字化。经济效益越来越依赖知识和创新，而不再仅仅是有形的资源、厂房和资本。

在知识经济发展的时代，知识将成为一种重要的资源。比尔·盖茨 1975 年用自己的知识创办微软公司以来，在二十多年时间里创造了神话般的奇迹。到去年，他已拥有资产 460 亿美元，连续三年成为世界首富。有科学家认为，今后在计算经济增长时，必须把知识直接放到生产体系中去考虑。

---

* 这是吴官正同志约请山东省科委负责同志关于发展知识经济的谈话。

在未来的知识经济中，信息将是国家生存发展的关键。美国等西方发达国家正在调整经济结构，加大对高科技信息领域的投入，提高获取信息的能力。美国自1990年以来，对信息产业的投资年均增长20%以上，大大高于其他产业的投资。

知识密集型产业将成为经济增长的主渠道。据测算，到2001年，全球高新技术产业产值将高达3.5万亿至5.3万亿美元，成为世界第一大产业。据报道，美国经济增长中有27%来自高科技的信息通讯产业，而建筑业只占14%，汽车工业仅占4%，知识经济的产值已占GDP的50%。

知识经济将不断创造新型工业群，同时还带动传统产业的改造，有力地推动经济的继续增长，促进人类社会的不断进步。由于高科技的不断涌现，新型产业群，如电脑、通信、航空航天等产业正迅速崛起，同时也带动与其相关的服务产业的蓬勃发展，将为社会提供更多新的就业机会。近年，由于美国重视知识经济的发展，失业率已下降到4.8%，为24年来的最低水平。

知识经济对我省经济社会发展影响深远。在发展知识经济过程中，要高度重视计算机技术、通讯技术和信息资源处理技术组成的信息技术，重视高新技术产业开发区的建设，重视高科技学科的建设，重视"研学产"的结合。要注意发现、培养高科技的带头人和出类拔萃的经济管理人才；注意知识创新与管理创新的结合；注意从山东实际出发，坚持高标准、高起点、高要求，制定规划，分步实施，重点突破；注意不刮风，量力而行。逐渐减少资源消耗，减少环境污染，提高产品质量，提高科技含量，增强经济竞争能力，实现可持续发展。

千里之行，始于足下。我们要抓住知识经济带来的机遇，发挥齐鲁人民的聪明才智，为21世纪山东的发展，积极进取，顽强拼搏，扎扎实实地做好工作。

刘运库是农村基层干部的好榜样*

（1998 年 6 月 22 日）

今天，我学习了《大众日报》头版刊登的《农村党支部书记的榜样——刘运库〔1〕》和评论员文章《一切为了群众》，深受教育，心情久久不能平静。建议省委组织部发一个通知，要求全省乡镇党委、村党支部都要认真学习 6 月 22 日《大众日报》的这两篇文章，结合自己的实际认真进行讨论。对照刘运库同志的事迹，总结自己的经验，找出自己的差距，把我省农村基层组织，尤其是村党支部建设好，把农村两个文明建设搞得更好。

对刘运库同志的家属子女一定要照顾好，这是党对一个优秀基层干部应有的情感。

王培文〔2〕等同志的文章写得很好。只有深入实际，虚心学习，才能写出这样有血有肉有分量的好文章来。建议大众日报社对参与撰写报道的几位同志予以表扬。

注　释

〔1〕刘运库，生前任山东省兖州市王因镇沙河村党支部书记。

〔2〕王培文，时任大众日报社副总编辑。

---

* 这是吴官正同志致山东省委分管负责同志的一封信。

领导干部公开接访制度是个好办法*

（1998 年 7 月 5 日）

前天，青岛市委书记张惠来[1]谈到胶南市委、市政府领导公开接访制度。市委确定每月有一名市级领导接待上访群众，并将接访时间、地点等事项提前三天向群众公布，公开接访取得了很好的效果。今天，我仔细阅读了 7 月 5 日《大众日报》刊登的《胶南领导公开接访制度化》的报道，读后很受启发，感到这确是一个好办法。恳请你们都认真读一读，想一想，胶南市能办到的，你们那里能不能办到？

江泽民同志反复告诫我们，要关心群众生活，解决群众困难，全心全意为人民服务。领导干部公开接访，是讲政治的具体体现。我们每一位党员干部，都要有爱民、为民、富民、安民的思想，满腔热情、真心实意地为群众排忧解难。像胶南市那样建立公开接访制度，让群众倾吐心声，把大量的矛盾解决在萌芽状态，解决在基层，就是一种很好的方式。对于全面贯彻落实十五大精神，把我省各项工作做得更好，大有帮助。

胶南市通过公开接访，促进了干部作风好转，改善了干群关系。去年以来，没发生一起越级集体上访案件。我想胶南市委、市政府的公开接访，一定是分级负责，责任到人，各乡镇及有关

---

* 这是吴官正同志致山东省县（市、区）委书记、县（市、区）长的一封信。

部门都是认真负责地解决好职责范围内的问题的。如果我们各市(县、区)在做好准备工作后,主要领导都带头这样做,我们的干群关系一定会明显改善,广大干部群众的积极性一定会更加高涨,我们的工作一定会更加符合民意,就一定能够与广大人民群众一道克服前进中的任何困难。

注　释

〔1〕张惠来,时任山东省委常委、青岛市委书记。

做好领导工作必须
勤奋学习　严于律己*

（1998 年 7 月 13 日）

县（市、区）委书记、县（市、区）长的岗位十分重要。自秦汉实行郡县制以来两千多年，县级一直是中国政权结构的重要层次。秦朝时，全国设 36 个郡；汉代设 13 个州，下设 1587 个县；唐朝设 358 个州，1551 个县；到了宋朝，全国有 24 路，254 个州，1500 个县；明清时期，大体有 1300 个县。现在全国有 32 个省市自治区和 1 个特别行政区，有 2800 多个县市区旗。由于县级是政权结构的基础，历代都十分重视县吏的选拔使用。宋代形成比较完备的录用制度，考取进士功名的人才有资格担任县令；明清稍稍放宽一些，少数举人也可以做县令。现阶段，县级仍然是一个重要层次。从政治上讲，县级既是基层，直接面对群众，又是领导机构；既是执行机构，又是决策机构，对一个地方经济社会发展负有全面的重要责任。从经济上看，全省国内生产总值的 80%，财政收入的 60%，工业增加值的 70%，是县一级创造的。从社会管理的角度讲，县市人口占全省总人口的 76%，最大的县有 160 多万人，小的也有 30 万人，长岛县是个例外。城市里的区也是一个重要层次。发挥好县市区的管理功能，使人民群众安居乐业，并且不断提高文明程度，对于全省至关重

---

* 这是吴官正同志在山东省第二期县（市、区）委书记、县（市、区）长培训班上的讲话。

要。再从改革上分析，县级是城乡结合部，在这里可以把城市和农村改革更直接地结合起来，协调推进。可以说，县级稳则全省稳，县级兴则全省兴。同时，县级还是一个十分锻炼人的地方，是出人才的地方。历史上，唐朝的房玄龄，宋代的王安石、范仲淹、包拯，明朝的海瑞，清代的郑板桥、姚莹，都做过县官。现在许多高级领导干部担任过县市区委书记、县市区长职务。同志们在这样一个层次工作，责任重大。经过换届调整，目前我省县级党政“一把手”，平均年龄 44 岁，正是年轻有为的好时光。但时间流逝得很快，希望同志们珍惜时间，珍惜这个岗位，努力开创县域工作的新局面，为党为人民多作贡献。

一、努力学习，提高素质

县级领导特别是一把手，担负着全面的责任，要求有较高的政治素质和工作能力。怎样提高素质？第一位的就是学习。只有勤于学习，善于学习，坚持学习，才能不断提高思想觉悟、理论修养和知识水平，切实担负起改革开放和社会主义现代化建设的领导重任。

当前，改革进入攻坚阶段，发展处于关键时期，世界格局多极化和经济全球化趋势加速发展，日新月异的科学技术进步正在深刻地改变着当代经济和社会生活。我们要战胜可以预料和难以预料的各种困难和风险，不断取得建设有中国特色社会主义事业的新胜利，必须靠邓小平理论的指导，坚持把邓小平理论作为观察世界、发展自己的强大思想武器，作为统领全局、贯穿各项工作的灵魂。深入学习邓小平理论，必须同学习党的十五大报告和江泽民同志重要讲话结合起来，真正把思想统一到十五大精神上来，努力使自己的学习和工作达到十五大所要求的新水平。

深入学习邓小平理论，必须解决学风问题。学风也就是对待马克思主义的态度问题。延安时期，毛主席提出整顿学风，主要是解决理论脱离实际，如何用中国化的马克思主义统一全党的思想问题。通过延安整风，使全党的思想达到了空前一致，保证了抗日战争和解放战争的胜利。党的十一届三中全会以后，邓小平同志号召全党端正学风，突破“两个凡是”的束缚，恢复实事求是的思想路线，从而使中国进入新的历史发展阶段。在新的历史时期，端正学风，就是要以改革开放和现代化建设的实际问题、以我们正在做的事情为中心，着眼于理论的运用，着眼于对实际问题的理论思考，着眼于新的实践和新的发展，高举邓小平理论伟大旗帜，把建设有中国特色社会主义事业全面推向21世纪。作为县市区主要负责人，一定要对端正学风的重要性有一个清醒的认识，率先垂范，带头形成好的学风。

市场经济是一个极为复杂的系统，有许多必须遵守的规律和规则。社会主义市场经济只有很短的发展历史，没有什么现成的经验可供借鉴。我们对于市场经济的理解还很肤浅，驾驭水平还不高，因而更加需要刻苦学习。这次东南亚的金融危机，就有很多教训值得我们深思。县域经济包括工农业和第三产业多个领域，因此领导县域经济需要多方面的知识和经验。能不能驾驭全局，促进市场经济发展，大有学问。应当说，这方面我们还有不小的差距。有些同志仍然习惯于计划经济的办法，不懂得、不善于运用市场经济的新方法。在有些地方，要么不知道怎么干，无所适从，畏难发愁，等待观望；要么盲目蛮干，不讲科学，闹出乱子。有一个市的城市信用社，高息揽储，高收高贷近18个亿，管理又混乱，结果造成死账，引发风险。经过上级帮助做工作，才算基本得到化解，但仍造成了五六个亿的损失。还有一个县，到处高息集资，用集来的钱上了一些没有效益的项目和工程。现在债主纷纷找上门来讨债，多时甚至几百人，搞得县委、县政府难以招架。这说明，如果不懂金融知识，不依照法规办事，风险是很大的。因此，我们对新的形势下如何发挥看得见和看不见“两只手”的作用，如何高效安全地运用金融、货币、财政等经济手段，如何把握消费、储蓄和投资之间的关系，如何实现充分就业、低通货膨胀、国际收支平衡、经济快速增长，等等，都要去认真学习、认真研究。马克思的《资本论》不仅是一部无产阶级革命的理论著作，对市场经济的产生和发展也有很深刻的分析和阐述，大家可以有重点地读一读。还要学一点西方经济学的经典名著，像萨缪尔森、斯蒂格利茨的《经济学》，里面有许多观点讲得非常深刻，可供参考。

科学技术是第一生产力，是经济发展的决定性因素。美国1991年以来一直保持持续增长，主要靠信息等高科技产业推动。目前美国信息高技术产业在GDP中所占的比例已经超过20%，以信息技术为主的知识密集型服务出口总值已接近商品出口总值的40%。经合组织主要成员国国内生产总值的近50%来自以知识为基础的产业。这次东南亚的金融危机，之所以给这些国家造成了巨大的经济损失，很重要的是缺少高技术产业的有力支撑，经济安全得不到保障。当今世界，科技发展日新月异，以高技术产业为支柱的知识经济正在兴起，对我们来讲，这既是不可回避的挑战，又是不可多得的机遇。历史上，我们已经失去了很多发展机会。上个世纪初，中国的工业总量曾经是英国的三倍，但由于清王朝的腐败和统治集团的愚昧无知，错过了从手工业向机械工业、从人畜力动力向蒸汽动力过渡的历史机缘，使当时的中国被拒于世界工业革命的门外，远远落后于工业化国家。历史的教训必须牢记。面对知识经济时代的来临，我们决不能再错过这一历史性机遇。作为县市区的主要领导干部，要牢固树立“科教兴国、兴省、兴县”的思想，带头学习科技知识。去年，省委举办了六次科技知识讲座，效果很好。有关材料大家可以看一看，增长一点知识，特别是比较年轻的同志，要下决心补补科技这一课。

重视和加强学习，对于领导干部来说，是一种觉悟、一种修养、一种境界，也是一种责任。作为领导干部，要做认真学习的表率。坚决克服忽视学习、盲目自满、安于现状的错误思想；要善于“挤”时间学习，克服只顾忙工作，不愿拿出时间学习，甚至以干代学的现象；要发扬“钉子”精神，真正“钻”进去学，坚决克服畏难发愁、心浮气躁、浅尝辄止的不良倾向。只要大家肯吃苦，坚持不懈地学下去，一定会有收获、有进步。

二、切实做到讲政治

始终保持坚定的政治立场和清醒的政治头脑，是对党员领导干部的基本要求。这里所说的政治，就是江泽民同志提出的政治方向、政治立场、政治观点、政治纪律、政治鉴别力、政治敏锐性。

党的领导集中体现在政治领导上，体现在把握社会发展的大方向和确立正确的发展道路上。作为县里的党政领导干部，讲政治，最根本的就是坚定不移地同以江泽民同志为核心的党中央保持高度一致，高举邓小平理论伟大旗帜，坚持党的基本路线，把党交给的任务完成好，使群众安居乐业。

当前，强调讲政治，有特别重大的意义。随着改革的深入和经济市场化进程的加快，我们面临着各种新的矛盾，经济发展面临诸多困难，人们的思想问题比较多，党群干群关系不尽如人意，有的地方社会丑恶势力比较猖獗，治安状况尚未根本好转。对此，我们必须保持清醒。

我省广大干部、特别是领导干部的政治素质是好的。我来山东接触过的许多干部，都给我留下了很深的印象。各级领导干部政治立场坚定，政治方向明确，对党对人民忠诚，有高度的政治责任感和事业心；吃苦耐劳、埋头实干、“不怕困难怕落后”的精神，也很令人感动。正是有了这种政治素质和革命精神，才取得了改革开放的巨大成就。但是，与党和人民的要求相比，与形势任务的要求相比，我们还有差距。在一些领导干部中，讲政治的观念还没有真正确立起来，特别是遇到具体问题，就不善于从政治上去考虑和处理了。近年来，违犯政治纪律，甚至违法乱纪的事情时有发生，像前几年两个市的走私案；这次换届选举中，两个县市一些人搞非组织活动和“贿选”；有的县对宗教问题缺乏应有的注意，甚至为了暂时的一点经济利益，就在原则问题上让步，以纪念古人为由大修宗庙，搞迷信活动，有的还组织老百姓集资建庙；有一个县的领导班子成员，政治上不清醒，法制观念淡薄，工作中弄虚作假，违纪违法建狩猎场，结果成了赌博和嫖娼的场所。这些问题虽然发生在极少数地方和极少数人身上，但所反映的思想认识方面的问题带有普遍性，必须引起我们的警觉，必须加强讲政治的教育，提高广大党员特别是领导干部的政治素质。

第一，要始终与党中央在思想上、政治上、行动上保持高度一致。在开创改革开放和现代化建设新局面的过程中，以江泽民同志为核心的党的第三代中央领导集体以英明的战略决策、高超的领导艺术和驾驭全局的能力，赢得了全党和全国人民的信赖和拥护。同党中央保持高度一致，是党的根本利益所在，是人民的根本利益所在，能否自觉做到这一点，是衡量一个干部政治素质高低的重要标志。作为共产党员，作为在地方工作的领导干部，同中央保持一致不是讲空话，而是要落实到工作中和思想上。一方面要能够经受住考验，在任何时候、任何情况下都毫不动摇，保持政治上的坚定性。另一方面，要认真贯彻民主集中制原则，做到个人服从组织，少数服从多数，下级服从上级，全党服从中央,保证中央的各项方针政策不折不扣地得到落实。最近,中央出台了一系列大的改革政策,像国家政府机构改革、金融体制改革、粮食流通体制改革、国有企业下岗职工基本生活保障和再就业等,各级领导干部一定要胸怀全党全国工作的大局,服从国家宏观调控,绝不能搞"上有政策,下有对策",确保中央部署的各项改革顺利进行。

第二,要善于调动一切力量为党的中心工作服务。我们的国家是工人阶级领导的以工农联盟为基础的人民民主专政的国家。工人、农民、知识分子是我们党依靠的主要力量。各级党委、政府在制定出台各项政治、经济等政策措施时,一定要充分考虑是否代表了他们的利益,反映了他们的要求。改革开放以来,随着"三资企业"、民营企业、私营企业、股份制企业等多种经济成分的发展,社会各阶层发生了许多变化。特别是个体私营经济发展很快。去年我省注册的个体私营工商业户就达 253 万多户,546 万多人,提供了 11.6%的全省财政收入。这既是一支不可忽视的经济力量,也是一支不容忽视的政治力量。党的十五大明确指出,非公有制经济是社会主义市场经济的重要组成部分。我们在制定政策时必须切合这一客观实际,保护这部分人的合法利益,充分调动其为社会主义现代化建设服务的积极性。统一战线是党的一大法宝,但我们的许多干部,包括一部分党员领导干部,没有很好地认识这个法宝的重要意义和作用,没能充分地运用这个法宝,甚至有时还忽略它、丢掉它。这是完全不应该的。在新的历史时期,不管哪个党派、哪些个人、信仰什么,只要是社会主义劳动者、拥护社会主义的爱国者、拥护祖国统一的爱国者,真心为社会主义现代化建设贡献力量,就应当真诚地去团结和信任他们,与他们结成最广泛的爱国统一战线,共同促进国家的统一、安定和繁荣,促进一个地区的政治稳定和经济发展。

第三，要努力把经济建设搞上去。发展经济，实现现代化，是解决一个国家、一个地区所有问题的基础，是最大的政治。没有离开政治的经济，也没有离开经济的政治，经济问题也是政治问题。“文革”十年，使我国经济受到严重破坏，也使党的威望受到严重损伤。苏联的剧变，除了历史的、政治的原因外，经济发展缓慢，人民生活得不到较快改善是一个重要因素。印尼的苏哈托由于没能采取有力措施，尽快解决国内的经济问题，加上腐败严重，最终导致几十年政权的结束。改革开放二十年，我们最主要的经验就是坚持以经济建设为中心，实现了工作重心的战略转移。从我省的实践来看，凡是经济发展比较快、比较好的县、乡、村，那里的党群、干群关系一般都比较好，社会安定，政通人和；反之，各种社会矛盾也就比较多，党群、干群关系紧张。因此，在纷繁的工作中、事务中，各级党政领导一定要保持清醒的头脑，排除各种干扰，始终抓住经济建设不放松，千方百计发展生产力、改善人民生活。

第四，要确保社会政治稳定。没有稳定的政治和社会环境，一切都无从谈起。政权巩固、社会稳定，是经济繁荣发展、社会文明进步不可缺少的条件。当前我省总的社会形势很好，但也存在许多不安定因素。随着改革的不断深化，社会成员之间以及企业之间的利益格局变化较大，各种利益矛盾加剧，人民内部矛盾日渐突出。县市区的领导，担负着保一方平安的重任，一定要深刻认识维护政治和社会稳定任务的重要性、艰巨性，正确处理改革、发展、稳定的关系，及时、正确、妥善地处理各种矛盾。不断强化社会治安综合治理，严厉打击各种刑事犯罪分子，下决心迅速打掉一切带有黑社会性质的犯罪团伙。坚持依法治省、治市、治县、治乡、治村，使稳定建立在可靠的法治基础上。实行齐抓共管，坚决把一切影响政治和社会稳定的因素消灭在萌芽状态，保证国家长治久安，人民安居乐业。

三、创造性开展工作

创造性开展工作，也就是在客观条件基础上，充分发挥主观能动性，努力改造客观世界。作为县市区的主要负责人，创造性地开展工作，是一个丰富生动具体的实践过程。能不能创造性地开展工作，对一个地方的经济社会发展至关重要。如果高高在上，脱离群众，脱离实际，对下情若明若暗，不甚了了，凭主观臆想决策和办事；如果陷于事务主义，忙忙碌碌，不得要领，大事抓不住，小事不少抓，工作抓不住重点、抓不住关键环节，不能驾驭全局和把握事物发展的正确方向；如果喜欢形式主义，摆花架子，做表面文章，欺上瞒下，弄虚作假，只发虚功，不办实事；如果搞好人主义，胆小怕事，不敢拍板，不敢负责，不敢碰硬，见难就走，谨小慎微；如果不求有功，但求无过，敷衍塞责，得过且过，工作毫无生机和活力，就根本不可能有创造性，经济社会发展就不会快。

创造性地开展工作必须解放思想。思想的解放是经济社会发展的先导；思想解放的程度，影响着改革开放的力度和社会发展的速度。比如，按照十五大精神，在发展壮大公有制经济的基础上，大力发展非公有制经济方面，就很需要进一步解放思想。潍坊市奎文区和曹县的个体私营经济快速发展，诸城市中小企业改革，临沂市市场建设，寿光的蔬菜开发，等等，都是解放思想的产物。

创造性开展工作，就要做好中央精神与当地实际相结合的文章。要做到这一点，前提条件是吃透上情和下情。吃透上情，就是认真学习邓小平理论，学习十五大精神，学习江泽民同志的重要讲话，学习国家的法律法规和政策，包括党中央、国务院和上级下发的重要文电，都要精心研读。只有把“上头”的精神吃透了，“应用”才有依据，“结合”才有方向。吃透下情，就是通过深入细致的调查研究，把本地各方面的情况摸清、摸透。没有调查就没有发言权。吃透下情的主要途径还是要深入基层，认真听取各方面的意见，做深入细致的调查研究，并对调查来的情况进行综合分析、比较研究。一个县几百平方公里、有的上千平方公里，几十万甚至上百万人口，是一个复杂的社会系统，吃透县情不是一件容易的事。但只要扑下身子、放下架子，扎扎实实地调查研究，就一定能够真实透彻地掌握县情，取得工作的发言权和主动权。寿光、寒亭等地的农业产业化经验，莱阳的蔬菜生产合作社，章丘的“依法建制，依制治村，民主管理”等等，都可以说是把上级的精神同本地实际相结合，创造性地开展工作的结果。实践证明，哪个地区、哪个部门“结合”的文章做得好，勇于创造、积极探索，哪里的工作就有生机和活力。如果照抄照转，等因奉此，或者一味等上级出主意、拿办法，自己不动脑筋，不敢负责，就谈不上创造性地开展工作，就不可能开创新局面。

增强革命事业心和责任感，是实现创造性开展工作的基本条件。我们一些地方和部门的领导同志，在工作中不敢从实际出发，不敢创造性工作，除了缺乏必要的胆识和领导水平外，很重要的是缺乏事业心和责任感。建设有中国特色社会主义是前无古人的伟大事业，新情况、新问题层出不穷，需要各级领导干部充分发挥自己的聪明才智，不断有所发现，有所发明，有所创造，有所前进。如果没有强烈的事业心、高度的历史使命感和责任感，而是敷衍应付，得过且过，甘居中游，不思进取，是不可能、也不会有所创造的。

四、努力提高科学决策水平

从一定意义上说，领导水平的高低，主要是看其决策水平的高低。所谓“一着不慎,满盘皆输”,讲的就是这个道理。县级这个层次,处在城乡结合、宏观微观结合的重要部位,决策能力如何,至关重要。作为县级主要领导同志,要特别重视科学决策问题。

有些领导同志往往凭感觉凭经验作决策,也就是人们常说的“三拍干部”,即:“任务面前拍胸脯,问题面前拍脑壳,失误面前拍屁股。”因决策失误吃苦头的教训很多。

有一个化纤厂,1990 年引进德国一次性手术衣生产设备,外汇贷款 280 万美元,配套人民币贷款 300 万元。外方承诺产品包销,结果设备进来后不能正常运行。后来才弄清这是德国第一套试制设备(当时英美等国都有现成的成型设备),产品外销也无从谈起。企业严重亏损,贷款全部逾期,根本无法偿还。

有一个灯泡厂,原是一家很好的企业。但引进的意大利荧光灯二手生产线和匈牙利双螺旋镝灯生产线,一直不能正常生产。这种设备在国外已经过时。现在这两条生产线一条已拆除,一条亏损了 154 万元。企业负债 6000 多万元,工人长期发不出工资,1400 人下岗待业。好好一个企业就这样被拖垮了。

还有一家毛纺厂,引进了全国第一条半精梳生产线。本来的想法是粗粮细做,实际情况是国产毛根本不配套,使用澳毛又不如用毛条便宜。原料价值高,产品价格卖不上去,纺出的毛纱与国产织机也不配套。项目建成后一直开不起来,加上汇率变化,到目前,已拖欠贷款近亿元。

在农业和农村经济发展方面,决策失误的例子也很多。一些地方一窝蜂地搞“葡萄热”、“苹果热”、“山楂热”,一哄而起,结果市场变化,果贱伤农,群众怨声载道,只好痛心砍树。有的不顾客观条件看人家抓什么就上什么,结果吃了大亏。

选人用人方面存在的问题也不少。随着党风廉政建设和反腐败斗争的深入,全省查处的领导干部以权谋私、贪污受贿、腐败堕落等违法违纪案件呈增加趋势。这些人犯错误甚至违法犯罪，并不是一念之差，而是有一个发展过程，有的人正是在违法犯罪过程中被提拔重用的。还有，我们有的领导干部喜欢搞宗派，搞任人唯亲，明明群众对这个人意见很大，却偏要把他提拔起来。对这种吏治的腐败，群众最有意见。

以上，我主要讲的是一些决策失误的例子。实际工作中，正确决策的事例更多，而且是主流。我看到一个材料，有个县是贫困山区，矿产资源丰富。他们从实际出发，发展石材生产，并挂靠国内大企业、大专院校、大科研单位，形成以石材生产为主的优势产业，促进了全县经济发展。这样的事例还有很多。

历史和现实反复证明，在所有失误中，决策失误是最大的失误。怎样才能避免决策失误，做到正确决策呢？最重要的是实行决策的科学化、民主化。也就是把科学和民主引入决策过程，运用现代科学技术手段，采用民主的方法，使决策过程成为充分发扬民主、集思广益、科学论证的过程，从而实现正确决策。民主决策是科学决策的前提条件。在民主决策方面，我们党创造了调查研究、群众路线、民主基础上的集中和集中指导下的民主相结合等许多优良传统和方法，希望大家努力学习和继承。科学决策是民主决策的基本保障。民主决策不能没有章法，必须确立科学的决策意识和决策方法，按照科学的程序和手段，才能达到正确决策的目标。科学技术作为综合的知识体系和思维工具，能帮助我们准确地从宏观上分析判断复杂多变的经济现象、社会现象，在更高的层次上作出科学决策。离开科学化，决策民主化只能是形式上的，没有实际意义。所以，科学决策、民主决策，是在同一个决策过程中从不同角度说的，科学决策主要是指决策的手段、方法及目的，民主决策则是指决策的程序、方式、范围等，两者相互依赖，不可割裂。

如何做到科学决策、民主决策？要认真总结正反两方面经验教训，改变落后的决策意识和决策方法，排除个人感情色彩对决策过程的干扰，增强科学决策、民主决策的自觉性和主动性。要努力克服可能存在的小生产的狭隘眼光和思想观念，自觉培养起尊重科学、尊重民主、尊重知识、尊重人才的良好风气。要认真学习现代科技知识、经营管理知识和决策理论知识等，不断提高自身的科学文化素质和宏观决策本领。对有关经济、社会发展重大问题的决策，要在相关范围内让尽可能多的人参与决策，充分发挥人大代表、政协委员、民主党派的参政议政作用。要充分运用现代科技手段和方法决策，把定性分析同定量分析结合起来。凡属重大问题的决策，一般应有两个以上的方案进行比较，充分论证，防止决策失误。要认真贯彻民主集中制原则。决策的科学化、民主化没有受到应有的重视，从领导班子内部来讲，主要是民主集中制坚持得不够好。凭个人的经验特别是靠个人的好恶进行决策，搞个人说了算、一言堂，这种做法的局限性和弊端人所共知。作为“一把手”必须做遵守民主集中制的模范，认真听取各方面的意见特别是不同意见，善于集中大家的智慧和经验，形成决策的主导意见，促进决策水平、领导水平不断提高。

五、发扬党的优良传统，增强爱民意识

全心全意为人民服务，是我们党的根本宗旨。大家都担负主要领导职务，要继承发扬党的优良传统和作风，自觉以焦裕禄、孔繁森等英模人物为榜样，强化爱民、为民、富民、利民、安民的意识，扎扎实实、尽心竭力地为群众办实事、谋利益。

最近，省委作出决定，在全省党员干部中开展向刘运库同志学习的活动。刘运库同志是兖州市王因镇沙河村人，担任村支部书记二十多年来，带领群众走共同富裕的道路，使沙河村由贫

困村发展成全国闻名的“油罐之乡”，全省乡镇企业明星村。1997年全村实现经济总收入1.38亿元，人均纯收入3286元。为带领群众致富，他一次次放弃了进城当工人、当国家干部和自己致富的机会。群众富裕了，他仍过着清贫的生活，被誉为“亿元村的穷支书”。他身患癌症之后，仍以顽强的毅力，为群众日夜操劳，直到生命最后一刻。他甘于“吃苦、吃亏、吃气”的“三吃”精神，是一种很高的境界。刘运库同志是新时期农村基层干部的优秀代表。希望大家很好地读一读他的先进事迹，像他那样爱民重民，全心全意为人民服务。

弘扬党的优良传统，最重要的是要对人民群众有深厚的感情。我国历史上一些有作为的政治家、思想家，都懂得爱民的道理。《尚书》中讲：“民惟邦本，本固邦宁。”孟子讲：“民为贵。”清朝郑板桥做潍县县令时曾写过这样一首诗：“衙斋卧听萧萧竹，疑是民间疾苦声。些小吾曹州县吏，一枝一叶总关情。”作为封建时代的人尚且如此，我们共产党人，难道不应该对人民群众有更加深厚的感情吗？我国革命和建设取得的一切胜利，都是因为我们党来自于群众，深深扎根于群众，全心全意服务群众。在新的形势下，社会环境、工作任务和各方面条件发生了很大变化，但无论怎么变，对群众的感情不能变，与群众的血肉联系不能变，从群众中来到群众中去的群众路线不能变，全心全意为人民服务的宗旨不能变。一个对老百姓没有感情的人，不可能对我们的国家有感情，不可能对我们的党有感情。一个想不到老百姓的人，一个不考虑群众利益的人，不可能在事业上有所作为和建树，也不可能得到群众的拥护和赞成。密切联系群众，既是起码的为政之道，更是一个立场、党性和世界观问题。作为县级主要负责同志，希望大家自觉树立唯物史观和党的宗旨观念，从理性的高度增进对群众的感情。

爱民、为民，关键是以实际行动扎扎实实为群众办实事、办好事。党的十一届三中全会以来的政策，也可以说是为民、爱民、富民、利民、安民的政策。我们为群众谋利益、办实事，最大的实事就是落实党的路线方针政策，坚持以经济建设为中心，集中精力发展生产力，尽快使群众过上文明富裕的好日子。

为群众谋利益，还要充分考虑群众的意愿，确实把群众满意不满意、赞成不赞成、拥护不拥护、高兴不高兴作为衡量标准，以此决定取舍，把对上负责与对下负责有机统一起来。群众日常生活中的事，诸如婚丧嫁娶、衣食住行等，看起来是小事，但对群众来讲则是大事。群众看我们是不是为他们办事，不是光从电视、报纸上看我们怎么讲，而是从实际中去看，从社会生活中去看，从切身利益中去看。现在还有的老百姓为吃穿发愁，有的农家子弟上学缴不起学费，有些下岗职工生活非常困难。前不久，省城调队在济南、青岛、烟台等 7 个城市抽样调查了解到，下岗职工收入大幅度减少，人均月收入 281.4 元，比下岗前降低 32.3％；下岗职工家庭人均月收入 252.8 元，比全省城市平均水平低 45％，其中有 1/3 的下岗职工家庭人均月收入在 200 元以下。现在一个大学生一个月的生活费也得 200 元吧，全家人月平均收入在 200 元以下，日子是很难过的。有的学生，学习很好，是尖子生，但因家庭困难，难以继续求学。有一个中学生就是因此出走，甚至还有的自杀了。我听到这样的消息，心里很不是滋味。党和人民把我们放在领导岗位上，不能为群众排忧解难，应当感到有愧。每一名领导干部都应该设身处地地替群众着想，切实解决群众的困难，使老百姓安居乐业。

爱民、为民，必须正确运用手中的权力。县市区委书记、县市区长，手中都有很大的权力。但大家想过没有，当我们手中有了这个权力之后，用来干什么呢？实践反复证明，权力是把双刃剑，运用好了可以为人民、为社会造福，运用不好就会出问题，甚至会变质。上次培训班上我讲过，近几年来，我省先后有十多个县级党政领导干部栽了跟头。“祸莫大于不知足，福莫大于无欲”；“手莫伸，伸手必被捉”。希望大家时时自重、自省、自警、自励。“吏不畏吾严而畏吾廉，民不服吾能而服吾公”。“公生明，廉生威”。大家要记住“廉”和“公”这两个字，牢固树立正确的世界观和人生观，保持高尚的道德情操和思想境界，淡泊名利，廉洁奉公，经受住“糖衣炮弹”的进攻。千万不能搜刮老百姓，为自己捞好处。据说现在有的地方，企业职工领取下岗证要走后门、送礼，不然就办不成。这样怎么得了！必须坚决纠正。

大家都很年轻，要多想事业，多干工作，少沾染官老爷习气。要艰苦奋斗，树立勤俭办事的思想，吃苦在前，享受在后，在群众中树立起良好形象。要自觉接受组织和群众的监督，不仅自己处处谨言慎行，为人表率，还要带好班子，抓好队伍，管好家属子女和身边工作人员。相信同志们会严格要求自己，创造新的优异成绩，为党和人民作出更大贡献。

加强学习　端正学风
创造性推进各项工作*

（1998年7月15日）

一、把对邓小平理论的认识提到新高度

党的十五大把邓小平理论确立为我们党的指导思想，这是我们党更加成熟的重要标志，是党的事业兴旺发达、不断前进的根本保证。在学习中，要着重在四个方面加深理解，提高认识。

一是加深对邓小平理论历史地位和指导意义的理解。我国二十年改革开放和社会主义现代化建设之所以成功，经济社会面貌之所以发生历史性巨变，靠的是邓小平理论的指引。在改革的攻坚阶段和发展的关键时期，战胜困难，开拓前进，实现跨世纪的宏伟目标，最根本的也要靠邓小平理论的指引。在当代中国，只有这个理论而没有别的理论能够解决社会主义的前途命运问题，只有这个理论而没有别的理论能够指引我们取得社会主义现代化建设的胜利。我们一定要高举邓小平理论伟大旗帜不动摇，坚持把邓小平理论作为我们观察世界、发展自己的强大思想武器，作为统领全局、贯穿各项工作的灵魂，在建设有中国特色社会主义的伟大实践中，学习和运用邓小平理论，丰富和发展邓小平理论。以江泽民同志为核心的党中央，在实践中坚持、运用和发展了邓小平理论，特别是党的十五大对邓小平理论的历史地位、指导意义、科学体系和时代精神作了新的阐述，创

---

* 这是吴官正同志在山东省委理论学习中心组读书会上的发言。

造性地运用邓小平理论解决我国经济、政治、文化发展的一系列重大问题，取得了新的成果。这表明我们党对建设有中国特色社会主义的认识达到了新的高度。因此，学习邓小平理论要同学习党的十五大精神和江泽民同志的一系列重要讲话紧密结合起来，全面正确地理解和把握其科学体系与精神实质。

二是加深对社会主义初级阶段理论的理解。社会主义初级阶段理论是邓小平理论科学体系的逻辑起点，是掌握其精神实质的“钥匙”。十五大强调社会主义初级阶段是我国最基本的国情，是最大的实际，是一个长期的过程。这些论断，进一步丰富和发展了社会主义初级阶段理论，为我们深刻地理解和把握邓小平理论，理解和把握党在社会主义初级阶段的基本任务、基本路线、基本纲领，提供了坚实的理论依据。深入学习社会主义初级阶段理论，要进一步明确只有社会主义才能救中国和发展中国，走社会主义道路是我们唯一正确的选择，牢固树立建设有中国特色社会主义的理想和信念；进一步明确什么是初级阶段的社会主义，在初级阶段怎样建设社会主义，在现阶段为什么必须实行这样的路线和政策而不能实行别样的路线和政策，从而更加自觉地贯彻执行党的路线方针政策。

三是加深对建设有中国特色社会主义的经济、政治、文化一系列重大决策的理解。有中国特色社会主义的经济、政治、文化建设，是一个有机整体。邓小平同志对此作了全面深刻的论述，党的十五大又作出了高度概括，并且有突破、有创造、有发展。全面、正确地把握这些重大决策的精神实质，就要坚持以经济建设为中心，不断解放和发展生产力；就要深化经济体制改革，特别是打好国有企业改革攻坚战，建立、完善社会主义市场经济体制；就要积极推进政治体制改革，发展社会主义民主政治，实行依法治国；就要加强社会主义精神文明建设，坚持两手抓、两手都要硬；就要推进党的建设新的伟大工程，增强党的凝聚力、战斗力。总之，必须通过对理论的学习，全面理解和贯彻落实十五大精神，避免盲目性、片面性和绝对化。

四是加深对我国跨世纪宏伟目标的理解。党的十五大以邓小平理论为指导，科学地总结历史，规划未来，对我国跨世纪发展作出了全面部署，为我们指明了奋斗的方向。这个目标反映了历史发展的必然趋势，符合人民的根本利益，是中华民族振兴的希望所在。我们要以此来统一思想，鼓舞人心，把全省人民的注意力和积极性凝聚到实现跨世纪发展的宏伟蓝图上来，夺取改革开放和社会主义现代化建设新的更大胜利。

二、解放思想、实事求是，创造性地开展工作

解放思想、实事求是是邓小平理论的精髓。深入学习邓小平理论，就要毫不动摇地坚持解放思想、实事求是的思想路线。我们在地方工作的同志，坚持没坚持解放思想、实事求是，很重要的是体现在能不能创造性地开展工作上。

首先，要切实把握中央精神，吃透本地、本部门的实际。这是创造性开展工作的基础和前提。对党的路线方针政策和中央指示精神，要认真学习、深刻领会，真正把握精神实质，做到融会贯通。这样才能保证正确的政治方向。同时，要不断深化对实际情况的认识。随着经济社会发展和形势的变化，实际情况也在变化。比如，许多东西在计划经济条件下是优势，在市场经济特别是买方市场情况下可能不再是优势，甚至成为劣势。经济社会发展永无止境，我们对客观实际的认识也永远不会完结。各级领导干部，要从繁忙事务中解脱出来，深入基层，深入群众，深入实际，尽可能多地掌握经济社会发展的第一手材料，不断加深对省情、市情、县情的认识，探索改革与发展的客观规律，努力把中央指示与本地本部门的实际结合起来。

第二，要有强烈的责任感。没有责任感的人，就没有敬业精神，工作肯定平平淡淡，不会有创新。党把我们安排到领导岗位上，人民赋予我们一定的权力，就要对党的事业高度负责，对人民利益高度负责，殚精竭虑、兢兢业业地把工作干好，使党的事业有发展，老百姓的生活有改善，本地、本部门的面貌有改观，不辜负党和人民的期望。否则就是失职，就应该寝食不安。有了这种进取心和事业心，就会极大地激发创造精神，工作就会有声有色。

第三，要有正确的风险意识。领导工作是一项创造性很强的社会活动。要创造就会有风险。只有敢于冒风险，有探索进取的勇气，才能卓有成效地做好领导工作。现在有些领导干部遇事畏首畏尾，怕担风险，怕犯错误，不求有功，但求无过，很大程度上是个人主义作祟。有的人认为工作是组织的，风险是个人的，何必去冒风险呢？这种思想是极其错误的。作为领导干部，一定要树立正确的风险意识，决不能因为有风险就不进取。“苟利国家生死以，岂因祸福避趋之”。我们共产党人更应当有这种境界。当然，不怕风险，不等于盲目蛮干。要从实际出发，尊重科学，尊重规律，尽量避免和减少风险。还要知错就改，随时纠正自己的失误。这也是创造性工作不可缺少的重要内容。

第四，要坚持走群众路线。个人的能力是有限的，对事物的看法也常有片面性。少犯错误的重要办法之一就是要紧紧依靠人民群众和领导集体的智慧和力量，集思广益，群策群力。群众是真正的英雄，群众最有创造性。领导者的正确决策从哪里来？不是凭主观想象得出来的，而是从实践中来的，从群众中来的。要尊重群众的首创精神，及时总结和推广群众与基层创造的成功经验，善于发现倾向性、方向性的苗头，善于把个别上升到一般，指导和推动面上的工作。要充分发扬民主，让群众参与决策，参与管理，实行科学决策、民主决策，接受群众的监督。在领导班子内部，要严格按民主集中制的原则与程序办事，重大事项集体讨论、集体决策，努力形成又有集中又有民主，又有纪律又有自由，又有统一意志又有个人心情舒畅的生动活泼的政治局面。

第五，要不断提高领导素质。创造性地开展工作，需要领导干部具有较高的素质，包括政治素质、理论素质、文化素质以及驾驭全局的能力等。领导干部要讲学习、讲政治、讲正气，善于从政治上、全局上观察和处理问题。要坚持原则，明辨是非，增强政治敏锐性和鉴别力。要立足实践，开动脑筋，善于辩证地思考问题，举一反三，在事物的联系与发展中认识和把握其本质与规律性。为了提高素质，必须刻苦学习马列主义、毛泽东思想特别是邓小平理论，学习江泽民同志的重要讲话，学习中央指示精神。必须努力学习反映当代世界发展的各种新知识，不断拓宽我们的眼界。必须向实践学习，在实践中经受锻炼，增长才干。

三、坚持理论联系实际，进一步端正学风

学风问题是对待马克思主义的态度问题，是关系党的兴衰成败的重大政治问题。我们党历来重视端正学风。毛泽东同志在延安整风时指出："应确立以研究中国革命实际问题为中心，以马克思列宁主义基本原则为指导的方针，废除静止地孤立地研究马克思列宁主义的方法。"邓小平同志坚持解放思想、实事求是，破除"两个凡是"，在新的实践基础上继承前人又突破陈规，开拓了马克思主义的新境界，全党面貌为之一新。正是由于我们党坚持了马克思主义同中国实际相结合、理论和实践相结合，才实现了"两次历史性飞跃"，产生了毛泽东思想和邓小平理论两大理论成果，使革命和建设事业不断从胜利走向胜利。面对实际生活发生的剧烈而深刻的变动，面对建设有中国特色社

会主义事业发展进程中新的矛盾和新的任务，以江泽民同志为核心的党中央向全党提出了端正学风的要求，就是要“以我国改革开放和现代化建设的实际问题、以我们正在做的事情为中心，着眼于马克思主义理论的运用，着眼于对实际问题的理论思考，着眼于新的实践和新的发展”。这是我们党总结过去、面向未来得出的正确结论，是对新时期马克思主义学风的高度概括。

当前，我省各级党组织和广大党员干部，坚持以邓小平理论为指导，从实际出发，研究新情况，解决新问题，促进了全省经济和社会各项事业的发展。但是也要看到，那种照抄照搬、断章取义、搞形式主义、说一套做一套的不良风气，在我省干部中也程度不同地存在。它阻碍对邓小平理论的学习和运用，影响党的路线方针政策和十五大精神的贯彻落实，败坏党的形象和声誉，窒息党的生机和活力。党中央提出县以上党政领导班子要以整风的精神开展批评与自我批评，有针对性地解决存在的突出问题，抓住了要害，十分重要。我们各级领导干部一定要充分认识不良学风的严重危害性，充分认识端正学风的重大意义，把改进学风与加强党的建设、转变干部作风紧密结合起来，努力做到理论和实际、学习和运用、言论和行动的统一，形成认真学习的风气，民主讨论的风气，积极探索的风气，求真务实的风气，全面提高运用邓小平理论分析和解决实际问题的能力。结合我省实际，整顿学风应着重解决好以下六个方面的问题：

*一是世界观问题。*学风是世界观的反映。现在有些同志之所以学风不正，很大程度上是因为世界观问题没有解决好。整顿学风必须从解决世界观问题抓起。要教育和引导各级领导干部，在改造客观世界的同时，自觉地改造主观世界，牢固树立无产阶级的世界观、人生观、价值观，学会用辩证唯物主义、历史唯物主义的立场、观点、方法分析和解决问题。牢固树立全心全意为人民服务的根本宗旨，正确行使人民赋予的权力，立党为公，

执政为民，清正廉洁，无私奉献。有了正确的世界观，真正为了党和人民的利益，就能以正确的态度对待马克思主义，就敢于坚持真理、实践真理、发展真理，就会有良好的马克思主义学风。

二是教条主义问题。有些领导干部对待邓小平理论、中央和上级指示，采取照本宣科、照抄照转、等因奉此的态度，学习没有针对性，工作没有针对性，理论学习与工作实践是“两张皮”。这实际上是对党的事业不负责任的表现。学习的目的全在于应用。我们学习邓小平理论，学习中央和上级指示，一定要结合本地本部门实际，做到有的放矢，运用理论指导实践，解决实际问题，推动事业前进。

三是实用主义问题。现在有的同志不是完整地理解邓小平理论和十五大精神，而是断章取义，各取所需；不是从全局出发，全面认真地贯彻落实党的路线方针政策，而是从地方或局部利益出发，合口味的就执行，不合口味的就不执行，搞上有政策、下有对策。这实质上是割裂和曲解邓小平理论和十五大精神，很容易造成思想混乱，导致工作失误。邓小平理论和十五大精神是一个有机整体，我们必须全面准确地理解和贯彻执行。作为领导干部，不论在全局性岗位上工作，还是在一个地区、一个部门工作，都是党的干部、国家的公务员。必须立足本职，胸怀全局，在解决某个方面的矛盾时，要考虑到与之相联系的其他的矛盾；在推进某项工作时，要考虑到全盘，使各项工作相得益彰，相互促进，保证党的路线方针政策得到全面贯彻落实。

四是形式主义问题。现在有的同志不做艰苦细致的工作，不在狠抓落实上下功夫，而是热衷于搞形式主义。表现在学习上，不求甚解，走过场；表现在工作上，摆花架子，做表面文章，甚至弄虚作假、欺上瞒下；表现在作风上，工作漂浮，哗众取宠。形式主义使党的路线方针政策不能真正得到贯彻落实，使各项工作不能收到实效，劳民伤财、贻误事业、败坏党风和社会风气，必须坚决克服。要牢固树立求真务实的观念，扎扎实实，埋头苦干，讲实话、办实事、求实效；牢固树立重实践、重实绩的观念，不要看说得怎么样，而要看干得怎么样；不仅看工作过程怎么样，更要看实际效果怎么样。要通过整顿学风，使形式主义无处藏身，使搞形式主义的人占不到便宜，使真抓实干的精神在全省蔚成风气。

五是言行不一问题。光明磊落、言行一致、表里如一，是每一个党员、干部起码的政治品质。现在有些干部言行不一，说一套做一套；对上级指示口头上执行，实际上不执行，催得紧就办，催得不紧就拖着不办；有的要求别人是一套，自己做的是另一套。这是一种非常恶劣的作风，直接损害干部队伍形象，影响党的声誉。各级领导干部要切实加强党性锻炼，带头学习宣传邓小平理论，带头运用和实践邓小平理论。对待上级的决策部署有不同意见，可以通过正常渠道反映，但决不能阳奉阴违，在行动上顶着不办。对群众要言而有信，承诺的事情一定要落实。要以身作则，以诚待人。凡是要求别人做到的事情，自己要首先做到。只有这样，才能赢得党和人民的信任，才能把党和人民交给的任务完成好。

六是官僚主义问题。官僚主义是学风不正的表现之一。现在有的领导干部“官气”太重，事事处处觉得自己是个“官”，要官腔、摆架子，群众十分反感。作为一名领导干部，一定要摆正自己与党组织的位置，不论自己职务多高、权力多大，都是党的普通一员，都应一切听从党的召唤；摆正自己与群众的位置，明白权力是人民赋予的，是用来为人民谋利益的。不要有做“官”的思想，要有做事的意识；不要言不由衷、哄骗推诿，要设身处地为群众着想，体贴群众，关怀群众；不要高高在上、颐指气使，要与老百姓水乳交融、呼吸相通；不要以势欺人，要以理服人，依法办事。我们每一位党员干部，都要有爱民、为民、富民、安民的思想，满腔热忱、真心实意地为群众排忧解难，让群众话有处说，理有处讲，冤有处诉，事有处办。这样做了，干群关系就会明显改善，广大干部群众的积极性就会更加高涨，我们的工作就会更加符合民意，就能与广大人民群众一道克服前进中的任何困难。

坚持实事求是的思想路线*

（1998年9月1日）

思想路线决定政治路线和组织路线。邓小平同志指出："思想路线不是小问题，这是确定政治路线的基础。"他还说："马克思、恩格斯创立了辩证唯物主义和历史唯物主义的思想路线，毛泽东同志用中国语言概括为'实事求是'四个大字。实事求是，一切从实际出发，理论联系实际，坚持实践是检验真理的标准，这就是我们党的思想路线。"新中国成立以后的相当一段时间，党内"左"的思想占据主导地位，思想路线发生偏差，以至于发展成为"文化大革命"那样的全局性错误。粉碎"四人帮"以后，在邓小平同志领导下，我们党冲破了"两个凡是"的束缚，重新恢复了实事求是的马克思主义思想路线，党和国家的面貌为之一新，开创了中华民族振兴发展的新时期。在这个过程中，邓小平同志反复强调要解放思想，并用极大的努力推动全党全国的思想解放。他说："一个党，一个国家，一个民族，如果一切从本本出发，思想僵化，迷信盛行，那它就不能前进，它的生机就停止了，就要亡党亡国。"他强调，解放思想、实事求是是完全一致的。解放思想，就是使思想和实际相符合，使主观和客观相符合，就是实事求是。解放思想对于把党和国家的工作重心转移到以经济建设为中心上来，确立"一个中心、两个基本点"的基本路线，有

---

* 这是吴官正同志在山东省委党校1998年秋季开学典礼上讲话的一部分。

着决定性的意义。可以说,邓小平理论本身就是解放思想、实事求是的产物,解放思想、实事求是是贯穿邓小平理论整个科学体系的一条红线,是邓小平理论的精髓,是使我们党的事业永葆生机活力的法宝。

近10年来,在改革开放新的实践中,我们党贯彻解放思想、实事求是的思想路线,对社会主义的认识提高到了一个新的高度,丰富和发展了我国还处于社会主义初级阶段的科学论断。江泽民同志强调,社会主义初级阶段是我国的“基本国情”和“最大的实际”,是我们党制定一切路线方针政策的最终客观依据。他在十五大报告中指出:“我们解决种种矛盾,澄清种种疑惑,认识为什么必须实行现在这样的路线和政策而不能实行别样的路线和政策,关键还在于对所处社会主义初级阶段的基本国情要有统一认识和准确把握。”还指出,要搞清楚“什么是社会主义、怎样建设社会主义”,就必须搞清楚什么是初级阶段的社会主义,在初级阶段怎样建设社会主义。把初级阶段和社会主义联系起来加以论述,推进了对社会主义本质的认识。十五大报告第一次明确提出了社会主义初级阶段的基本纲领,论述了建设有中国特色社会主义经济、政治、文化的基本要求,把经济、政治、文化作为社会主义现代化建设不可分割的一个有机整体加以充分阐述,并对怎样建设社会主义的经济、政治和文化作了系统阐发。基本纲领既是党的基本理论和基本路线的展开,也是近20年特别是近10年来我们党领导现代化建设实践重要经验的总结。基本纲领的提出,形成了建设有中国特色社会主义基本理论、基本路线、基本纲领的完整体系,使社会主义初级阶段理论更加完善,也标志着我们党对初级阶段社会主义建设规律的认识由“必然王国”向“自由王国”迈进了一大步。

改革开放的过程实际上是对社会主义本质认识不断深化的过程,也是逐步克服关于社会主义的许多模糊和错误观念的过程。当我们从实际出发，正确地理解和把握有中国特色的社会主义时，改革开放就不断深化扩大，经济建设和各项事业就蓬勃发展；当把本来不是社会主义的东西当作社会主义来坚持，把社会主义的东西作为资本主义来排斥时，改革开放就徘徊不前甚至倒退，经济建设和各项事业就发展缓慢或遭受挫折。我们学习邓小平理论和江泽民同志的论述，要继续紧紧抓住实事求是这个根本问题，从社会主义初级阶段出发，不断深化对社会主义的认识，更加自觉地坚持党的基本路线，更加努力地贯彻落实党的基本纲领，全面推进社会主义现代化建设。

开发保护海洋
建设"海上山东"*

（1998年9月14日）

一、加快"海上山东"建设是经济社会发展的迫切需要

我省1991年提出了建设"海上山东"的战略构想，与黄河三角洲开发一起作为振兴山东经济的两大跨世纪工程。实施"海上山东"建设七年来，全省海洋经济得到很大发展，已经成为国民经济十分重要的组成部分。到1997年，全省海洋产业增加值达到366亿元，比1990年翻了一番多，占国民生产总值的比重达到5.5%。海洋渔业生产能力大幅度提高；海洋工业规模效益不断扩大，结构逐步优化，盐及盐化工、海洋医药、海洋矿业、海洋石油、海洋机械等产业有了新的发展；港口建设、海洋交通运输业和滨海旅游服务业发展迅速；海洋科技整体实力大为增强，海洋产业科技进步贡献率达到35%；海洋综合管理开始起步，海洋意识普遍增强，加快"海上山东"建设的大气候基本形成。通过合理开发海洋资源，大力发展海洋产业，出现了一大批经济增长快、外向度高、富有活力的开放型海洋经济强市、强县，创造了许多加快海洋经济发展的好经验、好做法，有力地推动了

* 这是吴官正同志在山东省"海上山东"建设工作会议上讲话的一部分。

全省经济的发展。

“海上山东”建设虽然取得了巨大成绩，但与新形势、新任务的要求相比还很不适应，与世界先进水平相比还有很大差距，在工作中还存在许多问题。特别是海洋开发的层次还比较低，产业技术水平不高，深加工、精加工产品少，附加值低，渔业、制盐业、交通运输业等产业所占比重近70%，海洋精细化工、海洋医药等新兴产业的比重较小，还处在以渔业为主的初级发展阶段，远远跟不上当今世界海洋产业的发展趋势。海洋开发投入不足，综合管理职能有待进一步强化。海洋资源和环境保护法制不健全，掠夺性资源开发、生态破坏和环境污染等问题十分严重。科技成果转化率低，缺乏科研成果迅速转化为现实生产力的有效机制，海洋科技优势尚未转化为经济优势。这些矛盾和问题，严重制约着“海上山东”的建设，必须努力加以解决。

建设“海上山东”对全省经济和社会的发展，实现跨世纪发展的宏伟目标，意义重大。海洋经济包括一、二、三产业，门类繁多，综合性、关联性很强，发展潜力巨大，是21世纪重要的新经济增长点，是山东生存与发展的新空间。现在全世界都在重视海洋问题，各个国家和地区都在争夺海洋。据有关资料统计，海洋生物资源储量约600亿至700亿吨，可能成为人类未来最大的食物来源；世界可采石油储量约为3000亿吨，其中海底石油储量占45%；大洋中金属矿产和非金属矿产开发的前景广阔，盐、镁、钾、溴、金、银、铀等储量极其丰富。世界科技革命进程的不断加快，为大规模开发利用海洋提供了现实的强有力技术保证。国内沿海各省，纷纷抢抓机遇，不断加大海洋开发力度，把海洋经济作为未来经济发展的战略重点来抓。《中国海洋21世纪议程》确定，进入21世纪，海洋经济增长速度将高于国民经济的平均增长速度，年增长率在13%以上；到2010年海洋产业增加值将占国内生产总值的10%。我省人多地少，人口与资源之间的矛盾日益突出。作为一个海洋大省,有着优越的海洋资源条件,要取得下世纪经济和社会的跨越性发展,建设“海上山东”有着不可替代的战略作用,要求我们必须善于向海洋要效益、要发展、要后劲。

加快“海上山东”建设不仅是我省经济社会发展的客观要求,也有着得天独厚的有利条件。经过改革开放二十年的发展,特别是通过七年来实施建设“海上山东”战略,海洋经济发展已经打下了比较坚实的基础,探索出了一些加快海洋开发的好途径、好路子。我省海洋开发具有较强的资源、地理、区位等优势,拥有最大的半岛和占全国六分之一的海岸线,生物、矿产、旅游等资源丰富,这为发展特色产业提供了基础条件。我省还具有雄厚的海洋科技优势,占全国40%的海洋中高级科技人才和唯一的全国重点海洋综合大学在我们山东,各级海洋科研、教学、技术推广机构近200家,研究人员2000多人。这些年形成了一大批具有重要价值的科研成果,深度开发海洋正在成为现实。只要我们不断强化海洋国土意识,增强发展海洋经济的危机感、紧迫感,不断深化对我省海洋大省的省情、优势、潜力的认识,进一步加大各项工作措施,就一定能够实现海洋开发和建设的更大发展,走在全国海洋开发的前列,推动全省经济社会的更好更快发展。

二、突出重点,强化措施,加快“海上山东”建设步伐

根据我省建设“海上山东”的资源条件和已有的基础,面向21世纪经济发展和建设经济强省的需要,今后一个时期,“海上山东”建设的任务目标是:以党的十五大精神为指导,围绕市场需求,依靠科技进步,加大投资力度,优化布局结构,坚持海陆并

举，实行可持续发展和集约化增长，建立起高素质的海洋产业体系，全面提高海洋经济发展的整体效益，使海洋经济成为我省国民经济的重要支柱。力争到2000年，海洋产业增加值在全省国内生产总值中的比重达到6%以上，到2010年，达到10%以上。为此，主要抓好以下四个方面的工作：

（一）优化产业结构，大力推进海洋产业化进程。海洋开发是一个包括多行业、多产业的系统工程，海洋产业结构的高级化和合理化，是海洋经济发展中的关键。必须大力调整海洋产业结构，促进传统产业的技术升级，加快海洋二、三产业的发展，以不断提高海洋经济的整体素质和竞争能力。要树立大海洋开发、大海洋经济的观念，在巩固和发展壮大传统产业的基础上，加快培育发展新兴海洋产业。重点要实施好“四大工程”，即海洋农牧化建设工程、临海工业建设工程、海洋大通道建设工程和滨海旅游业建设工程。要鼓励各种经济组织在投资兴办海水产品养殖基地和发展海洋捕捞业的同时，大幅度提高海洋渔业的综合生产能力和经济效益，建成繁荣兴旺的“海上牧场”。要大力发展海洋第二产业。这既是我省海洋经济的薄弱环节，也是今后发展的巨大潜力所在。如海洋船舶制造、海洋油气开采、海洋矿产资源开发、海洋药物和保健食品、海洋精细化工、海水综合利用等，发展前景都十分广阔。应当加大培育和发展力度，使之成为我省的优势产业。要积极发展海上交通运输、滨海旅游、海洋高科技信息和海洋技术服务等第三产业。力争到2000年，使我省的海洋三次产业结构达到43∶30∶27。这样做也可以更多地安排劳动力就业，减轻日益增大的城镇就业压力。

（二）坚持科教兴海，充分发挥山东海洋科技的整体优势。海洋开发的力度很大程度上取决于海洋科技发展的水平。我省在全国具有科技兴海的明显优势。我们应当充分发挥这一优势，使之尽快转化为经济优势。现已决定，我省将建立海洋工程研究院，从体制上理顺国家和省级科研机构的任务、职能，充分调动广大驻鲁海洋科研人员的积极性，从而形成合力，为“海上山东”建设提供智力支持。要积极促进产、学、研、管一体化，倡导国营、集体、私营等各类海洋企业与科研单位联手，开发海洋高科技产业。要围绕当前海洋科技面临的重大问题，组织海洋科技人员进行科技攻关，有重点地解决海洋资源开发利用中的关键技术，提高海洋科技产业化程度和对海洋环境的保护能力。加强国际科技交流与合作，博采众长，为我所用，加快我省海洋技术的升级换代。重视和发挥海洋科技工作者的作用。对作出贡献的科研人员要实行奖励政策，稳定科研队伍，调动科研人员的积极性。大力加强海洋教育工作，多渠道、多层次培养海洋科技人才。

（三）建立多元化的海洋投入新机制。加快“海上山东”建设，必须多渠道筹集资金，加大对海洋开发的投入。除积极争取国家有关部门投资外，省和沿海各市地都要增加用于海洋开发的投入。省基本建设投资、技术改造投资和财政支农资金等，要适当安排一定数量用于扶持海洋开发重点项目。积极稳妥地推行股份制和股份合作制，吸引社会资金投入海洋开发。要围绕提高我省海洋产业的整体素质，对骨干企业、重点建设项目和重点资源开发、基地建设实行集中投入，在海洋渔业、海洋交通运输、海洋化工、海洋能源、滨海旅游、海洋药物等领域，培植起一批实力雄厚的企业集团，使之成为“海上山东”建设的龙头，带动全省海洋经济的发展。

（四）积极开展国际海洋合作，扩大海洋经济的对外开放。把积极开展国际海洋合作，作为加快“海上山东”建设的重要推动力量，充分发挥我省对外开放的优势，利用国际海洋资源和技术的共享性，开展国际合作研究，促进我省海洋经济的综合开发，提高海洋产业的整体素质和竞争能力。要不断提高对外开放的层次和深度，采取优惠政策，更大规模地引进国际金融组织、外国政府贷款，国外大商社、大财团的资金，引导外资投向滩涂开发、基础设施建设、滨海旅游、临海工业等重点海洋开发领域。扩大海洋产业利用外资的领域，鼓励外商发展海洋创汇和高新技术产业，引进海洋生物新品种、先进的技术设备、生产工艺和管理方法，改造提高海洋传统产业，发展新兴产业。

三、加强海洋综合管理与环境保护，确保经济、社会、生态持续协调发展

《联合国海洋法公约》生效以来，世界范围内争夺海洋权益的斗争日趋激烈。特别是中日、中韩渔业协定的签署，我省作业海域范围明显缩小。面对新的形势，各级政府和有关部门要高度重视，以是否有利于促进海洋经济长期发展作为根本标准，积极推进海洋综合管理。加强海洋管理的法规建设，抓紧制定相应的海洋法规、政策，使海洋管理尽快做到有法可依，有章可循。搞好包括海监、港监、渔政、边防、海关等部门的海洋执法“大合唱”，逐步实现海上统一执法，以提高执法效能。认真抓好海洋各产业的协调发展，比如海洋渔业、滨海旅游业、港口运输业和滨海工业等，都应以战略眼光、全局观念来考虑，努力提高海洋开发的整体效益。避免片面强调发展某一产业而忽视了对其他产业的影响。各海洋产业的内部也要做到合理布局、协调发展。

要把海洋资源和环境保护作为建立海洋管理新秩序的重头戏来抓。强化海洋资源环境的保护意识。海域资源和土地资源一样，是一种不可再生的宝贵资源。开发与保护资源是历史赋予当代人的双重使命。要控制近海捕捞强度，合理利用鱼类资源，让海洋生物资源得到生息繁衍的机会，保护和培植资源。各级海洋、环保部门要密切配合，防止陆源污染物造成海洋环境恶

化，对重点海域的污染物实行总量监控制度，减轻污染事件对海洋生态环境的影响。对于未来的建设，要严格把好关，凡是不符合环保要求的项目，一律不准上。要进一步完善海域使用管理和环境保护等方面的规定，抓好围海填海项目管理，全面加强海域使用管理工作。

“海上山东”建设是一项系统工程，牵扯到多产业、多行业、多部门，涉及国民经济的各个方面、各个环节，推进“海上山东”建设，关系到全省改革开放和国民经济发展的大局。因此，各级党委、政府必须高度重视，切实加强组织领导，在认识上、组织上、政策上、措施上真正到位，把“海上山东”建设搞得扎实有效。继续转变政府职能，形成海洋开发的整体合力。遵循市场经济规律，解决好目前大市场、大流通与部门职能分割、条块分割的矛盾，各地、各部门要处理好局部与全局、部门利益与整体利益的关系，形成合力，避免扯皮，提高效率，为海洋开发营造一个良好的发展环境。要加强海上监管，坚决打击走私等违法行为，维护良好的海上生产和治安秩序。

着眼经济社会发展全局
加快发展大交通*

（1998年9月22日）

交通是国民经济的基础产业、先导产业和带动产业，是国民经济发展的“先行官”。加快交通建设，有利于启动和扩大内需，有利于拉动经济增长，有利于为下世纪发展打下良好基础。党中央、国务院对发展交通事业高度重视，制定了一系列方针政策和措施。面对新的形势，国家决定今年再增加2000亿元基础设施建设投资，其中相当一部分要投向交通建设。这是一次难得的机遇。我们要抓住并用好这次机遇，力争在世纪之交的几年内，把我省的交通建设再向前推进一大步，迈上一个新台阶。要围绕实现我省跨世纪的宏伟目标，把交通作为新的经济增长点，从全局的、长远的、战略的高度，以新的思路、新的举措、新的姿态、新的干劲，动员全社会的力量加快交通建设，促进我省交通事业的更快发展。

要坚持交通规划建设与经济社会发展相统一。把交通建设放到全省经济社会发展的大局中来考虑，从现有基础和长远需要出发，立足于搞大交通，立足于为实现全社会的现代化服务。陆海空交通要统筹考虑，努力做到总体布局合理，运力结构优化，各种运输方式协调。要坚持经济适用与高起点高标准相统一。交通建设既要适度超前，又要顾及当前；既要重数量，更要

---

* 这是吴官正同志在山东省交通工作会议上讲话的一部分。

重质量，高标准，严要求，保证建设质量，避免浪费，决不能做那些今天建明天修的傻事情。要坚持尽力而为与量力而行相统一。采取财政、银行、社会、利用外资等多条腿走路的办法，多种方式筹集资金，千方百计加快交通建设。我们的财力物力有限，一定要从实际出发，坚持量力而行的原则，不能寅吃卯粮，杀鸡取蛋，更不能靠加重群众和企业负担搞建设。要坚持加快建设与加强管理相统一。积极借鉴吸收国内外先进的管理经验，实施科学管理、文明管理、现代化管理。进一步深化交通管理体制改革，尽快形成与社会主义市场经济相适应的交通建设运行机制和管理体制。

进一步放开搞活中小企业*

（1998 年 10 月 6 日）

一、中小企业是推动全省经济发展的重要力量

国有大中型企业是国民经济的支柱，是改革的关键。对此我们要高度重视，继续毫不放松地抓好。同时也要看到，中小企业是国民经济的重要组成部分，是社会主义市场经济中的一支活跃力量。改革开放以来，山东经济发展比较快、比较好，城镇中小企业和乡镇企业发挥了十分重要的作用。目前，全省乡及乡以上独立核算企业中，中小企业占了 99％以上，工业销售收入的一半以上来自中小企业，上缴利税占 45％。我省中小企业的改革，按照党中央、国务院的部署，抓得比较早，措施比较得力。全省县域企业的改革面已达 80％以上，市属中小企业达到 50％左右。企业的组织形式由过去单一的国有、集体企业，转变为股份制、股份合作制、合伙制等多种企业组织形式，多元投资主体的投资体制正逐步形成。资产经营方式也转变为控股、参股、租赁、嫁接、出售、承包等多种方式。这些改革，对于增强中小企业活力、促进中小企业发展起到了巨大的推动作用。

中小企业与大企业并存是现代经济的重要特征。经济高度发达的国家，中小企业都占有相当高的比重。英国、德国、法国、

---

* 这是吴官正同志在山东省中小企业改革工作会议上讲话的一部分。

日本等国家中小企业数量占全部企业的比例都在90%以上,美国占到99%,中小企业在经济发展中起着非常大的作用。在市场经济条件下,专业化协作和配套非常重要,中小企业的发展既是专业化、系列化大生产的产物,又能有效地推进这个进程,提高经济的现代化水平。我省海尔、海信等大企业集团的发展,带动了一大批中小企业,同时也都得益于中小企业的协助。以小促大,以大带小,这是现代企业发展的规律。

由于中小企业在国有经济中占有重要地位,因此它对于确保实现我省经济发展的目标影响很大。从长远看,我们的经济发展,需要的不仅是经济数量的增长,而且是高质量的增长,是能够增加就业、转变结构、实现收入可持续分配的增长。这就要求不仅要保持一定的增长速度,还要在提高企业素质、促进经济增长方式转变上狠下功夫。中小企业数量大,散布在各个行业,企业素质的提高,对改善整个国民经济的素质具有十分重要的意义。在结构调整中,中小企业首当其冲,往往大企业一调整产品方向,就会涉及一大批中小企业,逼着中小企业进行调整。反过来,中小企业结构的调整,又对大企业的调整产生积极的促进作用。另外,中小企业容纳了庞大的就业人员,我省中小企业就业人员占全部就业人口的70%左右,中小企业发展了,扩大就业、解决下岗问题就有了宽松的环境和广阔的渠道。所以,繁荣发展中小企业,对全省经济社会发展具有十分重大的战略意义。

中小企业改革虽然取得了明显成效,但存在的问题仍十分突出。主要是,企业的经营机制还不够灵活,激励和约束机制普遍较弱;企业管理总体水平不高,经济效益低下;商业、物资等企业亏损严重;产品老化,结构不合理,市场竞争能力差;企业资产质量较低,资产流失在有些企业比较严重;法律法规不健全,社会化服务体系没有真正形成;地区之间、行业部门之间,改革的进展还很不平衡等等。这些问题,严重制约了中小企业和全省经济的进一步发展。各级党委和政府一定要充分认识中小企业的重要地位和作用，增强加快改革的紧迫感和责任感，切实把这项改革作为大事抓紧抓好。通过推进改革，发展中小企业，进一步增强国有经济的活力，增加财政收入和职工收入，缓解就业压力，促进经济体制和经济增长方式的转变，确保国民经济各项指标的完成，确保我省经济持续快速健康发展。

二、加快中小企业改革

企业改革进入攻坚阶段，要解决深层次的矛盾和问题，开创企业改革和发展的新局面，必须进一步解放思想，实事求是，在实践中积极创新，在探索中不断推进。

要充分尊重基层和群众的首创精神。近年来企业改革中“抓大放小”的经验和许多改革发展的好做法，都是基层广大干部职工创造的。对基层的创造和探索，各级各部门要鼓励和支持。引导大家按照“三个有利于”的标准，大胆实践，大胆利用一切反映社会化生产规律的组织形式和经营方式。对改革中的探索，要多观察、多思考，允许试验，不争论。当前各地和企业的改革积极性很高，新的做法和经验不断涌现，各级党委、政府要尊重实践，要充分调动和保护好广大干部群众的积极性和创造性。对干部群众创造的好做法、好经验，要认真总结，加强交流，创造条件推广；对存在的问题，要及时采取措施加以纠正，避免造成大的损失。

要按照发展社会主义市场经济和深化企业改革的要求，更新观念，拓宽思路。当前国有企业所面临的体制问题、机制问题、结构问题，与市场体系的发育、社会保障制度的完善、政府职能的转变等密切相关，仅靠企业自身是难以解决的。各级党委、政府要开阔视野，拓宽思路，把着眼点放在搞好整个国有经济和国民经济上，把着力点放在推进配套改革上。在思想上，要增强公有制实现形式和多种所有制经济共同发展的观念，努力实现社会资源和企业组织结构的优化配置；冲破企业隶属关系的束缚，只要能增加税收，扩大就业，不论企业归属谁管理，都应当大力支持发展；增强规模效益观念，打破“小而全”、“大而全”的框框，立足于增强企业市场竞争力和总体实力。企业要克服“等、靠、要”的思想，强化自立意识、自强意识，主动走向市场，转换经营机制，转变经济增长方式，提高对外部条件和环境变化的应变能力，通过卓有成效的工作，努力走出一条改革和发展的成功之路。

要因地制宜，因企制宜，不搞一个模式。允许企业根据自己的特点选择组织形式和经营方式，改革、改组、改造和加强管理相结合，国家、企业、职工利益相兼顾，企业内部改革与外部配套改革协调推进。要积极探索建立与市场经济相适应的企业经营者选拔任用机制，培养和发现一大批优秀的企业经营管理者，努力做到人尽其才、才尽其用。通过改革，逐步使中小企业成为符合国家产业政策和地方经济发展规划，适应市场经济运行机制的法人实体和竞争主体；实现“小而专、小而精、小而优、小而特”，成为给大企业配套服务或直接为人民群众生活服务的主体；成为容纳、调节就业和维护社会稳定的重要力量；成为地方财源建设和经济发展的重要支柱。

三、坚持中小企业改革的正确方向

中小企业的改革，要全面贯彻落实党中央、国务院关于中小企业改革的一系列方针政策，坚持建立现代企业制度的正确方向。

第一，加强国有、集体资产的管理。在中小企业改革过程中，要坚持首先搞好资产评估，防止国有、集体资产的流失。有个别地方对公有资产不经有资格的中介机构评估就出售，有的评估时有意压低价格，有的私下决定将集体企业"卖"给自己的亲属。这些都是很不对的，要切实予以纠正。以中小企业为载体，以产权制度改革为突破口，推动国有、集体资产的流动重组，是调整和完善所有制结构、对国有经济进行战略性改组的有效途径。但产权制度改革必须有利于资产的优化配置，有利于国有、集体资产保值增值，有利于搞好搞活企业。各地在中小企业改革中一定要严格执行国家和省里的有关政策法规，认真规范运作，建立公有资产的运营和监管体系，严格考核，使保值增值任务真正落到实处。

第二，维护职工合法权益。企业职工是企业改革的重要力量，搞好企业改革符合职工的根本利益，企业改革必须取得职工的理解、支持和参与。个别地方在改革中出现了某些损害职工利益的情况。有的不开职工大会，少数人说了算，有的强行让职工下岗，有的强迫职工入股。这些问题，处理不好就会影响社会稳定，务必引起高度重视。企业改制要切实保护职工的合法权益，使职工既增加责任和义务，也得到实际利益。进行股份制改造，必须坚持自愿原则，不能强迫职工入股。在改革中，各级领导要时刻想着群众，关心群众，依靠群众，解决职工工作、生活中的具体困难，切不可一"改"了之。对企业的离退休职工，要千方百计安排好他们的生活，使他们老有所养，安度晚年。

第三，严格执行党和国家各项方针政策。经济问题，也是政治问题。各地各级在推动中小企业改革过程中，一定要增强政治观念和全局观念，全面、准确地理解党和国家的一系列指示精神，严格执行各项法律法规，不能搞上有政策、下有对策。中小企业改革情况复杂，政策性强，各级党委政府要加强调查研究，积极推动，正确引导，不刮风，注意工作方法，不搞"一刀切"，不乱提口号，及时防止和纠正出现的各种偏差。要加强中小企业的管理，对极少数偷税漏税、搞假冒伪劣、违章违法经营，甚至走私贩私的，坚决予以打击，切实维护社会主义市场经济秩序。

第四，正确处理加快改革与保持社会稳定的关系。中小企业改革涉及政府、企业、职工和社会等方面的利益调整，是一项艰巨复杂的系统工程，必须统筹规划，严密组织，稳步推进。加大改革力度要充分考虑职工的经济和心理承受能力，考虑政府、社会的承受能力，不能一哄而起。要加强思想政治工作，引导职工群众了解掌握党和政府的方针政策，正确地看待改革中的暂时困难和问题。对群众反映的企业改革发展中的一些问题以及意见和建议，要认真听取，尽量、尽快、妥善给予解决。一时解决不了的要做出恰当解释，决不能采取听之任之、放任不管、敷衍了事、推诿扯皮或矛盾上交的官僚主义态度。通过各地各级和企业的共同努力，推动中小企业改革健康发展。

水利建设要讲科学重实效*

（1998年10月30日）

关于今后的水利建设，我再强调四点：

一是科学治水问题。治水是一项科学性、系统性很强的工程，必须注重科学，用科学的方法、先进的技术、正确的方略搞好水利建设。要着眼长远，搞好规划，一个规划管到底，一届接着一届干。重大水利建设项目，一定要进行科学论证，确保经济合理、技术可行、效益可观。治水方略要因地制宜，分类实施。

二是水利发展路子问题。现在的水利建设是在社会主义市场经济条件下进行的，这就要求我们必须遵循经济规律，坚持以市场为导向，以效益为中心，走出一条具有生机和活力的水利发展路子来。要注重经济效益、社会效益和生态效益的统一，实行兴利除害结合，开源节流并重，防洪抗旱并举。把质量、效益放在水利建设的首位。要珍惜民力、财力，不搞形式主义，不干劳民伤财的事情。

三是投入问题。中央和省下达投资计划的要拿足，确保重点工程顺利实施。在增加财政投入的同时，逐步建立起多元化、多渠道、多层次的投融资机制，促进水利建设的良性运行。切实落实好国家关于水利建设的有关政策，收足用好上级规定的水利建设资金，取之于水，用之于水。积极推广群众在小型水利工

---

* 这是吴官正同志考察山东省平原、陵县、临邑和济阳等地农田水利建设时谈话的一部分。

程产权制度改革、“四荒”拍卖等方面创造的好经验，鼓励和支持社会各界参与水利建设。坚持尽力而为与量力而行相统一，一切从实际出发，不能寅吃卯粮，更不能加重农民负担。

四是领导问题。组织群众搞水利建设是为人民群众办大事、办实事、办好事，是全心全意为人民服务的具体行动。群众是满意的，也是积极拥护的。各级一定要落实领导责任制，抓住当前有利时机，动员方方面面的力量，大干、实干、苦干、巧干、快干，努力完成今冬明春的水利建设计划。天气渐冷，各级领导要切实关心建设工地上民工的生活，防止群众受冻。

进一步调整和优化经济结构*

（1998年11月10日）

调整和优化经济结构，是我省经济发展面临的一项重大而紧迫的任务。随着市场经济发展和买方市场形成，我省经济增长中的结构性矛盾日益突出，已成为制约经济持续快速健康发展的关键。我们必须认真解决这个突出矛盾，向调整和优化结构要速度、要效益、要后劲。总的要求是：以市场为导向，依靠科技进步，提高国民经济整体素质。重点搞好六个方面的调整：一是调整产业结构，着力推进产业升级。稳定发展第一产业，改造提高第二产业，加快发展第三产业。第一二产业要着重优化结构，强化基础，提高素质，上档次、上水平。第三产业要进一步拓宽领域，突出特色，增加比重。尤其要促进金融保险、信息服务、房地产业、旅游娱乐、中介服务、社区服务的发展，加快国民经济信息化进程，使第三产业在提高社会生产效率、增加城乡劳动就业和方便人民生活等方面发挥更大的作用。二是调整产品结构，着力增加技术含量。通过技术改造，促进传统产品更新换代，提高档次。加快新技术、新产品开发，集中力量发展一批技术含量和附加值较高、辐射能力强的新产品，提高市场竞争能力，形成新的经济增长点。三是调整企业组织结构，着力提高规模效益。既鼓励资产的合理重组，实行大企业集团战略，又注意

---

* 这是吴官正同志在中国共产党山东省第七次代表大会上报告的节选。

搞好专业化协作,培植一批“小而专、小而精、小而特”的中小企业。四是调整市场结构,着力增加市场占有份额。引导合理消费,拓宽消费领域,扩大消费需求。大力开拓农村市场、省外市场、国际市场,拓展我省经济发展的空间。五是调整投资结构,着力提高投资效益。按照国家产业政策,选准投资项目,优化投资方向,扩大投资规模。继续增加对基础设施和城市公益事业建设的投资,加大对技术改造和高新技术产业的投入,增强投资对我省经济发展的拉动作用。搞好项目的科学论证,防止盲目铺摊子、搞低水平重复建设,提高投资效益。六是调整区域经济结构,着力促进共同繁荣。鼓励较发达地区在推进改革开放中实现更高水平的发展,争取在全省率先基本实现现代化。加强城镇规划建设管理,完善和扩大省会城市和中心城市的综合功能,提高城市化水平。大力扶持欠发达地区加快发展,在资金、技术、人才、基础设施等方面实行进一步倾斜,增强其自我发展能力。优化产业布局,推动区域间经济的分工与协作,提高资源配置的整体效益。积极推进黄河三角洲开发和“海上山东”建设两大跨世纪工程,加快鲁南地区和京九铁路沿线两条经济带的开发。做好扶贫工作,巩固扶贫成果,促进共同富裕。

切实维护社会公平*

（1998 年 11 月 10 日）

维护社会公正是我们党的重要职责，社会主义制度为实现社会公平提供了根本保证。要努力使每个社会成员都能平等发展、公平竞争，特别是在选拔干部、升学、就业等方面，建立公开、平等、竞争、择优的机制，引导人们凭德才、凭工作、凭贡献获得社会承认。领导机关和领导干部要公平执政，办事公道，主持正义，使群众话有处说，理有处讲，冤有处诉，反映的问题能得到公正解决。维护社会公正的一个重要方面是严肃公正执法。要坚持法律面前人人平等，严惩执法犯法、贪赃枉法，防止司法腐败。

---

* 这是吴官正同志在中国共产党山东省第七次代表大会上报告的节选。

加强省委常委自身建设的几点意见*

（1998年11月16日）

加强省委常委自身建设，最重要的是抓好以下几点：

第一，保持政治上的坚定和清醒。讲政治是对高级干部最起码的要求，也是加强常委自身建设第一位的任务。我们必须保持清醒的头脑，站稳政治立场，在大是大非面前，在各种错误思潮面前，旗帜鲜明，坚持原则，明辨是非，在任何时候、任何情况下，都始终高举邓小平理论伟大旗帜，都听从以江泽民同志为核心的党中央的指挥。我们在地方工作，一定要有全局观念，自觉服从全局，顾全大局。中央决定了的事情，我们要毫不动摇地贯彻执行，不能打折扣，以做好局部工作的实际行动支持全局。讲政治不是一句空话，而是要真正落实、体现到各项具体工作中去，全面理解和贯彻党的十五大确定的路线方针政策。做每一件事情，处理每一个问题，都要想一想、看一看，是否符合十五大精神，是否很好地贯彻了中央的意图。如果不是这样，就要坚决纠正。

同党中央保持一致，很重要的就是要全心全意为人民服务，把中央的路线方针政策贯彻到群众中去。要关心群众疾苦，倾听群众呼声，把群众的冷暖挂在心上，真心实意地为群众排忧解难。当前群众最关心的问题是什么呢？一是要尽快富起来，过

---

* 这是吴官正同志在山东省委七届一次全会上讲话的一部分。

上更好的日子；二是社会公正、公道，话有处说，理有处讲，冤有处诉；三是干部廉洁勤政，是自己信得过的人。群众的要求就是我们努力的方向。要通过我们的工作，使群众更加拥护党的领导，更加热爱社会主义，更加奋发努力地为实现现代化奋斗。总之，讲政治就是要让党中央放心，让人民群众满意。

第二，努力提高决策和领导水平。山东是个大省，有8800万人口，经济上举足轻重，处于重要的战略位置。党和人民把这么重要的一个地方交给我们管理，责任确实重大。从思想水平和能力上说，我们有信心把工作干好，但也要看到存在的差距。一方面，要以勤补拙，殚精竭虑、全力以赴地工作；另一方面，要尽快提高自身的素质，以适应新形势、新任务的要求。

这就要加强学习。学习邓小平理论，学习江泽民同志的重要讲话，着重学立场、学观点、学方法，提高思想认识水平和解决实际问题的能力。还要学习现代科技知识、市场经济知识、法律知识、历史知识等，不断丰富、充实我们的头脑。“学而不思则罔”。要勤于思考，善于把中央的指示精神与山东的实际结合起来，拿出解决问题的办法，创造性地开展工作。

这就要加强实践锻炼。深入基层，深入实践，多接触群众，多接触社会，多接触矛盾，特别是在处理复杂问题的过程中，经受锻炼，增长才干。

这就要善于总结经验教训。对好的做法要坚持和发扬；对失误要认真分析和总结，“吃一堑、长一智”，举一反三，力求不再犯类似的错误。

这就要有虚心的态度。认真听取各种意见和反映，尤其是对批评意见要认真地听，不能老虎屁股摸不得。那样是不会进步的。

第三，坚持和健全民主集中制。民主集中制是我们党的根本组织制度，是健全党内生活的重要保证。新一届省委常委一定要模范地坚持和健全民主集中制，实行集体领导和个人分工负责相结合，充分发挥常委会的整体作用和每个成员的作用。重大问题都要由省委常委集体讨论决定，按照各自的分工抓好落实。书记办公会议不是决策机构，只议事不定事。几位书记特别是我，一定要充分发扬民主，尊重常委会的集体决定，尊重各位常委同志的意见，决不搞“一言堂”、个人说了算。尤其是在干部选拔任用问题上，一定要严格按照干部“四化”方针和德才兼备的原则办事，按干部选拔任用条例规定的程序办事。各位常委要明确自己的职责，不论分工哪一项工作，都是整体工作的一部分，都要从整体和全局出发，在认真做好分管工作的同时，积极参加集体领导，自觉维护集体领导，做到个人服从组织，少数服从多数，下级服从上级，全党服从中央。常委会要注意听取各方面的意见和建议，集中党内外干部群众的智慧，提高决策的民主化、科学化水平。同时，加强制度建设，进一步健全常委会工作制度、议事制度、民主生活制度，实现议事、决策的程序化、规范化。

第四，不断增进团结。团结问题至关重要，这是我们做好各项工作的一个基本前提。今后，仍然要把增进团结作为加强常委自身建设的一项重要内容，在坚持党的原则的基础上，不断巩固和增进“一班人”的团结。

要相互信任。同志们在一起工作，有着共同的目标，彼此之间应当坦诚相见，真心相待，有话讲在当面，只要出于公心，讲错了也没有关系。这样才能相互支持，相互体谅。

要搞五湖四海，不搞亲亲疏疏、小圈子，特别是在干部任用上，不以人划线，真正做到凭德才、凭工作、凭贡献选拔干部。

要大事讲原则，小事讲风格，不搞无原则的纠纷，不计较个人恩怨。有了矛盾，先反躬自问，自己有什么不恰当的地方，多承担责任。多看别人的长处，多找自己的短处，有容人之量，严于律己，宽以待人。通过大家的共同努力，把常委“一班人”的智慧和力量凝聚起来，形成坚强团结的领导集体。

第五，做清正廉洁的模范。要加强廉政建设，加大反腐败斗争的力度。当前，我省各级党组织是好的，干部队伍也是好的。但对存在的问题也不容忽视，有些问题可以说触目惊心。我们要坚定不移地按照中央的要求，抓紧这项工作，争取有所突破。要从严治党，加强对干部的教育和管理，及时发现问题，防微杜渐。要坚决查处大案要案，发现一起处理一起，决不手软。这样，一手抓反腐倡廉，一手抓党的建设，使两者结合起来，把我省各级党组织和干部队伍建设得更加坚强有力，保证经济建设和社会发展的顺利进行。

作为省委常委，要严格遵守中央和省委关于廉洁自律的一系列规定，做到自重、自省、自警、自励。管好自己，管好亲属子女和身边工作人员，管好分管的部门和单位，在这个问题上，要坚持原则，分清是非，不能怕得罪人。谁搞腐败，谁就是得罪人民，我们就要得罪他，决不姑息养奸。

总之，我们要按照以江泽民同志为核心的党中央的要求，讲学习、讲政治、讲正气，把新一届省委常委建成政治坚定、作风端正的班子，思想统一、步调一致的班子，解放思想、开拓进取的班子，联系群众、廉洁勤政的班子，奋发向上、务实高效的班子，全面贯彻党的十五大精神，团结带领全省人民，努力开创山东社会主义现代化建设的新局面。

东西结合　加快菏泽地区发展*

（1998年12月19日）

省委、省政府决定，由济南、青岛、烟台、威海4个经济强市，山东电力、齐鲁石化、兖矿集团、胜利油田、山东省烟草公司5个特大企业，结对帮扶菏泽地区。这是进一步加快菏泽地区发展的重要举措。

（一）

菏泽是一个农业大区，总人口820多万，占全省的近1/10。菏泽也是一个革命老区，作出过重大牺牲。解放后，特别是党的十一届三中全会以来，菏泽全区人民自力更生，艰苦奋斗，为改变落后面貌进行了不懈的努力。菏泽地区在全省率先推行农村家庭联产承包责任制，极大地解放了农村生产力，解决了群众的吃饭问题，农业和农村经济取得了较快发展，成为全国全省著名的粮棉油生产基地，为国家和全省作出了重要贡献。近几年来，在省委、省政府的关心支持下，菏泽地委、行署和全区各级党委、政府，团结务实，大胆开拓，克服困难，在探索发展路子、基础设施建设、深化企业改革、保持社会稳定等方面做了很多工作，取得了很大成绩。但是，由于历史和现实多方面的原因，目前菏泽

---

* 这是吴官正同志在山东省东西结合加快菏泽地区发展工作会议上的讲话。

地区还达不到全省平均发展水平，在经济社会发展中存在着一些现实困难和问题。全区人口和耕地面积都占全省的1/10，而国内生产总值只占全省的2%；去年全区农民人均纯收入1830元，比全省平均低462元；财政收入6亿多元，远低于硬性支出；其他经济技术指标在全省的位次也是靠后的，与全省平均水平及其他市地的差距不断拉大。怎样才能帮助菏泽解决这些困难和问题，成为省委、省政府近年来一直在思考的问题。菏泽是山东的菏泽，菏泽的困难和问题也是全省的困难和问题。菏泽对全省是作出过贡献的，现在全省和东部沿海城市经济发展起来了，应当帮助菏泽解决存在的困难和问题。党的十五大和省七次党代会对调整区域经济布局、实现共同发展都提出了明确要求，结对帮扶菏泽发展也是力求实现全省各市地经济持续、协调、均衡发展的需要。菏泽赶不上来、实现不了现代化，全省的现代化也难以实现。组织强市和特大企业对菏泽地区结对帮扶，必将对菏泽地区乃至全省经济发展产生较大的推动作用。从这个意义上讲，能否做好结对帮扶菏泽的工作，不仅是一个经济问题，而且是一个政治问题，对于山东如何以新的姿态迈向21世纪具有重大意义。各有关市地和部门要统一认识，顾全大局，齐心协力解决菏泽的发展问题。

这次东西结合加快菏泽发展工作的主要任务和基本目标是：通过结对帮扶双方的共同努力，使结对县到2000年基本解决财政吃饭问题，在此基础上再经过3—5年的努力，面貌发生更深刻变化，力争使菏泽地区经济和社会各项事业跟上全省的发展步伐。

（二）

经济强市和特大企业是结对帮扶的重要一方，帮扶工作的成败很大程度上取决于你们扶持的力度。要提高认识，把各方面的思想真正统一到省委、省政府的决策上来。要帮助结对县理清思路，明确工作重点，制定三年帮扶目标。搞好东部强市企业、特大企业与结对县企业的结合，引导和推动企业“西进”，把在资金、技术、人才、市场等方面的优势与结对县在资源、劳动力等方面的优势结合起来，通过产业转移、产品扩散、资源开发、科技成果推广应用、兼并联合等形式，实现优势互补，建立起全面的经济、技术协作关系。要帮助结对县培植新的经济增长点，培育主导产业，争取在3年内培植壮大几个骨干企业，为县级财政提供稳定的财源。要积极帮助结对县培训人才、引进人才。现代经济竞争，本质上是人才的竞争。菏泽地区人才短缺已成为制约发展的重要原因。要积极帮助菏泽地区办教育培训和引进科技人才、管理人才。在省里的统一组织下，加大干部交流力度，选派积极肯干、年轻有为的优秀干部到结对县担任主要领导职务，帮助他们提高干部队伍素质，要腾出岗位让结对县的领导干部来挂职锻炼，搞好传帮带。人才问题解决了，菏泽的发展就有基础了，就有后劲了。

省直部门、国有商业银行要在政策、资金、项目等方面进一步向菏泽倾斜。省直部门要结合国家的产业政策和省里的规划，结合菏泽的优势，优先开发菏泽的地下矿产资源，优先在兖新、京九铁路沿线多布置一些带动辐射力强的重点项目。要在财政、税收方面给予照顾，进一步加大财政转移支付力度。加大支持菏泽地区基础设施建设的力度，在交通、邮电、水利、城建等方面重点扶持，尽快改善投资环境。金融部门特别是国有商业银行要对产品有市场、有效益、有发展潜力的企业积极支持。菏泽地区企业中，好企业还是有的，要支持它们发展。企业发展了，银行的效益也就上去了。直接融资也要多想些办法，多加扶持。

（三）

省委、省政府决定组织东部强市、特大企业结对帮扶菏泽地区，这是振兴菏泽经济的一次难得的机遇。但能否抓住机遇，关键还在于菏泽自己。菏泽地区要借助于外力，启动内部活力，开拓新的工作思路，争取菏泽经济发展有一个新的突破。

第一，要真正解放思想，切实转变观念。改革开放 20 年的实践证明，哪个地方思想解放搞得好，哪个地方的经济发展就快。我省西部有的地区近几年发展比较快，也是靠思想解放，靠改革推动的。首先要正确认识自己。由于多方面的原因，菏泽现在仍然是欠发达地区。这些年，菏泽地区为了改变落后面貌，是付出了很大努力的。但是，也要承认落后，看到差距。只有这样才能有压力、有动力。再是，各级党委政府要切实把主要精力放在经济建设上。要根据德才兼备原则，凭实绩提拔使用干部，坚决刹住不务正业的歪风邪气，树立正气。解放思想还要落实到各项改革工作中去。要采取更加有力的改革措施，加快经济发展，使菏泽 3 年变个样，5 年大变样。希望你们借这次结对帮扶的机遇，在全区开展一次解放思想的大讨论，使上上下下的干部、群众来一次观念的大转变。

第二，搞好机构改革，减少富余人员。对菏泽地区来讲，当前机构改革的重点应放在压缩人员上，包括事业单位的人员。据反映，菏泽地区及各县乡镇机关、事业单位人员很多都超编。财政收入不多，吃财政饭的人却很多，工资发不出去，一些政府该办的事不能办。菏泽的财政收入马上有一个很大的提高还很难。但分流富余人员，减少财政支出，很快就会见出效果。否则，仅靠外面帮扶，对口支援工作也难见成效。

第三，拓宽思路，培植新的经济增长点。解决菏泽的问题关键要靠加快发展。菏泽还是有很多优势的。你们农业条件不错，劳动力成本也低。可以大力发展畜牧业，发展食品工业。关键是要培植一批龙头企业，实现产业化，建立好服务体系。一些县还有些各具特色的产业、企业，可以重点扶持一下。要广开就业门路，组织劳务输出。劳务输出好处很多，可以缓解地区内的就业压力，增加劳务收入，增长外出人员的见识，提高技艺，回来以后还可能成为创办企业的带头人。菏泽现在靠国家来大量投资加快发展是不现实的，吸引外资目前也难以有很大的突破。发展个体、私营经济的潜力却很大，这有利于增加就业，增加财政收入。你们现在个体、私营经济的分量还很少，要加大力度，加快发展。要采取各种措施鼓励人们从事个体私营经济，不要都往机关、事业单位挤。

重视学习　善于学习*

（1998年12月28日）

重视学习是我们党的优良传统

毛泽东同志在《中国共产党在民族战争中的地位》一文中指出："指导一个伟大的革命运动的政党，如果没有革命理论，没有历史知识，没有对于实际运动的深刻的了解，要取得胜利是不可能的。"他号召全党来一个学习竞赛，看谁真正地学到了一点东西，看谁学得更多一点，更好一点。邓小平同志突出强调了在新的历史条件下重新学习的极端重要性。他说："实现四个现代化是一场深刻的伟大的革命。在这场伟大的革命中，我们是在不断地解决新的矛盾中前进的。因此，全党同志一定要善于学习，善于重新学习。"他要求大家团结一致，同心同德，解放思想，开动脑筋，学会原来不懂的东西，加快新长征的步伐。江泽民同志把加强学习的任务提高到关系党和国家前途命运的高度加以阐述，指出："加强学习的问题，我所以对领导干部和全党同志反复倡导和强调，是因为它太重要了，关系党和国家工作全局，关系改革和建设事业的长远发展。"他还告诫我们，当今时代，是要求人们必须终生学习的时代。在这种世界大势之下，我们的领导干部如果不更加奋发地学习，不努力用科学的理论武装自己的头脑，不努力掌握先进的科学技术知识，不善于实现知识的不断

---

* 这是吴官正同志在"三讲"教育活动中关于"讲学习"的发言。

更新，就必定要落后，就不可能肩负起党和人民交给自己的任务。从这些论述中我们可以看出，党的领袖总是对学习高度重视，要求很高。他们身体力行，为全党作出了榜样。毛主席的读书生活是全党共知的。小平同志年事已高时，还刻苦学习。江泽民同志对学习抓得很紧，每天都要看几大本材料，看有关的书籍。他们这种不倦的读书精神，我们要很好地学习。联系我们的情况，有两种倾向需要克服：一是不重视学习，认为学习是软任务，可有可无，甚至以干代学；二是不虚心学习，还以为自己懂得不少，不认真学习，浅尝辄止。这都是不对的。我们应当进一步认识学习的重要性，增强学习的自觉性和紧迫感。

学习要有明确的目的

我们党总是不断结合革命和建设发展的实际情况，提出学习要解决的问题，推动事业前进。延安时期，主观主义、宗派主义及其表现形式党八股，成为妨害党的事业前进的主要障碍。毛主席发动了延安整风，指出："反对主观主义以整顿学风，反对宗派主义以整顿党风，反对党八股以整顿文风，这就是我们的任务。"经过整风学习，全党在毛泽东思想的基础上达到了空前的统一和团结，为夺取抗日战争和新民主主义革命的彻底胜利提供了有力的保证。党的十一届三中全会前后，小平同志倡导全党重新学习，发动和领导了真理标准的大讨论，拨乱反正，正本清源，目的是完整、准确、全面地理解和把握毛泽东思想，使我们党重新回到马克思主义的正确轨道上来。他说："关于真理标准问题的争论，的确是个思想路线问题，是个政治问题，是个关系到党和国家的前途和命运的问题。"这次学习，最重要的成果，是恢复和确立了解放思想、实事求是的马克思主义思想路线，为实现全党工作重心的转移，开辟建设有中国特色社会主义的新道路，奠定了重要的思想政治基础。当前，在世纪之交国际国内发生一系列重大变化的新形势下，我们既面临着难得的机遇，也面临严峻的挑战，有许多可以预料和难以预料的困难和风险。苏联、东欧剧变，世界经济一体化趋势加快，亚洲金融危机继续加深，改革进入攻坚阶段，发展处于关键时期，稳定面临诸多问题。在这种情况下，如何高举邓小平理论伟大旗帜，把建设有中国特色社会主义全面推进到 21 世纪，是我们这一代共产党人要解决的重大课题。江泽民同志特别强调，在这样的形势下，要不断推进我们的事业，最根本的靠什么呢？实践已经作出了回答。过去 20 年来，我们党能够经受住国际国内各种各样的考验，领导人民把改革开放和现代化建设不断推向前进，从根本上说靠的是邓小平理论的正确指导；今后，我们要战胜可以预料和难以预料的各种困难和风险，不断取得事业的新胜利，仍然要靠邓小平理论的正确指导。他指出，学习的目的就是要建设一支高素质的干部队伍，团结带领人民实现跨世纪发展的宏伟目标，建设这样高素质的干部队伍，是保证我们党始终走在时代前列，经受住各种风险考验，领导全国人民把社会主义现代化事业不断推向前进的需要。没有这一条，我们不可能在如此严峻的困难情况下，推进社会主义现代化建设。

学习内容要有不同的侧重

适应新民主主义时期革命斗争的需要，毛主席强调从理论与实践的结合上学习马克思列宁主义的基本原理，特别是关于阶级斗争、上层建筑和意识形态、军事斗争等理论。他多次要求全党尤其是领导干部在学习马克思主义普遍真理的同时，研究现状、研究历史、学习国际的革命经验。小平同志强调完整、准确、全面地掌握毛泽东思想的科学体系和精神实质，学习要精，要管用。他根据现代化建设的需要,要求全党最根本的是学习马列主义、毛泽东思想。同时,“当前大多数干部还要着重抓紧三个方面的学习:一个是学经济学,一个是学科学技术,一个是学管理。”江泽民同志特别要求全党学习邓小平理论。他深刻指出:“新的形势和任务,迫切需要全党同志努力学习邓小平理论,自觉用这一理论武装头脑。如果不能很好地学习和运用邓小平理论,就难以凝聚全党、团结人民,坚持正确的前进方向,就难以解决我们面临的复杂矛盾和问题,不断开创事业的新局面,就难以承受和抵御各种风险,保持党和国家的长治久安。”同时,针对新的任务,他要求全党在认真学习马克思主义理论的同时,还要努力钻研业务。要坚持不懈地学习社会主义市场经济知识、现代科学技术知识、法律知识和其他各方面的知识。他对学习历史知识十分重视,深刻地指出,一个民族如果忘记了自己的历史,就不可能深刻地了解现在和正确地走向未来。他还强调要学习金融知识。明年1月初,各省区市的党政主要负责同志要到中央党校集中学习金融。下这么大的决心,组织大家学习这方面的知识,这在我们党的历史上是从来没有过的。我们有的干部对马克思主义缺乏系统的了解,对邓小平理论和江泽民同志的重要讲话学习得不全面、不深入,往往是一知半解。这样下去是不行的。有的干部知识面比较窄,缺乏必要的知识准备。我们的学习一定要适应新形势的要求,尽可能多地学习一些基本理论和知识。

要重视学风问题

在我们党的历史上,对待学习,历来有马克思主义和非马克思主义两种截然不同的学风。毛主席、小平同志、江泽民同志都大力倡导理论联系实际的马克思主义学风,坚决反对教条主义、主观主义、实用主义、形式主义等形形色色的非马克思主义学风。学风问题实际上就是对待马克思主义的态度问题，是关系党的兴衰和事业成败的重大政治问题。毛主席指出，那种只会片面地引用马克思主义的个别词句，而不会运用马克思主义的立场观点和方法来具体地研究中国的现状和中国的历史，具体地分析中国革命问题和解决中国革命问题的态度，是非常有害的，特别是对于中级以上的干部害处更大，没有科学的态度，即没有马克思列宁主义和实践统一的态度，就叫做没有党性，或叫做党性不完全。要求全党，“对于马克思主义的理论，要能够精通它、应用它，精通的目的全在于应用。”

在改革开放和社会主义现代化建设的新时期，小平同志特别强调，马克思主义从来不是教条，而是行动的指南。它要求人们根据它的基本原则和基本方法，不断结合变化着的实际，探索解决新问题的答案，从而也发展马克思主义本身。“我们现在要建设有中国特色的社会主义，时代和任务不同了，要学习的新知识确实很多，这就更要求我们努力针对新的实际，掌握马克思主义基本理论。”小平同志突出强调了解放思想、实事求是的极端重要性，赋予马克思主义学风以新的内涵和特点。他指出：“一个党，一个国家，一个民族，如果一切从本本出发，思想僵化，迷信盛行，那它就不能前进，它的生机就停止了，就要亡党亡国。”正是由于小平同志在新的历史条件下带领全党发扬理论联系实际的学风，才开拓了马克思主义的新境界，开辟了建设有中国特色社会主义的新道路。

江泽民同志对学风问题极为重视，多次强调要有一个好的学风。他指出：“学风端正，事业兴旺；学风不正，事业受损。”他特别强调，离开本国实际和时代发展来谈马克思主义，没有意义。静止地孤立地研究马克思主义，把马克思主义同它在现实生活中的生动发展割裂开来、对立起来，没有出路。并且把新时期马克思主义学风概括为:“一定要以我国改革开放和现代化建设的实际问题、以我们正在做的事情为中心,着眼于马克思主义理论的运用,着眼于对实际问题的理论思考,着眼于新的实践和新的发展。”这是理论联系实际学风在新的历史条件下的体现,也是对我们党关于学风问题理论的坚持和发展,对指导我们的学习和工作有着重大而深远的意义。我们一定要坚决克服教条主义、实用主义、形式主义、言行不一等不良学风,弘扬理论联系实际的优良学风,努力掌握马克思主义的立场、观点和方法,提高我们驾驭全局、解决复杂问题的实际能力。

总的说,重视学习、善于学习,是我们党三代中央领导核心一以贯之、一脉相承的重要思想。同时又各有特点,随着时代的推进有创造、有突破、有发展。一个党,一个领导干部,只有重视学习、善于学习,才能永葆青春活力,才有前途和希望。学习永无止境。要进一步增强学习的自觉性,发扬马克思主义学风,不断丰富自己,充实头脑,提高素质,跟上时代前进的步伐,更好地担负起党和人民交给我们的历史责任。

讲政治要体现在各个方面*

（1999 年 1 月 3 日）

讲政治的核心是坚定正确的政治方向和政治立场

在政治方向这个根本问题上，党的领导干部特别是高级干部，必须坚定和清醒，在任何时候、任何情况下，都要有坚定的理想和信念，有坚定的马克思主义立场，始终保持共产党人的本色。在社会主义初级阶段，集中精力搞好经济建设，实现社会主义现代化，是人民群众最大的利益，最根本的利益。从这个意义上说，坚持以经济建设为中心，加快生产力发展，是这个阶段最大的政治。正如小平同志所指出的："这就是今后主要的政治。离开这个主要的内容，政治就变成空头政治，就离开了党和人民的最大利益。"我们要坚持的正确的政治方向，就是建设有中国特色社会主义的方向，就是在邓小平理论的旗帜下，沿着党的基本路线前进的方向。所以，在新的历史条件下，衡量我们各级领导班子和领导干部政治方向、政治立场是否坚定的一条根本标准，就是能不能坚定不移地贯彻执行党的"一个中心、两个基本点"的基本路线。坚持党的基本路线不动摇，关键是坚持以经济建设为中心不动摇。在整个社会主义初级阶段，我们必须聚精会神、专心致志、一心一意地搞经济建设，决不能分散和转移注

---

* 这是吴官正同志在"三讲"教育活动中关于"讲政治"的发言。

意力。同时,把坚持四项基本原则、坚持改革开放,统一于建设有中国特色社会主义的全过程。通过深化改革,促进生产力的发展,加快现代化步伐;通过扩大开放,汲取人类社会创造的一切文明成果,巩固、完善和发展我们的社会主义;通过坚持四项基本原则,保证经济建设和改革开放顺利进行。要做到这一点,最根本的就是自觉地在思想上、政治上、行动上同以江泽民同志为核心的党中央保持高度一致。只有紧密团结在以江泽民同志为核心的党中央周围,听从党中央的号令,服从党中央的指挥,贯彻党中央的方针政策,我们才能战胜各种可以预料和难以预料的困难与风险,不断开拓前进,夺取改革和建设的新胜利。舍此,就一事无成,就会造成历史的大倒退。对于这一点,我们必须有清醒的认识和高度的自觉。从总体上看,我们山东的各级党组织和广大党员干部在政治方向和政治立场上是坚定的,在重大政治问题上是清醒的,经得起改革开放和发展市场经济的考验,经得起各种风浪的考验。同时,也要看到,有些党员干部包括一些领导干部在政治方向和政治立场上,还存在一些突出问题,有的还相当严重。有的理想、信念不坚定,对建设中国特色社会主义缺乏信心,一遇到困难就发生动摇,甚至同党离心离德,为自己谋划“退路”。有的对马克思主义产生怀疑,丧失了共产党人的信仰,甚至信神信鬼信教,乱建庙宇,搞封建迷信活动。有的政治上迟钝,对国际上的敌对势力分化、西化我国的图谋无动于衷,对妄图颠覆共产党的领导、颠覆社会主义制度的罪恶活动,反应迟缓;有的在改革中不注意坚持社会主义方向,乱提口号,乱发议论,造成不良后果;有的唯利是图,全然不顾社会利益,对印制、贩卖非法出版物,不认真查处,甚至对黄、赌、毒等丑恶现象也熟视无睹。这都是政治方向不明、政治立场模糊的表现。所以,通过“三讲”教育,坚定正确的政治方向和政治立场,非常必要、非常及时,我们一定上好这堂各级领导干部的必修课。

讲政治要体现到全心全意为人民服务上

全心全意为人民服务是我们党的宗旨，群众观点是我们基本的政治观点。早在1945年毛泽东同志就指出，我们共产党人区别于其他任何政党的一个显著标志，“就是和最广大的人民群众取得最密切的联系。全心全意地为人民服务，一刻也不脱离群众；一切从人民的利益出发，而不是从个人或小集团的利益出发；向人民负责和向党的领导机关负责的一致性；这些就是我们的出发点。”在新的历史条件下，邓小平同志告诫全党：“密切联系群众，这是最根本的一条。”江泽民同志在纪念建党75周年座谈会上的讲话中强调：“我们党是全国各族人民利益的忠实代表。不管形势和任务发生怎样的变化，党的工人阶级先锋队性质永远不能变，全心全意为人民服务的宗旨永远不能变，密切联系人民群众的优良传统永远不能变，从群众中来到群众中去的根本工作路线永远不能变。”每一个党员领导干部，都应当时刻牢记党的根本宗旨，切实增强群众观念，密切联系群众，全心全意为人民服务。这既是讲政治的基本要求，也是讲政治的具体体现。我国革命和建设的实践反复证明，什么时候根植于人民群众之中，同人民群众保持密切联系，党的事业就发达；什么时候脱离群众，党的事业就会遭受挫折和损失。“文化大革命”就是一场从根本上脱离群众的浩劫，教训十分沉痛。当前，我们党有一条符合群众根本利益的基本路线，绝大多数党员领导干部坚持党的根本宗旨，发扬党的优良传统，全心全意为人民服务，这就从根本上保证了党同人民群众的血肉联系。但也必须看到，现实中脱离群众甚至损害群众利益的问题还比较突出。有的领导干部作风简单粗暴，搞强迫命令，指手画脚，不尊重民意，动不动训人、骂人，摆官架子，高高在上；有的形式主义严重，不从实际出发，不量力而行，增加群众负担，甚至虚报浮夸、弄虚作假、欺上瞒下、愚弄群众；有的贪图个人享受，对群众的疾苦漠不关心、麻木不仁，群众有困难不去帮助解决，对群众缺乏感情，没有同情心和正义感，见到危害人民群众生命财产安全的行为也视而不见。这些问题不解决，讲政治就成了一句空话。群众观念强不强，与人民群众的关系密切不密切，是讲不讲政治的重要体现。这方面主要是四个问题：一是对待人民群众的态度问题。这实质上是一个世界观、人生观、价值观问题。作为党员领导干部，一定要懂得人民群众是我们的衣食父母，是"邦之命脉"，没有人民群众，我们的党就成了无本之木、无源之水。牢固树立为民、爱民、安民、利民、富民的思想，心里时刻想着群众，一切为了群众，才是真正的共产党的干部。二是摆正自己与群众的关系问题。每一个当领导的都应该牢牢记住，我们是人民群众的一员，手中的权力是人民给的，是用来为人民服务的。任何时候、任何情况下都不能脱离群众，都不能搞特权，更不能凌驾于人民群众之上。三是为人民群众办实事、办好事问题。以群众拥护不拥护、满意不满意，作为我们工作的出发点和落脚点。如果应该我们去做又能做到的事情，我们不去做、做不到，那就愧对人民群众，就是失职。要关心群众生活，体谅群众疾苦，"饱而知人之饥，温而知人之寒，逸而知人之劳"。四是改进工作作风和工作方法问题。坚决反对形式主义，力戒简单粗暴。坚持群众路线，拜群众为师，遇事多向群众请教，尊重群众意愿，决不要自以为是，更不能独断专行。

讲政治要在大是大非面前经得住考验

是不是讲政治，不仅看讲得怎么样，更要看实际的行动；不仅看平时做得怎么样,更要看关键时刻如何。从大的方面讲,首要的是坚持党性原则,坚决维护以江泽民同志为核心的党中央的领导,维护党的团结和统一,这方面一定要经得住考验。在日常工作和生活中,还要经得住权力、地位和利益的考验,突出表现在办事是否公道、用人是否得当、为政是否清廉三个方面。这些考验是很现实,也是很尖锐的。我省绝大多数党员干部特别是领导干部能够坚持党性原则,经受住了各种考验。可是,也确有一些干部包括有的领导干部,受消极腐朽思想的影响,在金钱、物欲等诱惑面前,没有经受住考验,丧失了党性原则。有的没有是非,阳奉阴违,奉行实用主义的市侩哲学,遇事只为自己考虑;有的不讲原则,利用手中的权力,为个人和小团体捞好处,群众怨声载道;有的在干部选拔、使用上,不是搞"五湖四海",而是以人划圈子,搞亲亲疏疏,甚至送官卖官;有的找关系、走门子,跑官要官;有的不廉洁,追逐奢靡之风,甚至贪赃枉法,收受贿赂,腐化堕落。最近查处的几个案子就很说明问题,有个干部在抓捕的前一天还在受贿。这些人之所以丧失立场,丧失原则,丧失党性,很大程度上是不讲政治,不学习,放松世界观改造的结果。所以说,讲政治不是空对空,要联系自身实际,触及思想,用讲政治的观点,审视自己,找出存在的问题,认真改正,使我们各级领导班子办事公道,为政清廉,用人得当。这样才能赢得群众的拥护和信任,"三讲"教育才是真正收到了成效。

讲政治要严守党的纪律自觉服从大局

严格遵守党的纪律,一个非常重要的问题就是认真贯彻执行民主集中制。这是我们党最重要的政治纪律。民主集中制的核心是全党服从中央。应当说,在发展社会主义市场经济的条件下,由于利益多元化、决策分散化的特点日益突出,某种程度上对中央实施宏观调控和集中统一领导提出了一些新的课题。在这种情况下，增强全局观念，自觉服从大局，坚决维护中央的集中统一领导，就更为重要。这也是毛主席、小平同志和江泽民同志反复强调和一贯要求的。一个领导班子、领导干部的思想政治水平高低，突出地表现在能否在局部和全局利益发生矛盾时，自觉服从全局，维护大局。江泽民同志指出：高级干部都是管大事、管全局的，要很好领会中央的精神，时刻胸怀大局，牢牢把握大局，善于从大局出发思考问题、分析问题和解决问题，不断提高总揽全局的能力。我们讲政治，要在这方面有新的提高。应该说，我省绝大多数领导班子和领导干部是顾大局、守纪律的，这是我们的光荣传统，也是山东各项工作不断取得进步的重要原因之一。但存在的问题也不容忽视。有的地方急功近利，为了搞所谓政绩，不惜损害全局利益和长远利益；有的从个人和小团体的利益出发，无视国家利益和法制、政令的统一，地方保护主义严重，甚至搞走私贩私、假冒伪劣；有的一味强调局部利益，对中央的政策不认真贯彻落实，搞上有政策下有对策；有的头脑里纪律观念淡漠，我行我素，什么话都敢说；有的在干部提拔使用上，不按程序办事，搞突击提干。这些问题虽然存在于个别人身上，但影响极坏、危害极大，必须坚决纠正。此外，从有些领导班子内部发生的问题看，很多问题也都是因为没有认真贯彻民主集中制，甚至严重违背这条党的根本组织制度。有的地方和部门完全是个人说了算，遇事不商量、不讨论；有的不尊重党员的民主权利，甚至对提不同意见的同志打击报复；有的不敢集中，不善于集中，当断不断，误事误人。各级党组织都应当在贯彻民主集中制上下功夫，提高领导班子的战斗力。此外，还要强化纪律意识，不论职务、权力、地位发生了多大变化，都是一个普通党员和普通老百姓，都要受党纪国法的约束。纪律这根弦永远也不能松。我们要通过“三讲”教育，使各级领导干部进一步熟悉和掌握民主集中制的基本原则，增强在实际工作中按照民主集中制原则研究问题、作出决策、解决矛盾的自觉性，实现决策的民主化、科学化。同时加强党的纪律和国家法令的学习教育，进一步增强各级领导班子遵纪守法意识，保证中央的政令畅通，维护党纪国法的严肃性。

讲政治要落实到各项工作中

我们讲的政治不是空头政治，要使政治同各项业务工作紧密结合在一起，保证经济工作和其他各项工作沿着正确的方向更好更有秩序地进行。我们是在错综复杂的国际国内环境中进行改革开放和现代化建设的，各种各样的因素纷至沓来，渗透、交错在具体工作中，要分辨清楚是很不容易的。面对如此复杂的矛盾和问题，各级领导干部一定要保持清醒的头脑，增强政治辨别力和政治敏锐性，善于从政治上观察形势、分析问题，见微知著，举一反三，用强有力的政治保证，推动经济建设和其他具体工作。充分发挥我们的政治优势，促进经济社会生活中各种矛盾的解决，是我们的一条重要经验。有些矛盾单靠经济手段难以化解，但如果把政治的、经济的、法律的等各种方法结合起来，矛盾就不难解决。当前我们在改革和建设过程中遇到了许多深层次的、综合性的矛盾，这就更需要充分发挥我们的政治优势。通过讲政治，进一步增强广大党员干部群众全面坚持党的基本路线的自觉性，推动国民经济持续快速健康发展；进一步坚定改革开放的社会主义方向，打好深化改革的攻坚战，提高对外开放的效益和水平；进一步正确认识和处理两类不同性质的矛盾，确保社会政治稳定；进一步妥善处理各种利益关系，把各方面的积极性引导好、保护好、发挥好。讲政治的目的，主要是提高领导干部的思想政治素质。提高思想政治素质，首要任务是用马列主义、毛泽东思想特别是邓小平理论武装头脑，提高运用马克思主义的基本立场、观点和方法认识、分析和解决问题的能力，使马克思主义的政治、社会主义的政治在自己的头脑中牢牢地扎下根，成为规范、指导自己的思想、行动的基本准则。

讲正气关键在于实际行动*

（1999 年 1 月 9 日）

民族正气，就是民族精神。共产党人的正气，就是为共产主义奋斗终身的精神。我们作为一个党的领导干部，一定要有坚定的党性，有高尚的品质，有崇高的精神，做一个高尚的人，一个正派的人，一个脱离了低级趣味的人。如果没有高尚情操，没有正气，没有对人民对事业的热忱，就不会有凝聚力、号召力，就无所作为，就决不能算是一个合格的共产党员。

全心全意为人民服务，这是最大的正气。群众是真正的英雄，只有密切联系群众，一切为了群众，紧紧依靠群众，才能获得力量的源泉，讲正气才有足够的底蕴。革命战争年代，我们之所以夺取了革命战争的胜利，根本的原因，就是我们代表了人民的利益，与最广大的人民站在了一边。在现代化建设的新时期，仍然需要增强群众观点，一切为了群众，紧紧依靠群众。如果当官不为民作主，不为群众办实事，甚至反过来欺压群众、愚弄群众，那就不是讲正气，而是讲邪气了，就必然被人民所唾弃，在历史上留下骂名。

讲正气，领导干部要带头，起模范作用。“其身正，不令而行；其身不正，虽令不从。”“上公正则下易直。”领导干部所处的位置，决定了他们的一言一行都有很大的影响力。群众看领导干部，不仅看他讲得怎样，更看他做得如何。要一级做给一级

---

* 这是吴官正同志在“三讲”教育活动中关于“讲正气”的发言。

看,一级带着一级干。如果一个地方和单位的领导干部带头搞不正之风,就会影响一大片。当前,特别要发扬艰苦奋斗的作风。“历览前贤国与家,成由勤俭败由奢。”这方面的教训,我们要永远牢记。

讲正气,办事要公道,用人要公正,为政要清廉。“公生明,廉生威。”我们作为共产党人,要努力做到公道、公正、公平、廉洁,做到两袖清风,一身正气。“廉者,民之表也;贪者,民之贼也。”现在有的干部却把这一本色丢掉了,想问题、办事情首先考虑对自己是否有利;对人搞亲亲疏疏,拉拉扯扯,任人唯亲;喜欢前呼后拥,讲排场、比阔气;为政不廉,又贪又沾,生活堕落。这些现象败坏了党风、政风,损害了党在群众中的形象,群众意见很大。我们应该以高度的责任感和使命感,从自身做起,从具体事情做起,正正派派做人,公公正正办事,树立共产党人的良好形象。

讲正气,要勇于坚持原则,捍卫真理。历史上有许多仁人志士为追求真理,“虽九死其犹未悔”。人不可有傲气,但不可无傲骨。现在,有的领导班子和领导干部,好人主义、实用主义盛行,对错误的东西听之任之,或者在原则问题上态度暧昧,患得患失,回避矛盾,推卸责任。这种放弃原则、息事宁人、软弱涣散的状况必须加以纠正。在国家和人民利益问题上,在原则问题上,还是要挺身而出,敢于坚持真理,敢于同一切违背党的路线方针政策的错误言行作坚决的斗争。这也是对党的事业高度负责的必然要求,是一个正派人应当具备的品质。

讲正气,要光明磊落,襟怀坦白。一个人有正气,很重要的是要胸怀坦荡,光明正大。陈毅同志有一首诗:“大雪压青松,青松挺且直。欲知松高洁,待到雪化时。”也是说做人要有松树那样的品格。领导干部首先要做到襟怀坦白,决不搞两面派,当面一套,背后一套;决不搞拉拉扯扯,吹吹拍拍。同志之间要互相信任、互相谅解、互相支持、互相帮助。一个人如果斤斤计较个人私利，闹名誉，闹地位，闹出风头，他的心胸就宽不了，精神境界就高不起来。相反，只要是出于公心，以党和人民的事业为重，境界就上去了。要按照江泽民同志提出的正确对待个人、正确对待组织、正确对待群众，按照民主集中制原则，拿起批评和自我批评的思想武器，开展积极的思想斗争，堂堂正正做人，清清白白为官，扎扎实实办事。

讲正气，要有坚韧不拔的毅力，有克服困难的勇气。作为一个共产党员、一个领导干部，要有坚定的信念，有战胜困难的顽强意志和生命不息、奋斗不止的革命英雄主义精神。特别是在困难面前，要有必胜的信心，“百折不挠，临大节而不可夺之风”，愈挫愈奋，不达目标决不罢休。随着改革开放的不断深化和现代化建设不断推进，我们肩负的任务比以往更艰巨，面临的国际环境比以往更复杂，经济和社会生活出现了一些从来没有遇到过而又绕不开的问题，困难也肯定比以往任何时候都要多得多。我们更需要保持良好的精神状态，坚韧不拔，顽强拼搏，勇于进取，不断开创新局面。

以更加积极的姿态扩大对外开放*

（1999年2月3日）

党的十一届三中全会以来，我省的对外开放逐步扩大，全方位、多层次的开放格局基本形成。当前，对外开放正面临着新的形势，特别是亚洲金融危机给我们带来了严重影响。去年，我省对外贸易和利用外资遇到很大困难，虽然通过扩大对欧美的出口基本弥补了对东南亚出口减少的份额，但形势仍然十分严峻。当今世界经济正处在一种不很稳定的状态，不确定和难以预料的因素增多。也应该看到，困难和机遇往往是同时存在的。在这样一个大转折的形势下，如果我们的措施得当，困难和风险就有可能转化为机遇。我们一定要善于从困难和风险中发现和把握机遇，坚定不移地扩大对外开放。

总的来看，我们对外开放的层次要提高。一方面，我国经济进一步市场化，人们的市场意识、竞争意识明显增强；另一方面，经济全球化的进程不断加快，我国与世界经济的联系日益密切。这就决定了扩大对外开放也要相应提高档次，适应变化的新形势。在工作上应该注意把握好三个方面。

一要充分发挥沿海城市的带动作用。我省几个沿海城市特别是青岛市处于对外开放的前沿阵地，有着较高的技术水平，与

* 这是吴官正同志在山东省九届人大二次会议上参加青岛市代表团讨论时的发言。

世界市场联系较为密切，有能力也有责任在全省对外开放中走在前面。沿海城市要进一步解放思想，积极探索建立与国际经济运行接轨的体制、机制和环境条件，率先走出一条与世界经济发展相适应的扩大对外开放的新路子。要做好沿海城市与内陆地区结合的文章，不仅要实现沿海和内陆的优势互补，还要把内地各方面的潜在优势转化为对外开放的现实优势，从整体上促进全省对外开放的进一步扩大。要在提高对外开放的档次上起带动作用，尤其是在吸引国际大财团、大商社的投资及其与他们的合作方面，在扩大利用外资、改善外资投资结构方面，在向国际市场直接融资等方面扩大对外合作。

二要通过技术创新，增强在国际市场上的竞争力。开放之初，我们主要偏重的是数量和规模。今后，要把立足点从注重数量转到注重质量上来，通过技术创新，提高我们的技术水平和经济竞争力。在这次亚洲金融危机冲击下，青岛市的出口之所以仍然保持增长的势头，主要是科技水平较高。一个行业能否处于领先地位，往往取决于一两项关键技术，不抓关键技术，产业水平就上不去。因此，要加大技术创新的力度。要把引进、开发和创新结合起来，大力推进技术进步，努力提高支柱产业和主导产品的技术水平。创新的关键是人才，要舍得花本钱，把更多的国内外高层次人才吸引到山东来，为我省经济发展献计出力。

三要实施市场多元化战略。经济全球化、市场多样化要求我们必须走经济国际化、市场多元化的路子。这次亚洲金融危机给我们带来的教训之一，就是要改善国际市场结构。要在巩固并充分挖掘日韩和东南亚等传统市场潜力的同时，努力扩大欧美、非洲、拉美、中东、独联体等远洋市场和新兴市场，争取抢占更大的市场份额。只有这样，才能使我们有较大的回旋余地。政府和企业要一起努力，以企业为主体，政府搞好服务。要进一步改革外经贸体制，制定鼓励政策，激发企业走出国门、开拓国际市场的活力，力争今年全省的出口创汇、利用外资以及对外投资与合作有所增长。

城市建设要以人为本*

（1999 年 2 月 9 日）

今天我主要是来听，同时请修智[1]、书香同志及省直有关部门的同志一起听一听，座谈讨论一下。当前，济南市民议论较多、关心较多的，主要是环境保护、住房改善和劳动就业等问题。随着经济社会的发展和物质生活质量的提高，人民群众对环境质量的要求越来越高，要求治理环境污染的呼声越来越强烈。可持续发展是经济社会与人口、资源、环境的协调发展。这也是评价一个城市发展水平的重要指标。你们今年要搞的第三类项目，如大气污染的治理、水污染的治理、住房建设、供水建设、造绿工程，还有电网改造等项目，这些考虑都很有必要。我建议要在全市大力宣传，把改善人民群众生活环境的重大举措宣传出去，形成浓厚的舆论氛围，取得全市人民的拥护和支持。加快环境治理是对的，但要一步一步来，不要着急。在具体实施过程中，千万不要草率。譬如出租车的问题，到底限制在 10000 辆，还是多少辆，现在也难以说得很清楚。今后城市发展了，说不定出租车还需要增多。要出一个安民告示，汽车报废以后，买新车必须是合乎标准的，这一条要卡住。必须达标，不达标的不给上户口。要从长计议，分阶段实施，哪怕两年、三年、四年也行，不能搞一刀切。牵涉到老百姓切身利益的事，一定要慎重。期望

---

* 这是吴官正同志在听取山东省济南市城市建设工作情况汇报时的谈话。

一年两年就把空气污染治理好,也不现实。

再就是交通问题。交通建设是城市基本建设的重要方面。交通条件的改善也有利于环境质量的改善。去年建的高架路,在一定程度上缓解了市区交通拥挤的状况。如果绕城高速公路通了车,许多车辆不从市区通过,污染也会少一点。同时,车速加快,汽车尾气污染的时间缩短,污染也会相应减轻。加快交通建设,从根本上改善我们的基础条件,对于提高济南的知名度,发挥中心城市的辐射作用,都是非常重要的。今年要把绕城东、西、北线搞好,2000 年争取把南线搞完。交通建设要与环境建设结合起来,路修得好,两边植树种草也要跟上。绕城高速路的南线建设,一定要注意保护山林植被,防止破坏环境。

对居民的住房问题,要拿出切实可行的措施,要建一些经济适用的商品房,使下岗职工、生活困难的居民能买得起。住宅小区的环境要搞得好一些,配套设施要跟上,尽量使群众感到舒适、方便。房地产部门不能赚钱太多,城市的一级市场,政府要控制。应当通过土地出租收回一部分资金,用来增加困难职工的住房补贴。这项措施搞好了,有利于社会安定。还有一条就是,银行要扩大抵押贷款业务,使居民有筹措买房资金的渠道,能够买得起房子。目前在住房方面,还存在很多不合理现象。要为广大群众着想,特别是多考虑生活困难的群众,扶危济困,雪中送炭,这是党和政府的责任。

在城市建设规划中,是否还要考虑增加两个内容?一是要把各类市场建设考虑进去,多增加商业摊位,为下岗职工再就业提供方便。英雄山下面的早市就很热闹。我早晨六点半在上班的路上,就看见有很多人做生意,逛市场,足有几千人。有一天早晨,我到省立医院去,看到路边人也很多,生意很好。有人讲,济南这个地方购买力不强,我看这种说法不完全对。我问过南郊宾馆职工宿舍门口的几个摊贩,一个卖馒头的下岗女职工,一天可以赚到二三十元;卖牛奶和面包的,一天可以赚四五十元;卖啤酒、炸豆腐干的,多的时候两个人一天可以赚到一百元。应当说,这也从一个侧面反映了济南市民的消费水平和购买力。所以,我们的城市建设要考虑这方面的情况,既方便群众,又增加就业岗位。再一个内容,就是要把省里计划10年或更长一点时间建设一所一流大学考虑进去。规划和监督部门执行规划要坚决,对违反规划的要求,要坚决顶住,否则就是对济南人民和历史不负责任。关于第一类"泉城形象标志区",这个规划构思很好,可能今后是济南的精华部分。为了避免理解上的误会,对外可否只用"泉城特色区"?你们对工程建设抓得很紧,但一定要把质量放在第一位,高标准、高水平建好,如时间来不及,也可以延长一点时间。

城市建设要坚持量力而行、突出重点的原则。要强调规划,强调质量,强调量力而行。有把握的就干,没有把握、资金没有落实的,不要急于开工。今年力争完成150个亿的投入,即使达不到这个数,能够投入132个亿,也是很大的成绩。在资金问题上,一定要充分考虑偿还能力。借钱不易,还钱更难。投资搞基本建设,要充分考虑效益,考虑回报。你们的规划搞得很好,要一项一项地落实,一年搞不完就搞一年半,一年半完成150亿元的投入也很了不起。当然,投入这么大,如果没有国家的支持,没有省里的支持,光靠济南市是很难的。济南是全省的政治、经济和科教文化中心,城市建设搞得如何,直接影响山东的形象,影响全省的经济社会发展。省里要把济南的城市建设作为全省的重点,省市机关、企事业单位,都要以搞好省会城市建设为己任,增强全局观念,服从统一规划和管理,积极支持、帮助和参与济南的建设,形成加快省会城市建设的强大合力。

此外,还有一个不成熟的设想,请你们组织有关专家论证一下是否可行。就是黄河北面的分洪区的合理、充分利用问题。

怎样既可防风挡沙，又可防汛分洪。济南城市规模的扩展，到底向哪个方向延伸，要很好地研究论证。向南是山区，搞不好会毁坏山林；向东西方向扩展潜力很大，但东面是重工业区，有一个如何结合的问题；向北扩建，有黄河大桥也很方便。如果划出一片地方，周围搞成林带，搞好绿化，说不定能把许多单位和大批的济南人吸引过去。一旦发生大的洪水，农田受淹损失恢复起来比较快，但如果市区受淹，20 年也难翻过身来。黄河水含沙量大，泥沙淤积，一旦出问题，将是毁灭性的。如果搞一个大的分洪区，搞一个很大的水面，堆起一个高几十米的土山，山上四季常青，对于净化济南的空气，可能大有益处。现在市区的风沙大，原因之一就是北面一马平川，南面山峦阻隔，风沙受阻。这仅是很不成熟的一个设想，可先组织一些专家考察论证。如果能够搞成，经济效益会相当可观。水里可以养鱼，山上可以栽种经济林，栽种果树。济南这个地方气候好，阳光充足，只要有了水，许多树木都能长得很好。还可以发展第三产业。搞这么一个项目，投入不是很大，主要是征地的费用。如论证不可行，我的话收回，因今天主要是与同志们研究探讨这个问题，不是下结论，也不是提要求，供大家参考。

你们的城市规划非常宏伟，建设目标很有气魄，要切实按照规划目标抓好一批充分体现泉城特色、齐鲁文化内涵和现代气息的城市建设项目，把省会济南建设得更加美好。

注　释

〔1〕修智，即王修智，时任山东省委常委、秘书长。

切实解决群众反映强烈的问题*

（1999 年 3 月 20 日）

在“三讲”中，一定要解决好党性党风方面存在的一些突出问题，一定要解决好群众反映强烈的问题。从学生返家后得知的情况看，农民负担过重、干部作风简单粗暴、为政不廉、办事不公等问题反映强烈，望在加强教育的同时，对特别恶劣的要下决心依纪依法严肃查处。

要下决心冲破阻力，查处和突破几个大案要案。我相信同志们一定会坚持原则，刚正不阿，不怕得罪人。只有从严治党，党风和社会风气才会根本好转，才能有力地促进经济发展和社会全面进步。

要认真贯彻今年中央纪委会议精神，严格执行党风廉政建设责任制。注意加强对主要领导包括对我的监督。我们一定要落实好“三讲”的整改措施，促进党风进一步好转，扎扎实实把反腐败斗争引向深入。

---

* 这是吴官正同志在北京开会期间致山东省纪委常委各同志的一封信。

努力开创经济工作新局面*

（1999 年 3 月）

中央经济工作会议对 1999 年的经济形势、目标任务、工作重点作了全面、正确的分析和部署，我们应该认真学习贯彻中央经济工作会议精神，从山东省的实际出发，努力开创经济工作新局面。

一、统一思想认识

统一思想是做好 1999 年经济工作的基础和前提。全面、辩证地分析形势，才能统一认识，步调一致。1998 年是极不平凡的一年。在以江泽民同志为核心的党中央领导下，我们经历了国内外形势的严峻考验并取得了重大胜利。我省按照江泽民同志在全国人代会上对山东工作提出的要求，以党的十五大精神总揽全局，高举邓小平理论伟大旗帜，坚持两手抓，振奋精神，团结奋斗，国民经济保持了适度快速发展的好势头，各项事业都有了新的进展。这是各级党委、政府采取有力措施，加强和改善对经济工作领导的结果，是各行各业广大干部群众共同努力的结果。同时，也要清醒地看到面临的困难和问题。国际经济环境不容乐观；亚洲金融危机的影响还在加深；农业基础比较脆弱；

---

* 这是吴官正同志发表在中央政研室、国务院研究室主办的《学习·研究·参考》1999 年第 3 期上的一篇文章。

国民经济整体素质不高，结构性矛盾日益突出。1999 年经济发展既面临着良好的机遇，也面临着严峻的挑战。我们对可能遇到的各种困难和风险，宁可估计得严重一些，把措施考虑得充分一些，尽最大的努力，争取最好的结果。

中央提出了 1999 年经济工作的总体要求：高举邓小平理论伟大旗帜，深入贯彻落实党的十五大和十五届三中全会精神，继续推进改革开放，把扩大国内需求作为促进经济增长的主要措施，稳定和加强农业，深化国有企业改革，调整经济结构，努力开拓城乡市场，千方百计扩大出口，防范和化解金融风险，整顿经济秩序，保持国民经济持续快速健康发展和社会全面进步，迎接新中国成立 50 周年。这个总体要求，有重大的指导意义。我们的任务就是要紧紧围绕这一总体要求，制定政策措施，真抓实干，狠抓落实，把改革和建设搞得更好。

正确认识和把握发展速度，是各级领导必须解决的重要课题。在工作中要注意把握好以下三点：一是坚持发展是硬道理。考虑到我们省的实际情况，在经济增长速度上，应当立足于能争取到的速度一定要尽力去争取，努力保持国民经济适度快速增长。二是我们所要求的速度必须是没有水分、扎扎实实的速度，是协调发展、讲求质量效益的速度。三是不搞相互攀比。要从实际出发，既积极努力，又量力而行，不搞“一刀切”。

二、调整优化结构

1999 年的经济工作，既要抓当前，又要想长远，主要是紧紧围绕结构调整和结构优化全面展开。

以增加农民收入为重点，调整农村经济结构。进一步贯彻落实党的十五届三中全会精神，把农民的积极性保护好、引导好、发挥好，关键是帮助农民解决生产经营中的实际困难，使他们能够不断增加收入，改善生活。要坚持以市场需求为导向，以科技进步为动力，调整和优化农村产业结构和产品结构。调整优化种植业结构，发展高产优质高效农业。大力推进产业化，通过发展壮大“龙头”企业，把农户联结起来，带动起来，参与大市场的竞争。搞好乡镇企业的第二次创业，解决农村富余劳动力问题，增加农民收入，实现农业现代化。

以技术进步为重点，调整工业结构。今后的竞争实质上是高新技术产业的竞争，要积极发展高新技术产业。抓住有优势的领域，集中投入，争取有较大突破。要依靠大企业集团，发展高新技术产品。这样做投入相对集中，与市场结合紧密，见效较快。技术改造要坚持以产品、质量、效益为中心，绝不能单纯追求量的扩张，更不能搞重复建设。在工业企业技术进步中，要十分注意降低消耗，减少污染，通过采用信息技术、生物技术、节能技术等，加快新技术向传统产业的渗透，促进可持续发展。要重视引进、开发关键技术。要积极利用外资，有计划地组织技术引进，搞好消化吸收，力求突破。实施名牌战略，培植新的经济增长点，是推动产业、产品结构升级的重要途径，也是拉动经济增长的重要力量。

以发展第三产业为重点，调整产业结构。要在加快发展商贸流通、饮食服务业等传统行业的同时，把发展的重点转到提高层次、完善功能、强化服务上来。教育是第三产业的重要组成部分。要加大教育结构调整的力度。办好高等教育，还要大力发展职业技术教育，为社会培养更多的技术骨干和致富带头人。

以小城镇建设为重点，调整城镇布局结构。在城市建设上，要有重点地抓好几个中心城市的建设，完善城市功能，增强辐射带动能力。要搞好规划，改革户籍管理制度，制定完善各项配套政策，为加快小城镇建设创造良好环境。

以开拓市场为重点，调整市场结构。首先应开拓农村市场。

要从生产环节入手,为农村提供更多农民用得上、买得起的消费品。开拓国内市场,采取综合措施,协调一致,巩固原有市场,开辟新的市场。大力增加出口,主要在调整出口区域布局、培育新的出口增长点上狠下功夫。1998 年我省对东亚和南亚出口大幅度减少,对欧美和非洲市场出口却增长了 32.6%,基本弥补了亚洲地区减少的部分。1999 年要继续努力,力争出口不减少或有所增加。

以提高投资效益为重点,调整信贷投资结构。按照国家金融政策和产业政策,切实搞好信贷投资结构的调整。准备一批项目,搞好论证,抓紧报批,争取国家支持,早日开工建设。继续保持对基础设施的投入,不失时机地加紧进行公路和水利设施建设。要积极支持发展高新技术产业,积极支持扩大内需,积极支持培植新的经济增长点,积极支持对外贸易和开拓市场。要完善投资机制,探索建立相应的中介服务机构,重点帮助中小企业发展。采取多种措施,积极促进消费需求,拓宽消费领域,鼓励和引导居民增加消费支出。

三、解决热点难点问题

完成 1999 年经济建设的各项任务,必须注意解决那些影响经济发展的热点难点问题,为经济建设增添动力,保证经济运行的良好秩序和安全。

(一)推进国有企业改革。要认真落实中央的部署,全面贯彻"三改一加强"的方针,力争在转换企业经营机制、建立现代企业制度、加快市场化进程等方面有实质性进展。坚持解放思想,实事求是,鼓励积极探索。在方法上,坚持分类指导、尊重基层和群众的首创精神,及时总结他们创造的好经验、好做法,推动面上的改革。同时,要切实加大监督和管理的力度,防止国有资产流失和逃废银行债务，保护职工合法权益。在深化企业改革中，决不能忽视加强管理。在发展生产的同时，降低产成品资金的占用率，加速资金周转，提高资金效益。切实抓好企业领导班子建设，建立和完善对企业经营者的激励和监督约束机制，全心全意依靠工人阶级，紧紧依靠职工办好企业。

（二）防范和化解金融风险。要按照“标本兼治、突出重点、重在防范、主动化解”的原则，全面落实防范化解金融风险责任制，重点抓好地方性金融机构的风险防范。按照国家有关政策，结合金融改革，加强监管，不断提高经营质量，特别是搞好产权市场和农村合作基金会的清理整顿。同时，抓好重点部位的排查摸底，把问题解决在萌芽状态。要努力降低企业不良资产的比重，减轻银行的压力。

（三）广开就业门路。加强宏观调控，进一步完善各项就业政策措施，把解决再就业问题的立足点放在发展经济上，实施有利于促进就业的宏观经济政策，大力发展第三产业和劳动密集型行业，充分发挥中小企业和个体私营经济吸纳劳动力就业的重要作用。明确政府、行业、企业、社会的职能与责任，搞好再就业服务中心建设，切实把下岗职工人数控制在较低水平上。健全社会保障体系，发展社会保障事业。

（四）调动一切积极因素。首先要紧紧依靠群众，充分发挥群众的积极性和创造性。要维护社会公正，努力创造平等发展、公平竞争的环境，把各方面的注意力、积极性引导到现代化建设上来。特别是司法部门要严肃公正地执法，维护正常的经济和社会秩序。各地区优势要相互结合，相互补充，相互促进，共同发展，把东西部地区的积极性都调动起来。基础条件较好的东部沿海城市，要尽可能发展得更快一些，促进和带动西部地区更好地发展。

（五）努力维护社会稳定。各级党委、政府一定要有针对性地摸清可能影响社会稳定的各种因素，做到心中有数，及时化解，特别要防止由个别问题演变为局部甚至全局性的问题，确保不出大的问题。注意解决群众反映强烈的热点问题，及时妥善处理各种群体性事件，把矛盾化解在基层，解决于萌芽状态。认真落实社会治安综合治理责任制，努力为人民群众创造良好的社会环境，保证改革与建设的顺利进行。机构改革要按照中央的要求，研究制定切实可行的方案，积极稳妥地推进，保证各项工作不松、不断、不乱。

满腔热情地关心青年学生健康成长*

（1999 年 4 月 28 日）

现在的大学生，是未来的希望。他们爱国、爱党、爱人民、爱社会主义，思想活跃，求知欲强，有奉献精神。近年来不少大学生利用假期休息时间，走向社会，接触群众，向省委、省政府反映了许多很有价值的情况。认为当前我省经济政治形势好，社会比较安定，党风社会风气有好转，但也认为有些问题要重视解决。比如，有的反映一些地方农民负担仍比较重；有的反映少数基层干部办事不公、作风粗暴、公款吃喝的问题突出；有的反映农民群众对村级财务不公开、农民增收难、干部作风简单粗暴等问题意见较大；还有的就济南城市建设提出了意见和建议。省委、省政府对此十分重视，责成有关部门进一步调查了解，拿出切实可行的解决措施和办法。这充分说明，我们的大学生素质是高的，是完全可以寄予厚望的一代。

21 世纪正在到来。新的时代呼唤更加奋发有为的年轻人去开拓新局面，创造新辉煌。再过几天就是五四运动 80 周年纪念日了。江泽民同志去年“五四”期间发出号召：“当代中国的广大青年，要继续继承和发扬五四运动的光荣传统，努力担当起振兴中华的历史使命，创造出无愧于时代和人民的业绩。”我们要响应江泽民同志的号召，关心青年学生的健康成长，加强培养和

---

* 这是吴官正同志在山东省高教改革工作会议上讲话的一部分。

教育，加强思想政治工作，引导他们坚持学习科学文化与加强思想修养相统一，坚持学习书本知识与投身社会实践相统一，坚持实现自身价值与服务祖国人民相统一，坚持树立远大理想与进行艰苦奋斗相统一，把他们培养成为社会主义现代化建设的“四有”新人和合格人才。大学生活是人生发展的一个重要阶段。学习上的压力，生活上的困难，成长中的烦恼等，同学们都会经常遇到。高校党组织和领导要关心他们，为他们排忧解难。特别是对那些家庭困难的学生，尤其要多关心、多扶助，使他们能够安心学习。我们都要想办法，争取使每一个学生不因家庭困难而退学。各级党委、政府都要关心这件事情，并逐步探索建立起一种规范、有效的机制，从制度上解决问题。作为大学生更应勤俭节约，艰苦奋斗，自强、自立，依靠自己及亲属的支持，克服困难，完成学业。

学校教育的根本问题是教师问题。建设一支政治强、业务精、结构合理、充满生机活力的教师队伍，是加快高等教育改革和发展的关键。教师是人类灵魂的工程师，是青年学生直接学习和效仿的楷模。教师的思想政治水平和道德品质如何，直接影响青年学生的健康成长。要引导和教育广大教师特别是青年教师，加强自身修养，为人师表，言传身教，以自身的学识人品，引导学生在人生和学业上不断进步。要鼓励、支持教师刻苦钻研业务，努力学习现代科学文化知识，不断提高科研水平和教学质量。要建立和完善培养、选拔、引进一流人才的机制，提高教师队伍的素质和水平。改革高校的人事、分配制度，进一步打破平均主义，激励一流人才脱颖而出，造就一批学术、科研水平较高的中青年学术骨干和学科带头人。要大力倡导“尊重知识、尊重人才”，进一步提高教师的社会地位，努力改善他们的工作、学习、生活条件，充分调动他们的积极性。

研究墨学　古为今用*

（1999 年 5 月 12 日）

墨子是我国古代伟大的思想家、教育家、科学家、军事家和社会活动家，也是一位学贯文理、注重实践、百科全书式的平民圣人。毛泽东主席曾高度评价墨子是一个劳动者，是古代辩证唯物论大家；江泽民同志 1991 年 5 月在莫斯科访问讲话时也曾引用墨子“强不执弱、富不侮贫”的名言，来阐明我党我国的立场观点，在国内外引起了很好的反响。墨学是中华民族优秀传统文化的重要组成部分，研究墨学，古为今用，对于加强社会主义精神文明建设，促进祖国统一，维护世界和平，具有重要的现实意义和深远的历史意义。

先秦时期，儒、墨并称“显学”；汉至清初，儒彰墨隐；鸦片战争之后，墨学得以复兴；新中国成立后，特别是改革开放以来，墨学研究有了新的进展，建立了中国墨子学会和墨子研究中心，举办了多次国内、国际墨学研讨会，出版了一系列墨学研究论著，得到了国内外专家学者的支持，引起了国内外各界人士的关注。

《墨子》内容博大精深，文字古奥，群众不易通读。新编《墨子名言》，浓缩《墨子》精华，精警隽永，言简意赅，通俗易懂，方便读者，给人以智慧和力量，对于墨学普及宣传，可以收到事半功倍的效果。此书由王玉玺[1]同志用隶、楷两体精心书写，是当代书法艺术与墨学研究相结合的重要成果，很有阅读欣赏价值。

---

* 这是吴官正同志为《墨子名言》一书作的序言。

今年8月，第四届墨学国际研讨会在墨子故里滕州市召开。《墨子名言》的出版发行，将为会议和墨学研究献上一份厚礼，可喜可贺。

注 释

〔1〕王玉玺，时任山东省人大常委会副主任、中国墨子学会名誉会长。

坚决纠正虚报浮夸行为*

（1999 年 5 月 31 日）

数据失实贻害很大，我们必须坚持实事求是。虚报浮夸是一种腐败行为，如发现，要坚决制止、纠正。我省如有的地方有类似问题，要下决心纠正过来。

虚报瞒报都是错误的，一是一，二是二，这也是我们在“三讲”中要切实坚持的实事求是精神。

---

* 这是吴官正同志在《国务院办公厅转发国家统计局关于一些地方重要统计数据失实问题通报的通知》文件上作的批示。

推广潍坊市开展“民心工程”的做法*

（1999年6月2日）

省政协召开的八届六次常委会议，很有新意。他们搞的“建议案”，值得大家一读。如何对待群众的问题，既是一个世界观、人生观、价值观问题，又是一个根本的立场问题、感情问题、党性问题，也是一个关系党和国家生死存亡、社会主义事业兴衰成败的重大政治问题。潍坊市开展的“民心工程”在本质上同我们党的根本性质和光荣传统完全一致，比较好地解决了正确对待群众这个根本问题。希望各市地根据省政协的建议，借鉴潍坊市的做法，结合当地的实际情况，认真开展这方面的活动，切实转变干部作风，始终把人民群众的利益放在高于一切的位置，扎扎实实地为群众办实事、办好事，把全省人民的智慧和力量凝聚到实现跨世纪的宏伟目标上来。

---

* 这是吴官正同志在山东省政协关于推广潍坊市开展“民心工程”做法建议案上的批示。

做好齐文化旅游开发这篇文章*

（1999年6月14日）

山东的旅游资源，特别是古文化旅游资源非常丰富，我们开发得还不够。除了享誉中外的泰安、曲阜，淄博也是山东文化旅游资源最丰富的地方。应当说，开发文化旅游资源这篇文章，我们做得还不够。

启俊[1]、建国[2]同志，你们是否可以找专家论证一下，考虑建一个齐城？里边的人都穿齐国人当时穿的衣服，用齐国人当时用的东西，拉着古车。搞一条街，反映齐国当时的繁华风貌，旁边搞小市场，集吃、穿、购、娱于一体。

齐国是春秋五霸之一，非常强盛，非常发达。齐国人写的《考工记》就是我国最早的工科著作。

要发掘齐国故事充实旅游内容，让人感到有场景可看，有知识可学，有地方可玩，有东西可买。比如，晏婴雄才大略，就有很多故事。是否可以搞一条齐国故事街？传说古时有人办了一个唐诗饭店，菜名、主客间问答等，都用唐诗，有文化味，生意很不错。

齐文化主要是工商文化，主张发展生产力；鲁文化主要是道德文化，强调修身齐家治国平天下，受到封建统治者的推崇，成为中国封建文化的主流。

对齐文化，我们发掘重视不够，难吸引人，效益没发挥出来。

---

* 这是吴官正同志在山东省淄博市考察时的谈话。

开发的关键在设计。设计的品位上去了，同时又易于人们接受，老少咸宜，令人喜闻乐见，就会产生巨大的经济和社会效益。如深圳的中华民俗村等，就是这样。

要把整个城市的文化开发与建设结合起来。蒲松龄的《聊斋志异》也是淄博重要的旅游资源。是否可以设想建一个动画馆或蜡像馆，把《聊斋志异》的故事搞成动画片，效果很逼真。做动画片比较省钱。要使人能看懂。前不久我到日本大阪去，看过他们一些类似的景点，很受启发。其实蒲松龄笔下的狐狸、鬼都蛮漂亮的，符合现代人的审美观和追求，搞起来一定很有观众。在景点上连续放聊斋故事，很有意思。现在放得最多的一部电影是《庐山恋》。庐山一家电影院，每天上午、下午、晚上各放一场，吸引了不少观众。

注　释

〔1〕启俊，即阎启俊，时任山东省淄博市委书记。

〔2〕建国，即张建国，时任山东省淄博市委副书记、市长。

积极推进各民族共同发展*

（1999 年 8 月 17 日）

我省是少数民族散杂居的省份，55 个少数民族近 60 万人，遍布全省县市区。各少数民族群众既是促进改革与发展的重要力量，也是维护社会稳定的重要力量。改革开放以来我省经济繁荣发展，社会政治稳定，是与各民族团结和睦分不开的。

促进少数民族经济社会发展，汉族和少数民族共同富裕，是做好民族工作的前提。这不仅是一个重大的经济问题，也是一个重大的政治问题。省委、省政府已经和正在采取一些特殊的政策措施，扶持发展少数民族经济、文化和其他事业。今后这方面的工作力度还要加大。各地、各部门要结合实际，认真做好帮助发展少数民族经济的各项工作。广大少数民族党员干部群众要振奋精神，扎实苦干，依靠自己的辛勤劳动，创造美好生活。

团结就是力量。团结才能发展、进步和稳定。做好民族工作，关键是不断增进民族团结。多年来，全省各族人民相互学习，相互帮助，共同创造了灿烂文明。同时，也建立了风雨同舟、休戚与共的亲密关系。这是珍贵的财富，是迈向新世纪的坚实政治基础。我们要把这种优良传统不断发扬光大，像爱护自己的眼睛一样，爱护各民族之间的相互信任和精诚团结，坚决反对任何形式的破坏民族团结的行为。

---

* 这是吴官正同志在山东省第四次民族团结进步表彰大会上讲话的一部分。

民族工作事关全局，政治性、政策性很强。要针对新形势下民族工作面临的新情况、新问题，积极探索行之有效的解决办法。对民族工作中的热点、难点问题要高度重视，主动靠上做工作，及时化解矛盾，确保社会稳定。培养少数民族干部，是我们党民族政策的一项重要内容，也是解决民族问题、做好民族工作的关键所在。要认真落实我省选拔培养少数民族干部的七年规划，抓好少数民族干部的培养选拔、培训、考察工作，努力造就一支坚定维护国家统一，热爱社会主义祖国，能带领群众艰苦奋斗的跨世纪的优秀少数民族干部队伍。要切实加强民族村居基层组织建设，对各族群众经常进行爱国主义、集体主义、社会主义和民主法制教育，全面提高各民族的素质。进一步加强和完善社会化的民族工作机制，充分发挥民族事务协调委员会的作用，为少数民族多办实事、多办好事，不断巩固和促进民族团结与进步。

学习辩证法　克服片面性*

（1999 年 8 月 31 日）

马克思主义的唯物辩证法，是科学的世界观和方法论，是无产阶级认识世界、改造世界的锐利思想武器，也是指导我们改革和建设的强大思想武器。实践证明，无论什么时候，思想上遵循唯物辩证法，认识问题就全面、深刻、实际；行动上按照唯物辩证法办事，处理和解决问题就科学、准确、妥善。反之，就会出现偏差，遭受挫折。我们前进的道路上还有许多可以预料和难以预料的困难，学好唯物辩证法，坚持唯物辩证法，对于我们克服思想和工作上的片面性，增强原则性、科学性、系统性、预见性和创造性，全面贯彻执行党的路线、方针、政策，战胜种种困难，推进改革开放和社会主义现代化建设，具有重大意义。

从我省来看，我们在思想认识和工作实践上确实程度不同地存在着片面性的问题，主要表现在：一是对邓小平理论、十五大精神和中央决策部署，学习不系统，缺乏全面、正确的理解和把握，以致在工作指导上出现偏差。二是对社会主义现代化建设的若干重大关系认识不到位，缺乏全面的把握，就经济抓经济，就业务谈业务，造成了不应有的损失。三是工作指导上绝对化、简单化。有的办事情不做调查研究和具体分析，缺乏利弊权衡，有时顾此失彼；有的从经验出发，主观武断，随意决策，甚至

---

* 这是吴官正同志在山东省委党校 1999 年秋季开学典礼上讲话的一部分。

盲目蛮干，违背群众意愿；有的喜欢“刮风”，乱提口号，说大话，走极端，搞“大呼隆”；有的在形势好的时候，头脑不清醒，盲目乐观，看不到存在的问题，遇到暂时困难和挫折时，又畏难发愁，无所作为，缺乏必胜的信心。四是分不清主要矛盾和次要矛盾，看不到矛盾的普遍性和特殊性，工作重点不突出，往往抓不到点子上，甚至把劲使偏了，尽管忙忙碌碌，事业还是搞不上去。这些都说明，我们在学习、掌握和运用唯物辩证法上有差距，思想方法和工作方法需要进一步改进。

掌握唯物辩证法，最基本的途径是学习马克思主义理论。要学习辩证唯物主义和历史唯物主义的基本原理，特别要结合改革和建设的实际，学好邓小平理论。邓小平同志是娴熟运用唯物辩证法的典范，在70多年波澜壮阔的革命生涯中，特别是在开创建设有中国特色社会主义事业的伟大进程中，始终倡导唯物辩证法，带头实践唯物辩证法。以江泽民同志为核心的第三代党中央领导集体，面对改革和发展关键时期的深层次矛盾和问题，面对国家的纷繁大事和复杂多变的国际形势，运用唯物辩证法，审时度势，总揽全局，卓有成效地处理了国内经济政治文化等各个领域以及对外关系中的一系列重大问题，充分体现了运用唯物辩证法，领导和驾驭全局的高超能力。我们一定要把学习邓小平理论和学习江泽民同志一系列重要讲话结合起来，加深理解和认识。要在全面、正确地理解和掌握邓小平理论的科学体系和精神实质上下功夫，学会运用马克思主义的立场、观点和方法，联系地而不是孤立地、发展地而不是静止地、全面地而不是片面地观察问题、分析问题、解决问题。

实事求是，是唯物辩证法的本质要求，是我们党的思想路线。只有坚持实事求是，一切从实际出发，才能正确认识客观事物的本来面目及其规律，找到解决问题的科学方法，实施正确的决策。我国现在正处于并将在相当长的一个历史时期内处于社会主义初级阶段，这是最大的实际。坚持实事求是，就必须立足于这个最大的实际，而不能脱离这个实际。现在，有一些领导干部思想浮躁、急功近利、好大喜功，搞脱离实际、脱离群众的形式主义，总的病根是背离了实事求是的思想路线，背离了唯物辩证法的根本要求。领导干部一定要坚持实事求是，真正解决世界观和方法论问题，从国家与人民的现实利益和长远利益出发，扎扎实实地为改革和建设干实事、做贡献。

全面、系统、联系和发展的观点，是唯物辩证法的基本观点。体现在实践中，就是要把握工作大局。辩证唯物主义者看问题，不仅要看到部分，而且要看到整体。江泽民同志一再要求党的领导干部要有全局观念，善于从全局上观察、分析问题。党的十五大对社会主义现代化建设的跨世纪发展作出了系统、全面的部署，认真全面地贯彻落实十五大精神，就是当前最大的全局。因此，要坚定不移地以十五大精神总揽全局，正确处理改革、发展、稳定的关系，把改革的力度、发展的速度和社会可以承受的程度统一起来；正确处理政治和经济的关系，坚持"两手抓，两手都要硬"；正确处理以公有制为主体和多种所有制经济共同发展的关系，巩固壮大社会主义公有制经济的基础，充分发挥非公有制经济的积极作用，繁荣发展社会主义市场经济；正确认识我国经济社会发展的状况和当今国际局势的变化，审时度势，趋利避害，掌握工作的主动权，把各项工作做得更好。

把中央的路线方针政策同本地区、本部门的实际结合起来，创造性地开展工作，是衡量领导干部运用唯物辩证法认识和解决问题能力的突出标志。用发展的历史的眼光看问题，是唯物辩证法的基本要求。目前，改革处于攻坚阶段，发展处于关键时期，任务艰巨，困难很多，这是事实。但我们必须坚持"两点论"，既认清形势发展的总趋势与主流，又看到面临的困难和问题，看到克服困难的有利条件和因素，看到光明的前景，坚定必胜的信心。创造性地工作，不可避免地会有风险。要树立正确的风险意识，决不能因为怕担风险、怕负责任而畏首畏尾，裹足不前。要吃透中央精神，了解实际情况，善于发现问题和积极主动地解决问题。善于总结经验，对的就坚持，错的就抓紧改正，并从失误中吸取教训，举一反三，形成规律性的认识，防止类似问题的重复出现，不犯或少犯新的错误。

按唯物辩证法办事，就要改进工作方法。要正确处理主要矛盾和次要矛盾的关系，善于抓大事、抓主要矛盾。要正确处理矛盾的普遍性和特殊性的关系，坚持一般号召和个别指导相结合，因地制宜，分类指导。要坚持群众路线，一切为了群众，一切依靠群众，从群众中来，到群众中去。要善于做深入细致的群众工作，把党的正确主张变为群众的自觉行动。要尊重基层和群众的首创精神，及时总结经验，推动面上工作的开展。要充分发扬党内民主，倾听各方面的意见，实行民主决策、科学决策，减少失误。

维护和促进社会公正*

（1999 年 9 月 7 日）

在社会主义初级阶段，制度本身需要不断完善，社会上难免存在一些不公正的现象。比如，有些分配不合理，收入过分悬殊；有的地方和单位歪风邪气盛行，好人受气；有的不依法办事，徇私枉法；有的以权谋私，搞特殊化，甚至贪污受贿；有的不送礼办不成事，看病送红包，遇事要请客，升迁靠关系，等等。广大人民群众对此反映强烈，深恶痛绝。这些问题虽然不是我们社会的主流和本质，但我们决不能熟视无睹。如果任凭不公正现象泛滥，人们就会感到没有奔头，就会失去对社会的信任，就很容易被敌对势力钻空子。“吏不畏吾严而畏吾廉，民不服吾能而服吾公。”各级党委、政府一定要把维护社会公正作为自己的重要职责，这也是一项实际有效的思想政治工作。要秉公办事，严格按照党的政策和国家规定处理问题，不能凭关系亲疏和个人感情办事情。领导干部要带头主持公道，弘扬正气，不与民争利，不以权压人，不以势欺人，决不允许随心所欲，以权谋私。要通过改革，努力创造社会成员平等发展、公平竞争的环境，特别是要加快干部人事制度和企事业单位用人制度改革，鼓励引导人们凭德才、凭工作、凭贡献获得社会承认，实现自身价值。进一步扩大社会主义民主，加强基层民主政治建设。要继续推进村务公开特别是财务公开。对村委会直选暴露出来的问题，要从

---

* 这是吴官正同志在山东省思想政治工作座谈会上讲话的一部分。

积极的方面做工作,加强民主法制教育,引导农民群众正确行使民主权利。牢固树立全心全意依靠工人阶级办企业的观念,推行厂务公开,让职工充分享有知情权、参与权和监督权。

要千方百计保证足额及时兑现增资*

（1999 年 9 月 15 日）

改革开放以来，我省经济发展很快，经济总量居全国前列，经济实力明显增强，财政收入大幅度增加。这为我们落实中央增资政策，创造了良好的物质条件。这次增资，中央财政对我省没有补助，全国这样的省市只有 7 个。这是对我们的信任和肯定。我们既感到光荣，更感到了压力。为了把这次增资工作做好，省政府以及财政部门和各地的同志们，尽了很大的努力，可华〔1〕等同志做了大量工作，进展情况是好的。

这次增加工资，全国统一行动，媒体做了大量报道，影响很大。在这种情况下，我们如果落实不好，应该增资的增不上去，就会损害山东的形象，影响今后的发展。从目前的情况看，落实增资政策，面临着很大困难，有四分之一的县市区难以兑现。这主要是由于各地经济发展不平衡，东部地区确实比较发达，但西南部地区有困难的县不少；结构调整过程中，压缩了一些企业，特别是煤矿、小炼油、小化肥等，减少了地方收入，增加了人员负担；我省转业军人最多，优抚对象也很多，开支基数大；青岛市计划单列，增收的钱我们拿不到等等。对这些困难要有充分的估计。如果说这几年我省财政状况在全国是比较好的，今后可能

---

* 这是吴官正同志就增加工资问题同山东省政府及财政厅有关负责同志的谈话。

要起些变化，困难可能大一些了。因为多数省特别是周边一些省市，这次增资中央财政都给了补贴，实际上是进入了地方财政开支基数，今后的日子会好过一些，而我们明年则要从地方财政中增加开支约 50 亿元，一进一出，差距就显出来了。所以，要做好过紧日子的准备，压缩不必要的开支，事事精打细算，不能大手大脚，根本的出路还是要坚持发展经济，提高效益，增加收入。

这次增资是党中央、国务院采取的一项重大政策，决不单是个增资问题，是涉及政治稳定、调动积极性的大问题。我们一定要从全局和讲政治的高度来认识这个问题，认真落实，务求兑现。有困难怎么办？要从积极的方面想办法解决：一是省财政把未分的 5000 万元再分给那些特别困难、自己又无力克服的地方，帮助他们兑现增资政策。暂时有困难的地方，可以先借给他们，财政好转后再偿还。二是各市地要加强协调，立足于自力更生解决问题。尤其是那些经济基础比较好的地方，要发挥主观能动性，调度协调好财政资金，妥善解决各县市区之间不平衡的问题。不能一有困难就找省里，先要立足在本市内解决问题。这方面还是有潜力的。三是实事求是反映困难，争取中央财政的支持。要如实向中央汇报我们的困难，讲清楚虽然我们经济发展是快的，经济总量是大的，财政情况是好的，但确有许多特殊的困难，如不解决，增资政策就难以兑现。把问题和困难讲清楚、讲透彻了，我们才算尽到了责任，也才真正是对中央负责，对山东人民群众负责。山东不是到了确有困难的时候，是不会向中央张口的。总之，要千方百计保证全省各地足额及时兑现增资。

要加强财政资金的监督和管理。增资的钱要专款专用，省里补助给各地的钱绝对不许挪用，不许截留，这一点要向各市地讲清楚。你们要加强这方面的监督和检查。要注意这次增资给社会各方面带来的影响，特别是社会保障资金要率先到位，安排好困难企业职工的生活。有的地方想把用于最低生活保障线的钱扣减下来，这是不行的。这一块稳不住，就会出问题。相信我省有实力，同志们有能力克服困难，把这次增资任务完成好。

注　释

〔1〕可华，即黄可华，时任山东省副省长。

创造性地落实国有企业改革的各项措施*

（1999 年 10 月 7 日）

对照党的十五届四中全会通过的《中共中央关于国有企业改革和发展若干重大问题的决定》，我们有些措施落实得较好，有些落实得很不够，反映了我们工作上的差距。一是认识有差距。有的没有摆正改革发展稳定的辩证关系，对深化改革、加快发展缺乏紧迫感；有的对国有企业改革的认识有片面性，“放”就撒手不管，“抓”就把着不放，徘徊摇摆，使改革裹足不前。二是适应和驾驭市场经济的能力不强。一些同志对出现的新矛盾、新问题，或束手无策，或习惯于用老办法，不善于用市场经济和现代管理方法去解决问题，企业发展找不到出路，困难越来越大。三是作风漂浮。有的工作不深入，不扎实，对情况若明若暗，大而化之，笼而统之；有的贯彻党和国家的政策，学习先进经验，不注意结合实际；有的缺乏认真负责的态度，敷衍塞责，得过且过，当一天和尚撞一天钟；有的遇到困难，畏难发愁，怨天尤人，回避矛盾，怕担风险，遇到问题绕着走，企业的实际困难得不到有效解决。四是地区分割、部门分割。有的地方和部门以实用主义的态度对待国有企业改革的政策和部署，符合部门和局部利益的就执行，不符合的就不执行，国有经济布局调整和国有企业战略性改组步履维艰。

---

* 这是吴官正同志在山东省委七届二次全会上讲话的一部分。

学习贯彻四中全会精神，必须针对存在的上述问题和差距，深入实际，调查研究，制定措施，把工作抓实抓细。这是摆在全省各级党政领导干部面前的一项艰巨而紧迫的任务。要针对企业存在的突出问题，采取积极措施，抓住重点，带动全盘。一要坚持有进有退，有所为有所不为，着力发展大企业、大集团，推动国有经济的战略性调整和国有企业的战略性改组，从整体上提高国有资产的质量、效益和控制力，更好地巩固和发挥国有企业的主体地位和主导作用。老工业基地和一些老企业，为全省国民经济发展曾作出重大贡献，这些年改革和发展也迈出了新的步伐，但目前包袱和困难也比较多。对它们要多扶持、多帮助，使它们走出困境，增强活力，实现新的发展。二要加快推进现代企业制度建设，实施规范的公司制改革，健全和完善法人治理结构，切实转换企业经营机制，同时尽快建立权责明确的国有资产管理、营运和监督体系，确保国有资产的保值增值。三要下大力气解决国有企业的债务负担、人员负担和办社会的负担，加快解困步伐，努力实现企业扭亏为盈。四要以市场为导向，努力提高国有企业的技术创新能力，推进企业技术进步和技术改造，并使其与经济结构调整相结合，改造一批、壮大一批、培植一批、转移淘汰一批，促进产业结构的优化升级。五要加强和改善企业管理，突出抓好企业的人本管理、财务管理、成本管理、质量管理、资金管理和营销管理，使企业在严格科学的管理中提高效益。六要努力营造国有企业改革和发展的良好环境，转变政府职能，推动政企分开，搞好社会保障制度建设和市场体系建设，全方位为企业搞好服务。省直机关机构改革即将展开，要按照确定的方案，积极稳妥地推进。同时认真负责地做好各项日常工作，做到工作不断、不散、不乱。干部职工要正确对待改革，服从组织安排，大家齐心协力完成机构改革的任务。在搞好国有大企业的同时，要重视中小企业的改革和发展。全省中小企业职工占全部职工的三分之二，提供的财政收入占全省的一半以上，特别是县以下，基本上靠中小企业“吃饭”。因此，重视并搞好中小企业的改革和发展，对于扩大就业和增加财政收入，促进地方经济发展，意义重大。要按照四中全会精神，进一步加快中小企业改革，采取多种形式搞活中小企业。

在工作指导上，一是善于抓机遇。当前，我们面临着国有企业改革和发展的大好机遇，能不能抓住，要靠我们的工作。对中央制定的有关政策，要很好地领会和把握，针对我们的实际情况用足用好。比如，对《决定》提出的债权转股权、技改贴息、扩大企业直接融资以及税收政策等，都要充分研究和运用。如果把我省符合条件的100多户工业企业债转股的政策落实好了，可以使企业负债率降低3到4个百分点，一批长期亏损大户也有希望扭亏。二是发挥主动性。要从实际出发，采取一些行之有效的具体措施，使其相互配套，更加卓有成效地落实好四中全会精神和国家的各项政策。在这方面不少地方创造了许多好的经验和做法，有的通过银企联手，保障企业生产经营正常运行；有的通过企业相互参股以及吸引境外投资等，改善企业的负债结构。总之，办法总比困难多，只要解放思想，开动脑筋，集思广益，就一定能更好地解决国有企业改革和发展中的困难和问题，促进“三年两个目标”的率先实现。三是把工作做细，防止简单化。贯彻四中全会精神，深化国有企业改革，一定要积极、全面、稳妥。国有企业改革的各项政策涉及面广，影响深刻，实施中要慎之又慎，精心操作，统筹兼顾，切忌一哄而起，搞“一刀切”。要警惕一种倾向掩盖另一种倾向，防止解决一个方面的问题，又带来其他一些新问题。落实有关政策，要同深化企业改革、加强科学管理、转换经营机制和搞好领导班子建设结合起来，着眼于增强企业自身的活力，不能甩掉老包袱，又形成新负担。改制要严格按规范来搞，改制后要规范运行。要注意防范和化解金融风险。金融问题事关全局,各级党政领导都要关注金融问题,支持金融部门的工作,教育和引导企业借款讲效益,还款讲信誉,努力降低不良资产比重。要教育干部群众,正确对待股票市场,增强风险意识。

加快国有企业改革和发展,需要广大干部职工的协力奋斗。离开这一点,将一事无成。作为领导干部,一定要善于把广大干部职工的积极性调动好、保护好、发挥好。首先,要尊重职工的主人翁地位,进一步强化民主管理。职工参与企业管理,是全心全意依靠工人阶级办企业的必然要求。要适应新形势,在建立和完善现代企业制度的同时,健全工会组织,加强和改善民主管理。近几年,我省部分企业实行厂务公开,取得了一定的效果,要加大工作力度,普遍推广。其次,切实处理好各方面的利益关系。国有企业改革必然导致利益格局的重大变化和调整,处理不好,就会挫伤广大干部职工的积极性,影响国有企业的改革和发展。要教育企业干部职工充分认识建立现代企业制度是搞好搞活企业的根本途径,提高其觉悟,使他们进一步理解改革,支持改革,积极参与改革。继续积极稳妥地改革分配制度,建立有效的激励机制,坚持效率优先、兼顾公平,把按劳分配与按生产要素分配更好地结合起来,注意解决好平均主义和分配不公的问题,充分发挥物质利益原则在调动积极性中的重要作用。近年来我省企业实行了职工收入与经济效益挂钩,大中型企业实行了科技人员收入与技术贡献挂钩等分配办法,要及时总结,存利去弊,继续探索。第三,关心群众生活,扎扎实实解决他们的实际困难。对关系职工群众切身利益的问题,各级领导干部一定要高度重视,想方设法加以解决,尤其要做好国有企业下岗职工的基本生活保障和再就业工作。党委和工会都要学会做过细的思想政治工作,坚持不懈地抓好对广大职工的思想教育,引导他们全面辩证地分析形势，正确看待国有企业改革和发展中的困难和问题，坚定信心，增强对改革的承受力，以主人翁的姿态积极投身于国有企业改革和发展的实践。

努力增强科技创新能力*

（1999年10月8日）

20世纪，是知识不断创新、科技突飞猛进、世界发生深刻变化的世纪。进入80年代以来，世界科技革命形成了新的高潮，科学技术日新月异，以电子信息技术为标志的高技术产业迅猛发展，知识经济初见端倪。有些发达国家科技进步贡献率已经达到60%—80%，高技术产业在经济中的比重达到50%以上。科技创新、人才素质成为经济和社会发展的主导力量，成为综合国力竞争的决定性因素。世纪之交，西方发达国家和部分发展中国家纷纷调整发展战略，竞相以提高创新能力和全民素质作为战略重点，以此抢占综合国力竞争的制高点。为了民族的振兴，我们别无选择，必须大力推进科技进步，提高全民素质，增强我国的综合国力，夺取竞争的主动权。

实施“科教兴鲁”战略，是我省为适应形势发展要求作出的正确选择。在我省实施这一战略以来，干部和群众的科教意识明显增强，经济振兴靠科技、科技发展靠教育的观念深入人心。但从总体发展水平上讲，我省科技教育水平仍比较低，在东部12省市排名中，科技竞争力排第8位；劳动者素质还不够高，文盲率比全国平均水平高1个百分点，每万人口中大学毕业生、在校生比例均居全国20多位；国民素质竞争力排第11位。从现在起到下世纪前10年，是转变经济增长方式、实现我省现代化

---

* 这是吴官正同志在山东省科技教育工作会议上讲话的一部分。

建设第三步战略目标的关键时期。各级领导干部和社会各界一定要牢固树立以素质教育为本、以科技创新为先、以推进高新技术产业化为主要途径的指导思想，牢固树立强烈的科教意识，大力推进高新技术产业化和素质教育，促进我省经济社会持续快速健康发展。

加速高新技术成果商品化、产业化。我省每年取得重要科技成果3500多项，但真正形成产业规模的不足20%。我省高新技术产业增加值占工业增加值的比重，居全国第14位，高新技术产业化程度居第9位。在国家重点统计的50种工业品中，我省产量居前三位的有18种，其中90%属于原料型、粗加工产品；在17个主导产业中，有14个是传统产业，新兴产业不多。这与我们加快经济发展，提高经济质量的要求不相适应。要提高经济发展水平，必须着力解决这个问题。

高新技术及产业有其自身的发展规律，不能一哄而起，搞"大呼隆"。要充分发挥社会主义制度能够集中力量办大事的优势，有所为，有所不为，重点加强电子信息、生物技术、新材料三大技术领域的创新，带动海洋工程、机电一体化、农业高新技术等高新技术产业的发展，培植具有山东特色的高新技术产业群。总的考虑是，争取用5—10年时间，在重点领域取得突破，重点产业形成规模，重点产品创出名牌，带动高新技术产业有一个大的发展。要加强产学研的联合，推动科研中试、产品创新、市场开拓等关键环节的有机结合，优化配置科技、教育、产业资源，构筑高新技术成果向现实生产力转化的主渠道。要发挥10个省级以上高新技术开发区在高新技术产业化中的龙头作用，培植各自的特色产业，使其成为区域科技创新的重要基地。同时，加快高新技术向传统产业的扩散和推广，不断提升传统产业的装备水平和技术创新水平，提高产品的科技含量，增强企业的市场竞争能力和抗御风险的能力。

尽快建立科技与经济紧密结合的新机制。改革开放以来，我们在科技体制改革方面迈出了比较大的步伐，收到了良好成效。但是，科技与经济脱节的问题，仍没有很好地解决。这不仅造成了科技资源的浪费，而且严重阻碍了科技成果转化和科技第一生产力的发挥。要从深化改革入手，以有利于科技创新和科技成果转化为现实生产力为目标，通过宏观调控和市场配置等手段，打破地域、部门、所有制的界限，打破科研机构之间、企业之间以及科研机构与企业之间的界限，充分发挥各自优势，优化组合科技、产业资源，真正建立起适应社会主义市场经济要求，符合社会化大生产和科技创新自身规律的新体制，形成全社会共同推进科技创新和高新技术产业化的整体合力。

当前，要把科技体制改革的重点，放到推动科研机构向企业转制上，引导大部分科研单位进入发展高新技术产业的主战场。现行的科研单位管理体制和运行机制是在计划经济时期形成的，科技成果难以迅速转化为现实生产力。从十几年科技体制改革的实践看，改变这种弊端的根本措施是推动科研单位向企业化转变，让科研单位进入市场，在市场竞争中增强转化科技成果、为经济建设服务的外在压力和内在动力。目前，国家经贸委管理的10个国家局所属242个科研机构，已经基本完成了向企业转制工作，为深化改革提供了有益的经验。在这次全国技术创新大会上，中央出台了一系列推动科研院所转制的配套政策，并要求力争在2000年年底之前完成。科研单位转制的方向、重点和政策，已经十分明确，关键是要抓好落实。我省有96个省属、300多个市县属科研机构，3.3万人，转制工作时间紧、涉及面广、政策性强，有很大难度。要迎难而上，加紧工作，确保按照中央规定的时间，高质量地完成这项任务。各地各部门要高度重视，切实做好思想政治工作，统一思想，提高认识，周密部署，稳妥操作，保证平稳过渡。省科学院、农科院、医科院、海洋工程研究院作为我省科研队伍的龙头，要走在转制工作的前列，发挥示范带动作用。

建立健全科技创新体系。创新的事业要靠创新的体制来保证。提高科技创新能力，最根本的是要形成推动创新工作的有效机制。科技创新包括知识、技术、观念、管理、制度等方面的创新，是一项社会系统工程。从我省来讲，建立科技创新体系要从三个方面起步，这就是以企业为主体，建立产学研紧密结合的技术创新体系；以科研院所、高校为基地，建立知识创新体系；以社会化中介服务机构为纽带，建立科技创新服务体系。

大力推动企业技术创新。技术创新是高新技术产业化的前提和主体。加强技术创新，不仅对搞好国有企业具有重大意义，而且对提高国民经济的质量和效益也具有决定性意义。加强技术创新，必须建立健全企业的技术创新机制。我省企业技术创新体系仍是一个突出的薄弱环节，企业在技术创新中的主体地位还没有真正建立起来。全省大中型企业中有57％没有建立技术开发机构，地方国有企业技术开发经费占销售收入的比例为0.17％，仅为全国平均水平的一半；企业技术开发人员占职工总数的2.7％，也低于全国平均水平；企业新产品产值只有398亿元，比上海、广东分别少375亿和250亿。这样下去，提高我省企业创新能力和市场竞争能力是很难的。要结合贯彻党的十五届四中全会精神，把企业技术创新体系建设纳入国有企业改革和发展的重要内容中，作为企业解困和振兴的根本措施来抓。要抓住当前科研院所改革的有利时机，积极吸纳科技资源和科技人才，建立健全企业技术开发机构，较大幅度地增加技术开发投入，改善科研设施条件，提高技术装备水平。加强与科研单位、高等院校的联合，推动企业成为技术创新、科技投入和成果转化的主体。

积极发展科技型中小企业、民营科技企业。科技型中小企业和民营科技企业具有创新能力强、机制灵活、运转高效的优势，是技术创新体系的重要组成部分。对中小企业和民营科技企业要与国有大中型企业一视同仁，创造公平竞争的环境条件，谁有优势就支持谁。要在政策、资金、技术等方面加强对民营科技企业创新、创业的扶持力度，引导其上规模、上水平、增效益，培植一批新的经济增长点。同时，从山东21世纪发展的长远需要出发，高度重视应用基础研究和高技术研究，稳住一支精干的科研队伍，建立一批重点实验室和科研基地，选择对国民经济和社会发展具有重大带动作用的课题，集中力量进行攻关，取得一批具有自主知识产权的高新技术成果，争取在世界高新技术发展的某些前沿领域占有一席之地。科技中介服务组织是高新技术成果向生产领域转化的桥梁和纽带。要加强科技服务体系建设，有重点地扶持一批生产力促进中心、高新技术创业服务中心、科技评估中心和常设技术市场等科技中介服务机构，实现手段现代化、功能社会化、服务产业化。

经济发展的关键在科技，科技发展的基础在教育。在新的世纪，人力素质对经济发展的影响和作用将是前所未有的。我们要树立人才是第一资源的观念，走全面提高劳动者素质的路子，采取得力措施，推动山东教育有一个大的发展。

创新精神和实践能力的培养是素质教育的核心。各级各类学校要成为培养创新人才的摇篮，倡导学生求知、探索，教育学生学会学习，学会思考，学会创造，鼓励人才脱颖而出。

要加快培育一流大学。纵观当今世界强国，都十分重视发展高等教育，注意培育一流大学。通过这些大学，以一流的师资、办学条件和管理，吸引一流的学生，培养一流的人才，创造一流的成果，推动本国经济、社会、科技、教育、军事的发展。美国的哈佛大学培养了36位诺贝尔奖获得者，全美500家最大财团中，有2/3的董事长、总经理是哈佛出来的。我们要通过强强联合、经费支持、政策倾斜、机制转换等，力争经过10—15年的努力，建成一所位居全国前列的综合性大学，培养一批全国一流水平的学科、学者。同时，重点支持3—5所高校，力争进入全国同类学校前列，带动山东高教和整个教育水平的提高，进一步发挥为我省科技、经济、社会发展服务的动力源作用。有关部门要尽快制定方案，抓紧组织实施。其他各级各类教育也要选择有潜力、有前景的骨干、示范学校重点投资，加强建设，提高水平。

大学不仅是知识的生产者，而且是高技术产业的重要创业者和高科技成果的辐射源，是科学技术、经济发展的重要增长点。美国的"硅谷"、日本的筑波科学城、北京的高新技术开发区等，都是以著名大学为依托建立起来的。我省高校科技产业虽然已取得一定成绩，但规模不大，水平不高。要进一步解放思想，选准经济、科技发展的重大和关键问题进行攻关，并把成果转化为现实生产力，促进形成高科技产业。特别是骨干大学，不仅要培养一流的人才，还应为经济的发展作出一流的贡献；不仅要在教育事业上发挥龙头带动作用，在发展高科技产业上也要发挥龙头带动作用。其他有条件的学校也要因校制宜，走出多模式、多层次兴办高科技产业和产学研相结合的路子。

发展民办教育是世界各国教育发展的成功经验。对于发展中国家，更具有重大意义。我省经济发展水平和政府财力决定了不可能把全部教育包下来，多种所有制经济的发展壮大和民间资本的大量积累，使政府独家办学的格局发生了很大改变，民办教育已经成为我省一个新的教育增长点。我省各级各类民办学校在校生已达20多万人，民办学校举办者投入的基本建设经费、图书资料和教学仪器设备经费，以及学生缴纳的学杂费等，约40亿元。这充分显示了民间办学的热情和雄厚的投资潜力，说明民办教育有着广阔的发展空间。要进一步加大扶持力度，实行更加开放的政策，鼓励、支持企业、个人和社会团体以及国外机构和个人投资兴办教育,特别是高中阶段以上教育,力争在不长的时期内,形成以政府办学为主体、社会各界广泛参与、公办民办共同发展的局面。

爱民为民富民安民是对党员干部的起码要求*

（1999年10月13日）

在县（市、区）开展"三讲"时，要切实解决好群众关心的问题，如农民负担过重、干部简单粗暴、为政不廉、作风不实、办事不公等问题，切实改进干群、党群关系。这对增强党组织的凝聚力和战斗力，阔步迈入21世纪至关重要。

要教育我们的党员干部，关心群众疾苦，倾听群众呼声，有事多同群众商量。要爱民、为民、富民、安民，这是对一个党员干部的起码要求，也是对一个共产党员党性的检验。

要教育我们的党员干部坚持实事求是的原则，办事要量力而行，一定要考虑财政和群众的承受能力。

在"三讲"中，要在讲学习时，认真学习毛主席、邓小平和江泽民同志的著作和重要论述，注意理论联系实际。还有三个问题，请大明〔1〕同志提请县（市、区）主要领导引起重视，一个是就业问题，另一个是财政问题，再一个是培养优秀中青年干部问题，这都是影响我们长远发展的问题。

注　释

〔1〕大明，即姜大明，时任山东省委常委、组织部部长。

---

* 这是吴官正同志就县（市、区）"三讲"教育活动致省委组织部负责同志的一封信。

积极发展高新技术产业*

（1999 年 10 月 17 日）

我们山东今后发展关键性的问题是科技和教育。鼓励创新，发展高新科技产业是 21 世纪保持我省经济持续、快速、健康发展的战略性措施。现在是形势喜人、形势逼人。我们要抓住机遇，解放思想，积极探索，精于运筹，认真组织研究上海、深圳、苏南、中关村等地的经验，结合我们的实际，创造性地开展工作，力争在较短时期内，济南、青岛、烟台能取得突破性的进展。三个市的党委、政府主要领导要亲自抓一抓，也请省科委在这方面多用精力。

高新技术开发区要开放办、放手办，要研究吸引国内外先进成果的应用，要研究吸引跨国公司来落户的办法，要研究吸引留学生回国创业的措施，要研究吸引国外退休专家和有特长的科技专家来创办企业和各种形式的帮助工作，要研究不违背国家规定的支持鼓励政策和激励措施等，有的要注意依托大中型企业的组织和参与，搞出我们的特色。省委、省政府首先寄希望于济、青、烟三市带好头，因为你们三市已有了一个好的开端，这对推动我省技术创新和高新科技产业的迅速发展至关重要。

为了使同志们进一步加深印象，给你们提供一点信息：北京市海淀区启动建设“中国硅谷”，沈阳市建立“计算机综合工业

---

* 这是吴官正同志致山东省济南、青岛、烟台三市及省科委负责同志的一封信。

园”，广东省建立“软件产业园”，广州市建立“环保产业园”，昆山市建立“中科昆山高科技产业园”，深圳市提出要积极探索建立“虚拟研究开发中心”和建立“深港合作产学研基地”，常州市创办“科技信息超市”等。不少地方重点扶持有自主知识产权的产品和企业发展，采取了一些有力的措施。如深圳市制定《关于依靠科技进步推动深圳工业持续发展的若干措施》，并设立“市长杯技术进步奖”；上海修订《上海市促进高新技术成果转化的若干规定》；江苏创办“民营科技园”；广州市开发区提出要努力营造一个“仿真国际环境”；珠海市实行“招商代理制”；还有的改革行政审批制度，变革社会保险费征收办法，加快经济法规建设，提升工业整体水平等。

看到国内外高新技术产业方兴未艾的发展势头，想到我省的差距，写了上面一些话，不一定准确，仅供同志们研究时参考。

努力建设一所一流的综合性大学*

（1999 年 10 月 17 日）

我省要建一所一流的大学已提上议事日程，现在已是第四季度了，我有些着急，把一些想法说一说，仅供你们研究时参考。

这所大学首先要考虑请一位杰出的教育家当校长，他不仅是著名的学者、教授，更重要的是有教育家的战略思想和很强的管理才能。要选一位忠诚党的教育事业、支持校长工作，善做思想政治工作的党委书记及一心一意支持校长、任劳任怨、有很强管理能力的常务副校长。大学决策机构可由校党委书记和校长邀请校内外各方人士组成，以适应校内科学、民主管理的要求，并能够适应社会的要求。

要考虑多渠道筹集充足的办学经费，拥有良好的办学条件。经费来源，一是财政拨款，二是科研经费，三是学费收入，四是校办企业和教育服务收入，五是社会捐赠，包括企业、个人、校友会等。这样，建高水平的实验室、图书馆，引进优秀人才才有资金保证。

要有一支高水平的学科带头人队伍，这是建第一流大学的最基本的保证。下决心从国内外引进一些优秀的中青年学者、教授，特别是请几个对我友好的诺贝尔奖获得者、一些两院院士来校任客座教授，这是十分重要的战略性措施。

---

* 这是吴官正同志致山东省教育厅负责同志的一封信。

要加强国际科技、学术文化交流，注意吸收一切可用的成果，注意有选择地吸收外国访问学者和留学生，这是推动自身发展的强大动力。

要考虑强强联合，推动实质性、创造性的改革。要吸取哈佛、牛津、剑桥、麻省理工学院及北大、清华、南大、浙大等校的办学经验。从长计议，可否考虑学校规模不宜过于庞大，大学生和研究生的比例应大体相当；对考取这所大学的前几十名要给予奖励，以鼓励高分学生报考；对学生要“因材施教”，鼓励拔尖；对学校教学、科研队伍要实行淘汰制等。

设想这所大学要力争在21世纪上半叶，能拥有一批具有一流学术水平的学科，出一批公认的尖端成果，能独立设置一批新兴的跨学科专业，为山东乃至全国的经济、科技和社会发展特别是高新技术产业的发展作出重大贡献。要培养出一批有创新精神的优秀人才，日后从中产生科技精英、学术大师、经济泰斗、跨国企业的领导者和杰出的党政领导干部。

上面的一些设想，多为大话和空话，可能不切实际，但这是我的愿望。盼与桂芳〔1〕、正昌〔2〕等同志抓紧组织专家研究论证。我们可爱的山东是大教育家、思想家孔夫子的家乡，是人杰地灵、物华天宝的地方，曾有辉煌的过去，有繁荣的现在，也必将有更灿烂的未来。人家有的已实现，想一想也没什么错吧？我相信有崇高思想而又有实干精神的同志们，一定会把这件对子孙后代影响深远的大事办好。

注　　释

〔1〕桂芳，即邵桂芳，时任山东省副省长。

〔2〕正昌，即朱正昌，时任山东省委常委、省直机关工委书记。

宣传工作要贴近群众*

（1999 年 10 月 19 日）

在改革开放、发展社会主义市场经济的条件下，宣传工作要贴近生活，贴近实际，贴近群众，多宣传基层先进典型，多宣传老百姓关心的事。如下岗职工，要多宣传他们如何克服困难，顽强拼搏，实现再就业。对基层干部，要多宣传他们怎样转变作风，帮助老百姓办实事。要教育人们发扬民族精神、爱国主义精神。美国有的地方，家家门口挂国旗。我们一些城市，如济南、青岛、烟台、威海等地的商场、窗口单位、街道、家门口也可悬挂国旗。我们要用爱国主义凝聚人心。要经常不断地进行理想道德、“四有”新人教育。

当前，经济发展、改革开放进入了新的时期。由于经济成分和利益主体的多样化，社会生活方式的多样化，社会组织形式的多样化，就业岗位和就业形式的多样化等，引发了社会心态的多样化。我们党的干部如何在这样的形势下带领大家建设中国特色社会主义，是一个需要认真研究和对待的重大课题。现在有些干部严重脱离群众，甚至搞腐败，群众很有意见。有的基层干部作风简单粗暴，扰民严重，群众负担过重，要认真改进。我们的干部必须牢固树立爱民、为民、富民、安民的思想，要经常进行这方面的教育，要安民，不要扰民。山东的老百姓好，有奉献精神，聪明、勤劳、朴实。我们有这样好的人民群众，要多宣传他们

---

* 这是根据吴官正同志在山东省宣传部长座谈会上的谈话整理的。

关心的事情，用发生在干部群众中的先进事例鼓舞人心。我们所做的一切，关键是使老百姓富起来，心情又舒畅。解放初期，老百姓为什么高兴啊？就是因为翻身解放啦，当家作主啦，高兴啊。十一届三中全会以后，农村实行家庭联产承包责任制，农民高兴，生产积极性高涨；落实干部政策，纠正冤假错案，干部心里高兴。现在，出现买方市场，工人下岗等等，怎么引导好，这很重要。经济生活发生了深刻变化，怎样领导人民跨入21世纪，怎样坚持两个文明一起抓，需要研究。意识形态工作很难做，要求高，要很好研究。

宣传工作要研究现实效果。要用党的基本理论、基本路线、基本纲领教育干部群众。各级领导干部要肯动脑筋，写稿子、讲话，要有深度、有新意，不要东抄西抄。我最近看了《毛泽东文集》1—8卷，有新的收获。毛主席的著作不是抄来的，是马克思主义与中国实际结合的结晶。宣传部长更要多学习，多动脑，多掌握些知识。

加大推行厂务公开的力度*

（1999 年 11 月 1 日）

国有企业的改革发展，必须全心全意依靠工人阶级。实行厂务公开，是加强企业管理，完善激励和监督机制，落实职工民主权利的制度保证。很多企业的实践证明，只有公开厂情，让广大职工参与企业改革发展的重大决策，参与评议和监督企业领导干部，在涉及职工利益的重大事情上履行当家作主的权利，才能有效地调动和发挥广大职工的积极性，搞好企业的改革发展。

推行厂务公开是一项长期的任务，请建国〔1〕等同志研究，把这项工作与企业的改革、改组、改造和加强管理，建立现代企业制度，促进企业党风廉政建设，加强思想政治工作等结合起来一道去做，持之以恒地开展下去，逐步实现规范化和制度化。

注　释

〔1〕建国，即陈建国，时任山东省委副书记。

---

* 这是吴官正同志就推行厂务公开问题所作的批示。

坚持走可持续发展道路*

（1999 年 11 月 11 日）

江泽民同志在《正确处理社会主义现代化建设中的若干重大关系》这篇重要论著中，把经济建设和人口、资源、环境的关系列为第三大关系。我们国家在世界上率先制定了国家级的实施可持续发展战略的纲领——《中国 21 世纪议程》。我省第七次党代会把可持续发展作为三个基本战略之一。可持续发展，已经成为我们考虑经济社会发展必须回答的重大课题。

可持续发展从根本上讲，就是促进经济、社会、人口、资源和环境的协调发展，也可以说是要处理好人与自然的关系。自然界是人类赖以生存和繁衍的基础。人从自然的奴隶，到向自然的无度索取，再到与自然的和谐共存，成为自然的朋友，反映了人类认识和实践的深化，是社会的进步。我省在向现代化的进军中，面对人口、资源、环境的巨大压力，怎样才能保持经济社会的健康发展，达到预期的目的？走可持续发展的道路，是正确的选择。

可持续发展包括的内容很广泛，涉及各个领域，需要全社会的参与和支持。因此，使大家增强可持续发展的观念，是非常重要的。尤其是各级领导干部，更需要树立可持续发展的观念，把长远利益与现实利益结合起来，局部利益与全局利益结合起来，经济建设与环境保护结合起来，在新的世纪里，把我们山东建设

---

* 这是吴官正同志为《山东省可持续发展战略干部读本》作的序言。

成为更加秀美富裕的美好家园。省科委组织有关专家编写的这本《山东省可持续发展战略干部读本》，对各级干部学习可持续发展知识将会有所帮助。

可持续发展的本质要求是科技进步，提高经济发展的科技含量。科技的发展靠人才，人们科技素质的高低至关重要。我们的前面还有许多可以预料和难以预料的困难，我们对新知识、新科学、新方法还知之甚少。让我们共同努力，用勤奋的学习，滋养我们的头脑，增强我们的能力，以适应新形势提出的新要求。

为高新技术产业发展创造好的环境*

(1999 年 11 月 22 日)

高新技术产业是知识密集、技术密集,高投入、高风险的产业,我们缺少资金,缺少知识,缺少人才,究竟如何起步?从国内外的经验看,应注意这样几个问题:

一是政府引导,政策推动。高新技术产业的发展与政府的大力推动、创造良好的环境是分不开的。要制定促进高新技术成果转化的政策,建立相应的创业投资机制和技术产权交易机构,逐步形成科技创业的新体制。要与著名大学、高水平科研机构建立紧密的合作关系,可以共同创办科技工业园、研究院、重点实验室,建立产学研基地,保障高新技术发展的人才和技术来源。

二是促进高新技术与金融资本、产业资本结合。建立风险投资基金,探讨以市场方式运用财政资金支持高新技术成果转化的办法,为不同所有制的企业、科研院所提供研究开发专项贷款和流动资金贷款担保。鼓励它们积极引进国际风险投资基金。在这方面,要进一步解放思想,积极探索,努力闯出路子。

三是广泛吸纳人才。要舍得花钱引进关键人才。烟台市创办留学生创业园区和中俄高新技术合作示范基地就很有成效。有条件的企业要走出去,到省外和国外,利用人家的智力,开发

---

* 这是吴官正同志在山东省经济工作会议上讲话的一部分。

自己需要的技术和产品。同时，还要发挥现有科技和管理人才的聪明才智，加快人才培养，重点培养一批学科带头人和尖子人才。

四是消化吸收国外先进技术。我省有规模、有竞争力的企业大都是购买的国外技术设备。这对于迅速提高我们的技术水平是必要的。现在，不少引进设备到了更新换代的时期。要认真总结过去引进工作的经验，吸取教训，最重要的是要在引进技术特别是关键设备的消化吸收创新上狠下功夫。这一方面要靠调动企业的积极性，另一方面也要发挥公有制的优势，组织各方面力量进行攻关。搞好了，可以替代大量进口设备，市场潜力很大。

五是提高企业自主创新能力。企业是技术进步的主体。要加大科研和技改投入，加快企业技术开发中心建设。发展高新技术产业要有选择地进行。省里将重点支持一批科技含量高、有市场潜力的产品的研制开发。各地条件不同，在发展高新技术产业上不能一哄而起，要有所为有所不为。我省传统产业有较好的基础，市场前景仍很广阔，要把改造传统产业和发展高新技术有机结合起来，大多数地方应主要在利用现代技术改造传统产业上做文章，进一步发挥传统产业的潜能。

六是加强对发展高新技术产业工作的领导。省委、省政府考虑，组成专门工作班子，就发展高新技术产业问题进行专题研究，拿出方案，提交省委、省政府确定实施。济南、青岛、烟台等市也要组成专门工作班子，加强统一协调领导，推动高新技术产业的发展。

绝不能利用职权和影响为亲属谋私利*

（2000 年 1 月 16 日）

我再次重申，无论是我的真亲属还是假冒的，如有要求提拔干部，招工就业，承揽工程，房地产开发和房屋交易，投资融资，换汇，推销和购置商品，为人说情，干预办案，等等，都要坚决拒绝，并对当事人进行严厉批评教育。同时，及时告知我处。我们都不能利用自己的职权和影响为亲属谋私利。望同志们一定按照党中央的规定严格要求我，监督我，支持我的工作！

---

* 这是吴官正同志致山东省委办公厅负责同志的一封信。

实施经济国际化战略*

（2000 年 1 月 23 日）

调整优化经济结构和实施经济国际化战略，是关系我省今后发展的两个关键性问题。这两个问题解决得如何，决定着新的世纪全省经济社会发展的总体格局，决定着我们能否在激烈的国际国内市场竞争中掌握主动权。两者又是辩证统一、密不可分的。只有不断调整优化结构，提高经济的科技含量和档次，才能增强经济竞争力，在市场上取得主动。同样，结构优化调整需要学习吸收世界一切科学先进的东西，关起门搞调整，经济结构只能在低层次上循环，不可能达到新的水平。因此，要在调整中扩大开放，在开放中进行调整。

当今世界是一个开放的世界，国家之间、地区之间相互渗透、相互融合、相互依存的关系日趋强化。经济发达程度，在一定意义上也取决于对外开放的程度。改革开放以来，我省外向型经济有了历史性的飞跃，取得了重大成就，对全省经济社会发展的贡献是很大的。可以说，没有外向型经济的发展，就不可能有今天的生产力水平。但也必须清醒地看到，我省外向型经济与一些先进省市相比还有差距，与基本实现现代化的要求相比差距更大，这已经成为影响我省经济社会发展的突出制约因素。我国可能很快加入 WTO，新的机遇和挑战摆在我们的面前。只

---

* 这是吴官正同志在山东省实施经济国际化战略工作会议上的讲话。

有抓住机遇，迎接挑战，进一步加快对外开放，瞄准世界先进水平，高起点、大跨度地发展自己，才能尽快缩小差距，才能实现现代化的目标。省七次党代会为适应新的形势，把经济国际化确定为跨世纪发展的三大基本战略之一，这是一项重要的决策。经济国际化战略不同于以往的对外经贸工作，具有新的含义，是以全球经济的视野，按照两个市场、两种资源全面利用的思路，综合考虑经济发展与国际市场接轨和适应的问题。因此，层次更高了，内涵更丰富了。各级领导干部，一定要充分认识实施经济国际化的重大意义，进一步统一思想，坚定信心。党委、政府一起动手，主要领导亲自抓，分管领导靠上抓，共同努力，把我省对外开放提高到一个新的水平。经济国际化，涉及方方面面，我们要从总体上来认识，特别是要着重理解和把握以下几个问题。

首先，生产的国际化。企业要充分发挥比较优势，参与国际分工，通过国际市场合理配置资源。要把生产过程的各种要素、各个环节放到全球范围内综合考虑，选择最佳地点、最佳方式，按照国际标准组织生产、加工和销售。从我省实际出发，要突出发展壮大大企业集团，以此为切入点，带动全省企业更多、更深入地走向国际市场。要善于利用国外一切先进科学技术改造我们的加工业，特别要做好技术装备的消化吸收工作，在开放中取百家所长，补己之短。这项工作要同全省发展高新技术产业结合起来统筹考虑，协调推进。要大力抓好加工贸易和投资贸易。要针对存在的问题，一件件解决，争取有较大的发展。

第二，投资和金融的国际化。经济的融合，很大程度上是资本的融合。现在利用外资已呈现四个变化，即资本市场成为最重要的融资手段；跨国公司成为最重要的引资对象；与国际惯例对接成为最重要的环境因素；专家运作、中介服务成为最重要的招商方式。我们一定要看到这种变化，尽快适应这种变化，在利用外资上实现新的转变、新的跨越。一要善于利用国际资本市场。这方面我们已有一些成功的做法。兖矿集团在美国、香港同时上市成功，融资 22.9 亿元人民币；淄博鲁泰纺织通过发行 B 股，募集资金 1.54 亿元港币用于企业技术改造。要总结经验，完善工作，加大力度，争取在国际资本市场融资上有更大的进展。二要以有效的方式吸引大的跨国公司来山东投资，把同国际大商社的合作作为推进经济国际化的重要措施。这是提高开放层次、更大规模利用国际资本的关键。做到这一点，单靠一个市县、一个企业是不够的，必须发挥我省的整体综合优势，加强统一协调，动员各方面力量，有目标、有重点地吸引跨国公司前来投资。三要按照国际惯例办事。无论是在协议谈判、项目审批、利益分配、合同兑现等具体操作上，还是在法律保护、管理体制和涉外服务上，要努力与国际市场接轨，为利用外资创造良好的条件。四要重信誉，严守契约合同。国际资本和金融业非常重视风险控制和信誉问题，把此视为无形资本。我省金融信贷信誉是比较好的，大家都要珍惜，决不办那些不讲信誉的事情。

第三，市场和销售的国际化。要树立全球大市场的观念，在全球范围内进行市场定位。我国一旦加入 WTO，面对的是世界上各个国家、地区和企业的同一个市场。要改变传统的市场思维模式，在全球范围内开拓市场，创造市场。市场的国际化与市场的多元化是一致的。国际市场风云变幻，此消彼长。前几年亚洲金融危机，对我省影响很大。但经过大家的努力，积极开辟欧美和中东、非洲市场，弥补了亚洲市场缩小的损失，维持了出口的增长。这也告诉我们开辟并建立稳固的全球市场体系是多么重要。现在亚洲市场正在复苏，我们要抓住时机，恢复传统的市场，抢占新的市场。要认真总结经验教训，继续推进市场多元化，在更大范围开拓市场，巩固市场，为经济发展创造更大的空间。要针对不同的国家和地区，制定不同的营销策略，运用不同的营销手段，在国际上建立起完善的销售、服务网络。海尔集团通过发展海外专营商，建立起全球销售网络。目前，他们在海外共发展了62家专营商，辐射到87个国家的3万多个销售网点，其中欧美国家就有2万多个。海信集团通过南非当地1400家分销店销售海信电视机，市场份额约占南非整个电视机市场的10%，而且辐射到周边5个国家。大家都应当学习借鉴他们的做法，把国际化的营销网络建立完善起来。

第四，竞争的国际化。经济国际化的一个综合体现，是国际间的竞争日趋激烈。一个企业能不能生存发展，很大程度上取决于能不能在国际竞争中占据主动。如果加入WTO，企业竞争将更加白热化。眼睛不要只盯在国内竞争对手上，而要把视野放得更广阔一些、更远一些。海尔集团为了取得国际领先地位，在世界各主要国家和地区建立了10个信息站和6个产品设计分部，及时搜集和掌握世界最先进的科技信息和情报，在国外直接进行产品设计开发。他们与国内外著名的科研单位、高等院校合资、合作建立了多个研发中心、技术开发中心（公司），并建立起中央研究院，研究超前10年的技术。平均每天开发一个新产品，申请两项专利，产品由过去的一个品种、一个规格，发展到今天的26大门类、100多个系列、10000多个品种规格，竞争能力大为提高，并成为欧盟、日本、美国等发达国家市场的名牌产品。要总结推广海尔等一批企业的经验，增强企业科技实力和开发创新能力，掌握国际化竞争的主动权。同时，各市地也要确立大竞争的观念。济南、青岛等中心城市，要坚持高标准，与发达城市相比，与世界先进水平相比，增强紧迫感和危机感，推动经济更快更好地发展。

推进经济国际化，要坚持解放思想、实事求是。最根本的是以邓小平理论和江泽民同志重要讲话为指导，全面贯彻落实党的十五大精神。今后几年是我省扩大对外开放和实施经济国际化战略的关键时期，机遇和挑战并存。全省各级领导同志要以“三个有利于”为根本标准，积极进取，勇于探索，开拓创新。要敢于触及矛盾，解决矛盾，在解决矛盾的过程中积累经验，把握规律。要创造就会有失败，这并不可怕，要及时总结经验教训，知错就改。同时，要周密思考，精心运作，尽量减少失误。新的形势和任务要求我们必须加强学习。学习邓小平理论和江泽民同志重要讲话，掌握立场观点和方法。学习国际经济贸易的知识，学习别人的经验和做法，不断充实提高自己。前一段一些市地学习上海、江苏等地吸引跨国公司的做法，学习浙江等地发展非公有制经济的做法，学习广东等地利用外资的做法，对于推进我省的改革开放很有作用。要大力倡导虚心学习的精神，今后不论哪个地方有好的做法和政策，我们都应当学习借鉴。各地、各部门在这方面要有更大的主动性和更积极的创造性。解放思想，实事求是要立足于调动各方面的积极性。省里的、部门的、市地县区的、企业和科研单位的积极性都要调动起来。在制定政策时尽可能考虑方方面面的利益，特别是充分考虑企业的利益，避免因政策的失当而挫伤积极性。还要善于调动外商的积极性，使他们愿意到我省投资兴业。为此，要创造良好环境，提高办事效率，使国外大企业、大财团进得来、留得下，乐意与我们长期合作。

推进经济国际化，需要正确处理“走出去”与“引进来”的关系。这是我们对外开放政策相辅相成的两个方面，二者缺一不可。只有“走出去”，才能弥补我们资源和市场的不足，才能把我们的技术、设备、产品带出去，才能更多地引进世界先进技术、设备，发展新的产业，才能由小到大逐步形成我们自己的跨国公司，对于提高我国的国际地位也大有好处。经过 20 多年的改革开放，我们已经具备了“走出去”的客观条件。我省目前已有 497 家境外企业，年经营额 8 亿美元，对扩大对外开放起到了多方面的积极作用。今后要进一步加大工作力度，加强领导和引导，推动更多的企业“走出去”占领市场，发展自己。特别是要充分利用有关政策，推动有条件的大企业走出国门，参与国际竞争。但必须加强管理，防止因失误造成损失和损害国家利益。

推进经济国际化，要建立与国际市场相适应的体制和政策。当前，要注意抓好四件事：一是体制创新。着眼于建立适应宏观调控、间接管理机制的一整套法规体系和高效率的行政体制；建构完善的市场机制，形成消费资料、生产资料、期货、金融商品和人力资源多层次的市场体系；推进现代企业制度建设，使企业真正成为独立的市场主体；按照国家统一部署，积极对金融体制、进出口贸易体制、商业流通体制等实行市场化改革，更好地适应国际市场的要求。二是加强管理。首先是要把企业管理搞好。我们有管理很好的企业，如海尔、海信、青啤、晨鸣集团、山东水泥厂、潍坊亚星，等等。但也有许多企业管理水平不高，与国际先进水平差距较大。这样的企业难以在国际竞争中立足。面对新的形势，一定要强化管理意识，按照现代企业的管理模式，围绕提高效益、增强企业创新能力和竞争力，全面加强企业管理。其次，要根据国际惯例，加强和改进对外经贸工作的管理，调整工作方式，建立健全规章制度，严格进行监督，使我省外经贸工作适应国际市场的要求。三是建立良好的综合环境。随着对外开放的不断扩大，环境建设越来越重要。要把硬环境建设与软环境建设结合起来，努力营造与国际接轨的综合环境。这不仅包括基础设施、政策环境、服务水平等方面，也包括法制环境、办事效率和信誉程度、人文环境、配套能力等。四是改进招商和贸易方式，建立起符合国际惯例的社会化和市场化的运作模式。特别要大力发展和规范社会中介机构，并积极利用国际互联网，通过电子化、信息化、虚拟化等形式，推动我省经济与国际经济的相互融合。

推进经济国际化，还需要优化对外开放的战略布局，促进我省东西部经济协调发展。由于基础、区位、资源等多种原因，我省东西部地区的经济发展存在较大差距。我们必须从山东的实际出发，进一步优化对外开放的战略布局，努力提高全省对外开放的整体水平。要充分发挥青岛市龙头带动作用。这既是历史形成的，也是全省对青岛的期望和要求。青岛市要在提高开放度上先行一步，发挥示范和辐射功能，拉动全省的对外开放。一方面，要按照建设国际化城市的思路，力争成为国际性航运中心、信息中心、贸易中心和金融中心、科研开发中心，产业层次要力争站在世界的前列；另一方面，青岛市的开放和发展要更多地考虑与其他地区特别是西部地区产业结构的互补性和关联性，搞好技术扩散、信息传播，完善和加强对全省经济的辐射拉动功能。各开放城市拥有良好基础和环境，都要在更大范围、更高层次上积极参与国际经济分工与竞争，提高开放水平。西部地区要立足于自身的优势，努力改善对外开放的环境和条件，与东部地区协调动作，发愤图强，尽快缩小与东部地区的差距，不断增强自身的经济实力和竞争能力。

推进经济国际化，必须高度重视培养和使用人才。国际间的竞争，核心是科学技术的竞争，归根到底是人才的竞争。谁能够培养和吸引更多的优秀杰出人才，谁就能在激烈的竞争中占据优势。跨国公司能够在竞争中处于主动地位，很重要的一点是他们占有人才优势。广东、上海、江苏等沿海省市，这几年经济快速发展，也得益于有大批国内外各个领域的优秀人才。要更新观念，努力创造人才竞出和人才集聚的良好环境。省委、省政府已经确定，要办一所全国一流的大学，现已经形成方案，并初步征得国家有关部门的同意，今年即开始起步。这对于提高全省科技教育水平，培养更多的高层次人才，增强山东的吸引力，都将起到重要的作用。要进一步搞好高层次人才的引进。

可以聘请跨国集团的技术和管理人员到我省的企业中任职，也可以通过咨询、高层论坛等方式，借用全球的智慧为山东经济建设服务。上海的“财富论坛”、深圳的“高交会”、云南的“世博会”等，实际上都是打的人才牌，我们在吸引高层次人才方面也应当有所作为。要高效益使用人才，实现人才资源的优化配置，保证高层次人才、紧缺人才的合理流向，满足重点产业、重点企业、重大项目的人才需求。要有计划地选拔一批有管理才能的高层次人才，充实到政府部门和经济管理部门的领导岗位上去，更好地发挥人才的综合效益。要完善人才激励机制。加快实施社会化、货币化的人才福利政策，在住房津贴、购房贷款、养老保险等方面对高层次人才给予政策倾斜。采用技术入股、期权奖励等新的方式，鼓励高层次人才奋力创新，不断获取拥有自主知识产权的国际一流的科技成果，使人才优势转化为产业优势和竞争优势，增强我省经济的总体实力。

新闻报道不要写赞扬我的话*

（2000 年 1 月 26 日）

我提几点建议：一是省委领导同志的讲话，从我开始，不要讲“重要讲话”，把“重要”两个字去掉，讲话那么多，哪有那么多“重要”啊！二是涉及我的稿子，你们觉得不合适的尽管改，不用告诉我，发多发少，你们定，你们可以删，但不要加。三是在报道里面对我赞扬的话无论如何不要写，什么“轻车简从”、“冒着寒风……”，全部删了去。我们在地方工作本来就应该这样。你们的报纸一定要体现党的优良作风，要反映民意。有的领导如果要报道，你们和他讲明白，这是帮倒忙，不能搞。报道领导活动，说明哪天到哪里去，讲了什么话就可以了，新闻就应该这样。

还有一个问题，就是你们报道一些典型，特别是涉及数据，千万要注意核实，防止数据不实，一些重要的数据要跟统计局打个招呼。再就是涉及领导干部的报道，要由其上级党组织过目、把关。比如报道一个县委书记，一定要通过市里把关；报道市里哪个领导，要通过省里。

你们的报纸，我天天看，很好。要适应形势的发展和读者的需求，不断增强知识性和可读性。光林〔1〕同志可否召集有关同志研究一下，《大众日报》或《齐鲁晚报》能不能考虑增加一些科学知识的报道？比如，高科技产业到底是什么？有的干部很想知道，可以通俗地介绍一些。又比如，经济国际化到底是什么含

---

* 这是吴官正同志到山东省大众日报社视察时谈话的一部分。

义？调整优化结构到底有什么作用？增加一些这方面的知识，对干部也是教育。历史知识、文学知识都是宝贵的文化遗产，古为今用，洋为中用，对我们进行精神文明建设、增加大家的知识，都是有好处的。齐鲁大地是人才辈出的地方，我想《大众日报》等几张报纸一定会办得很有特色。你们有张农村报，要加强农业科技知识和法制教育的宣传，这一点很重要。

希望你们利用报纸调动一切可以调动的积极因素，团结一切可以团结的人，集中精力发展经济。要按照邓小平同志“三个有利于”的原则，实事求是，勇于探索，开拓创新。同时，对广大党员干部深入进行理想信念教育和科学世界观的教育。

注　释

〔1〕光林，即陈光林，时任山东省委常委、宣传部部长。

关键在于提高经济发展的科技含量*

（2000 年 2 月 19 日）

山东经济要在新的世纪有更大的发展，提高在国际国内市场上的竞争能力，关键在于提高经济发展的科技含量。当今世界是一个知识不断创新、科技迅猛发展的时代，以电子信息技术为主要标志的高技术产业突飞猛进，世界科技革命形成了新的高潮，科技进步对未来经济发展的巨大作用是不可估量的。从这个意义上说，新世纪的竞争实质上就是科学技术的竞争，谁能抢占科技发展的制高点，谁就能在激烈的竞争中占据主动权。党的十五大明确要求，要把加速科技进步放在经济社会发展的关键地位，大力实施科教兴国战略。我们应该充分认识科学技术的重大意义，深刻理解和认真贯彻中央的有关指示精神，大力推进科技进步，把科教兴鲁战略真正落到实处。应该突出解决好四个方面的问题。

一是推进高新技术产业化。发展高新技术，既要重视科研，多出科研成果，更要重视科技成果向现实生产力的转化，推动高新技术向产业化发展。如果高新技术形不成产业，形不成规模，也就成不了大气候。世界范围的高技术产业化和经济信息化步伐正在加快，在今后 30 年左右的时间内，现有的高新技术如生

---

* 这是吴官正同志在参加山东省政协八届三次会议科技界讨论时的发言。

物技术、信息技术、新材料、新能源、空间技术、海洋技术等，都有可能形成巨大的产业。同时，技术进步对经济增长的贡献率迅速提高，上世纪初为5%—20%，上世纪中叶上升到50%左右，80年代达到60%—80%，现在有的国家高达85%以上，已明显超过资本和劳动力的贡献。这些趋势逼人奋进。但我省在许多方面还很不适应。山东每年取得重要科技成果在3500项左右，但真正转化为现实生产力的则比较少，能在生产中稳定使用、具有一定规模的只有25%左右，形成产业规模的还不足20%。我省高新技术产业化程度仅居全国第9位，高新技术产业增加值占工业增加值的比重列第14位。全省科技进步对经济增长的贡献率尽管已提高到43%，但还不及发达国家上世纪50年代的水平。没有形成产业规模的高新技术作支撑，山东经济大省的地位就不稳固，也难以持久。我们应当正视差距，采取措施尽快赶上去。前不久，省委、省政府发布了《关于加速高新技术产业化的若干意见》，提出了25条措施，要切实抓好落实。要从我省的实际出发，以高新技术产业开发区为依托，以大企业集团为载体，以科研院所、大专院校为骨干，调动各方面的积极性，用市场这条纽带，把科技与经济紧密联结起来，加快发展我省的高新技术产业。要坚持培育高新技术新兴产业和运用高新技术改造传统产业一起抓，科技创新与科技成果转化一起抓，技术引进消化吸收与自主研究开发一起抓。加强电子信息技术、生物技术、新材料技术三大领域的创新，带动海洋工程、环保技术、光机电一体化技术、农业高新技术产业的发展。要花气力建设几条高新技术产业带，尽快形成我省以科技促发展的强大优势。

二是用高新技术改造传统产业。我省传统产业有一定优势，改造提高的任务很重。最根本的就是要适应世界科学技术迅猛发展的大趋势，高起点，大跨度，运用高新技术，推动传统产业上档次、上水平、增效益。首先，搞好规划论证，做到有计划、有步骤地推进。要区分轻重缓急，突出抓好市场前景好、有发展潜力的骨干传统产业及其重点企业、重点产品的改造。要把改造传统产业与整个经济结构的调整优化结合起来，提高全省经济发展的质量和效益。其次，要加快企业新技术、新产品的开发。目前，我省企业技术创新体系建设还是一个薄弱环节，全省大中型企业有57%没有建立技术开发机构，企业在技术创新中的主体地位还没有真正确立。海尔、海信、浪潮、晨鸣集团等搞得比较好的企业，都建立了自有的技术开发机构，不断推出新产品、新技术，争得了主动权。要加强对引进技术的消化吸收。改革开放以来，我们引进了大量技术设备，现在有不少已需要更新换代。今后要一方面搞好引进，另一方面要集中力量，加大投入，选择若干项对我省创新能力有重要影响的关键技术特别是装备工业，组织相关的科研、设计单位和企业联合进行消化吸收，并在高起点上创新，提高我们自己的技术水平。这件事搞好了，可以促进形成新的产业链条，开辟广阔的市场空间。

三是培养造就更多的人才。人才不足是造成技术创新乏力的根源。没有大量掌握现代科学技术知识、具备较强科技创新能力、能够面向世界面向未来的人才，发展高新技术产业就是一句空话。对企业来讲，要加快建立科研开发和技术创新机制，必须充分考虑青年科技人员的拥有量，特别要注意吸纳高学历、高素质的青年人才；同时，增加培养经费的投入，推进青年技术工人的知识化进程，形成鼓励创新、激励成才的气候。从根本上讲，人才建设的基础在教育。省委、省政府已经确定，力争用10多年的时间，建成一所全国一流的综合性大学。随着这一计划的实施，将对我省高等教育和整个教育水平的提高起到大的推动作用。要坚持多渠道培养人才，办好各类职业技术教育和成人教育。省里已选拔了一批素质较高的年轻干部到国外培训。同时，要进一步制定政策，吸引更多的省外、国外人才来山东工作，为他们从事科技研发提供良好的条件。

四是深化科技体制改革。科技的发展靠改革。现在科技与经济脱节的问题还没有从根本上解决，经济发展缺乏依靠科技进步的有效机制和内在活力，科研机构、高等院校的科技优势未能充分发挥，科技组织结构和布局不够合理，人员不少，骨干不多。这些问题不仅造成了科技资源的浪费，还阻碍了科技成果向现实生产力的转化和科技第一生产力作用的发挥。今后一个时期，深化科技体制改革应当突出以下几个重点：一要建立健全科技创新体系。通过宏观调控和市场配置等手段，打破地域、部门、所有制界限，打破科研机构之间、企业之间以及科研机构与企业之间的界限，优化组合科技和产业资源，尽快形成布局合理、富有活力、管理科学的科技创新体制，建立起适应社会化大生产和科技创新自身规律要求的产学研紧密结合的技术创新体系、知识创新体系和科技服务创新体系。二要推动科研机构真正走向市场。推动科研单位向企业化转变，让科研单位进入市场，在市场竞争中增强转化科技成果、为经济建设服务的外在压力和内在动力，使他们真正进入发展高新技术产业、推动经济增长的主战场。三要充分调动科技人员的积极性。通过市场引导、政策导向和必要的行政措施，进一步激活科技人员的主动性和创造性。继续推行和完善岗位聘任制，按需设岗，竞争上岗，破除平均主义和"大锅饭"，实行收入与绩效挂钩和多元化的分配方式，鼓励技术入股、参与分配。要在全社会进一步形成尊重知识、尊重人才的氛围，为广大科技工作人员发挥聪明才智营造良好的体制、机制和社会环境，使其为山东经济社会发展作出更大的贡献。

应吸取教训　改进工作*

（2000 年 3 月 14 日）

××县 1998 年因收大棚特产税引起纠纷，发生公安人员开枪打死一男青年的恶性悲惨事件；1999 年又因乡村基层干部收提留，发生逼迫农民自杀身亡的恶性悲惨事件；今年 2 月下旬，又在一个地方因反对某某霸道作风，几百人游行示威，该某的儿子纠集一伙人向群众连开几枪（鸟枪），打伤十几个人。这个县一而再、再而三发生恶性悲惨事件，我十分痛心，作为省委书记，工作不落实，深感内疚和不安，深感对不起那里的人民，应作深刻检讨。

中央要求我们要从严治党，我们在工作中也批评了一些同志，处理了几个干部，应该说是认真的。但对这个县从严了吗?!据说今年 2 月 23 日发生的事，时至今日还没有看到简报和报告，这是怎么回事？今天一领导同志对我说，某某很霸道，养几个人常打百姓，并私自违法关押群众。对这样的人，为什么有的领导干部那么赞赏？不久前还提拔他当了“党委书记”！面对近千群众的愤怒，主犯已“逃跑”多日，我对此百思不得其解。为此，请常委对我提出严肃批评。也请同志们思考和发表意见，这样的恶性事件在一个地方为什么屡禁不止？类似事件一旦发生，怎样尽快果断妥善处理？从这个县的三次恶性事件中，应吸取什么教训？我们到底如何改进工作？

---

* 这是吴官正同志致山东省委常委各同志的一封信。

坚决打击“造贩运销”假冒伪劣产品行为*

（2000 年 3 月 15 日）

滨州的假酒问题很值得我们深思。十几家“工厂”造假，技术监督和工商管理部门未发现，当地的领导不知道，说明了什么？要严肃地告诉我们的同志，任何造、贩、运、销假冒伪劣产品（包括书刊、音像等）的行为，都是伤天害理的违法犯罪，都要依法坚决查处、取缔、打击。

讲政治要落实。要认识到造、贩、运、销假冒伪劣产品的行为，都是为了几个臭钱而不讲起码道德的犯罪行为，人民十分痛恨，危害极大。如发现有的领导干部在这个问题上态度暧昧、掩盖护短，甚至睁一只眼、闭一只眼，都是腐败行为，对因失职而造成恶劣影响的，纪检监察部门要坚决进行查处。

滨州地委、行署正在坚决查处假酒问题，是负责的。希望大家从中认真吸取教训，举一反三。热爱山东的人们，都应坚决制止、取缔、打击生产、贩运、销售假冒伪劣产品，以维护人民的利益，维护山东的信誉。

---

* 这是吴官正同志致山东省委办公厅负责同志的一封信。

全面推进素质教育*

（2000 年 3 月 21 日）

要坚持德智体美全面发展的方针，全面实施素质教育。考评学生的成长与进步，不能只看文化课分数的多少，还要把思想道德修养、社会实践能力和创新能力等因素考虑进去。要从改革课程设置、教材内容、教学方法以及招生制度入手，减轻学生学业负担。要适应经济社会发展的客观要求，着眼于青少年潜在能力的全面开发，积极稳妥地推进素质教育。在“减负”问题上不要“刮风”，搞片面性。青少年学生要认真读书学习，掌握知识，关键是如何开发学习能力，要把家长望子成才的愿望、教师教书育人的心情、学生刻苦学习的积极性引导到正确轨道上来，不仅使学生能够掌握必要的知识，而且使学生能够逐步掌握获得知识的能力，使学生全面发展。

要努力改进学校思想政治工作的方法，把思想政治工作做得更富有成效。现在，青少年学生既有学业上的压力，也有成长中的烦恼，还面临着家庭和社会上方方面面的影响。要立足于关心人、理解人，对于那些家庭出现这样那样的问题，生活上有困难的学生，尤其要多关心、多体贴、多帮助，使他们感受到社会主义的温暖。同时，对青少年学生要严格要求，发现不良行为及时批评教育，防微杜渐，促其健康发展、茁壮成长。要把教书和

---

* 这是吴官正同志在山东省学校思想政治工作会议上讲话的一部分。

育人结合起来，统一起来，把思想政治工作融入教学科研的各个环节，贯彻到学生活动的各个方面，在指导和服务于学校各项工作的过程中真正落到实处。要多开展一些青少年喜闻乐见、积极参与、健康有益的文化娱乐活动，寓教于乐，使他们潜移默化地受到教育，不断提高思想政治素质和道德法制水平。

高素质的教师队伍，是高质量教育的基本条件。我省各级各类学校的广大教师，在平凡的岗位上不辞劳苦，辛勤耕耘，赢得了社会的赞誉，受到学生和家长的敬重。但教师队伍的整体素质同加快教育改革和发展，全面推进素质教育的要求相比，还有差距。教师是人类灵魂的工程师，应当“学为人师，行为世范”。高尚的师德本身就是对学生最好的教育。教师对青少年学生潜移默化的影响是巨大的。江泽民同志特别强调，教师应该成为学生的良师益友，应该当好学生健康成长的指导者和引路人。提高教师的师德修养，首先要加强教师的马克思主义理论学习，坚定政治信仰、政治立场，在这方面要有制度和明确要求。要继续在全社会营造尊师重教的良好氛围，为教师解决实际困难，多办实事。教师住房困难这几年有所缓解，但是并没有彻底解决，今后还要加大投入。解决拖欠中小学教师工资的问题，省政府专门发了文件，一定要抓好落实。特别是对那些长期在艰苦环境中执教的教师，要采取切实措施，从根本上改善他们的工作、生活条件。

青少年学生的思想教育工作是一项系统工程，仅仅靠教育行政部门，靠学校和家庭去做是远远不够的。全党全社会都要满腔热情地关心青少年学生的健康成长，共同抓好这件关系国家前途和民族未来的大事。各级党委和政府要切实加强对学校教育工作和德育、思想政治工作的领导，列入重要议事日程，及时听取教育部门和学校的工作汇报，定期研究、检查学校德育和思想政治工作。要组织协调有关部门切实帮助解决学校的实际困难。要继续坚持和完善各级党政领导同志联系学校的制度，到学校了解情况，调查研究，向师生做形势报告。宣传思想部门、文化部门、政法部门以及其他有关部门和社会的各个方面，要通力协作，密切配合，校内校外，课内课外，多管齐下，实行综合治理，形成一种有利于青少年学生身心健康发展的良好社会环境。

用知识丰富学养*

（2000 年 3 月）

干部加强学习，用理论武装头脑，用知识丰富学养，通过实践锻炼成长，是我们党的优良传统。党的历史上的每一次大转折，都伴随一次全党的大学习；而每一次大学习，都迎来一次新胜利。民主革命时期，毛泽东同志就曾倡导全党的学习竞赛，提出“将我们全党的学习方法和学习制度改造一下”，“反对主观主义以整顿学风，反对宗派主义以整顿党风，反对党八股以整顿文风”，“着重要求工农干部学习文化，因为学了文化以后，政治、军事、经济哪一门都可学”。此后，一个学文化、学理论的热潮迅速形成，理论联系实际的学风进一步端正，一大批干部成了能文能武的指挥员，为抗日战争、解放战争和新中国的辉煌胜利作了充分的理论和干部准备。全国胜利前夕，毛泽东同志号召全党重新学习，保证了进城以后，很快恢复了经济，成功地完成了社会主义改造和社会主义制度的建立。十一届三中全会召开之前，邓小平同志在他的著名讲话《解放思想，实事求是，团结一致向前看》中强调指出：“根本的是要学习马列主义、毛泽东思想，要努力把马克思主义的普遍原则同我国实现四个现代化的具体实践结合起来。当前大多数干部还要着重抓紧三个方面的学习：一个是学经济学，一个是学科学技术，一个是学管理。”改革开放

---

* 这是吴官正同志为山东省委宣传部和山东省出版总社编写的《干部读本》作的序言。

以来，在邓小平理论和党的正确路线指引下，广大干部不断加强学习，努力提高科学文化素质，带领广大人民群众取得了举世瞩目的辉煌成就。

江泽民同志高度重视学习，特别是对各级领导干部的学习就更加重视。在全党大力倡导认真学习的风气，民主讨论的风气，积极探索的风气，求真务实的风气。我们正在经受执政、改革开放和发展社会主义市场经济以及处理各种复杂问题的考验与锻炼，不能停步不前，需要继续深入学习，不断提高。这是因为，一方面我们面临的任务是艰巨的，要实现历史性的跨越，把我们的国家建设成为富强、民主、文明的社会主义强国，广大干部特别是各级领导干部肩上的担子很重；另一方面干部队伍的现状，特别是干部队伍中还存在某些不容忽视的问题，迫切需要通过学习特别是通过树立马克思主义的世界观、人生观、价值观加以解决。我们按照党中央的部署开展的“三讲”活动已经取得了很大的成果，这个成果的巩固和扩大，要求我们继续不断地加强学习，提高坚持“三讲”的自觉性。

一言以蔽之，加强学习是干部队伍的现状和肩负的历史任务决定的，必须学习，不学不行。不学就会落后，不学就难以承担重任，不学就会被时代淘汰。

学什么？概括地说，学习就是用人类社会创造的一切优秀文明成果丰富和提高自己，学习一切反映当代世界发展进步的新知识，学习做好工作所必需的一切知识。具体地说，首先是学习马克思列宁主义、毛泽东思想，特别是邓小平理论，用以指导实践，在改造客观世界的同时改造主观世界。为了全面提高干部队伍的整体素质，适应现代化建设的需要，还要着重学习经济、科技、法律、管理、历史和文化等方面的知识。当然，这也要根据各自的知识结构和工作需要，学有侧重。学习，必须要有对党的事业的高度的责任感和强烈的求知欲望。学习，必须要有刻苦认真的精神，善于“钻”和“挤”：钻进去学深学透，不能浅尝辄止、不求甚解；挤出时间学，不能以工作忙为借口，把学习放到可有可无的位置。学习，必须要有计划，妥善安排，有自我约束的制度。学习，必须要有一个好的学风。学习的目的全在于应用，要做到理论联系实际，学以致用。这是检验学习成效大小的主要标志。

学习既是很艰辛的事情，要甘于吃苦，要花很大的力气，下很大的决心；学习又是一件很愉快的事情，钻进去了，学有所得，真有所悟，其乐无穷。学习，对思维的开阔，精神的激励，情操的陶冶，是不言自明的。让我们认真领会毛泽东、邓小平关于加强干部学习的论述，响应江泽民同志“新的形势给我们提出了新的学习任务”和“学习、学习、再学习”的号召，掀起一个在新形势下加强学习的新热潮。

群众的事情是最大的事情*

（2000 年 4 月 13 日）

信访工作不仅关系到党和政府同人民群众的关系，而且关系到社会主义制度和执政党地位的巩固。现在有些地方和部门确实存在严重的官僚主义。有的干部喜欢讲大话，讲空话，甚至讲假话，就是不认真给老百姓办实事。据省信访局掌握的情况，凡是老百姓到省集体上访的大多数是有一定道理的。现在有一种说法，认为目前群众上访比较多，是由于我们重视信访工作引发的，是抓信访抓出来的，这种认识是很片面的，是不正确的。希望同志们回去后，给你们市地委书记、市长专员和县市委书记、县市长们捎个话，认真对待群众的问题，是真正关系到我们党的凝聚力和战斗力的一个非常重大的问题，一定要高度重视，认真解决。要把信访工作提到爱民、为民、富民、安民的高度去认识。我们这次“三讲”要解决的一个重大问题是什么呢？就是老百姓反映强烈的党性党风方面的突出问题，即少数干部为政不廉、办事不公、用人不当、作风不正等问题。群众到上面上访，有近一半的是反映这方面问题的。希望省信访局和各个市地都要对已发生的信访案件，认真进行排查，一件一件地分析，反映比较集中的、比较突出的问题是什么，是什么原因造成的，我们的工作有哪些方面需要改进，都要认真研究，举一反三，从政策

* 这是吴官正同志到山东省信访局新接访楼与部分干部交谈时的讲话。

上、制度上加以解决，保持山东安定团结的大好局面。

做信访工作直接面对人民群众，必须对人民群众有深厚的感情。对人民群众没有深厚的感情，是做不好这项工作的。希望大家加强学习，提高素质，认真研究和对待老百姓的问题。如果有个别上访群众不讲道理，有过激行为，你们要沉住气；如果你们受到委屈，千万不要责怪老百姓，就算是我对不起你们，我向你们道歉，好不好？信访部门的工作就像“安全阀”，老百姓有气，你们把工作做好了，把气就放掉了，群众就没有意见了，社会也就安定了。这是给各级党委政府分忧解愁的工作，是维护社会稳定、促进经济社会发展的工作。我看大多数老百姓是好的，是讲道理的，即使有个别不讲道理的，也要善待他们。老百姓到信访局反映问题，是对我们的信任。如果群众有事都不找我们，那问题就严重了。到省里上访、到北京上访多的地方，说明什么问题？如果问题解决了，谁还到省里来，到北京去？如果山东大量的人涌到北京去，大家想一想，在北京会造成什么影响？这不是说明老百姓对我们山东各级党委、政府不信任，我们没有本事给他们解决问题了吗？有的地方发生了群众来省进京集体上访，叫县市的负责同志来做工作，有的还有意见，认为是给他们找麻烦。还有的说，现在工作这么忙，还用县委书记直接抓信访吗？这种观点是不对的。什么是大事情？群众的事情是最大的事情。解决不了当地群众的事情，维护不了一方平安，就是失职。全省各级党委、政府要层层负责，该乡里解决的不要推到县里，该县里解决的不要推到市里，该市里解决的不要推到省里。

省信访局是代表省委、省政府处理来信来访的部门，要以求真务实的态度做好工作，不能有丝毫的疏忽大意。群众越级上访劳民伤财，老百姓挣点钱也不容易，各级都要为老百姓着想，对他们的问题要一件一件地加以分析，符合政策，又能办到的，要抓紧解决。对现在反映比较多的问题，如基层干部作风问题，农民负担问题，群众生产生活问题，要认真排查，逐一加以解决。要变上访为下访，这样才能真正使信访量降下来。现在，信访部门的办公条件改善了，要充分运用微机等现代化办公手段，对来信来访加强分析预测，多提供一些信息，多提供一些改进工作的建设性意见，提高工作水平。

因地制宜　发挥优势
加快城市化进程*

（2000 年 4 月 18 日）

我们要进一步解放思想，实事求是，研究措施，加快城市化的进程，防止出现农村像城市、城市像农村的现象。在全省形成一个大中小城市网络，以促进城乡协调发展，这对提高我省综合经济效益，加快现代化进程至关重要。军民〔1〕同志和省建设厅要注意学习研究国内外城市发展的经验教训，避免我们在城市建设中走弯路。要适当扩大济南、青岛两市的城市规模，提高这两个特大城市的综合效益，增强辐射力和吸引力；对省辖市要合理布局，搞好规划，加快发展；对一批具有一定规模的县城，经过一段时间的努力，建成那一地区的小经济中心；选择一批重点乡镇，放手发展，力争建成有特色的“小城市”。

现代化的城市是以人为中心的，人的相互作用是城市存在的依据，城市功能的区分是以提高基本生活质量以及实现与自然环境的协调为目标。在加快城市化的过程中，要注意搞好规划，近中远结合。要注意经济效益、社会效益和生态效益的统一，注意节约土地，并保留一定的绿地。要大力发展二、三产业和多种经济成分，把大中小城市搞成开放的、高效的、多功能的、活而有序的、不同层次的经济中心。要因地制宜，发挥各自优势，选择不同的发展路子，如有的可侧重以科教兴市，有的可侧

* 这是吴官正同志致山东省建设厅负责同志的一封信。

重以金融、贸易兴市等。要大胆鼓励创新,建筑风格和城市建设要有特色,经得起历史的评判。

注　　释

〔1〕军民,即王军民,时任山东省建设厅厅长。

发扬中国知识分子爱国的光荣传统*

（2000 年 4 月 21 日）

在座的都是博士，有文化知识。你们要用所学的知识为人民服务、为改革开放服务、为山东的经济建设服务。知识分子只有与实践结合起来，才能为社会创造价值。这个价值既包括经济效益，又包括社会效益。

现在山东很需要人才，特别是关键性人才。希望同志们把自己的才智、理想和现实结合起来。这样，对国家、对民族、对个人都有好处。山东的经济总量很大，但科技含量比较低。现在效益高的是高科技产品，特别是电子、信息产品。我们省的电子、信息产业产值每年增长近 40%。但是，许多方面的技术还没有过关。这些年美国经济保持了一个相对稳定的发展，主要是电子、信息产业发展快。我们不能总是跟在外国人后面走，而要跳跃式地向前发展。比如，山东的高速公路，今年年底可以通车 2000 公里，约占全国的 15%，到后年，将达到 2600 公里。这是什么水平呢？英国的国土面积大概是我省的 1.5 倍，他们的高速公路是 2600 公里。我省的高速公路的密度与英国大体一样。我们现在缺少的主要是技术，需要的是科技的研究、开发，包括基础研究、应用研究和开发研究。人才是什么？当然是指各个层次、各个方面的人才。但我们最急需的是从事高科技领

* 这是吴官正同志与山东省高校博士考察团成员座谈时的讲话。

域研究开发、推广应用的关键性人才。

中国知识分子有爱国的光荣传统。钱学森是搞火箭的，他希望祖国强大。美国人控制他，不让他回国，但是他锲而不舍，冲破重重阻挠，终于回来了。钱三强、王淦昌、邓稼先等为了祖国富强也回来了。把自己的理想与为中华民族的强盛而奋斗结合起来，大家的前途才是光明的。只有这样，才会有用不完的劲、有无私奉献的精神，激发出巨大的创造力。

现代化的过程就是城市化的过程。大多数人搞饭吃，不可能实现现代化。世界经济的发展，大都是城市化快于工业化，但是我们省是工业化快于城市化。我们考虑，下一步要积极推进城市化，发展大中城市。我们的农业发展也遇到很多难题，十分需要科学技术。比如花卉种植，搞得最好的是荷兰。我们要多搞一些亚洲人喜欢的花卉。再比如，山东的蔬菜很多，但许多高产优质的品种，种子都要从外国进口，我们自己搞不了。还有对农副产品的精深加工，我们也很不够，一是加工深度不够，二是技术含量不够。这些问题都需要高科技人才来解决。怎么解决？你们要多想办法。今后，我们要搞一批攻关课题，发到高校和科研单位，充分利用高校的技术和知识。如果谁有兴趣，可以自己搞，也可以与国外的同学联系，利用他们的技术。

去年高校提拔的干部，相当一部分是40岁以下的同志，基本上是高学历的。我们要满腔热情地选拔年轻英才，在他们风华正茂、思维敏捷，处于创造力和进取心高峰的时候大胆使用。我们要尊重老科学家、老知识分子、老专家，遇事多向他们请教。同时，多开辟让年轻人施展才华的舞台。在座的有三十几岁的教授，大有希望。获诺贝尔奖的人，许多是在三十几岁就创造出重要成果。你们要看到自己的责任，树立对民族的责任感。国家的强大，要靠你们去奋斗。这就是你们的觉悟。在经济全球化、科技全球化的背景下，要保持清醒头脑，增强危机感、紧迫感和使命感。希望你们为山东人民多作贡献。

学校要出人才、出成果，还要出效益。“哥德巴赫猜想”没有人搞不行，都去搞也不行。要立足自身优势，开发新技术。“四个现代化”是买不来的。如果没有基础理论，没有开发研究，我们就会处于落后状态。

改革开放二十多年来，经济发生了深刻变化。社会经济成分、组织形式、分配方式和就业形式已经多样化，许多现象如何用马克思主义去解释，要搞一些社会调查，从理论上解决。西方敌对势力一直企图对我们进行西化、分化。你们是人民教师，要教育引导学生，不能被西方的所谓“人权”所欺骗。有知识的青年，是国家的栋梁之材，一定要珍惜大好时光，时不我待，为国家的富强，为民族的振兴，贡献自己的力量。

重视抓好事关全局的几件大事*

（2000 年 5 月 9 日）

第一，干部交流问题。吏治历来是国家兴衰的关键。贯彻“治国必先治党，治党务必从严”的方针，要做的工作很多，加强干部交流是一条有效措施。中央在干部交流方面做了不少工作，下面反映很好。干部本地化，盘根错节，各种利益缠绕在一起，剪不断，理还乱。不仅容易造成腐败，毁了许多干部，也加深了干群之间的紧张关系。特别是在省以下，几代人生活在一个社会圈子里，人情世故对干部影响很大。明清两代在本省做知县的只有极个别人。用外地人不断冲击当地势力，减少腐败行为，维护国家政令的统一，于己于国都有利。首先是党政“一把手”尽可能由外地人担任，其次是纪检、组织、公检法的负责人也要交流。这一条用制度规定下来，大家都无话可说。干部交流对于年轻干部的成长也有好处，年轻人易地担任领导，会比在当地面对许多老领导、老同事超脱一些，工作起来更方便。

第二，农村基层问题。我到县以下调查，看到比较差的基层组织大体可分为两类：一类是干部作风简单粗暴，强迫命令，甚至以权谋私，侵害群众利益，群众意见很大。惹出事端的主要是这一类。另一类是涣散软弱，不发挥作用，实际上是放弃了领导，群众成为一盘散沙或者被恶势力所控制。这一类比前一类占的面还大。加强基层组织建设，一方面需要加强对基层干部

---

* 这是吴官正同志致中央领导同志一封信的摘要。

的教育，增强他们的宗旨观念。对村干部每年轮训一次，每次集中学习半个月，坚持下去，潜移默化，会有成效。另一方面，要从制度上保证基层党支部的权威和地位。现在有些地方的村委会直接选举，当选的干部不听党支部的，也不听上级的，一味迎合部分落后群众的落后观念，助长了群众的离心倾向。对此决不能使其蔓延。不然长此以往，许多基层将难以管理。从山东的实践看，加强乡镇建设，对于巩固基层政权至关重要。乡镇人、财、物权限适当统一，不宜过分强调条条管理而削弱乡镇的功能。这样做可能有一定副作用，但对巩固基层政权有利。乡镇干部要保持一定数量规模，工资由县以上财政供养，不向群众伸手。每年选派一些优秀的大学毕业生充实进去，在年龄和文化上逐步改变乡镇干部的构成。这是一项长期的战略措施。我们正在考虑搞一个乡镇工作条例，使其制度化、规范化，作为一种探索，在实践中加以完善。

第三，社会管理问题。加强对社会各类人群的管理，保证我们党的领导能够贯彻到每个社会阶层，很重要的一点是搞好社区建设。过去，我们比较忽视这个层次，认为这是家属街道工作，无关紧要。新的形势使这个层次突出起来了。明确政策和措施以加强社区建设，把社区组织健全起来，真正发挥作用。再一个是社会治安综合治理。山东这些年刑事犯罪率在全国是比较低的，但犯罪人数也是增加的，而且一部分人是重复犯罪。对罪犯既要严惩，也要注意威恩并用。每年有许多人被惩处，如果没有得到认真的改造，他们中的一部分人仍对社会怀有仇恨，多年积累下来，将是很大的威胁。把重点放在改造上，加强教育转化工作，提供必要的生活出路，使犯罪人有负罪感，感谢党和政府的挽救。还有一个是舆论宣传。特别是一些小报，有时发一些不负责任的报道。这类报刊种类繁多，发行量大，读者多是一般群众，其影响不可低估。有人讲，大报是干部看的，小报是群众看的,从某种角度反映了问题的严重性。加强对小报的管理,已成为一项紧迫的工作。我们打算通过建立一些制度,加强和改进对小报的管理,防止出现尾大难掉的问题。

充分利用人文和自然资源发展旅游业*

（2000 年 5 月 19 日）

人们的生活水平提高了，饭能吃饱了，有衣穿，才能谈得上旅游。远古时代，孔夫子周游列国，秦始皇登泰山，可以说是旅游，皇帝出巡也是一种旅游。在长期的封建社会，老百姓生活很困难，食不果腹，衣不蔽体，谈不上旅游。解放后，特别是改革开放以来，老百姓手里有了钱，要出去看一看，见见世面。山东改革开放前，不少人吃饭都困难，经过二十多年的发展，已经进入了小康，发展旅游提到日程上来了，现在是旅游业大发展的时候了。将来第三产业在 GDP 中要占到百分之六七十，而旅游业在第三产业中应占较大的比重。近年来，山东旅游发展比较快，同志们做出了很大努力，但步伐还应该更快一些。现在旅游业正面临很好的发展机遇，具有很大的发展潜力，我们一定要抓住有利时机，解放思想，勇于创新，加快我省旅游业发展，为全省经济社会发展作出积极贡献。

发展旅游业，要搞好规划，突出重点。山东还缺少在全国叫得响的拳头项目。北京是元、明、清三朝古都，有故宫、长城、颐和园等；西安是汉朝和唐朝古都，有兵马俑等；上海是大都市，是全国的经济中心，有许多壮观的新景点；深圳搞了个民俗园，搞了个世界之窗。山东是齐鲁之地，景点很多，古迹也很多，但能

---

* 这是吴官正同志在山东省旅游局调研时的谈话。

够吸引人、在全国有影响、能把人留两三天的地方不多。要有长远规划，先搞什么，后搞什么，都要有所考虑。全面开花不行，要搞就集中搞一两个大项目。大的项目放到什么地方？一个可否放在济南和泰安、曲阜之间，到泰安的人多留一天，泰安的效益可翻一番。另一个可否放在青岛周围，因为到青岛去的人多。到底搞什么东西？可以在全国甚至海外公开征集方案，集中全国的智慧，找国内有名的专家来评选。选出好的方案，可以进行招商。搞出一个在全国甚至在世界都很有影响的项目，游客到了中国，到了山东，不看这个东西就觉得很遗憾，这就叫成功了。

搞旅游项目，要充分利用山东的人文资源和自然资源。山东人文资源很丰富，到处都是故事。山东的旅游既要有传统特色，又要利用现代化手段。我看曲阜“六艺城”中的孔子周游列国，就搞得很好。古代的东西加上现代科学技术知识，才能吸引人。山东的小说、故事能否浓缩成景点？比如在淄博，或者在济南，把《聊斋志异》的故事搞一个城，里面有人，而且人都是活的，有男有女，还能够演唱，外面再搞一个小吃街。聊斋的故事，人们还是愿意看的，既增加了知识，还能满足好奇心。又比如在济南和泰安之间，能否搞一个齐鲁名人壁画，一个一个的齐鲁名人，每人一个故事，这不需要多少钱，估计两个小时看不完。还可以搞蜡像馆，蜡像馆可采用现代技术，动静结合，可能投资大一些。也可以蜡像与雕塑相结合。聊城的运河项目、黄河入海口、费县的石林等都是不错的设想，但都要搞出不同的风格。总之，要解放思想，别出心裁，搞出特色，这样才能吸引人。

搞好旅游业，关键是要把人留住。做到这一点，首先要有看的地方，还有吃、住、行、游、购、娱各方面，社会治安要好，服务态度要好。因此，旅游是综合性的产业。要搞好旅游产品的开发，这方面我们省还做得不够，还要下功夫。发展旅游特别是办大项目需要资金,但钱的问题可能不大。有市场,效益好,会有人愿意投资。投资主体要多元化,国内的、海外的,省内的大企业也可以参与,政府也可以拿点钱。

保护文化遗产　继承优秀传统*

（2000年5月）

《山东文物丛书》就要付梓出版了。这是山东文物史上第一部全面总结和集中展示齐鲁文物整体风貌的综合性著述，是山东文化建设的又一项基础性、开创性工程，凝聚着几代文博工作者的心血和智慧。对此，应予铭记。

山东是中华文明的重要发祥地之一，是驰名中外的文物大省。早在远古时代，就创造了北辛文化、大汶口文化和龙山文化。春秋以降，勤劳、智慧的山东人民创造了辉煌的历史和灿烂的文化。在哲学、政治、军事、科技、文学、艺术、教育、医药、建筑诸方面，都有伟大的建树和杰出的贡献，留下了众多极其珍贵的文化遗产。不论是历代流传的典籍，还是考古发现的实物遗存，都是古代山东人民创造精神、辛勤劳动和卓越才能的结晶，是先辈们改造自然、改造社会、改造自身的实践成果和经验总结，是中华民族绚丽多彩的历史长河中的璀璨明珠，是我们建设有中国特色社会主义文化继承、借鉴的宝贵财富。

出版这部丛书，不仅在于回望历史长河，展示文化遗产，更重要的在于弘扬民族精神，增强民族自信心和自豪感，激发我们加快现代化建设步伐、跻身世界先进民族之林的使命感和责任感。在新的世纪，我们要以“三个代表”重要思想为指导，始终不渝地坚持先进文化前进方向，继承优秀文化传统，吸收人类文明

---

* 这是吴官正同志为《山东文物丛书》作的序言。

成果，适应时代发展要求，与时俱进，推陈出新，努力创造新的文化成果，续写齐鲁历史的新篇章，为实现中华民族的伟大复兴贡献智慧和力量。

党的一切工作都是为了实现好、发展好、维护好人民的利益*

（2000 年 5 月）

江泽民同志在广东考察工作时发表的重要讲话中提出了“三个代表”的重要思想，并且特别指出，因为我们党是代表最广大人民群众的根本利益的，所以全党同志的一切工作都是全心全意为人民服务，都是为了实现好、发展好和维护好人民的利益，任何脱离群众、任何违反群众意愿和危害群众利益的行为，都是不允许的。我们一定要认真学习江泽民同志这一重要论述，时刻牢记党的根本宗旨，全心全意为人民服务，为中国最广大人民的利益而奋斗。

忠实代表最广大人民的根本利益，是我们党与其他一切政党的根本区别。马克思、恩格斯在《共产党宣言》中就指出过：“过去的一切运动都是少数人的或者为少数人谋利益的运动。无产阶级的运动是绝大多数人的、为绝大多数人谋利益的独立的运动。”共产党人“没有任何同整个无产阶级的利益不同的利益”。我们党是根据马克思主义的建党学说建立的，为绝大多数人谋利益，始终是我们党的根本宗旨，并写进了党章。中国共产党成立以来 70 多年的历史，就是一部为中国人民的根本利益奋斗的历史。正因为我们党忠实代表了最广大人民的根本利益，受到了广大人民群众的衷心支持和拥护，党领导的新民主主义

---

* 这是吴官正同志发表在《求是》杂志 2000 年第 9 期上的一篇文章。

革命取得了彻底的胜利，新中国成立后又取得了社会主义革命和建设的巨大成就。党的十一届三中全会以后，我们党在邓小平理论指导下，实现了党的工作重心的转变，领导人民进行改革开放，符合人民的根本利益，使改革开放以后的20年，成为我国历史上发展最快、人民生活改善最大的时期，人民群众更加拥护党的领导，党的威望进一步提高。实践证明，忠实代表最广大人民的根本利益，是我们党有力量的根本原因。在今后的改革开放和现代化建设实践中，不论何时何地，我们都必须始终坚持为绝大多数人民谋利益，保证我们的事业从胜利走向新的胜利。

取得执政地位使我们党获得了更好的为人民服务的条件，也增加了脱离群众甚至腐败变质的危险。随着改革开放和市场经济的发展，经济社会生活日益呈现出多样化的趋势，党员特别是党的干部面临着许多方面的诱惑，使我们党面临着许多前所未有的新情况、新问题、新考验。但不管形势和任务发生怎样的变化，党的工人阶级先锋队的性质永远不能变，全心全意为人民服务的宗旨永远不能变，密切联系群众的优良传统永远不能变，从群众中来到群众中去的根本工作路线永远不能变。党如何始终保持工人阶级先锋队的性质，更好地代表最广大人民的根本利益，既是一个重大的理论问题，也是一个重大的现实问题。在新的历史条件下，党始终不渝地忠实代表最广大人民的根本利益，应当主要从以下几个方面来体现。

一、坚定不移地贯彻执行党的基本理论、基本路线和基本纲领。马克思主义认为，一个政党能不能代表最广大人民的根本利益，能不能带领群众取得革命和建设的胜利，关键在于有没有一条以科学的理论为基础、能够充分反映广大人民群众利益和愿望的政治路线。在邓小平理论的指引下，我们党所确立的“一个中心、两个基本点”的基本路线，集中反映了社会主义初级阶段我国的基本国情，集中反映了党在新时期的中心任务，集中反映了全中国最广大人民的根本利益。实践充分证明，坚持党的基本理论、基本路线和基本纲领，才能不断把社会主义现代化建设推向前进，才能实现和满足最广大人民的根本利益。

改革开放以来特别是这10多年来，山东同全国一样，经济社会迅猛发展。1999年与1989年相比，全省国内生产总值由1293.9亿元增长到7662.3亿元，年均增长13.3%；农业增加值由359.1亿元增长到1221亿元，工业增加值由513.9亿元增长到3254.4亿元，第三产业增加值由355.2亿元增长到2735.9亿元，分别年均增长5.9%、16.5%和13.7%；地方财政收入由100.9亿元增长到404.4亿元，按可比口径计算，年均增长23.8%。随着经济的发展，人民群众的生活明显改善。全省农民人均纯收入由630.6元增加到2550元，城镇居民人均可支配收入由1349元增加到5809元，电视人口覆盖率由81%上升到91%，电话普及率由0.36部/百人上升到10.6部/百人，城市人均住房面积由10.25平方米增加到13.11平方米。同时，民主政治建设扎实推进，教育、科技、文化、卫生、计划生育、体育、新闻、出版等各项社会事业全面繁荣，人民的思想境界和精神面貌发生了深刻变化。这些成就的取得，充分证明党的基本理论和路线方针政策是完全正确的，党的领导是完全正确的，充分体现了人民群众的意志，大大增进了人民群众的利益，赢得了人民群众的真诚拥护。

在新的历史时期，更好地做最广大人民群众根本利益的代表，必须更加自觉地坚持党的基本理论、基本路线和基本纲领，坚定不移地同以江泽民同志为核心的党中央在思想上、政治上、行动上保持高度一致，坚决贯彻执行党的路线方针政策。当前，国际国内形势发生了很大变化，新情况、新问题层出不穷。在贯彻执行党的基本理论、基本路线和基本纲领的过程中，必须解放思想、实事求是，坚持以我国改革开放和现代化建设的实际问题、以我们正在做的事情为中心，着眼于马克思主义理论的运用，着眼于对实际问题的理论思考，着眼于新的实践和新的发展，研究新情况，解决新问题。要努力做好中央指示精神与本地实际结合的文章，创造性地开展工作，把党的路线方针政策落到实处，收到实效。只有这样，才能实现经济更快发展，迅速提高人民生活水平，增进人民群众利益。

二、努力加快发展，改善人民生活。邓小平同志总结新中国成立以后30年的历史经验，提出了社会主义的根本任务就是发展生产力。江泽民同志反复强调，坚持以经济建设为中心，这一条绝对不能动摇。这是党的基本路线的核心所在，是巩固和发展社会主义制度的关键所在，是广大人民群众富裕幸福的根本所在。必须牢固确立“发展是硬道理”的思想，真正抓住机遇，珍惜机遇，用好机遇，尽快把国民经济搞上去，凡是有效益、有质量、有后劲的建设项目，要尽量争取快一些。为了更好更快地发展，要坚持深化改革，扩大开放，处理好改革、发展、稳定的关系。要按照社会主义市场经济的要求，改革束缚生产力发展的经济体制，特别要抓好国有企业改革这个重中之重。山东省有国有企业29241家，职工690.4万人，创造的财富占全省的50％以上。目前国有企业改革已进入攻坚阶段，要突出抓好完善法人治理结构、公有制实现形式、改组与改造、加强企业管理等关键环节，增强国有企业的竞争力和发展后劲。同时，在社会保障体系建设、建立健全市场秩序和机制、发挥多种所有制经济的作用等方面，要加快改革步伐，为经济发展注入新的活力。在经济日益全球化的趋势下，要促进经济更快发展，扩大开放要上新的层次。为此，我们确定实施经济国际化战略，目的在于充分利用国内外两个市场和两种资源，加快“请进来”和“走出去”的步伐，为山东经济开拓更广阔的发展空间。

在加快经济发展中，有两个问题需要始终关注并切实把握好：一是经济建设必须有坚强的政治保证。要把经济同政治紧密结合起来，使经济工作和其他各项工作沿着正确的方向进行。这就要善于从政治上观察形势、考虑问题、制定政策，增强政治鉴别力和敏锐性，防止和排除各种错误思想、错误倾向的干扰，为经济建设创造良好环境。二是努力使大多数群众享受到改革发展的成果。发展最终要落实到提高人民群众生活水平上，这是社会主义生产的目的和归宿。为此，要正确对待社会成员之间收入上的差距。在鼓励一部分人通过诚实劳动先富起来的同时，把调节个人收入分配、防止两极分化，作为全局性的大事来抓，保护合理收入，取缔非法收入，调节过高收入，保障低收入者的基本生活。尤其要关心下岗职工和农村贫困人口，解决他们的实际困难，帮助他们改善生活。要高度重视财政和就业问题。因为这两个问题直接涉及群众的利益，关系群众的生活，在经济发展中应当作为优先目标加以对待。

三、做爱民、为民、富民、安民的模范。党代表最广大人民的根本利益，要通过党员干部的实际行动来体现。对于各级党员干部来说，实践党的宗旨，很重要的就在于在工作中做到爱民、为民、富民、安民。爱民，就是要牢固树立宗旨观念，对人民群众怀有深厚的感情。现在，有的党员干部私心很重，处处为自己打算，事事先看对自己有什么好处，而对群众缺乏起码的感情，对群众的困难和疾苦视而不见，麻木不仁，甚至屡屡做出侵犯群众利益的事情。这些人的所作所为，从根本上背离了党的宗旨。作为共产党员，一定要牢固确立一切为了人民，一切着眼于人民的思想，把是否符合人民的利益，人民拥护不拥护、高兴不高兴、满意不满意，作为判断是非、决定取舍的最高衡量标准，做到襟怀坦白，一心为公。为民，就是要为人民群众办好事、办实事。凡是人民群众需要的，都应当是我们努力去做的。要关心群众生活，群众日子过得怎么样，有什么难处，需要哪些帮助，都应当装在心头，切实解决群众在衣、食、住、行、文化等方面的问题，使群众切实感受到党组织的关怀和社会主义的温暖，增强党的感召力，调动起大家的积极性。富民，就是要为官一任，造福一方。如果在一个地方和单位做了多年领导工作，那里还是面貌依旧，就是失职，也就辱没了共产党人的使命。领导干部，一定要有责任感，有敬业精神，艰苦奋斗，埋头苦干，加快发展，改变面貌，不辜负党和人民的期望。安民，就是要为群众创造一个安定的工作和生活环境。一方面，要加强社会治安的综合治理，严厉打击各种经济和刑事犯罪活动，确保社会稳定，增强人民群众的安全感。另一方面，要努力维护社会公正，创造公平竞争、平等发展的社会条件。执政党的一项重要职责就是维护社会公正。领导干部要办事公道、主持正义，特别是在选拔干部、升学、就业等涉及群众切身利益的事情上，要建立和完善公开、平等、竞争、择优的机制，引导和保障人们凭德才、凭工作、凭贡献获得社会承认，去创造美好生活。还要拓宽党和政府联系人民群众的渠道，使群众话有处说，理有处讲，冤有处申，反映的问题能得到公正解决，上情下达，下情上达，达到政通人和。

四、从严治党，切实加强党的建设。代表最广大人民群众的根本利益，关键是要把我们党建设好。江泽民同志指出："全党要按照新的伟大工程的总目标，从思想上、组织上、作风上全面加强党的建设，不断提高领导水平和执政水平，不断增强拒腐防变的能力，以新的面貌和更强大的战斗力，带领人民完成新的历史任务。"这些年来，以江泽民同志为核心的党中央对党的建设作出了一系列重要决策和部署，从理论和实践上丰富、发展了马克思主义党建学说，使我们党经受住了各种考验，始终走在时代的前列。广大党员干部用自己的实际行动实践着党的宗旨，赢得了人民群众的信赖。山东同全国一样，党的建设也取得了明显成效。同时，也存在着一些不符合甚至违背党和人民利益的问题。有些党员干部理想信念不够坚定，贯彻执行党的基本理论、基本路线、基本纲领不够自觉，缺乏政治敏锐性和鉴别力，工作中存在严重的片面性；有些党员干部工作作风不端正，官僚主义、形式主义严重，方法简单粗暴，工作不落实；有些不注重学习，思想素质和工作能力跟不上形势的发展，难以胜任工作；有的弄虚作假，欺骗领导，愚弄群众，贪图安逸，奢侈浪费，甚至置党纪国法于不顾，以权谋私，贪污受贿，生活糜烂。这些问题，都严重影响了党的凝聚力和战斗力，损害了党群干群关系，必须予以高度重视，切实加以解决。

当前，加强党的建设，最重要的是认真贯彻从严治党的方针。江泽民同志深刻指出，党内存在的一些消极腐败现象的重要原因，是相当一些地方和单位的党组织和领导者治党不严，对党员干部特别是领导干部疏于教育、疏于管理、疏于监督。并向全党提出："越是改革开放，越是发展社会主义市场经济，越要从严治党。"

从严治党，最根本的是解决世界观、人生观、价值观问题。一些人之所以经不起考验，归根到底是这方面出了问题。因此，必须深入开展共产主义理想信念教育，使广大党员牢固树立共产主义远大目标，确立崇高的人生追求。领导干部应当"吃苦在前，享受在后"，"先天下之忧而忧，后天下之乐而乐"，做到为政要廉、办事要公、用人要当、作风要正，永葆共产党人的政治本色和高尚情操。思想教育要注重实效，区别层次，针对不同行业、不同岗位的党员、干部的思想情况，采取不同的形式，提出相应的要求，对症下药。既要见物，更要见人，真正触及思想，切实解决问题。特别是对领导干部，更要经常教育，并运用正反两方面的典型进行教育，使大家学有目标、警钟长鸣。

要切实加强监督。干部权力越大，责任就越大，对他们的监督就应当越严格。这是落实从严治党的关键。对领导干部的监督，重点要放在政治是否清醒、用人是否公正、办事是否公道、作风是否正派、自身是否廉洁等方面。领导班子成员之间要讲原则，坚持民主集中制，凡是重大决策、重要工作，都应当经集体讨论决定，不准个人或少数人专断。选拔任用领导干部，要坚持“四化”方针和德才兼备原则，严格组织程序，严格把关，逐级严格执行用人失察责任追究制度。同时，要发扬党内民主，使广大党员更多地了解和参与党内事务，充分行使监督权利。作为领导干部要摆正位置，增强接受监督的意识。最近我们省委常委“约法三章”：一是坚决抵制跑官要官的不正之风，对找省委常委跑官要官的，要当面严肃批评教育，不许愿、不说情、不向有关方面打招呼；二是带头狠刹送礼歪风，凡是送给个人的钱或贵重物品，一律拒收，并对送礼人当面批评；三是严格管好配偶、子女，不允许他们利用自己的权力和影响谋取私利，不准配偶、子女违反规定在省内个人经商办企业。对因没有履行好责任出现严重问题的，要予以责任追究。要严格党内生活，拿起批评和自我批评的武器，开展积极的思想斗争，该提醒的提醒，该打招呼的打招呼，该制止的制止，这才是真正爱护、帮助同志。

深入持久地开展反腐败斗争，是从严治党的重要方面。腐败现象与党的性质和宗旨水火不相容，是影响党群干群关系的主要因素。要加大对腐败现象和腐败分子的查处、打击力度，决不能姑息养奸。对大案要案，要严肃处理，公布于众，形成反腐败斗争的强大声势。要把从严执纪与狠刹歪风结合起来，对顶风违纪、顶风作案的，坚决予以查处；对那些问题多、群众意见大而又够不上党纪、政纪处分的党员、干部，要果断采取组织措施，该免职的免职，该调整的调整。近年来党中央就领导干部廉洁自律提出了若干“不准”，中央纪委也作出了一系列规定，关键在于落实。对于执行不力或拒不执行规定的，要严肃纪律，确保党纪党规的贯彻执行，维护党的形象。要进一步加强党内管理，防患于未然，不断铲除滋生消极腐败现象的土壤，从机制和制度上解决问题。通过深入持久地开展反腐败斗争，不断清除腐败现象和腐败分子，增强党的肌体的免疫力，保证我们党永远做最广大人民根本利益的忠实代表。

从严治党一定要落实到基层。党的基层组织直接接触群众，群众往往是从基层干部身上观察我们党，看待我们党。要健全党的基层组织，提高基层党员干部的思想政治素质，增强他们适应社会主义市场经济发展和经济社会多样化的能力。这就需要从每个基层组织和每个党员干部的思想、作风和组织性、纪律性抓起，坚持不懈，务求实效。要突出解决好四个方面的问题：一是群众观念问题，增强宗旨意识，摆正与群众的关系；二是厂务、村务公开问题，凡是涉及群众切身利益的事情都应当公布于众，接受群众监督；三是为群众服务的问题，真正能够带领群众致富；四是转变作风问题，善待群众，扎实工作，廉洁奉公。

只要我们深刻认识和牢牢把握江泽民同志提出的“三个代表”的要求，并用以指导思想和行动，时刻准备着为党和人民的利益贡献自己的一切，就一定能够得到广大人民群众的信赖和拥护，担当起团结带领广大人民群众为实现社会主义现代化而奋斗的崇高使命，开创更加辉煌的未来。

年轻干部要经受住长期考验*

（2000 年 6 月 17 日）

这次推荐选拔干部工作，我认为是公正的。我原来的秘书也参加了这次考试，总分比第三名只差了 0.2 分，落选了。他参加考试的时候外面就有人讲，那只是做个样子，走个过场。事实作了回答。你们在座的有哪几个是领导干部的亲属？几乎没有吧。领导干部身边的人、领导干部的亲属也有很多优秀的，关键是要公平、公正。你们这 189 名干部是优秀年轻干部的一部分。我最大的一个希望就是，你们中间能够涌现出一些真正出类拔萃的，能够在各行各业作出突出贡献的。希望你们中间没有垮下来被淘汰的。站住脚的最重要的一条，就是严格要求，廉洁奉公。廉洁是非常重要的，如果不廉洁，组织上是不会信任的。你们现在还没有发现什么问题，有问题是不会用的，再有本事也不行，老百姓也不会信任。关键是能否经受住长期的考验。要廉洁奉公，在权力、金钱和美色方面不要犯错误。一定要为党、为人民、为我们山东多作贡献。

在权力的问题上，同志们要淡泊一点。你们要努力工作，接受组织的选择。这很重要。你们下去，不会一帆风顺的。有些同志到县里去、到市里去、到地区去，许多比你们职务低的干部，年龄上可以当你们的长辈。年轻人当干部，当大了蛮难受啊！因为中国社会有尊重老人的习惯。权力是双刃剑，你们一定要

---

* 这是吴官正同志在年轻干部岗前培训班开学典礼上的讲话。

慎重，要努力工作。你们下去这批干部，省委组织部会跟踪考察的。在金钱问题上同样如此。不要去想那个钱。我现在拿的钱相当于 20 年前的 40 倍，我想 20 年以后，你们每个人如果长 20 倍工资的话，算一算一年也会有 20 万。你现在存 1 万块钱，到 20 年后还算什么？地方好了，国家好了，工资也会增加，会好的，不要在这方面贪。第三，就是注意生活作风问题。我给组织部讲了，安排工作时不要离家太远了，可以经常回来。但不要在自己和爱人的原籍工作，这可以避免许多麻烦。总的说，在权、钱、色上要谨慎，对自己要求要严格，树立好的形象。

你们大事要清楚，小事也要谨慎，不要大大咧咧，首先要管好自己的嘴。嘴巴主要有两个功能，一个是吃东西，一个是讲话。吃东西，中午不要喝酒，晚上一般要少喝酒。同志们很年轻，到一个岗位去，人家都看着你，是看你有没有真本事，看你严格不严格要求自己。只不过客客气气对待你。工作时间不要喝酒，否则形象不好。再一点，如有亲友去看望你，不要在招待所请客。你们要管好嘴巴，不要吃那么好，吃饱就行。学习期间更不要出去吃喝，党校生活不错，出去吃喝有什么意思？第二不要乱说话，你们都是知识分子，知识水平蛮高，有的人口才特别好。你们下去后，不要觉得自己有点知识，就夸夸其谈。不要怕人家讲你没有水平。我对我的嘴巴不满意，吃东西偏食，讲话别人听不太懂。我对我的眼睛也不满意，选干部有时看不准，主要靠组织。我对我的耳朵也不满意，有时偏听偏信。不要自以为是，也不要自以为非。你们要严格要求自己。要记住，最怕的不是怕困难，最怕的是你们不怕你们自己。人家是打不倒你的，不要自己把自己打倒了。人有个共同的弱点，就是难以约束自己，希望大家严格要求自己。你们一定要为自己争气，为共产党争光，下去干一番事业。你们不是去镀金，要好好工作，虚心学习。不要自以为懂得很多，还有许多同志缺乏实践经验，所以要向书本学、向当地的干部学，还要向群众学。学习的任务很重，要挤时间学习。你们都是副书记、副县长、副市长，还有副厅长，省委给了你们一个位子，中央给了你们一个好政策，到底能不能干好，就看自己了。“天高任鸟飞，海阔凭鱼跃”。希望同志们扎扎实实、创造性地工作，要开拓，工作要大胆。工作难免犯错误，但不要违法乱纪，不犯权、钱、色方面的错误。工作要少犯错误，最好不犯错误，一旦犯了错误，改了就好。你们这 189 人，不算多，也不算少，年轻干部充满活力，一定要把工作干好，干一行，爱一行，专一行。这次是省委在干部人事制度改革方面迈出的重要一步，这是按中央精神办的，希望你们争气、争光，为年轻的、更年轻的一代健康成长做个榜样。如果干得出色，上下反映都好，我看今后选拔年轻干部的力度还可以加大。

这次选拔干部是不拘一格的，有高等院校的，有科研院所的，有县委党校的，有党委、政府机关的，还有人大机关的，也有共青团的干部、妇女干部、非党干部，几乎各行各业都有，说明山东有人才。就是要提供一个舞台、一个机会，让人才辈出。这里引三句话，第一句引用龚自珍的话，“我劝天公重抖擞，不拘一格降人才”；第二句引郑板桥的话，“千磨万击还坚劲，任尔东西南北风”；第三句引朱熹的话，“等闲识得东风面，万紫千红总是春”。现在毕竟走出了一步，你们一定要把工作做好，给了你们这样一个舞台，一定要珍惜。

到基层去，会带来些家庭方面的困难，孩子还小，请爱人多支持一下，不要放松对小孩子的教育。有困难要克服，如确实生活有困难，给我们写信，组织上帮你解决，无论如何对自己要求要严格，决不能做出格的事。希望每一个人都不要犯廉政方面的错误，这是完全可以做得到的。

总之，一要坚定信念，二要严格要求，三要搞好工作。我相信，你们一定会干好。山东大有希望。调整优化经济结构，重要的是调整干部结构，干部结构调整好了，山东的经济结构才能调整得更好。现在讲要重用人才，也要重用党政领导干部人才。因为党政干部德才兼备非常重要，如果武大郎开店，比我高的都不要，那还有希望吗？

发展高新技术产业的几个关键问题*

（2000年6月21日）

一、科技体制改革问题。良好的体制和灵活的机制是发展高新技术产业的重要条件。要加大改革力度，理顺管理体制，打破地域、部门、所有制界限，实现科技资源的集成与整合，建立以企业为主体、市场为导向、产学研相结合的科技创新机制。要把建立企业技术创新机制作为现代企业制度的重要内容，建立健全技术开发机构，增强企业的技术创新能力。进一步加大科技体制改革力度，全面优化科技力量布局和科技资源配置，建立健全科技成果转化机制，解决科技成果转化率偏低、科技与经济脱节的问题。要坚持大中小企业并举。要全面贯彻落实好十四届四中全会精神，搞好国有企业改革，这是今年经济工作的重点。国有大中型企业是国有经济的骨干和主导力量，要在激烈的国际竞争中占据有利地位，必须全面提高科技创新能力和竞争能力。省里已排出一批重点技改项目，其中不少项目科技含量比较高。这些项目搞上去了，对我省整个工业水平的提高有着重要影响，要抓紧组织实施。同时，要努力发挥中小企业特别是民营企业的生力军作用。从世界工业发达国家和国内先进省市的情况看，中小企业和民营企业是十分活跃的科技创新群体，在发

---

* 这是吴官正同志在山东省高新技术产业化工作会议上讲话的一部分。

展高新技术产业中具有独特的地位和作用。我省 1200 多家高新技术企业,有一半是民营企业。青岛市民营企业去年技工贸收入超过 100 亿元,利税 17.5 亿元,从业人员超过 4 万人,其中科技人员 7000 人。这些都说明民营企业蕴藏的能量是巨大的。在国际经济合作中,中小企业也具有较强的吸引力,外商往往表现出浓厚的兴趣。我们要注意发挥民营和中小企业的优势,加大扶持力度,为其搞好服务,办一些他们自己办不了的事情。比如,招商引资,靠中小企业自己势单力薄,有关部门应当进行组织协调。类似的方面有许多工作要做。

二、创新型人才的引进和培养问题。发展高新技术产业,人才是关键。这不仅包括科技人才,同时还包括领导人才、管理人才、法律人才、资本运营和风险投资人才等等。加快科技创新,必须有一批又一批的优秀年轻人才脱颖而出。这是高新技术产业发展的希望所在。要不拘一格地选用年轻人,努力创造条件,使年轻英才不断涌现。造就人才,主要靠发展教育,特别是要大力发展高等教育。在教育部的领导下,省里要集中力量支持办好新山东大学及其重点学科,提高我省高校的育人育才能力。同时,要大力发展职业教育,培养各类有技能的劳动者,形成人才的梯次结构。要加快教育内容和教育结构的更新和调整,解决与现实经济社会生活脱节的问题,使更多的当代科技发展重要成果和实用技术反映到教育内容中,以适应经济社会发展的需要。要积极参与国内外人才竞争,在充分发挥现有人才作用的基础上,引进急需的关键性人才,尤其要注意引进那些拥有自主知识产权的专家。引进人才的方式可以灵活多样,既欢迎来安家落户,也可以通过聘请他们搞技术咨询、课题攻关,以及创办“虚拟研究所”等方式,发挥他们的聪明才智。总之要注重实效,不图虚名,不搞形式主义。省内外的经验表明,一些地方之所以对人才有吸引力,关键是在这些地方能够人尽其才、才尽其用。要努力营造一种生动活跃、勇于竞争、蓬勃向上的社会氛围，建立公平合理的利益分配机制，形成有利于人才发挥作用的创业环境。

三、促进高新技术与金融资本有机结合问题。解决投入问题，对高新技术产业化至关重要。总的来说，要用改革的办法和开放的思路，努力形成以政府投入为引导、企业投入为主体、金融信贷为支撑、社会投入为补充的多元化的投入机制。在这个过程中，要注意把握好以下几点：一要建立和完善风险投资机制。省风险投资公司的成立，对我省高新技术产业的发展是一件好事。一定要选择好项目，把这笔钱用好。但仅靠这么一家投资公司和有限的风险资金，是远远不够的。推动我省高新技术产业快速发展，不仅要形成充满活力的风险投资群体，更要形成运行良好的风险投资机制。在资金的募集、投入、管理和退出上，要坚持市场化运作，按经济规律办事，向国际惯例靠拢。二要创造条件吸引社会资金进入高新技术领域。目前，我省一些个人和机构握有大量的闲置资金，需要制定相应的政策引导这部分资金投向发展高新技术产业。要通过建立风险投资机制，推进高新技术企业上市，制定并公布产业政策等方式，合理引导社会资金流向，充分发挥资金效益。三要积极利用外资发展高新技术产业。国际金融界预测，中国加入 WTO 以后，每年进入中国的外资有可能大幅度增加。这是一次极好的机遇，也是对我们的挑战。要注意吸取世界有关国家的经验教训，着力提高利用外资的效益，避免盲目性，防止背上包袱。为此，很重要的是通过利用外资，引进先进技术。单纯购买国外设备，换不来真正的科技进步；引进的技术不消化、不吸收、不创新，就不能达到增强企业自主开发能力和发展后劲的目的。要切实把引进、消化、吸收、创新四个环节衔接起来，努力做到利用外资带出技术进步、效益提高、后劲增强、人才成长。

四、高新技术市场化问题。发展高新技术产业，要以技术的制高点去抢占市场的制高点，以技术优势争取市场竞争的优势。在买方市场趋势日益加深、市场竞争不断加剧的背景下，高新技术产业是收益比较高的领域，风险也比较大。减少风险在很大程度上取决于对市场的分析和把握。因此，高新技术产业化，离不开市场经营的设计，这是在技术创新基础上的再次创新。要确立市场第一和消费者优先的观念，注意从末端启动，根据市场需求、特别是市场的潜在需求，确立技术创新的重点；并通过科学的市场设计，采取合适的经营方式，最大限度地发挥高新技术的潜能，把技术成果转化为效益成果。要按照党的十五大提出的要求，大力推行投资主体的多元化和知识的资本化。深圳市在这方面提供了有益的经验，我们要很好地学习借鉴，结合我省的实际，积极进行探索。

弘扬正气　提高全社会思想道德水平*

（2000 年 6 月 28 日）

阳信县刘庙回民中学优秀教师营新刚同志的事迹，感人至深。他鞠躬尽瘁，默默奉献，甘于吃苦，奋斗不止，把有限的生命献给党和人民教育事业，是我们大家学习的榜样。他的一生虽然短暂，但留给人们的却是永久的怀念和许多的思考。在他身上体现了当代青年特别是青年知识分子的精神风貌，体现了社会主义思想道德的本质和主流。只要我们各级党员干部率先垂范，切实加强理想信念教育，推进社会主义精神文明建设，宣传先进，弘扬正气，全社会的思想道德水平必将有一个新的提高。希望你们扎实开展向营新刚同志学习的活动，使他的精神在广大党员干部和群众中发扬光大。

营新刚同志家庭生活困难，全家靠他的工资过日子。现在他走了，家庭负担更重。望照顾好他的亲属，安排好他们的生活。并请向营新刚同志的家人转达我的诚挚慰问。

---

* 这是吴官正同志致山东省滨州地委、行署负责同志的一封信。

好作品是思想性和艺术性的统一*

（2000 年 7 月 4 日）

唱响“主旋律”，提倡多样化，就是遵循艺术规律，让艺术源于生活又高于生活，起到鼓舞人的作用。唱响“主旋律”不是少数作者的事情，而是广大作家、艺术家所共同努力的目标。在新的历史时期，社会正在发生着巨大的变化，出现了许多新事物、新现象、新问题，有社会责任感的文艺家都应当投身其中，反映时代。

中国曾是世界上几大强国之一，18 世纪以后的一百多年间逐渐落后了。新中国成立后，中国人民站起来了。改革开放以来，我国经济社会发展取得举世瞩目的成就。这些只有在中国共产党的领导下才能实现。为了新政权的建立，毛主席领导人民进行了艰苦卓绝的奋斗，无数革命先烈流血牺牲，付出了极大的代价。党的十一届三中全会以来，邓小平同志领导全党拨乱反正，开始了建设有中国特色社会主义的新长征，中国社会发生了历史性的变化。这十多年来，以江泽民同志为核心的党中央领导我们战胜了种种困难，经受了政治、经济、自然等各种风浪考验，开拓创新，夺取了伟大的胜利，我们党和国家进入了一个繁荣发展的新时期。我们可以同世界上许多国家对比一下，很能说明问题。西方有些国家诋毁我们的改革开放和社会主义现代化建设，鼓吹所谓“人权”、“民主”，这并不是什么新东西。我

* 这是吴官正同志关于文学艺术工作的一次谈话。

们共产党人最讲民主、讲科学，讲真正的人权。党的创始人李大钊在“五四”时期就提倡“德先生”、“赛先生”。我们的民主是人民的民主，是人民当家作主。对这些大问题，希望作家、艺术家和文化界的同志们多思考。我们的知识分子有先进的思想，有政治觉悟。我们党支持文艺家，也相信文艺家会以实际行动，以优秀的思想文化产品，为社会主义服务，为人民服务。

改革开放以来，许多方面变化明显，人民生活水平显著提高，市场繁荣。但也出现了一些新问题，有腐败现象。对腐败问题要有一个全面的、清醒的认识。反腐败是一个长期的、重要的任务。腐败现象不是我们国家独有的，西方国家也有。现在，我们省老百姓不满意的方面也不少，比如有的干部办事不公，简单粗暴，司法方面还有一些弊端等等。这些都需要改进。文艺界对此要有一个清醒的、全面的、正确的认识。这就有个深入的问题，需要深入生活的各个方面，作出科学的、实事求是的分析判断。

文艺作品的影响是很大的。现在有的电视节目、有的书，影响不好。比如庸俗的东西不少，甚至有色情方面的东西，老百姓不满意，担心影响下一代。一个作家，特别是党员作家，绝不能写乱七八糟的东西。文艺家、知识分子，要做先进文化的代表。共产党是代表人民根本利益的。人民群众当中，有许许多多感人的东西，要写他们。好的作品应该是具有思想性、艺术性、趣味性、可读性的。我们的文艺家，特别是党员文艺家，不讲作品的这“几性”能行吗？现在有些作品读起来、看起来非常枯燥，干巴巴的，很肤浅。文艺作品要有情趣，人们才乐意去看。真正好的作品要“四性”统一，既要让人读下去，还要发人深省。我们讲的代表先进文化的方向，重要的一个方面就是多出好作品，满足人民群众日益增长的精神文化需求。

现在有的人写文章颠倒黑白，对老一辈革命家恶意攻击。我们要注意这个倾向。要讲历史，讲辩证法，要实事求是。建议一些作家、艺术家要经常去基层，了解社会生活的方方面面。先进的东西，落后的东西，都需要在深入社会生活中鉴别区分。在时代的大潮面前，一定不能简单化，有些东西不真正深入下去，是难以正确把握的。

一个人的经历对他的作品有很大影响。孔子是伟大的哲学家、思想家、教育家，他的一些思想观点仍有时代价值，但要作些分析才行。当时的鲁国经济比较差，而齐国发展起来了。齐国的文化是军事、商业文化，是开放的，但齐国又很残酷。从《论语》这部伟大著作中能看出他的遭遇和学识，也能看出那个时期是比较开放的。这从他编订的诗里也可以看出来，"关关雎鸠"就很开放。孔子当时受了许多苦，这是事实，可以说是孤儿寡母，受尽磨难。所以他对教育问题很敏感，提出了"有教无类"。孔子也做过官，施展抱负。孔子对《周易》的研究是深刻的，就是研究变化，研究里面的辩证法精神。我说这些是说明，艺术家一定要有生活。否则，就难言以足志、文以足言。

对主旋律的理解要全面和准确，不要口号式、标语式，不要贴标签式的，而要真正反映时代风貌。要有深刻的思想内容。文学艺术反映的生活，其风格都是多方面的。当然有些娱乐性的东西，只要无害，也是允许的。

要给文艺家创造好的工作和生活条件。文联机关、作协机关要为作家、艺术家服务。要关心文艺家的生活，及时了解他们的要求。要让他们多去一些地方，到工厂和农村，以启发思想，开阔视野。我们的文艺家，无论是年纪大的，还是年轻的，都是党培养出来的，要支持他们的工作，在政治上、生活上关心他们。在学习、考察方面，也要给予支持，让他们尽可能多走走、多看看。

共产党人的崇高历史使命*

（2000 年 7 月 9 日）

一、“三个代表”重要思想，是我们研究新情况、解决新问题、形成新认识、开辟新境界的理论指导和行动纲领

世纪之交，我国经济社会各方面发生了重大变化，出现了一系列新情况。江泽民同志对此作了精辟分析，指出：“我国经济生活和社会关系发生了深刻变化，社会经济成分、经济利益以及社会生活方式、社会组织形式、就业岗位和就业形式都多样化了。”与此同时，国际形势也发生了重大变化。世界正在向多极化方向发展，经济全球化进程加快，科技进步日新月异。国内外形势的发展变化，使我们面临许多从未遇到过的新问题。我们要深入分析我省出现的新情况，取得科学认识。在经济上，市场经济体制确立，买方市场形成，非公有制经济比重加大，竞争更加激烈。这就要求我们领导和驾驭经济的方式相应地进行改变。在政治上，不同地区、行业和单位的差别加大，党员干部群众分处于不同的利益群体，人民内部矛盾日趋复杂。如何正确处理全局利益与局部利益的关系，不折不扣地贯彻执行中央的路线方针政策，如何始终维护和加强党的坚强团结和高度统一，

* 这是吴官正同志在山东省委理论学习中心组读书会上发言的一部分。

是一个极为重大而现实的课题。在思想上，由于经济社会的多样化，人们思想活动的独立性、选择性、多变性、差异性明显增加。市场经济活动存在的弱点及其带来的消极影响，反映到人们的思想意识和人与人之间关系上来，容易诱发自由主义、分散主义和拜金主义、享乐主义、利己主义。历史上产生并遗留下来的一些腐朽落后的东西，在今天的社会生活中依然有某些存在的条件。人们经济地位和经济利益的差异，会在政治领域和思想领域中表现出来。在同人民群众的关系上，怎样更好地代表全体人民的根本利益和不同社会群体的具体利益，更好地发挥总揽全局、协调各方的领导作用，需要我们认真研究并加以解决。在领导方式上，作为无产阶级政党，如何实施对各种所有制的有力领导，如何通过民主和法制的方法管理社会，也需要认真研究和改进。在党的建设上，由于各种利益的诱惑和错误思潮的影响等，保持党的队伍纯洁的难度明显增大了。面对复杂多变的国际环境，在坚持改革开放、加强对外经济文化交流的同时，如何保障我们的经济政治社会安全，都必须拿出切实可行的应对措施。

经济社会出现的客观变化，要求我们的上层建筑、意识形态与之相适应。"三个代表"重要思想，对在新的历史条件下，无产阶级政党如何始终保持先进性，立于不败之地，作出了科学的回答，形成了新的认识。第一，坚持和实践"三个代表"，抓住了党同先进生产力的关系这个根本，把党的先进性质牢固地建立在解放和发展生产力的基础上，使我们党站在推动经济社会发展时代潮流的前列。第二，坚持和实践"三个代表"，很重要的是代表先进文化的前进方向。只要我们坚持以马克思主义为指导，努力继承和发扬中华民族一切优秀文化传统，学习和吸收一切外国的优秀文化成果，不断创造和推进有中国特色的社会主义文化，促进两个文明协调发展和社会全面进步，我们党就能团结带领人民实现中华民族的伟大复兴。第三，坚持和实践“三个代表”，核心是代表全中国最广大人民的根本利益。我们党始终与人民群众同呼吸、共命运，全心全意为人民服务，把全体人民的根本利益和不同社会群体的具体利益实现好、发展好、维护好，就一定会赢得广大人民群众的衷心拥护，不断巩固和加强党的执政地位。第四，坚持和实践“三个代表”，强调了始终如一，是贯穿党的全部工作、全部活动的总要求。做到这一点，我们党就能根据形势和任务的变化，不断巩固自己、加强自己、提高自己，永葆无产阶级政党的先进性质和蓬勃生机。“三个代表”是对党的性质、根本宗旨和根本任务的新概括，是对马克思主义建党学说和邓小平理论的新发展，是对新时期党的建设和建设有中国特色社会主义事业各项工作提出的新要求。我们一定要从形势与任务的变化上，从理论与实践的结合上，深刻理解、全面把握“三个代表”的精神实质，紧跟时代发展的潮流，研究新情况，解决新问题，形成新认识，开辟新境界。

二、坚持和实践“三个代表”，首要的是抓住机遇，加快经济发展，始终走在先进生产力发展的前列

做先进生产力的代表，必须适应新的转折，增强紧迫感，把握机遇，加快发展。改革开放以来，全省人民在邓小平理论指引下，同心同德，艰苦奋斗，创造了辉煌的业绩。上个世纪八十年代初，山东在全国较早地推行家庭联产承包责任制，全省很快基本解决了温饱问题。“山东好汉”当之无愧。此后，在奔小康的道路上，全省改革开放搞得有声有色，创造了许多好经验，经济总量迅速扩大，各项主要经济指标跃居全国前几位。实践再次证明全省干部群众是“山东好汉”。当前，经济社会发展进入一

个新的阶段。面对新的机遇和挑战，我们只有以只争朝夕的精神去奋斗，抢占生产力发展的制高点，才能在激烈的国际国内竞争中掌握主动。这对我们来说，又是一次新的考验。我们要坚定信心，努力完成在新世纪加快国民经济发展的历史性任务，不愧为“山东好汉”。

做先进生产力的代表，必须顺应经济社会发展的趋势，制定正确的发展战略和政策措施，紧紧抓住全局性、根本性、战略性问题，提高驾驭市场经济的能力，把经济发展提高到一个新的水平。从总体上讲，就是要深入贯彻党的十五大和省七次党代会精神，紧紧围绕“两个根本转变”，推进科技创新和体制创新，加速实现现代化的进程。

必须自觉调整不适应生产力发展要求的生产关系和上层建筑，深化改革，增添经济发展的动力。生产力的发展是不断推进的，改革也要不断深化。哪些方面阻碍生产力的发展，就改哪些方面；哪些环节不完善，制约了生产力进步，就把哪些环节作为改革的重点，使社会主义市场经济体制逐步完善起来。

要最大限度地发挥人这一生产力中最活跃因素的作用，调动方方面面的积极性，为改革开放和现代化建设服务。发展生产力的根本目的是为了满足人民群众不断增长的物质文化需要，实现人民群众的根本利益。因此，推进改革和发展，必须使工人、农民、知识分子和其他群众共同享受到经济发展的成果，把人民群众的切身利益实现好、维护好、发展好。要尊重职工的主人翁地位，尊重农民群众的生产经营自主权，尊重知识、尊重人才。他们在党的政策指引下，依法兴办企业，守法经营，照章纳税，扩大了就业，增加了财政收入，发展了社会生产力。对他们的经济利益要依法予以保护，并在政治上对他们给以教育引导、关心帮助，使他们自觉地为社会主义服务。

三、按照代表中国先进文化前进方向的要求，加强思想道德建设，健全社会主义民主法制，推动两个文明建设协调发展和社会全面进步

先进文化总是同先进生产力相联系，同广大人民群众的根本利益相一致的。当今时代，文化的地位和作用更加突出，已经成为一个国家综合国力的重要组成部分和标志，成为经济竞争、科技竞争、人才竞争的重要条件。要辩证地看待和处理“两手抓”的关系，把两者统一于人民群众认识世界和改造世界、推进改革开放和现代化建设的伟大实践，既实现经济持续发展，又实现社会全面进步。

思想道德建设决定文化建设的社会性质和发展方向，是文化建设的核心和灵魂。要把思想道德建设放在首位，使广大干部群众树立对马克思主义的科学信仰，坚定建设有中国特色社会主义的信念，增强对实现社会主义现代化目标的信心，增进对党和政府的信任。在全省努力倡导崇高的爱国主义情操、高尚的人生价值追求、坦诚的处世态度和强烈的社会责任感，逐步形成文明健康、积极向上的道德风尚，不断提高全社会的思想道德水平和文明程度。

促进两个文明协调发展和社会全面进步，既要靠加强思想道德建设以提高人们的自觉性，也要靠健全社会主义民主法制作保证。要认真落实依法治国的基本方略，提高依法治省水平。进一步完善人民代表大会制度，保证各级人大及其常委会依法履行立法、监督、重大事项决定和人事任免等职能。坚持和完善共产党领导的多党合作和政治协商制度，充分发挥各级政协政治协商、民主监督、参政议政的作用。当前，尤其要抓好基层民主政治建设，推行乡镇政务公开、村务公开、厂务公开，提高人民

群众参与经济社会管理的程度。要注意研究经济社会多样化给社会稳定带来的影响,切实加强对各类社会团体的管理。发展经济一定要走正道,决不允许黄赌毒滋生,一旦发现,要坚决彻底铲除。要做好处理各种突发事件的准备,保障社会主义现代化建设的顺利进行。

四、围绕密切党群干群关系,解决存在的突出问题,加强党的基层组织建设,更好地做人民群众根本利益的忠实代表

坚持"三个代表"的要求,最根本的就是要统一体现在不断实现人民群众的根本利益上。作为党的领导干部,实践党的根本宗旨,就要全面贯彻执行党的路线方针政策,全心全意为人民服务,进一步密切党同人民群众的血肉联系。

密切党群干群关系,加强基层组织建设,并以改革的精神研究和解决新问题,探索新形式、新途径、新方法,提高基层组织建设的水平。在企业党建上,要把加强党的建设和建立现代企业制度结合起来,企业党组织要充分发挥政治核心作用,保证党的路线方针政策的贯彻落实。在农村基层组织建设上,要针对农村形势的发展变化,加强以党支部为核心的村级组织建设,特别要抓好后进村党支部的整顿。要把选好配强支部书记作为提高农村党组织战斗力的关键环节,选人用人的视野应当更宽一些,充分听取群众的意见,让广大党员、群众推荐他们信得过的人进班子。要认真总结一些好的经验做法,由个别上升到一般,找出规律,推动全盘。在非公有制企业党建工作上,新问题更多。加强非公有制经济组织党的建设,是引导非公有制经济健康发展的需要,也是加强党同非公有制企业中广大职工群众联系、巩固党在新形势下执政的群众基础的需要。今后必须加大这项工作的

力度，凡是已具备条件的非公有制经济组织，都应当建立党组织，在职工中发挥政治核心作用。在社区党的建设上，任务越来越重。随着城市化进程的加快和城市改革的不断深化，加强和改进社区党建工作十分迫切。要围绕改进社区管理、完善社区功能、强化社区服务、发展社区事业，扩大党在城市基层的覆盖面，发挥社区党组织的领导核心作用。尤其要加强对流动党员、下岗职工党员、新经济组织和民间组织中党员及辖区单位党员的管理。

密切党群干群关系，要从严治党，坚持不懈地抓好党风廉政建设。领导干部特别是党政“一把手”，为政要廉，办事要公，用人要当，作风要正，坚决抵制各种腐朽思想的侵蚀，做到自重、自省、自警、自励，从思想深处筑起反腐败的坚固防线。要加大对腐败分子的惩处打击力度，决不姑息养奸。通过深入持久地开展反腐败斗争，不断清除腐败现象和腐败分子，增强党的肌体的免疫力，保证我们党永远做最广大人民根本利益的忠实代表。严格按党的原则选人用人，防止和纠正封官许愿、跑官要官等不正之风。严肃查处金钱案、关系案等徇私枉法行为，维护司法公正。新闻舆论工作要弘扬正气，抵制各种歪风邪气。今年以来，省委常委制定了“约法三章”并公布于众，认真落实党风廉政建设责任制，把责任追究作为重要环节来抓，建立了同党政主要负责同志谈话制度等。同时，进一步加强制度建设，关口前移，铲除滋生消极腐败现象的土壤。在这些方面还要进一步探索，努力从机制和制度上解决问题。

五、推进干部制度改革，建设一支适应新形势新任务要求的高素质干部队伍，为坚持和实践“三个代表”提供可靠的组织保证

抓紧培养选拔优秀年轻干部，是党中央交给我们的任务，是

形势发展的迫切需要。我们已经采取了一些措施。前不久，公开选拔了 34 名副厅级领导干部，选派 155 名年轻干部到县市区挂职锻炼，选拔 39 名年轻干部到国外学习培训，从应届大学毕业生中选拔 361 名学生到基层工作，还从在基层工作过的选调生中选拔 145 名年轻干部担任县市区适当的领导职务。要总结经验，改进方法，把那些德才兼备的优秀年轻干部选拔到各级领导岗位上，使他们在实践中经受锻炼，接受考验，增长才干，尽快成长、成熟起来。年轻干部只是领导班子中的一部分，要合理配备领导班子，充分发挥不同年龄段干部的作用，优化结构，形成整体优势。

改革干部人事制度，是建设高素质干部队伍的重要条件。要按照党中央及中组部的要求，改进干部考察、选拔、使用办法，努力做到知人善任，建立健全能上能下、能进能出、优胜劣汰的干部工作机制。结合机构改革，积极推进领导干部公开考选、中层职务竞争上岗等办法，对任前公示制、任期制、试用制、考任制、聘任制等，进一步规范和完善。要加大干部交流、异地任职的范围和力度，从体制和机制上促进领导干部廉洁奉公。要强化对领导干部的管理和监督。江泽民同志一再强调，对领导干部一定要严格要求、严格管理、严格监督。坚决防止和纠正对领导干部重提拔使用、轻日常管理的倾向，使干部管理经常化、制度化、规范化，建立健全有关制度、程序和办法，及时、准确地掌握领导干部的工作与思想情况，把工作做在前面。

大力推进城市化进程*

（2000 年 7 月 11 日）

城市是一个国家或地区经济、政治、文化的中心，是人类高效率利用资源、创造物质文明和精神文明的区域，是社会生产力最集中的地方。加快城市化进程，对推动经济和社会持续、健康、协调发展，具有重要的意义。在现代化建设的过程中，通过发展城市，使生产要素在城市更高度地聚集，有利于科学技术的进步，提高经济的质量和效益；有利于缩小城乡差别，实现共同富裕；有利于产业结构的优化升级，增加新的经济增长点；有利于扩大就业，改善人民生活；有利于开拓市场，引导消费；有利于提高农业劳动生产率，促进农村经济的发展。加快城市化进程，是开拓经济社会发展的新动力、新资源、新需求、新市场的战略性选择，是经济社会发展的必然趋势，是加快社会主义现代化建设的需要。

改革开放以来，我省城市有了很大发展。目前，设市的城市达到 48 个，建制镇有 1409 个，城镇规划区人口 3000 多万人。这是改革开放的重要成果。但是从总体上看，仍然存在城市化水平偏低、城市规模偏小、城市化滞后于工业化的问题。这在一定程度上制约了全省经济社会的进一步发展。据世界银行计算，20 世纪 60 年代到 90 年代，世界上中等收入国家工业增加值占 GDP 的比重由 31%上升到 35%，城市化率由 36%上升到

---

* 这是吴官正同志在山东省委七届四次全会上讲话的一部分。

60％。同期我省工业增加值占GDP的比重由30.1％上升到42.5％，城市化率从11.6％上升到36.7％。根据世界城市发展的一般规律，城市化率在30％—70％之间，是城市加速发展阶段，我省城市化正处于这样一个加速发展的时期，加快城市化进程的时机和条件已基本成熟。我们要抓住机遇，因势利导，适时采取有效措施，加速城市的发展。

应当看到，在推进城市化的过程中，也会出现一些新情况、新问题，既有机遇，也有风险。尤其是对就业、环境、交通、教育、治安等方面可能出现的问题，更要予以高度的重视。如果大量农村富余劳动力盲目转移到城市，又缺乏可靠的谋生之道和有效的管理，造成的后果将十分严重。有些国家，城市化水平大大超出工业化水平，脱离了经济发展的客观基础，致使贫富差距悬殊，贫民窟随处可见，得了“城市病”，整个社会压力很大，有的甚至动荡不安，教训深刻。所以，各级领导干部一定要保持清醒的头脑，正确对待城市化问题，方向要明确，态度要积极，步骤要稳妥，措施要得当。坚持一切从实际出发，循序渐进，量力而行；不一定提硬性指标要求，有些地方一时达不到目标也不勉强；防止不顾条件一哄而起，防止乱铺摊子、盲目扩大规模，防止“刮风”、“跟风”。

加快城市化进程，要面向未来，面向现代化，面向国际化，把城市化同市场化、工业化、国际化紧密结合起来，合理发展大城市，重点发展中小城市，积极发展小城镇，在全省逐步形成职能分工明确、空间布局合理、规模有序、设施完善、大中小城市和小城镇协调发展的城镇体系，为人民群众提供更多更好的就业条件和生活空间，使我省成为全国城市化水平较高的地区之一，促进全省经济社会和环境的协调发展。在工作中，要注意把握好以下几个问题：

一、搞好规划布局，科学定位。城市化事关城乡健康协调发展的全局，要讲究科学，慎重决策。对城市布局、规模效益、建设特色等重大问题，一定要认真研究，听取专家的意见，合理布局。在城市发展中，既要有适度规模，更要讲求质量，注重经济实力，完善各种功能，提高市民素质，从而提高城市的综合水平。要有战略眼光，立足当前，着眼长远，把两者很好地结合起来。发展小城镇，是实现我国农村现代化的必由之路。小城镇是城市的组成部分，把小城镇规划好、发展好，对促进城市化水平的提高，意义重大。要把县级市和县城作为推进城市化的重点，发挥优势，更多地吸纳农村富余农民，带动周围农村经济社会发展。各地的中心城市，要抓好发展，增强功能和聚集辐射能力。由于各地经济发展不平衡，城市差别比较大，要在省里统一指导下，因地制宜，通盘考虑，突出特色，科学定位，明确好城市发展的规模、特色和基本方向。济南、青岛作为全省的中心城市，无论从功能上还是在规模上同我省经济社会发展水平还不够适应。要进一步解放思想，更新观念，借鉴国内外一些特大型城市发展的经验教训，本着积极进取、扎实稳妥的要求，立足在更大范围发挥作用，规模、质量、效益、生态、文明并举，提高城市的现代化水平。

二、把城市化同工业化、市场化、国际化有机结合起来。没有这种结合，脱离经济发展的城市化就是无源之水。大中城市要努力发展技术含量比较高的产业，促使支柱产业规模化、传统产业高新化、高新技术产业化。要鼓励工商企业到城市进行经贸活动，增加城市的经济实力和带动作用。同时，也要注意多发展一些劳动密集型企业，为更多的居民提供就业机会。小城市要发挥区位优势，因地制宜，扬长避短，积极主动接纳大中城市产业转移，更要注意发展劳动集约型产业，培植工业骨干企业。小城镇要结合乡镇企业的二次创业，注意发展农业产业化龙头企业，发展农副产品深加工企业，为周围农村的发展提供更加直接便利的服务。许多城市是随着市场的繁荣而发展起来的，人流和商流是一致的。临沂、寿光等地的发展就是例证。要采取更为有效的措施，加快发展商贸流通、交通运输、仓储、邮电通信、金融保险、旅游、房地产、中介服务、社区服务等第三产业，提高城市的市场化水平。个体私营经济在发展第三产业方面有巨大的潜能，要认真落实有关政策，支持个体私营经济向规模化、多元化、高层次发展，为城市提供更多的就业机会。城市化进程与实施经济国际化战略是密不可分的，要相互促进，更充分地发挥城市优势，敞开城门，引进国外人才、资金、技术、设备和管理经验，在扩大开放中发展城市。要坚决治理“三乱”，为加快城市化进程创造良好的环境。

三、深化城市改革，为城市发展增添活力。加快户籍制度改革，创造条件逐步建立以居住地划分城镇户口和农村户口、以职业划分农业人口和非农业人口的户籍登记制度，实行城乡户口一体化管理。对于吸引专业人才和投资者进入城市问题，步子要更大一些，可以先进行试点，积累经验，完善政策，大力推进。按照市场化、社会化的方向，进一步加快住房、就业、养老保险、医疗等领域的改革，逐步建立起适应城市发展的社会保障体系。推进城市土地管理和使用制度的改革，严格遵守城市建设和土地利用总体规划，加强建设用地宏观调控，提高土地的使用效益。为此，要扩大土地的有偿使用范围，坚持政府垄断土地一级市场，放开搞活二级市场。城市土地的经营管理是一门大学问，要学习其他城市的先进经验，在实践中不断探索，加以完善提高。要加快城市建设的投融资体制改革，多渠道筹集建设资金，建立多渠道、多元化的投资主体。加快公用事业改革，服务行业要商业化，提高市场化程度，逐步形成投资、经营、回收的良性循环机制。

四、城市建设要突出质量和配套，注重保护生态环境，促进可持续发展。我们资金有限，城市基础设施建设要本着节约和高效的原则，按照适度超前和分步实施的方式进行，着重抓好道路、通信、供水、供电、供气、供热、治污等。城市建设要充分体现时代气息和地域特色，建筑物要精心设计，精心施工，严把质量关。在推进城市化进程中，必须高度重视环境保护，搞好生态环境建设。现在，环境污染的问题仍然十分突出，城市生态环境相对比较脆弱。这个问题必须引起我们的高度警觉，认真贯彻可持续发展战略，实行城市发展与环境保护综合决策，防止造成生态破坏。特别要建立起以绿化美化、污水处理、垃圾处理和空气净化为主体的生态环境体系，积极建设园林城市、生态城市和优秀旅游城市，保护好山、水、植被等自然景观和名胜古迹，加强人文和生态景观建设，搞好大环境绿化。小城镇建设也要按照这个要求去做。

五、善于经营城市，提高管理水平。现代城市的管理，很重要的是要懂得经营城市。当市长的，要算投入产出账，算城市资源效益账，算长远利益账，善于发挥城市的综合优势，利用好城市的各种资源，大力发展城市经济，提高城市的整体效益，推动城市发展。要加强依法治市，依法管理，建立覆盖城市管理各个方面的法规体系，提高市民的法制观念，保证城市管理在法制化轨道上有序进行。要确立服务人民、奉献社会的思想，一切行为都要围绕满足人们的需求进行。在规划、设计、建设、管理的各个环节，都要把为群众创造方便、舒适、优美的工作学习生活环境，作为根本的出发点和落脚点。市民的道德文化素质，反映着一个城市的文明程度。要加强社会主义精神文明建设，针对城市人群的思想和生活特点，结合新形势、新情况，加强思想道德教育，弘扬正气，营造健康向上的社会氛围。强化社会治安综合治理，坚决铲除地方恶势力和“黄赌毒”等丑恶现象，净化社会空气。城市管理一定要有严肃性、权威性，规划一经确定，就要认真执行，不能换一个市长就换一个规划，真正体现对人民负责、对子孙后代负责。在经济社会多样化的情况下，搞好城市社区管理非常重要。要加强城市街居党的建设，搞好社区服务，进一步方便生产和群众生活。

为即将加入 WTO 做好充分准备*

（2000 年 7 月 24 日）

我国加入世界贸易组织（WTO）是当前对外开放中的一件大事，具有划时代的意义。随着中美、中欧达成双边协议和我国与大多数提出双边谈判的国家陆续达成协议，工作进程大大加快，目前已进入最后阶段。加入 WTO 后，标志着我国将全面走上世界经济舞台，融入经济全球化的时代潮流中。我们进行的现代化建设要按照中国的国情和国际通行规则办事，必然会有许许多多新的课题摆在我们面前。学习 WTO 方面的知识，从而尽快掌握其基本规则已成为当前各级领导干部和广大企业管理工作者面临的一项十分紧迫的重要任务。

我省在全国较早开展了 WTO 应对措施的研究，形成了比较有影响的研究报告。省委、省政府专门召开了高层次的实施经济国际化战略工作会议研究运用这些研究成果，省政府有关部门组织各级领导干部和企业管理人员开展了有关 WTO 的培训活动，编制了《WTO：机遇与挑战》的光盘作为宣传教育资料。这对于我们进一步提高对外开放的水平，积极应对经济全球化带来的挑战是十分有意义的。应当说，我国加入 WTO，对我省既是巨大的机遇，又是严峻的挑战，各级各方面必须在思想观念、管理方式、政策措施上进行全面调整，为在加入 WTO 后的

---

* 这是吴官正同志为《WTO 基本规则及主要协议条款摘要汇编》作的序言。

新形势下做好经济工作进行充分的准备。一要做好思想准备。全省上下特别是各级领导干部要带头解放思想,更新观念,努力提高全社会的开放意识,政府、部门和企业都要积极从经济国际化的角度想问题、作决策,充分认识加入 WTO 的必然性、必要性,从运用权利、承担义务的角度,牢牢把握应对 WTO 的主动性、针对性。二要做好产业准备。各级都应充分认识到,在加入 WTO 的新形势下和经济全球化的大背景下,我省当前实施经济国际化战略的首要任务是加快产业结构调整,这一点倍加重要和紧迫。只有加快调整,才能抢到机遇、应对挑战,而这种调整不能仅从国内、省内出发,也不能总是采取"跟进"的方式,要立足国际市场,超前进行调整。外贸结构调整,首先要抢抓欧美纺织品、农副产品市场准入增加的机遇,同时积极开拓高档产品出口市场。利用外资,首先要抢抓大商社扩大进入的机遇,适应大商社偏好于大企业、大项目、高科技项目、新领域,偏好于并购、独资、控股,偏好于国家部委的导向性意见,偏好于软环境的比较与选择等四大特点,实现利用外资,特别是吸引大商社的重大突破。三要做好体制环境准备。加快改革步伐是应对加入 WTO 的根本问题,不仅包括企业机制、宏观调控体制,也包括人才制度和社会中介服务制度的建立。在这些方面必须综合改革,配套联动,各行各业全面发动,扎扎实实地稳步推进。四要做好规则运用的准备。WTO 的规则十分复杂,不仅涵盖了货物贸易的所有方面,而且还向服务贸易、与贸易有关的投资、知识产权保护等方面进一步延伸。世界贸易组织以"协定及其法律文件"作为法律框架,各项规则规范严格,并以此为基本运作规则。这些规则主要包括:一部基本法,即《建立世界贸易组织协定》;两部程序法,即《争端解决的规则和程序的谅解》和《贸易政策评审机制》;四大类专项协定,即服务贸易总协定、知识产权协定、十二项货物贸易多边协定、约束缔约成员的四项简单多边贸易协定。

按照 WTO 规则办事，首先必须学习、了解规则。省政府组织有关部门整理摘编了 WTO 的规则和有关的双边、多边协议，并做到了全面、简练、易懂。我希望大家都能够认真阅读一遍。这对政府部门、对各类外经贸企业都至关重要。各级政府要按照摘编调整政策、管理方式，各部门也要清理本部门的不适应的有关规定，要积极制定新的适应性的发展政策，企业更要按照摘编里的规定调整自己的经营策略，学会利用条款发展自己，特别是技术壁垒规则、反倾销规则、安全环保例外规则、反补贴规则、知识产权保护规则、国民待遇规则、最惠国待遇规则、市场准入规则等等。各级政策部门和各类外经贸企业更要全面学习和掌握 WTO 的规则，以适应激烈的国际市场竞争的需要，做到能攻、应变、善守，在经济全球化的大背景下，进一步提高我们做好改革开放和现代化建设各项工作的水平。

创新思想政治工作的方式方法*

（2000年7月27日）

改革开放以来，我国经济和社会发展的巨大进步，带来了社会经济成分和经济利益、组织形式、分配方式、就业岗位和就业方式的多样化，带来了人们精神世界的深刻变化，人们思想活动的独立性、选择性、多变性和差异性日益明显，人们对精神文化生活的追求和需要也有了新的发展。思想政治工作必须积极适应这种新情况、新变化，不断创新方式方法和手段机制，增强针对性和实效性，提高说服力、感召力、凝聚力。

结合经济工作一道去做。服从服务于党的中心工作，为全党全国工作大局服务，是党的思想政治工作的优良传统，也是思想政治工作必须坚持的基本原则。我们要深刻理解经济与政治、经济工作与思想政治工作的辩证关系，把工作做到物质生产和精神生产的实际活动中去，防止和纠正思想政治工作与经济工作脱节的“两张皮”现象。要逐步形成思想政治工作与经济工作相互渗透、相互促进的有机统一和良性循环，围绕经济建设和改革发展抓思想教育，抓好思想教育促发展，积极为经济建设提供强有力的智力支持和思想保证，促进新一轮经济发展优势的培育，进一步激活思想政治工作的生命活力。

结合解决实际问题去做。我们党的全部工作包括思想政治工作的出发点和归宿，都是为人民谋利益。思想政治工作的根

---

* 这是吴官正同志在山东省思想政治工作会议上讲话的一部分。

本目的，是团结和调动广大人民群众为实现自己的根本利益而奋斗。思想政治工作必须坚持既讲道理，又办实事，从群众最关心、迫切需要解决的实际问题入手，做得人心、暖人心、稳人心的工作。帮助群众解决好工作和生活中的具体问题，是开展思想政治工作有效的切入点和着力点。各级领导机关和领导干部一定要深入基层，体察群众疾苦，以满腔的热情和深厚的感情，为群众排忧解难，把党和政府的温暖送到每一个群众的心坎上。这就是实际的思想政治工作。

*结合群众工作去做。*改革开放和社会主义现代化建设事业是千百万群众自己的事业。党的思想政治工作本质上是群众工作，做好思想政治工作必须坚持从群众中来、到群众中去的方针，深入群众，了解群众，发动群众，这是做好思想政治工作的重要前提和保证。各地开展的以“讲文明、树新风”为主要内容的群众性精神文明创建活动，吸引群众广泛参与，不断结合新的形势变化，深化内容，创新形式，在教育群众、提高群众中发挥了很好的作用。要进一步总结和推广好经验、好做法，推动和促进思想政治工作更加贴近群众，更加贴近实际，更加富有成效。

*讲求思想教育的方法艺术。*思想政治工作是一门科学，也是一门要求很高的艺术。它的工作对象是既有感情、又有思想，既有物质方面的需要、更有精神上的要求的社会的人，这就决定了思想政治工作的复杂性和艰巨性。要保证思想政治工作取得实效，必须遵循人们的认知心理和思想政治工作的规律、特点，讲求思想教育艺术，和风细雨地启发诱导，寓理于情，寓教于乐，以真理的力量感染人，以情感的力量打动人，以人格的力量教育人。要改变不看对象，不分条件、场合，照本宣科、简单生硬的教育方式，克服形式主义、教条主义，切忌简单化，针对社会转型时期人们心理状况、接受能力和信息接受方式的变化，积极研究探索增强教育的吸引力和说服力，易于为群众接受的方式方法，增

强思想教育实效。要针对人们精神文化生活的新需求，依托社区文化、村镇文化、广场文化、企业文化、校园文化和家庭文化等载体，精心组织策划形式新颖、内容丰富的教育活动，力求达到春风化雨、润物无声的教育效果。

扩大思想政治工作的覆盖面。要把加强思想政治工作的着力点放在基层，关注新的特殊社会群体，积极做好非公有制企业职工、下岗职工、离退休人员、社会闲散人员和流动人口、农村进城务工人员的思想政治工作。要把思想政治工作与社区管理工作结合起来，保证思想政治工作不留死角、不出现盲区。要建立思想政治领域预警机制，加强社情民意调查和舆情分析，及时把握社会思想动向和带有倾向性、苗头性的问题，有的放矢地做好思想政治工作。对问题较多、矛盾集中的地方，要坚持定期走访、回访，找准问题根源，消除隐患，把问题解决在基层，解决在萌芽状态。组织、宣传、信访、公安、司法、民政等部门及工青妇等群团组织，要各司其职，密切配合，形成全方位、立体化的预警防范体系，把思想政治领域工作的主动权牢牢抓在手上。

推进思想政治工作手段和方式的现代化。高科技对思想政治领域工作带来的挑战，对人们思想观念带来的影响，必须引起我们的高度重视。要适应现代科技和信息传媒迅速发展的新形势，增加思想政治工作的科技含量，提高思想政治工作的科学化、知识化、信息化程度。要充分发挥广播电视、报刊图书等大众传媒的作用，同时，积极开辟运用互联网络开展思想政治工作的新途径，借助网络技术，增强思想政治工作的影响力和渗透力。现在西方敌对势力利用他们掌握的技术和网络，加紧对我进行文化和价值观念渗透，国内一些不法分子也不断利用互联网络进行反动、腐朽的思想、信息的宣传和发布。各级党委要高度重视，采取切实措施，加强网络管理，积极主动地加大网络宣传力度，以正面的声音占领网络宣传阵地。

在提高科学管理水平上下功夫*

（2000年8月）

加强管理，提高科学管理水平，是建立现代企业制度的要求，也是国有企业扭亏增盈、提高市场竞争能力的重要途径。管理出质量，出效益，出生产力。加强和改善管理，是一个全方位的系统工程，从建设、生产领域到分配、流通领域，都需要加强管理。尤其需要解决以下四个方面的问题：

第一，解决机制问题。现在许多管理上的问题，是机制造成的。只有通过深化改革，进一步建立健全社会主义市场经济体制，各方面的管理才能真正完善起来。要按照江泽民同志提出的“三改一加强”的方针，把改革、改组、改造同加强管理很好地结合起来，对企业管理制度不适应社会主义市场经济的环节进行大胆改革，在改革中实现管理创新，提高管理水平。特别要注意深化经营决策、分配制度、劳动用工、建设施工、规划监理、资金运营等方面的改革，从制度上堵塞漏洞。

第二，重视基础管理。加强管理要从基础做起，从具体环节做起。首先要建章立制，健全各项管理制度。生产经营的各个层次、各个环节都要订立制度，实行严格的责任制，做到有章可循，有章必循，循章必严，违章必究。这也就是要狠抓落实，把各项管理和各项制度落到实处，切忌搞形式主义、摆花架子。其次

---

* 这是吴官正同志发表在《领导工作研究》2000年第8期上的一篇文章。

要狠抓薄弱环节。在市场经济条件下，企业的资产负债表、损益表、成本表和现金流量表很能反映企业的生产经营状况和企业管理水平，这方面的管理还很薄弱，许多效益由此流失，应当作为管理的重点来抓。三要按照建立现代企业制度的要求，采用现代先进的管理技术革新管理方法和管理手段，保证管理的先进性和科学性。

第三，加强对人的管理。人既是管理的主体，也是管理的对象，抓管理、促效益，关键的因素是人不是物。所以，管理要以人为本。一方面，加强人力资源的开发利用，建立起能够吸纳人才、培养人才和激发职工积极性、创造性的管理机制，为职工人尽其才、发挥专长创造公平竞争的环境。另一方面，要加强对经营管理者队伍的管理。在我们的经营管理者队伍中，确实有一批懂经营、会管理、善开拓的人才，他们为企业和经济发展作出了很大贡献。但也确有一些经营者素质较差，出了一些问题。在市场竞争日益激烈的条件下，要搞好企业，必须加强对经营者的管理。对经营者要有严格的选任制度，真正按《企业法》办事。股份制企业的董事长、总经理要按规定的程序分别由股东大会、董事会选举、任命。还要切实加强对经营者的教育，经常组织和督促他们学习，更新知识，提高素质。加强对经营者的管理，很重要的一条是健全监督和约束机制，上级、职能部门、社会、职工四方面要协调配合，从而达到监督的目的。对人的管理不同于对物的管理，要把立足点放在调动积极性上，政治和经济、行政和法律、精神和物质各方面的手段并用，走制度化、法制化的路子。

第四，紧紧依靠职工群众。职工是企业生产经营的主体，是物质财富的直接创造者。依靠职工群众办企业，是社会主义性质决定的。关键要抓两条：一条是充分尊重群众意愿。无论是企业的改革还是发展，凡是涉及职工群众切身利益的事情，都应充分考虑他们的利益和要求，征得群众的理解、信任和支持。在职工群众中蕴藏着巨大的智慧和力量，他们的利益同企业紧紧扭在一起，因而对企业也最关心。企业的重大决策，都应当倾听职工群众的呼声，吸纳他们的合理化建议。要充分相信职工群众，实行厂务公开，健全企业民主管理制度，依靠职工群众管理好企业。企业领导要关心职工的生活，解决他们的实际困难。工会、职代会是企业实行民主管理的有效形式，要建立健全组织，充分发挥其在民主决策、民主管理、民主监督中的积极作用。第二条是加强和改进思想政治工作。随着企业改革的深化和利益关系格局的调整，职工群众的思想很活跃，各种各样的心理、情绪都会反映出来。思想政治工作做好了，就能及时有效地化解矛盾，把群众的积极性调动好、保护好、发挥好。必须充分发挥企业党组织的政治核心作用，发挥党员的先锋模范作用，带动企业的改革发展。

用好财税金融手段
防范化解金融风险*

（2000 年 9 月 18 日）

财税金融是现代市场经济的核心。经济决定财税金融，但财税金融又反作用于经济。在改革发展的过程中，广大干部特别是基层的同志们积累创造了许多好经验，深化了对财税金融核心作用的认识。一是牢固树立效益观点，把培植财源、壮大财力作为经济工作的重中之重。1994 年至 1999 年，剔除不可比因素，全省市地级财政收入年均增长 25.9%，县级财政收入年均增长 24.7%。全省财政收入过亿元的县达到 106 个，比 1994 年增加 88 个，其中过 3 亿元的有 15 个。二是适应市场经济要求，转变领导经济工作的方式。主要是运用财政手段，引导信贷资金和社会资金的投向，为改革与发展创造良好的环境。为扶持中小企业发展，1998 年省政府筹措 20 亿元资金，去年又专门成立了中小企业贷款担保公司；省里设立了高新技术投资风险基金，已注入资金 6 亿元。三是时刻注意防范风险。东南亚金融危机敲响了警钟，加深了我们对金融风险严重危害性的认识。省和各地采取经济、政治、教育并用的方式，比较成功地清理整顿了场外股票交易和农村合作基金会，化解了局部金融风险。四是拓宽融资渠道。由过去单纯依赖银行变为面向国内外、依

---

* 这是吴官正同志在山东省县市区委书记现代科技与金融财税研讨班上的讲话。

靠市场解决资金问题，积极利用股票、证券直接融资，引进外商直接投资和利用国外银行贷款。目前，我省共有上市公司56家，累计直接融资306亿元；实际利用外资累计达到262.4亿美元。企业相互参股等筹资形式的运用也越来越多。

市场经济有其自身的规律，财税金融工作有其特殊规律。规律是客观的，是不以人的意志为转移的。尊重规律，实事求是，按科学办事，经济就能发展，出现的问题也能及时解决；违背客观规律，盲目决策，一味蛮干，只能付出沉重的代价。这方面的教训也有不少。

有个县违反规定，硬要县财政为一个企业的经济行为担保，发生债务纠纷后，因负连带责任被法院查封了国库账户，冻结财政资金700多万元，造成工资等正常支出无法开支，严重影响了工作运转。

有个县级市的城市信用社不顾自身承受能力，违背金融监管规定，两年内高息揽存、拆借资金10亿多元，大量投向房地产业，不良贷款率达100％，支付缺口8.3亿元，出现严重支付困难，全市经济受到很大影响。

有个地方，为拿到项目资金，政府在贷款承诺上签字，主动为借款企业担保，但随着时间的推移及领导人的变化，后任领导无视合同的严肃性，不但不履行自己的义务，反而通过其他手段阻止企业还款。借款时是市长、县长出面，还款时找到市长、县长协调，他们说，这是企业行为，找政府干什么？

有个县的企业原本生产经营正常，还款比较及时，但有关领导在没有进行充分市场调查及其他配套条件不完善的条件下，盲目指令企业上新项目，扩大生产规模，致使企业发生经营困难，严重影响企业的还款能力。

我们搞市场经济经验还不足，一时出现失误甚至犯错误难以完全避免，但可怕的是重复犯同样的错误。希望同志们结合工作实际，认真学习研讨，加深对市场经济规律的认识，使我们的头脑更清醒一些。

在发展社会主义市场经济的进程中，我们必须充分重视并善于正确运用财税金融手段，解决总量矛盾，更有效地调控经济运行，实现经济社会发展与稳定的目标。这里有几个问题尤其需要关注。

一、积极发挥财政税收的调控作用。财政预算是全面反映政府收支分配活动的主要方式。当前，财政工作中存在许多不合理的问题，一方面，承担着大量应由社会、企业、个人负担的支出；另一方面，许多应该保障的支出还没有得到应有的保证。财政必须坚持“一是吃饭，二要建设”的原则。先要维持人的再生产能力，才能进行社会的再生产，这是财政分配需要遵循的最基本原则。在实际工作中这个问题并没有完全解决好。一些地方热衷于上开发项目，搞政绩工程、形象工程，挤占了“吃饭钱”。财政支出应当优先保证国家公职人员工资和政权机关正常运转，这是前提。

如何正确运用税收杠杆，将组织收入与调节经济、促进经济增长的职能结合好，是需要认真研究解决的一个重要问题。不能简单地把支持经济发展的政策，理解为减税让利。从最近清理的情况看，欠税、偷漏骗税的情况比较普遍。据对私营企业、个体工商户抽样检查显示，偷漏欠税面在80%以上，国有、集体企业也不下40%。有一个县去年一次就查出偷漏税1500多万元。全省工商登记户已有282.5万户，但进行税务登记的只有一半左右，相当一部分没有承担纳税责任。1999年，全省财政收入占GDP的比重为9.02%，低于全国平均水平2个百分点，分别比广东、辽宁低3.3个和2个百分点。这虽然有产业结构、收入结构不同的因素，但也说明，经济增长的成果没有完全反映到税收、财政上来。这样做，不仅影响了财政收入的增长，削弱了政府的调控能力，而且影响了企业之间公平竞争的环境，不利于企业平等发展。解决这些问题，必须端正指导思想，该收的税一定要依法收上来，该支持的可以采取先收上来，然后通过入股参股以及合作等形式予以支持。要坚持依法治税，严格执行统一的税收政策，依法查处偷、逃、骗税和欠税行为。同时，加快税费改革，完善政府分配机制，杜绝“三乱”现象，把该集中的财力管住、管好，进一步增强政府的综合运筹能力，有效地规范财经秩序。

实行转移支付，是现代财政的一项重要制度，是市场经济的通行做法。财税体制改革以来，我们开始注重运用转移支付，调节和均衡财力分配，使政府调控手段有了新的突破和丰富。特别是中央和省两级，转移支付手段的运用日趋完善，作用发挥日渐明显。去年以来，为了落实增资政策，省里积极向中央反映我们的困难，争取国家财政的支持。同时，省财政尽最大努力安排了 15 亿元的转移支付和补助，帮助市地县解决发放工资困难。由于转移支付是新的调节手段，我们在运用上还不够自觉，省以下还没有实施转移支付。省审计部门对 6 个县、123 个乡镇去年工资发放情况审计表明，县级新增工资兑付资金中，省级拨款占 48.4%，市地一级几乎没有给县级补助；乡镇一级新增工资兑付资金中，省级拨款占 77%，市地补助仅占 3.1%，县级补助占 14.9%。需要注意的是，目前财政体制存在着财力逐级向上集中的问题，尤其是乡镇财力下降较大。1999 年乡镇财力占市地以下财力的比重比财税体制改革前下降了 2.08 个百分点，乡镇财政状况十分困难。要逐步建立起规范的转移支付制度，合理调整财政体制，理顺分配关系。当然，转移支付不是鼓励落后，不是什么都由上级包下来，归根结底要靠自身经济发展增加财政收入。另外，也有一个严格控制支出的问题。有一个县一方面吃上级财政上亿元的补贴，另一方面又大量向机关事业单位进人。这样的地方给多少钱都难以维持。

二、正确对待金融改革，为经济发展开辟更大的空间。作为地方党委、政府，要研究在金融体制发生重大变化的情况下如何配合支持金融工作；如何努力创造条件争取金融机构给地方经济发展以更多的支持；如何适应市场经济的发展，开拓思路，拓宽领域，统筹运用好社会资金。一是结合国有企业的改革改组，下大力气抓好资本运营和资本市场直接融资。现在国内一些先进省市的招商引资出现新的趋向，资本市场成为最重要的融资手段，跨国公司成为最重要的引资对象，专家运作、中介服务成为最重要的招商方式。对此，我们应当学习借鉴。要加快推进企业投资主体多元化，搞好股份制改造。改进招商方式，力争在重点引进跨国公司投资上有大的突破。二是加大对高新技术产业和中小企业的支持力度。高新技术集中了现代科学最先进的成果，抓住了高新技术就抓住了科技进步的关键。中小企业量大面广，对扩大就业、增加财政收入有重要作用。在政策上、资金上要择优积极扶持，促其尽快发展。这一点对县以下极为重要。要充分发挥城市商业银行、城市信用社、农村信用社、各类信托投资公司等地方性金融机构的作用，使之成为地方政府运用金融杠杆的一条重要途径。特别要重视运用风险投资基金和中小企业贷款担保基金等形式，引导金融机构扶持高新技术产业和中小企业。三是积极发展消费信贷。消费需求相对不足是制约我省经济增长的重要因素。这与我省人均收入水平不高有关，但消费政策引导不够也是一个重要因素。当前，我国正进入消费升级阶段，住房、汽车、教育、旅游等消费热点，对经济的拉动作用很大。要利用消费信贷引导促进消费，将潜在的社会消费需求转化为现实消费。上海市通过建立个人征信系统、改善个人住房分配和交易环境、清理阻碍消费的过时政策等，促进了消费的增长。全市个人消费信贷已占到全部贷款的10%以上，而我省这一比例还不到1%。我们要学习外地经验，清理妨碍消费的政策，积极探索发展消费信贷的措施，促进个人消费，有效拉动经济增长。

三、努力防范化解金融和财政风险。积极防范和化解金融财政风险，是经济工作的一项重要任务，而且越来越重要。近几年来，我们认真贯彻落实党中央、国务院关于加强金融财政工作的一系列指示，认真吸取东南亚金融危机的教训，突出把防范金融风险摆上重要日程，采取许多积极措施，取得了初步成效。但是应该看到，随着改革的深化，多年积累的问题逐步暴露，许多现实的和潜在的金融和财政风险，需要我们进一步重视和解决。从金融方面看，金融机构不良资产仍比较多，不良贷款占一定比例，有的行业不良贷款高达60%。金融风险的联动性增强。1998年以来，我省一些金融机构程度不同地有风险表现，一个地方出了问题，其他地方往往会出现连锁反应。我省某地农村基金会提款风波发生后，迅速波及周围农村信用社，导致存款下降，出现了支付困难。尽管这些风险都是局部的、地方性的，但其隐患和影响不可小视。从财政方面看，内外债负担逐步加重。截至目前，我省累计实际利用世界银行、亚洲开发银行和外国政府贷款36亿美元，现在已经进入还贷高峰期，每年需还数额都在1亿美元左右。这些都是财政担保的，搞不好相当一部分外债偿还负担会转嫁到地方财政上来。1998年以来，我省已累计使用国债资金49.74亿元，将来也要用地方综合财力来还。对这些问题，我们要有充分的认识。

金融财政风险既是一个经济问题，也是一个政治问题，关系到改革、发展、稳定的大局。解决好金融财政风险问题，有利于社会主义市场经济的发展和社会主义制度的巩固，有利于维护好、实现好和发展好广大人民群众的根本利益。从目前看，我省存在的金融和财政风险大多还是局部的和隐性的，但如果防范化解不力，就会造成区域性的金融风波，甚至引发社会问题，损害群众利益，影响经济发展和社会政治稳定，损害党和政府的形象。我们要站得高一些，看得远一些，既要算经济账，更要算政治账，既要算小账，更要算大账，既要算眼前账，更要算长远账。以对党和人民高度负责的态度，把这个问题正确处理和解决好。

抓好金融风险的防范和化解工作，一是要及早发现，及时控制。建立健全金融风险预警体系，做到有问题及时发现，及时采取措施，防止风险进一步扩大。二是要区别对待，分散处理。按照市场准入条件和经营状况，依法清理整顿各类金融机构，对确实无可救药的一定要坚决关闭，但要妥善处理遗留问题。三是要依法规范，加强监管。严格执行有关法律法规，规范金融机构的活动，依法加强监督，保护金融机构的权益，把一切金融活动纳入规范化、法治化轨道。

化解金融财政风险从根本上来说要靠经济的发展。只有社会经济发展了，企业效益提高了，才能增加税收，才能使银行资金实现良性循环。也只有不断优化增量，才能盘活存量，逐步降低不良资产比例，从而化解金融机构风险。对金融机构而言，要千方百计增强经营活力，加强内部管理，提高金融服务水平，促进地方经济发展，提高资产质量，实现经营状况的根本好转。目前金融机构贷款比较谨慎，这在一定程度上有利于防范经营风险，但大量的储蓄不放出去，无法产生收益也是风险。因此，加快金融改革和创新，改进金融服务，提高金融企业的经济效益非常紧迫。地方、企业与金融机构是相互依存的关系，化解金融风险和加快地方经济发展要有机统一起来，共同推进。

四、增强信誉意识，树立良好形象。市场经济也是信用经济。合同和交易、借贷和投资，都以信用为基础。良好的信誉对一个地区、一个单位来说就是资本、就是品牌、就是无形资产。

我们山东在经济交往中的信誉和形象总的来说是好的。但是，一些企业和单位不守信用的问题也时有发生。有些企业不遵守借款信用，拖欠银行贷款本息，逃废银行债务。有的地方逃废银行债务面高达90％以上，悬空银行债务本息50％。个别上市公司不履行信息公开承诺等，欺骗股东。有的不按合同办事，引发了许多经济纠纷。外商反映，我省有些市精明，谈项目时抠得特别细，斤斤计较，合同签订后，都能严格按合同办事，一丝不苟。而有的地方和单位，往往是合作前谈什么条件都答应，草率签订合同，尔后随意变更，为一点小利处处为难对方，往往搞得不欢而散。失信的结果可能得到某些眼前利益，但最终受害的是自己。到头来只能是市场越来越小，合作伙伴越来越少。如有个县的商业银行支行因当地企业拖欠本息，逃废债务严重，经营难以为继，以致被上级行撤销经营资格。这个问题应当引起同志们的高度注意。

首先，政府要讲信誉。财政对外担保责任一定要履行，对不遵守国际经济信用的地区、企业和单位要实行严格制裁。政府制定的政策、作出的承诺、直接进行的经济活动都要讲信誉，特别是对事关人民群众切身利益的事情一定要说到做到，取信于民。第二，企业对银行要讲信誉。不可只顾短期利益和局部利益，拖欠银行贷款本息和逃废银行债务。这样才能争取金融部门更大的支持，形成良性循环。第三，依法规范市场主体和中介机构行为。企业除了对银行要讲信誉，还要遵守商业信誉，签订的合同要严格执行，按时按质交货，按时付清货款，努力减少拖欠，避免不必要的经济纠纷。加强对社会中介机构的监督管理，保证其公正执业、依法办事。我国即将加入WTO，讲求信誉，履行承诺，是加入WTO的基础和前提。我们要加强有关知识的学习，按国际惯例办事，认真履行权利和义务，保护正常的投资、贸易和知识产权。

争取两三年内解决少数民族脱贫问题*

（2000 年 10 月 23 日）

我们山东 8900 万人口，国家贫困线以下的少数民族人口才 2.5 万人，省贫困线以下的少数民族人口才 7.3 万人，我看这个问题并不难解决。东部的问题自己解决，西部的问题主要靠省里帮助他们解决。“十五”期间，力争我省少数民族的生活达到全省的平均水平。他们的交通问题、水利问题、孩子受教育等问题都要考虑，大家一起商量一下，省直有关部门挤点钱，省市县共同努力，争取两三年之内解决好。

* 这是吴官正同志就解决少数民族脱贫问题所作的批示。

要考虑制定纳米科技发展战略计划*

（2000 年 10 月 27 日）

随着纳米时代的到来，我省应从实际出发，制定纳米（nm）科技发展战略计划，因为它是信息和生命科学技术能够进一步发展的共同基础。

科学家预言：纳米电子学将使量子元件代替微电子器件，巨型计算机就能装入口袋里；通过纳米化，易碎的陶瓷可以变成韧性的，成为一种重要材料；世界上将出现 1 微米（μm）以下的机器甚至机器人；纳米技术还能给药物的传输提供新的方式和途径，对基因进行定点等。

希望省科委抓紧召开一个有关部门及科学家参加的会议，研究一下这个问题。当前是否可以以纳米材料为主，从现有基础出发，重点支持，分工协作，同时要注意运用市场机制，力争早日突破，并加快产业化进程。

---

* 这是吴官正同志致山东省科委负责同志的一封信。

积极稳妥地推进农村税费改革*

（2000 年 10 月 30 日）

农村税费改革涉及农民群众的切身利益，各级一定要从战略和全局高度，充分认识这项改革的重要性和紧迫性，把好事办好，把农民负担切实减下来，让农民满意。

这次农村税费改革一定要体现均衡减负的原则。对实行费改税后超过原负担水平的农民，要通过一定的减免政策，把负担水平降下来。要注意保护种粮农民的积极性，特别是种粮大户的负担要减下来。农村中不种田的工商业户现在交提留，改革后也不能全都免了，还是要按照权利义务对等的原则交一点钱，否则不公平。要创造性地贯彻中央文件精神，不要用框框套实践，而要用实践充实框框。政策要公开，要有弹性。如“两工”问题，要从实际出发，不能从条条出发。对于像黄河清淤这样非办不可的事情，仍然需要部分“两工”。但是，对使用数量要严格控制，并坚决反对强行以资代劳。

改革要配套。下大力气抓好机构精简和人员压缩，积极稳妥地推进乡镇合并；要合理调整农村学校布局，既要方便孩子读书，又要适当扩大学校规模。坚决杜绝一切达标升级活动和集资摊派。各项配套改革在时间安排上可以提前。农村税费改革是一项涉及方方面面利益的大事，要充分认识到这项改革的复

---

* 这是吴官正同志关于全面推行农村税费改革的一次谈话。

杂性和敏感性，坚持一切从实际出发、量力而行、积极稳妥的原则，周密设计改革方案，精心安排实施步骤，有关部门密切配合，把这件造福于民的大事、好事办好。

着力解决“十五”期间经济社会发展的几个关键问题*

（2000 年 11 月 2 日）

“十五”是实施现代化建设第三步战略部署的关键时期。在这个时期，我们要创造山东经济社会发展的新优势，为提前基本实现现代化奠定坚实的基础。完成这个艰巨任务，要做的工作很多。这里，我强调几个关键性问题。

开拓农村市场问题。农业和农村工作存在许多新的困难和问题，我们决不能盲目乐观，更没有理由掉以轻心。由于农民收入水平低，带来一系列复杂的社会问题，而且农村这个潜在的大市场不能变为广阔的现实市场，造成城乡消费脱节，扩大内需受到很大制约。提高农民收入已成为牵动农村工作全局的关键。从各地实践看，增加农民收入，一是调整农业结构，发展经济作物和养殖业、林果业，走高产、优质、高效的路子。二是加快农村二、三产业的发展，依托龙头企业，发展产业化，推进城市化进程和小城镇建设，加速农村劳动力的转移。三是搞好社会化服务和协作，把市场与农民紧密地联系起来。这几种办法要联动，也就是城乡联动、工农联动、生产与流通联动，加快农村经济的发展。

形成更具竞争力的工业结构问题。结构调整重在发挥比较优势，强化主导产业，增强经济竞争力。在市场经济条件下，优

---

* 这是吴官正同志在山东省委七届五次全会上讲话的一部分。

势主要是市场比较中的优势。现在国内市场国际化，国际竞争国内化日见明显。要站在世界看山东，着眼未来看现在。培植优势产业不仅要看基础、看资源，还要看趋势。结构调整最终反映在产品上，体现在市场上。现在80%的产品供过于求，竞争日趋激烈。要继续实施“四个一批”的调整方案，从传统产业中选优势行业，从优势行业中选龙头企业，从龙头企业中选名牌产品，使其迅速发展壮大，争得主动。微电子技术、计算机技术、通信技术及网络的广泛应用，将人类带入了信息社会，这是当今经济社会发展的大趋势，也是结构升级的关键环节。“九五”期间全省电子信息业年均递增33.4%，是增长最快的行业。要顺应潮流，把国民经济和社会的信息化放在优先发展的位置，在全社会广泛应用信息技术，提高计算机和网络的普及应用程度。要把信息化与工业化结合起来，以信息化带动工业化，促进高新技术产业的发展，促进机械、化工、纺织、食品、建材等传统产业的改造升级。特别要利用电子信息技术改造装备工业，依托重大项目，抓好引进技术设备的消化、吸收、再创新，加快开发能够推动产业结构升级的共性技术、关键技术和配套技术，提高装备工业的设计制造水平。在这方面，我省机械、电子工业有一定基础，应当更充分地发挥好这个优势。在结构调整中，各地要合理布局，优势互补，防止重复建设。济南、青岛、烟台等地要瞄准国际先进水平，向上海、深圳等地学习，先行一步，对全省起到辐射和带动作用。提高工业的竞争力，必须培植一些在国内外有重要影响的大公司、大集团。同时，鼓励和支持中小企业发展。要借鉴国内外成功的经验，发挥中小企业在增加经济总量、解决就业、促进技术进步和稳定社会等方面的重要作用，努力形成以大企业为主导，以中小企业为基础的企业组织结构，增添经济发展的活力。

*发展第三产业问题。*第三产业的发展是现代经济社会发展

的一个重要特征。在工业化加速阶段，对经济增长的促进作用第一位的是工业，第二位是服务业。随着工业化进程的推进，第三产业在推动经济增长上将超过第二产业。这个过程的完成，美国是1958年，日本是1970年。我省现在第三产业占经济总量的比重已达36.2%，比“九五”初期提高了3.8个百分点，安排就业695.8万人，占同期新增就业的88.9%。未来五到十年，第三产业将发挥更大的作用。要因势利导，加快第三产业的发展。城市化水平低，特别是单个城市规模较小，制约了第三产业的发展。要加快城市化进程，扩大城市和小城镇的规模，开辟更广阔的发展空间。要引导有条件的工业企业，依托自己的产品向第三产业延伸，搞好售后服务和市场开拓，形成新的经济增长点。要提高第三产业的层次，大力发展现代物流、金融保险、教育、旅游、社区服务、文化传媒等行业。在我国加入世贸组织以后，服务业可能会有更大的发展空间，一定要解放思想，抓住机遇，进一步开放市场，引入先进的管理经验和模式，吸引更多的外资，繁荣经济，扩大就业。

资源、环境、生态问题。从我省来看，重点是三个问题：第一，重视解决水的问题。今年大旱，一些市县纷纷告急，烟台、威海两市更为艰难。解决水的问题，一是节流。这是缓解水资源供需矛盾的根本途径。要引入市场机制，运用价格杠杆，调节用水，督促节约用水，努力建设节水型农业、节水型工业和节水型城市。加强水资源的规划和管理，提高水的重复利用率，限制高耗水项目。缺水地区首先要这样做。二是治污。特别是加快工业和城市生活污水的处理和回用。三是开源。科学使用黄河水，积极引用长江水，合理拦蓄地表水，适度开发地下水。要抓住国家实施南水北调工程的机遇，建设一批城市供水工程，争取基本解决重点缺水城市的供水问题。向胶东地区应急调水工程一经国家批准开工，就要动员社会各方面的力量，争时间、抢速度、保质量，争取早日建成供水。第二，重视资源开发。我省人均资源并不丰富，要未雨绸缪，注意合理使用，提高资源利用率。大力发展洁净煤技术，推广煤气化、煤液化。这也是一个新的经济增长点，一定要组织专门力量搞上去。要“走出去”，支持有条件的企业到国外投资，更多地利用国外资源。第三，改善环境。严格控制二氧化硫和烟尘的排放量，净化空气。黄河三角洲的生态环境对全省都有影响，要搞好科学开发，建设生态经济区。青山常在、绿水长流是我们美好的奋斗目标，现在的状况离这一目标差距还很大，全省森林覆盖率仅为17.3%。要大搞植树造林，加快实施封山育林、平原绿化和沿海、沿黄、沿湖造林工程，并注重造林实效。在政策上可以放得更宽一些，使群众能够从中得到实惠。城市要搞好绿化美化，使环境得到改善。

科技和人才问题。科技进步和创新是实现“十五”目标的强大动力。我们必须抓住新科技革命的机遇，大力推进科技进步和创新。集中力量在信息技术、生物技术、新材料技术等领域的研究开发及产业化方面取得较大突破。深化科技体制改革，加强产学研结合，促进企业成为技术创新的主体，建立风险投资机制，形成鼓励科技创新的政策环境和社会环境。科技创新问题，说到底是人才问题。发达国家正在全球范围内争夺人才，国内一些省市都在积极实施人才战略。我们一定要有紧迫感，努力创造培养人才、使用人才、留住人才、吸引人才的良好机制，形成人才辈出、人尽其才的环境和氛围。要十分重视“将才”的培养和使用。这些人除自身的学识本领外，还有识才、用才、聚才的能力。把他们用好，就会形成一个个优秀人才群体，释放出更大的能量。对这样的人才，要给予充分的支持。特别要注意发现、培育和使用优秀年轻人才，把他们放到重要岗位上去锻炼，这也是国内外的成功经验。人才的培养靠教育。要以培养面向21世纪的新型人才和适用劳动者为目标，全面实施素质教育，不断优化教育结构,改革教学方法,提高教学水平。要大力发展高等教育,巩固提高基础教育,积极发展职业教育,满足社会对各类人才的需要。教育的发展要与经济社会发展相适应,既要扩大办学规模,又要保证办学质量,特别是在大发展时期,更要注意防止急于求成。

实施科教兴鲁、经济国际化、城市化、可持续发展四大战略*

（2000年12月29日）

为提高经济整体素质和竞争力，山东要实施科教兴鲁、提高经济国际化水平、推进城市化进程、实现可持续发展四大战略。要通过完善科技创新体系、建立多元化科技投入体系、壮大高新技术产业开发区等措施加快科技进步，提高创新能力；通过巩固提高基础教育、加快发展高等教育、完善终身教育体系、加大教育改革力度等全面提高劳动者素质。提高国际化水平，要充分利用国际资本，拓展经济发展空间；加快发展国际贸易，推进市场国际化；大力推进经济运行环境国际化。加快推进城市化进程，要按照统筹规划、量力而行、近远结合、循序渐进的原则，以城市布局规划为龙头，以增进规模效益和综合功能为中心，以强化公用设施建设和提高现代化管理水平为重点，促进城市化加速发展。山东将努力实现可持续发展，正确处理近期与远期、局部与全部的关系，把经济社会发展建立在人口、资源、环境良性发展的基础上，走符合山东实际的可持续发展道路。

---

* 这是吴官正同志接受《大众日报》专访稿的一部分。

加快发展电子信息产业*

（2001 年 1 月 10 日）

山东经济要搞上去，加快发展电子信息产业至关重要。改革开放 20 多年来，山东抓住了两次重要机遇，实现了经济发展的跨越。第一次是在农村推行家庭联产承包责任制，极大地调动了广大农民的积极性，解决了温饱问题。第二次是发展乡镇企业，抓住了机遇，使山东经济总量很快跃上全国前列。“十五”期间山东经济能不能保持快速发展，很大程度上取决于电子信息产业的发展。

加快电子信息产业发展，第一，要依靠大企业，发挥他们资金、人才和管理等方面的优势。海尔、海信、浪潮等大企业，要不断提高技术创新能力和市场开拓能力，把信息产品做大做强。建议胜利油田、山东电力等特大型企业，选择上一些电子信息产品项目，这可否作为一个重要课题加以研究论证？第二，要依靠青岛、济南、烟台等城市，以优势项目、拳头产品、重点工程为突破口，抓好大项目，加大投入，建立起技术含量高、生产规模大的新兴产业群体。这些城市特别是青岛，要向浦东、深圳和东莞等地学习，急起直追。有条件的城市都应当发展得快一些，先行一步，为全省带个头。第三，要重视同国外大企业、大公司的合作。国外大财团技术力量强，资金雄厚，销售网络广，要通过与他们的合作，吸引国外先进技术和资金，引进高科技人才，从而提高

---

* 这是吴官正同志在山东省信息产业工作会议上讲话的一部分。

企业的竞争力。东营市交通等条件不占优势，但他们引进了三洋的激光头项目，现在10万多平方米的厂房已经建成，机器设备正在安装调试，投产以后年销售收入可以达到20个亿。烟台与浪潮结合，引进了韩国LG集团的CDMA手机项目。这些都是很好的做法，说明事在人为，只要路子对头，措施得当，工作落实，加上顽强的拼搏精神，就能够取得好的效果。我们的招商引资一定要下最大力气，采取过硬的措施，瞄准大财团、大公司，加强同他们的合作。第四，要坚持大进大出。既要大出，还要大进，以大进促大出，把两个方面很好地融合起来。莱州与美国成功集团合作的一个企业，把元器件拿来组装加工后再卖出去，这一进一出效果明显。青岛、烟台、威海都有保税区了，这些地方一定要加快进度，搞大进大出。没有这一条，发展不起来。

现在不是没有资金，关键在于要有好的项目，尤其是要有技术水平高、投资回报率高、市场潜力大的骨干项目。许多关键的东西，如集成电路、大屏幕液晶显示，我们现在还搞不出来，技术开发能力与北京、上海有差距，引进外资的规模和水平比不上广东和江苏。过去的成绩应当肯定，但更重要的是看到不足，找出差距，这样才能有压力、有动力。电子信息产业是一个新兴产业，发展前景广阔，如果我们错过了机会，将后悔莫及。发展电子信息产业，一定要进一步解放思想，更新观念。要有新的思路，新的办法。要起用一批有事业心、有本事、懂行的人，调动人才的积极性，发挥人才的潜能，把各方面的人才集聚起来，形成合力。我们的领导干部一定要加强学习，提高素质，了解和把握世界科技和经济发展的潮流，提高科学决策水平，切实担负起领导责任，推动我省电子信息产业更快更好地发展。

为我国重汽工业发展作出新贡献*

（2001 年 1 月 18 日）

重汽集团作为国家特大型企业，曾经为我国汽车工业的发展及国防建设作出了积极的贡献，一直受到党中央、国务院的亲切关怀。在国家进行大的经济结构调整时期，去年 8 月 1 日，国务院决定将重汽下放山东并进行改革重组。在国家经贸委大力协调下，认真制定了重组方案，并相应提出了有关扶持政策，得到国务院批准。这给重汽带来新的发展机遇。虽然目前重汽还面临着许多困难和矛盾，但是经过前一段筹备组和全体职工的共同努力，职工队伍基本稳定，生产经营初步恢复，出现了良好的发展趋势。

在新世纪，希望中国重汽集团有限公司新的领导班子带领广大职工，继续高举邓小平理论伟大旗帜，认真学习贯彻党的十五届五中全会精神，积极落实国务院批准的有关政策。要发扬艰苦奋斗、敢打硬仗的光荣传统，坚定信心，不畏困难，团结一致，共同拼搏，在省委、省政府及济南市委、市政府的领导下，深化改革，坚持创新，科学管理，扎扎实实做好企业改革重组、发展稳定工作，努力为全省经济发展和我国重型汽车工业的发展作出新的贡献。

---

* 这是吴官正同志与李春亭同志联名致中国重型汽车集团有限公司的贺信。

严格约束领导干部*

（2001年1月25日）

干部权力越大，责任就越大，对他们的监督和约束就更要严格。各级党组织要把对领导干部监督的重点放在政治是否清醒、用人是否公正、办事是否公道、作风是否正派、自身是否廉洁等方面。要加强班子内部监督，领导成员之间要讲原则，坚持民主集中制，凡是重大决策、重要工作，必须经集体讨论决定，不准个人或少数人专断。选拔任用领导干部要坚持“四化”方针和德才兼备原则，严格组织程序，严格把关，逐级建立健全用人失察责任追究制度。要进一步拓宽对领导干部监督的范围，他们的权力行使到哪里，公务活动延伸到哪里，党组织的监督就要实行到哪里；不仅工作时间内的表现要监督，工作时间外的表现也要注意。同时，要发扬党内民主，使广大党员更多地了解和参与党内事务，充分行使监督权利。上级党组织要认真履行好监督职责，纪检、组织部门每年要对下级党政领导班子特别是“一把手”贯彻执行党的路线方针政策和廉洁勤政情况进行检查，把干部的使用与考核、廉政、勤政几个方面结合起来。

领导干部要摆正位置，增强接受监督的自觉性，并建立健全规章制度，加强监督。最近省委常委“约法三章”：一是坚决抵制跑官要官的不正之风，对找省委常委跑官要官的，要当面严肃批评教育，不许愿、不说情、不向有关方面打招呼；二是带头狠刹送

---

* 这是吴官正同志在山东省纪委三次全会上讲话的一部分。

礼歪风，凡是送给个人的钱或贵重物品，一律拒收，并对送礼人当面批评，对未拒绝的按规定登记上交省委办公厅或所在单位办公室；三是严格管好配偶、子女，不允许他们利用自己的权力和影响谋取私利，不准配偶、子女违反规定在省内个人经商办企业。省委常委要认真履行党风廉政建设责任制，对因没有履行好职责出现严重问题的，进行责任追究。我本人也向同志们表示，欢迎党组织和党内外干部群众按照党中央的规定，对我进行严格的监督。前不久，中央就严防和打击冒充中央领导同志亲属和身边工作人员招摇撞骗行为专门发了通知，提出明确要求。各级各部门一定要认真学习，提高警惕，坚决贯彻执行。我曾经几次就不许利用自己的权力和影响为亲属谋私利问题，向各级各部门明确表示了态度。这里我再次重申，无论是我的真亲属还是假冒的，还是身边工作人员，如有要求提拔干部、招工就业、承揽工程、房地产开发和房屋交易、招商融资、换取外汇、推销和购置商品、为人说情、干预办案等等，同志们都要坚决拒绝，并对当事人进行严厉批评教育，同时告知我处。希望大家一定严格要求我、监督我，支持我的工作。

要严格党内生活。严格的党内生活，是搞好党员尤其是领导干部管理监督的重要保证。要坚持党内生活制度，提高党内生活质量，拿起批评和自我批评的武器，开展积极的思想斗争，该提醒的提醒，该打招呼的打招呼，该制止的制止，真正爱护帮助同志，努力保持建立在党性原则基础上的同志关系。要旗帜鲜明地同各种错误倾向和歪风邪气作斗争，反对不分是非，明哲保身，搞好人主义；反对划圈子，搞亲亲疏疏；反对随意散布违反组织决议和原则的言论，搞自由主义，形成健康向上的良好风气。切实提高民主生活会质量，运用“三讲”教育的成功经验，坚持开门整风，认真解决存在的突出问题。纪委和组织部门要参加下级党政领导班子民主生活会，有针对性地帮助解决思想作风方面的问题。

要严格对党员、干部的管理。按照党中央的要求，各级党委都要建立和健全党的建设责任制，一级管好一级，一级带动一级，一直抓到支部，抓到党员。要实行集体领导与个人分工负责相结合，出了问题要分清责任，按照责任制予以追究。坚持“党要管党”的原则，增强“一岗双责”意识，坚持两手抓，把严格管理寓于各项业务工作之中。严格按照“坚持标准、保证质量、改善结构、慎重发展”的要求，做好发展党员的工作，严把入口关。强化对党员干部的日常管理和监督，认真听取他们的思想、工作情况汇报和党内党外的批评意见，对不能履行权利、义务的党员和不能履行职责的干部，要坚决采取组织措施。今年，要按照十五届四中全会精神，大力加强国有企业党风廉政建设，严格按照中央提出的六条要求，搞好对企业领导干部的监督和管理，规范、约束他们的行为，为促进国有企业改革发展创造条件。

要建立完善和严格执行监督制度，保证对党员、干部实行有效的管理和监督。各级要高度重视制度建设，立足教育，着眼防范，切实加大制度建设的力度。制度一经建立，就必须不折不扣地执行，自觉维护制度的严肃性。各级党委要组织党员、干部逐条学习有关党内监督制度，掌握基本内容，提出严格要求，严格依法办事。同时，要发扬改革创新精神，坚持从实际出发，根据形势发展的需要，不断总结、探索加强监督的有效措施，建立完善监督制约机制。我省探索总结的“廉政谈话”、“离任审计”、“会计委派”等制度，实践证明是切实有效的，春兰[1]同志和省纪委要不断研究新情况，采取新措施，使之更加完善。

加强对廉洁自律各项规定执行情况的监督检查。近年来，党中央就领导干部廉洁自律提出了若干“不准”，中央纪委四次全会又作出一些新的规定。为了推进这些规定的贯彻执行，今年各市地、县党委要从实际出发，对党中央、省委制定的廉洁自律各项规定的执行情况开展一次全面检查，各部门、各单位要认真组织自查自纠，县处级以上领导干部、国有企业以及乡镇基层领导干部要率先进行检查，发挥带头作用。要重点检查中央关于《廉政准则》和制止奢侈浪费若干规定的执行情况，特别是中央纪委四次全会和省纪委三次全会重申和提出的廉洁自律规定的落实情况，对于执行不力或拒不执行规定又不能自查自纠的，要严肃纪律，确保党规党法的贯彻执行。

各级纪检监察机关作为党风廉政建设和反腐败斗争的职能部门，担负着维护和执行纪律的重任，一定要大胆履行职责，秉公执纪，敢于碰硬，铁面无私，坚决查处各种违法违纪行为，集中力量查办重大案件，重点查办党政领导机关、行政执法机关、司法机关、经济管理部门和县处级以上领导干部以及金融等领域的违法违纪案件。对干部群众反映强烈的案件，要抓住不放，组织力量尽快查清，凡发现有违纪违法问题的，不管涉及什么人，都要严肃查处。加强与执法执纪、组织人事部门的协作配合，发挥整体优势，形成惩治腐败、维护纪律的强大合力。加强思想政治建设，刻苦学习政治理论和业务知识，努力提高自身素质，自觉“讲学习、讲政治、讲正气”。深入研究新形势下开展党风廉政建设和反腐败斗争的特点和规律，解放思想，实事求是，大胆探索，勇于实践，不断提高工作水平，适应形势和任务的需要，做党和人民的忠诚卫士。

维护党的纪律是全党的责任。各级党委、政府要切实加强领导，全力支持纪检监察机关履行职权，为他们从严执纪、查办大案要案排除干扰和阻力，做他们的坚强后盾。凡是纪检监察机关呈报党委研究的案件，党委都要及时研究，不能久拖不决；对违纪事实清楚、证据确凿、量纪标准明确的，必须给予处分，不允许找借口开脱；在案件查处中，要坚持原则，给予有力支持，并带头抵制说情风、关系网的干扰。要积极帮助纪检监察机关解决实际困难，为他们开展工作创造良好条件。机构改革即将展开，各级党委和组织人事部门要充分认识纪检监察机关在反腐倡廉工作中的地位和作用，确保纪检监察机关在机构改革中得到加强，在编制、人员配备等方面给予充分保证。高度重视纪检监察队伍建设，加大纪检监察干部交流力度，改善队伍结构，增强纪检监察队伍的生机与活力。

注　释

〔1〕春兰，即赵春兰，时任山东省委常委、省纪委书记。

深化干部制度改革的几点意见*

（2001年2月17日）

干部制度改革问题是最重要也是最难的问题。深化改革，把人选好管好，确实需要很好的研究。这里谈几点看法：

一、思想政治建设要始终放在第一位。这是管总的、管方向的。无论什么时候、什么情况，都要放在首位，贯彻始终，下大力气抓好。这方面的工作做好了，其他一切工作就有了可靠保证。否则，思想路线不端正，办事就要走神，有些问题很可能防不胜防。无论是抓干部队伍的日常建设，还是抓干部制度改革，都要注意这个问题。

二、关于扩大民主问题。这是建设社会主义民主政治的必然要求，也是干部制度改革的方向，要坚定不移地推进。从实践看，如何把民主与集中、群众意见与组织意见统一起来，这是难点。在扩大干部工作民主的情况下，有的怕得罪人，怕丢选票，不敢抓、不敢管，好人主义盛行，甚至出现了"媚下"的问题。一旦让这种风气成了气候，是非常危险的。有时候那些大家不熟悉的人，得票可能比较集中。这说明，本来是一个很好的办法，时间长了，有些人就琢磨出对策，想钻点空子，慢慢地"抗药性"就大了，好办法可能就不灵了。再比如，常委会研究干部实行票决制，13个常委，10个同意，3个不同意，大家就会分析，究竟是谁投了反对票，时间长了，班子团结就会出现问题。有时民主也

* 这是吴官正同志与中组部调研组座谈时的谈话。

是一把双刃剑，使用稍有不慎，就会造成负面影响。因此，在干部制度改革问题上，不能简单化，要很好地研究。在考虑正面作用的同时，也要注意负面影响；既要着眼于解决现实中存在的一些问题，又要考虑到将来。要注意研究把党管干部原则和扩大民主结合起来的办法，以确保各项改革的实效。

三、关于能上能下的问题。用人问题是重大的政治问题，用人导向是最重要的导向。一方面，要创造一种机制和环境，使那些优秀的干部能够上来；另一方面，也要从制度上进行探索，使那些不适应岗位要求的、政绩平平的下去。只有这样，才能真正调动起干部的积极性，在整个干部队伍中形成一种一心一意干事业的风气。界定不胜任现职的干部，民意是很重要的，但笼统地把有三分之一以上不称职票的，都作为不称职干部，就简单了些。比如，一个单位二十来个人，七、八个人不同意，就占了三分之一。如果违反规定乱发钱物，可能多数人高兴，有一个坚持原则不同意，得罪了多数，要论票数的话，他反而是不称职的。说这话的意思是，要看票数，但不能唯票而论，要多做具体分析，究竟是什么原因得了这么多不称职票，如果是坚持原则得罪了人，政绩、工作能力都不错，这样的人还是要重用的。

在干部特别是年轻干部"上"的方面，阻力也不小。这次我省市级班子届中调整，年轻的真正投票投出来的，只有一个，其他的都不太集中。这里面的因素比较复杂，并不是年轻干部不优秀，而是资历浅，大家有论资排辈的观念，觉得排不上他。如何使年轻干部上来，又能孚众，要研究些办法。比如，可采取公开选拔和竞争上岗的办法，让大家从年轻干部中挑选等。再就是要采取些有效的措施，加强对干部的培养，严格要求，使他们健康成长，和党一条心，和群众一条心，这样才能接好班。

四、关于"一把手"的交流问题。"一把手"很关键，选好了，不仅能带出好班子、好队伍、好风气，一个地方改革、发展、稳定也有了保证。在选拔“一把手”上，要求必须严一些，决不能降格以求。如果用起来，实践证明不理想，也不能让事业迁就人，犹豫不决，要果断进行调整，职级可以不变，但工作岗位要换，这样效果可能好一些。

植树造林　绿化山东*

（2001年2月24日）

植树造林是功在当代、利在千秋的事业。森林是地球陆地生态系统的主体，是人类生存与发展的环境基础，也是国家富强、民族昌盛、社会进步的重要标志。党中央、国务院历来十分重视生态环境建设和林业的发展。毛泽东、邓小平、江泽民三代党的领导核心都号召植树造林、绿化祖国，并身体力行参加植树活动。党的十五大把植树种草，搞好水土保持，防治荒漠化，改善生态环境，作为实施可持续发展战略的重要内容，提出了明确要求。多年来，我省各级党委、政府认真贯彻落实党中央、国务院有关指示精神，坚持不懈地开展植树造林，取得了很大成效。但是与经济和社会发展的要求相比，与人民群众的生产生活需要相比，与发达国家和先进省市相比，差距还是很大的。比如，一些地方绿化水平不高，植树成活率较低，滥伐林木、乱占林地的现象屡禁不止；有的地方生态环境脆弱，水土流失严重，风沙危害时有发生；城市人均绿地面积普遍较少，与人民群众对美好环境的追求很不适应，等等。实现建设“大而强、富而美”新山东的宏伟目标，改善生态环境，实现经济和社会的可持续发展，是必不可少的基础条件。各级党委、政府一定要以“三个代表”重要思想为指导，从历史的、社会的、政治的高度充分认识造林绿化、改善生态的重要意义，把搞好生态环境建设作为经济和社会

---

* 这是吴官正同志在山东省林业工作会议上的讲话。

发展的百年大计，增强责任感和使命感，采取有力措施，持之以恒地抓紧抓好。

植树造林是十分艰苦的事业。毁林容易植树难。特别是在我省这样的缺水地区，年降水较少，又很不均衡，加上一些地方青石山的地质特征，形成一片林木，甚至需要几十年、上百年的艰苦努力。因此，我们更要有愚公移山的精神，坚持不懈，绿化不止，用我们几代人的汗水，浇灌绿树成荫的山东。要加强宣传教育，引导广大干部群众增强生态环境保护的意识，积极参与植树造林，共同建设美好家园。农民是植树造林的主力军，要认真落实党和政府的有关政策规定，把造林绿化同调整农村经济结构、增加农民收入结合起来，以市场为导向，积极发展速生用材林、名优经济林、林木种苗和花草产业，在改善生态环境的同时，使林业真正成为农民增收的支柱产业。封山育林、平原绿化和"三沿一环"(沿路、沿河、沿海和环城镇)绿化，是"十五"期间林业的三大重点工程。各地各有关部门要从实际出发，认真制定实施方案，积极抓好工作落实，争取通过五年的努力，使全省的绿化水平和生态质量有一个新的提高。

植树造林是科学的事业。要坚持体制创新和科技创新，推动林业的长期稳定发展。在市场经济条件下，保证有一套科学合理的林业管理体制和运行机制。要坚持依法治林，进一步完善林业法规，健全执法防护队伍，加大执法力度，依法严厉打击各种毁林犯罪活动，保护绿化成果，促进森林资源的持续稳定增长。科学技术是第一生产力。要依靠科技进步推动林业的发展，应用现代科技解决林业发展中的关键问题，不断开发新品种、新技术，切实抓好林木良种的引进、繁育和推广。要稳定基层林业科技队伍，鼓励和支持科技人员深入生产第一线，开展技术咨询、技术承包、技术参股，领办经济实体，加快科学技术向现实生产力的转化。

植树造林是各行各业的共同事业。各级党委、政府要以对党、对人民、对子孙后代高度负责的态度，切实把生态环境建设作为一项长期的任务，列入重要议事日程，一届接着一届干，常抓不懈，切实抓好。要转变工作作风，领导干部带头参加植树造林，同时搞好督促检查，务求工作实效，坚决反对弄虚作假、搞形式主义。各行各业都要支持绿化，参加绿化，为植树造林贡献一份力量。在多年的造林绿化实践中，各地都积累了不少好的经验和做法，涌现出许多先进单位和先进个人。今天受到表彰的，就是他们中的杰出代表。要大力宣传他们的事迹，总结推广他们的经验，通过榜样的力量，推动全省林业更快更好地发展。

让我们为齐鲁大地的山川秀美多植一棵树，多栽一片绿。

建设"大而强、富而美"的新山东*

（2001 年 3 月 5 日）

山东是经济大省、人口大省、沿海大省，今后五年乃至更长一个时期，经济发展应当搞得更快更好，为全国的发展作出更大的贡献。总的目标任务我们在刚刚结束的省人代会上已经明确，可以形象地概括为：建设"大而强、富而美"的新山东。

大，就是要有一个较快的发展速度，努力把经济规模做大。发展是硬道理。只有发展才能解决经济和社会生活中出现的各种矛盾和问题。山东作为东部沿海地区，完全应该发展得快一些。只要是有质量、有市场、有效益，能搞多快就搞多快。我省九届人大四次会议通过的"十五"计划纲要确定，到 2005 年国内生产总值达到 13150 亿元，年均增长 9%。这是从山东实际出发提出来的，是积极可行的，也是留有余地的。实际工作中要力争搞得更快，发展得更好。但省内各地情况不同，不能强求一律，不能盲目攀比。

强，就是经济整体素质和增长质量要不断提高，竞争能力明显增强。山东是一个经济大省，但就经济蕴含的潜能以及从经济发展的态势看，还不是一个经济强省。突出表现为结构层次、人均占有水平和创新能力还比较低。要转变经济增长方式，依靠科技创新和体制创新，深化改革，大力调整优化结构，提升产业层次，提高经济质量、效益和人均水平。重点要做好高新技术

* 这是吴官正同志在九届全国人大四次会议上发言的一部分。

产业化、改造提升传统产业、提高开放度、推进城市化、积极健康发展非公有制经济等项措施。特别是山东农村面广、人多，发展潜力很大，提高农村经济的质量难度也很大，要从产业化、科技化、城镇化等方面入手，促进农村经济上层次、增效益。

富，就是努力增加居民收入，使群众生活由小康向富裕迈进。要把经济发展的成果，落实到提高人民生活水平上。尤其是要扩大就业，增加农民收入和城市居民收入，发展社会公益事业，既要支持鼓励一部分人依靠勤劳、守法致富，又要大力促进共同富裕，使广大人民群众享受改革和发展的成果，提高人民群众的生活水平。同时，要增加财政收入。财政收入的状况，直接反映一个地方的富裕程度，财政收入上不去，就不可能很好地集中力量办大事，许多问题难以解决。要通过经济的发展和效益的提高，把财政收入搞上去，增强经济实力，增强各级政府调控经济和社会发展的能力。总之，要努力实现富民兴鲁。

美，就是要实现人与自然、物质文明与精神文明的协调发展。这既包括了环境美，也包括了心灵美。要走可持续发展的路子，正确处理经济与社会、近期与远期、局部与全局的关系，治理污染，保护环境，植树造林，造福后代。要把依法治国和以德治国紧密结合起来，推进社会主义精神文明建设，加强思想道德建设，大力弘扬江泽民同志倡导的解放思想、实事求是的精神，紧跟时代、勇于创新的精神，知难而进、一往无前的精神，艰苦奋斗、务求实效的精神，淡泊名利、无私奉献的精神，提高人们的思想道德素质和科学文化素质。要创造良好社会经济秩序和社会治安环境，使人民群众心情舒畅，安居乐业。

坚持依法治国与以德治国相结合*

（2001年3月9日）

在建设有中国特色社会主义的过程中，要坚持不懈地坚持社会主义法制建设，依法治国，同时也要坚持不懈地加强社会主义道德建设，以德治国。这是对我们党“坚持两手抓，两手都要硬”方针的完善和创新，是安邦治国经验的深刻总结。

法治与德治，二者相辅相成、相互促进。法治属于政治建设，属于政治文明；德治属于思想建设，属于精神文明。二者范畴不同，但其地位和作用都是非常重要的，作为上层建筑的组成部分，都是维护社会秩序、规范人们思想行为的重要手段。以德治国的根本任务和核心内容是加强社会主义精神文明建设，提高全体社会成员的思想道德素质。面对经济社会多样化给人们思想观念、价值取向、文化生活带来的深刻影响，结合社会发展中出现的新情况、新问题，深入开展党的基本理论、基本路线、基本纲领教育，进一步使广大群众坚定对马克思主义的信仰，对改革开放和现代化建设的信心。

必须建立和完善同社会主义现代化建设新阶段相适应的思想道德体系。大力弘扬江泽民同志倡导的解放思想、实事求是的精神，紧跟时代、勇于创新的精神，知难而进、一往无前的精神，艰苦奋斗、务求实效的精神，淡泊名利、无私奉献的精神，使

---

* 这是吴官正同志接受经济日报记者采访时的谈话。

这五种精神成为广大党员干部群众的共同意志和自觉行动。

必须针对经济社会多样化的趋势，积极探索新形势下思想政治工作的规律和特点，丰富内容，变革形式，使之更加贴近群众，贴近生活。充分发挥党员干部的示范带动作用。坚持依法治国和以德治国，关键在党员，在党的各级领导干部。广大党员干部要按照“三个代表”的要求，身体力行实践社会主义法律和道德。凡是要求群众做到的，共产党员首先要做到；凡是要求共产党员做到的，领导干部首先要做到。在全社会形成良好的社会主义道德风尚，促进改革发展稳定。

从解决突出问题入手
抓好干部的学习教育*

（2001 年 3 月 23 日—25 日）

“三个代表”重要思想学习教育活动重在抓整改、抓落实。干部受教育，要通过解决存在的突出问题来反映；群众得实惠，要通过多为老百姓办实事、好事来体现。要从群众关心的具体问题、热点难点问题入手，认真分析排查，搞好整改。干部的作风问题，办事是否公正的问题，都是老百姓十分关心的问题。有没有公安抓错了人的问题？如果有，一定要改过来；有没有办事不公的问题？村子里分地、盖房子的宅基地划分不公平，就是干部办事不公问题。有的村里村主任、村干部搞宗派势力，甚至还有村霸。这些问题一定要解决好。

各级各部门要认真调查了解一下，老百姓到底有些什么愿望和要求，有些什么问题和困难需要帮助解决，我们工作中有哪些事情做得不妥，等等。把问题搞清楚，能解决的抓紧解决，有些问题要积极创造条件去解决。我们党是为人民谋利益的，我们干部是为群众服务的。对群众的实际问题和困难，我们要想得细一些，工作做得周全一些。比如有的父母离婚，孩子没人管；有的夫妻下岗，小孩不能读书；有的劳教人员，家庭困难，民愤不大，在劳教所表现又比较好，可协调有关部门依法提前释放

---

* 这是根据吴官正同志在山东省广饶县指导“三个代表”重要思想学习教育活动时的谈话整理的。

或假释，家庭困难的要给予帮助，防止家庭破裂；有的考上了中学、大学，但家庭有困难，上不起学，有的农村孩子辍学的，要帮助他们上学，可以免除学杂费，从现在说，为将来计，不能让我们的小孩成为新的文盲。教育部门在学习教育活动中，要认真解决好三个问题：第一，把德育教育和法制教育结合起来，使学生德、智、体全面发展。第二，保障学校和学生安全，爆炸、投毒和火灾等恶性事件要坚决防止。第三，农民现在还不富裕，教师的工资比较稳定，与农民比收入也不低，不要加重学生的负担。为老百姓排忧解难，办些实实在在的事，说明我们是讲原则的，也是很讲感情的。村霸有没有？有的群众有事找政府办不了，就去找村霸或黑社会解决。在这次学习教育中，要把村霸问题解决好，我们共产党是有正气的。乡村干部中，有没有贪污受贿的？如果有，个人能主动说出来，认真改正，就可按法律和政策从轻从宽处理。公安部门要摸清哪个乡镇村、哪个企业治安不好，找准原因，通过“三个代表”重要思想学习教育活动解决好；过去的一些积案、邻里纠纷等没有处理的，要积极稳妥地加以处理。以上这些问题，都与老百姓的生产、生活直接相关，要排查好，解决好，处理好。

要认真解决作风不实的问题。在广饶大家最关心的是什么问题，县委、县政府的领导要到乡镇、村、县直部门了解一下，真正了解民情、倾听民声，帮助乡村办点实事，搞一点制度建设。要通过为群众服务来凝聚人心，使群众信任我们的党和政府。

抓工作贵在落实。各级干部作风务实，老百姓就满意。广饶县有几十个部门、十个乡镇，部门解决哪些问题，乡镇解决哪些问题，都要明确责任，抓好落实。群众反映的是什么问题，干部自己查摆出了什么问题，是如何解决的，都要明明白白。县里的工作要靠大家共同努力才能做好。看一个部门、乡镇的工作，就看你办了哪些实事，到底解决了什么问题。到公安部门去，就看你这个地方发案率、破案率是高还是低，群众有没有安全感，是不是文明、公正执法，是不是为群众服务。

办事业要尽力而为、量力而行。有多少钱办多少事，县里的12项工程要按轻重缓急，分期分批地搞，不要集中到一块办，不然财力承受不了。

干部要廉洁自律。乡镇干部在下边吃饭、喝酒，花钱虽然不多，但在群众中影响不好。要体谅老百姓的困难，总的来说群众生活还不富裕，有些群众还有不少这样那样的困难。要帮助群众解决困难，不能加重群众负担。

要关心爱护基层干部。我们的工作主要靠基层干部去落实。基层干部在第一线工作，处在矛盾的焦点上，很辛苦，不容易。他们既要对上负责，又要对下负责，上面部署工作很多，到下边落实起来不那么容易，夹在中间有时很为难。乡镇干部有工资还好一点，村干部工资不高、待遇很低，工作确实比较艰苦。对农村基层干部，各级要给予更多的理解、关心和支持，保护和调动大家的工作热情与积极性。广饶的干部很好，有很多可贵的东西。个别存在问题的，要帮助他们改正。有些问题，发生在基层，但上边也有责任，要从省、市、县里找原因，不要让基层干部感到压力太大。开展"三个代表"重要思想学习教育活动，一定要给老百姓办实事，也要实事求是，量力而行。我们干部的工资也不是很高，捐款多了也负担不起。

要维护司法公正和社会稳定。广饶县发案率比较低，案件比较少，这是真本事。特别是办理涉及下岗职工的案件，不仅仅是办案子，还化解矛盾，帮助安置下岗职工，使他们有工作做。对劳改、劳教释放人员进行帮教，加强管理，加强教育，帮助找工作，找出路，使他们融入社会，老实做人。还有中小学生的安全保卫等工作，都做得比较好。要继续努力，发扬光荣传统，作出更大的成绩。

司法公正是老百姓最关心的问题之一。只有公正，老百姓才高兴，才拥护我们的党，拥护我们的政府，社会才能稳定。该打击的坚决打击，但要宽严相济，恩威并重。要加强对民警的教育，严格要求，无论如何要防止搞逼供信。要抓班子，带队伍，确保队伍不发生问题。公、检、法都是重要部门，责任重大，要查一下有没有搞逼供信、冤枉好人的，有没有违法违纪的？如果有，就要坚决彻底纠正。

社会稳定问题，要从各方面去做工作，增强群众的安全感。对犯了罪确已改悔的，要依法从轻处理。这样做，违法人员会感激政府的关怀，群众也能接受。我讲这些，是让大家认识到，对危害社会的犯罪分子，一要坚决打击；同时还要通过依法提前释放、假释、保外就医，运用多种方式感化教育罪犯，使其回归社会后不再犯罪，这样对社会稳定和他的家庭都有好处。近几年，爱英〔1〕、新亭〔2〕同志和政法各部门做了大量工作，通过深入细致地分析研究，依法提前释放、假释、保外就医了一批表现较好的服刑犯人，效果是好的。实践证明，只要我们的工作跟上去，就不会出现黑社会问题。有些地方出现村霸，与政法工作没做好有关系。要正确处理人民内部矛盾，理顺群众情绪。农村干部对村里的落后群众要进行教育，同时要关心、帮助他们。农村有些纠纷要多做说服教育工作，工作到家了，相信绝大多数人是讲道理的。计划生育工作也要讲政策，违反政策的要纠正，不要到老百姓家里搬家具、拿东西。宅基地问题当前在农村反映比较强烈，有的划分不公，干部多占，有的盖了新的不拆旧的，有的不经批准强行侵占，等等，处理起来难度不小。要把这个事作为一个重要问题来研究，尽快找到可行的办法。有的未经批准就要占地盖房，这样的要提前做工作，在打地基前就要去做工作，不要等到房子盖起来再去拆房子，否则损失大，也容易激化矛盾。

要发展基层民主。实行村务公开、民主管理，开展村级组织规范化建设活动，妥善处置不合格党员和不称职村干部等做法很好。现在，要尝试建立一些农村工作管理制度，逐步制度化、规范化。我们不仅要培养选拔一些优秀分子充实党员干部队伍，而且还要疏通出口，对有问题、群众意见大的党员，经教育不改的，要按照党章要求，将其除名或劝退，保持队伍的纯洁性。

加强村级班子建设关键要选好人，特别是选好村支部书记。村主任较弱的村，支部书记一定要强。村干部一是要注意密切同老百姓的关系，取得群众的信任；二是要廉洁、公正；三是要勤奋；四是要有能力，帮助群众致富，帮助他们解决实际问题。尤其重要的是廉洁、公正，村干部不廉洁、不公正，群众就不信任。对宗族势力严重的村，要做好工作，坚决防止宗派势力控制村支部、村委会。要防止个别人打击报复村干部。

要加强对农民的教育。农民也有觉悟高低和先进落后之分，要加强爱国主义、集体主义、社会主义教育。路是谁修的？水是怎么来的？电是谁送的？都是国家帮助搞的。让大家清楚这个事实和道理，增强国家、集体观念。要切实加强对农民群众的教育，一方面要切实减轻农民负担，不能乱收费，但作为社会主义国家的公民，也要有义务观念、法制观念，应尽的义务必须尽。当然，确有困难的要给予帮助、照顾。有能力和条件而不愿尽义务的，要有针对性地加强教育。

注　　释

〔1〕爱英，即吴爱英，时任山东省委副书记。

〔2〕新亭，即高新亭，时任山东省委常委、政法委书记。

整治市场秩序刻不容缓*

（2001 年 4 月 19 日）

市场经济是法制经济、信誉经济。我省一些地方市场经济秩序混乱的问题不同程度地存在，有的性质还十分恶劣，触目惊心。特别是在对外经济合作中，不守信用甚至有意欺骗的现象屡屡发生，严重损害山东的形象，必须下大决心加以整治。一个地方如果丧失了信誉，经济也就失去了活力，发展的空间就会越来越小。当市长的，自己的形象是同城市的形象连在一起的，要像爱护自己的形象那样，珍惜城市的形象，维护城市的形象。那种只顾眼前利益、搞地方保护的做法，等于饮鸩止渴。要从大局出发，按照党中央、国务院和省委、省政府的部署，抓住要害，突出重点，标本兼治，综合治理，深化改革，强化法制，尽快从根本上扭转市场经济秩序比较混乱的状况。这也是促进经济发展不可缺少的重要措施。

---

* 这是吴官正同志在山东省整顿和规范市场经济秩序工作会议上讲话的一部分。

进一步加快高等教育改革发展*

（2001 年 4 月 16 日—20 日）

高等教育必须面向经济建设，走产、学、研结合的路子。高校科研要坚持基础研究、开发研究、应用研究紧密结合，贴近生产实际，围绕经济建设中的难点组织攻关，努力在关键技术上搞突破，以市场需求为导向，加快推进科研成果的转化。材料、设计和制造技术，是提高国民经济装备水平的三个关键因素。现在我们的加工制造技术还比较落后，许多先进设备依靠进口，我们一定要发愤图强，努力提高设计水平和制造水平，使我们尽快拥有更多自己的原创技术。高校发展单靠财政拨款是不够的，要充分发挥自己的人才、技术优势，通过产、学、研的结合，获得良好的经济效益和社会效益，增强高校发展的活力。要鼓励有真才实学的中青年教师，在完成教学任务的同时，积极进行科研开发。要重视经营管理人才的培养，以利于科技成果向生产力的转化。要办好校办产业，加快高新技术的产业化。

衡量高校的发展水平，主要是看它培养出多少人才特别是拔尖人才。要高度重视拔尖人才的培养。所谓拔尖人才，不是一般的拔尖，而是在国内数一数二、在国际上也有影响的人才。要进一步建立和完善竞争激励机制，改革分配制度，从各个方面为拔尖人才创造良好的工作条件，支持他们脱颖而出。要突出重点，优中选优，下大气力加强重点学科和重点实验室建设。有

---

* 这是吴官正同志在山东省高等院校调研时谈话的一部分。

条件的高校要集中力量，建设两三个重点学科、重点实验室，尽快在优势领域实现突破，争取在全国有位置，有的学科甚至在国际上有一定地位。要重视新兴学科、边缘学科、交叉学科的研究，多组织一些跨学科的交流与合作，以开阔思路，提高创造力，多出成果，多出人才。

加快高等教育发展，必须改革体制，优化资源配置，增强高校活力。新的山东大学组建以来，在不到9个月的时间里，做了很多工作，取得了很大成绩。要进一步以改革为动力，建立科学高效的管理体制，调整教育结构，理顺各方面的关系。今后学校的发展，要靠创新，包括理论创新、体制创新、技术创新，通过创新焕发活力。学校的建设与发展要稳扎稳打，慎之又慎，重大问题及时向教育部请示汇报。省委、省政府和有关部门要为学校发展服好务。

提高农村干部素质 解决农村突出问题*

（2001年4月）

在农村开展“三个代表”重要思想学习教育活动，最根本的是加快农村生产力的发展，提高基层党组织带领农民群众发展经济的本领，维护和发展农民群众的根本利益。要进一步解放思想，开阔视野，扩大知识面，努力提高基层干部领导农村经济工作的本领。要在农村基层干部中提倡调查研究、脚踏实地的工作作风，深入研究和分析本地区、本村镇制约农村经济发展的突出矛盾，从而进一步理清思路，发挥优势，搞好经济结构调整、加快小城镇建设、推进税费改革和乡镇配套改革等重点工作，促进农村经济更快更好地发展，保证农民收入有明显的增加。

促进农村社会进步，要坚持法治与德治相结合，重在建设，多办实事。一是要加强科普宣传，破除迷信，移风易俗，引导农民群众摒弃愚昧落后的习俗，倡导科学健康文明的生活方式。二是要扩大基层民主，完善村民自治，深化乡镇、部门政务公开和村务公开，依靠农民群众监督管好农村经济和社会事务。三是要加强法制教育，引导基层干部遵纪守法，依法办事；教育农民群众依法履行义务，维护自己的合法权益。四是要高度重视和正确处理新形势下农村人民内部矛盾，深入研究这些矛盾的

* 这是吴官正同志发表在《求是》杂志2001年第8期上的一篇文章的节选。

成因、特点和规律，积极探索化解这些矛盾的新方法和新途径。五是要加强社会治安综合治理，有效打击各种犯罪活动，依法扫除邪教、各种非法邪恶势力和黄赌毒等丑恶现象，保持农村的社会稳定，为农民群众创造安居乐业的良好环境。

把“三个代表”重要思想贯彻落实到农村基层，最终要落实到代表农民群众的根本利益上。在市场竞争日趋激烈的情况下，许多农民苦于没有致富门路，不懂得实用技术，不了解市场信息，急切盼望基层干部的帮助、指导和服务。在这方面，广大农村基层干部积极努力，已经做出了很大的成绩。如一些地方实行村级定时定点集中办公制度，及时研究解决农民群众关心的难点热点问题，热情为农民群众搞好服务，不仅及时化解了干群矛盾，而且密切了干群关系，是新时期做好农村工作的一种有益探索。有的村镇实行干部联户富民办法，乡村干部与农户结成帮扶对子，帮助农户尽快致富，充分发挥了基层干部在知识、技术、信息、政策等方面的优势。但是，也有少数农村基层干部作风不实，办事不公，为政不勤不廉。有的工作漂浮，爱做表面文章，对上虚报浮夸；有的工作方法简单，对农民遇到的困难漠不关心，不愿做艰苦细致的工作；有的甚至凌驾于农民群众之上，强迫命令，欺压群众，“吃、拿、卡、要”等等。我省每年接待的群众来信来访中，有 1/3 就是反映这类问题的。在这次学习教育活动中，要严格按照“三个代表”的要求，认真查找和整改农村基层干部在党群干群关系方面存在的问题。必须认识到，作为党的农村基层干部，一定要有爱民之心、为民之德、富民之才、安民之策，把农民致富作为第一目标，把农民呼声作为第一信号，把解决农民关心的热点难点问题作为第一任务，从过去习惯于用行政手段解决问题，转变为有事同群众商量、热心为群众服务。要怀着对农民群众深厚的感情，运用说服教育、示范带动、指导服务、民主协商等方法推动农村各项工作，真正使农村广大党员干部通过这次学习教育活动，在党的宗旨观念和群众观点上有明显的增强，在思想作风和工作作风上有明显的改进。要认真贯彻从严治党的方针，抓住提高农村基层干部素质这个关键问题，严格管理、严格监督、严格纪律，使农村基层干部自觉以“三个代表”的要求来规范和约束自己的行为，在农民群众中树立廉政勤政的良好形象。

加快农村的进步和发展，关键在农村基层党组织。要适应农业和农村经济发展新阶段的需要，及时调整和改进农村党组织建设的目标要求、工作布局，努力探索提高农村基层党组织建设的新途径和新办法，不断提高和改进党对农村工作的领导水平。要立足当前，着眼长远，适时调整基层党组织设置，使党的领导更加有效地覆盖农村社会的各个领域。要突出抓好农村基层领导班子建设这个关键，坚持改革创新，大力推行“两推一选”（群众推荐、党员推荐、党员大会选举）的办法，把忠诚实践“三个代表”要求的优秀党员选进基层班子里来。要着眼于保持党的生机和活力，进一步加强党的先进性教育，建立农村党员发展、管理和监督的有效机制，夯实党在农村基层组织的基础。要进一步巩固和强化农村基层党支部的领导核心地位，规范村“两委”关系，进一步推进村级管理的规范化。要开展好“三级联创”（村级创“五个好党支部”、乡镇创“六个好党委”、县级创“农村基层组织建设先进县”）活动，建立起常抓不懈的工作机制，提高农村党建工作的整体水平。

确保困难群众的基本生活*

（2001 年 5 月 7 日）

当前矛盾和问题不少，特别是有的市城镇部分居民最低生活保障不落实，下岗职工生活费不能按时足额发放，有的地方欠发工资。这些问题要引起我们进一步高度重视，扎扎实实进行研究分析，不声张地进一步采取措施，使这部分人生活过得去，这对于社会稳定至关重要。要告诫市县的领导同志，切不可置若罔闻。

在发展非公有制经济、拓宽就业渠道上，要想些能解决问题的办法，以缓解当前的困难。

---

* 这是吴官正同志致山东省政府有关负责同志的一封信。

思想道德教育要从青少年抓起*

（2001年5月）

中华民族从任人宰割走向独立自主，从悲愤彷徨走向意气风发，从贫穷落后走向小康盛世的20世纪已经过去，全面实现社会主义现代化和民族伟大复兴的21世纪已经到来。面对新世纪、新形势、新任务，中国人民在中国共产党的领导下，将继往开来、艰苦奋斗，以自尊、自信、自豪的雄姿，以勤劳、勇敢、智慧的品格，以开拓、创新、进取的精神，描绘历史的新篇章、创造亘古未有的新辉煌。

青少年是国家和民族的未来，党和国家把希望寄托在他们身上，21世纪的宏伟目标靠他们去实现。因此，实施正确的教育，打好牢固的基础，应该也必须从娃娃抓起，从青少年抓起。这是一项具有战略意义的大事，应引起全社会的高度重视。各级干部是党和人民事业的领导骨干。广大党员干部保持和发扬党的优良传统和作风，对于社会主义现代化建设事业的成败至关重要。

有鉴于此，中共山东省委宣传部、中共山东省委党校、山东省教育厅、共青团山东省委、山东省出版总社组织出版了这套深入浅出、通俗易懂、图文并茂、史事结合、适合青少年和干部阅读的丛书。希望这套丛书能为青少年和广大干部奠定正确的政治观念，培育良好的行为范式，形成强大的精神支撑，弘扬优良作风，发挥应有的作用。

---

* 这是吴官正同志为《新时期思想道德教育丛书》作的序言。

什么时候都不能忘记历史*

（2001年6月11日）

山东是最早建立党组织的地方之一，具有光荣的革命传统，涌现出大批党的优秀儿女。全省现有建国前入党的老党员24万多名。在战争年代，他们积极投身革命，浴血奋战，经受了生与死的严峻考验，为民族独立和人民解放作出了巨大贡献。新中国成立后，他们保持和发扬战争年代的革命精神，在各自的岗位上，数十年如一日，艰苦奋斗，奉献拼搏。在改革开放的新时期，他们一如既往地关心支持党的事业，为经济社会发展竭尽心力。党的建设的每一步发展，经济社会的每一项成就，都凝结着老党员的心血和汗水。他们的奋斗历史和革命精神，已经成为党的光荣传统的重要组成部分，成为激励广大党员干部为党的事业不懈奋斗的巨大精神力量和宝贵财富。在纪念建党80周年之际，省委向老党员发放这批慰问金，既是对老党员的尊重和关心，又是对党的光荣历史的缅怀，对革命传统的弘扬。

我们已经进入一个新的世纪，坚定不移地把建设有中国特色社会主义伟大事业全面推向前进，关键在党。国际国内形势正在发生着深刻的变化，党的事业充满着机遇和希望，也面临着风险和考验。我们一定要高举邓小平理论伟大旗帜，坚持党的基本理论和基本路线，按照“三个代表”的要求，不断加强党的建

---

* 这是吴官正同志在山东省建党80周年老党员慰问金发放工作会议上的讲话。

设，改进和完善党的领导方式和领导方法，提高党组织的凝聚力、战斗力和创造力。我省作为沿海大省，要率先基本实现现代化，建设“大而强、富而美”的新山东，需要各级党组织和广大共产党员学习和发扬老党员的优良品德和革命精神，坚定理想信念，把握时代要求，弘扬时代精神，密切与人民群众的联系，诚心诚意为群众办实事办好事，始终保持党的先进性。

中国革命和建设的成就来之不易，忘记历史就意味着背叛。我们一定要铭记广大老党员、老干部、老劳模在不同的历史时期所作出的重要贡献。建国前入党的老同志，大多已年逾古稀。关心、照顾好老党员的生活，让他们幸福地安度晚年，是各级党组织义不容辞的责任。特别是基层党组织和有关部门负责人，要经常到他们家中看望慰问，向他们介绍工作情况，听取他们的意见和建议。要多开展一些健康有益的活动，关心他们的身体状况，帮助他们解决生产、生活中的实际困难。对没有工资收入、困难较多的老党员、老同志和烈军属，尤其要多关心、多帮助，使他们生活不断改善，心情舒畅。要健全完善尊重、关心、帮助老党员、老同志的工作机制，在全社会形成牢记党的历史、弘扬光荣传统、自觉艰苦奋斗的良好风气。

围绕密切党群干群关系加强基层党建工作*

（2001 年 6 月 13 日）

永远与人民群众在一起，同最广大人民群众呼吸相通、血肉相连，是我们党的本质特征和力量源泉。党的基层组织和基层干部直接面对人民群众，人民群众也是通过基层党组织和党员干部来观察和看待我们党的。加强党的基层组织建设，关键在于进一步密切党同人民群众的血肉联系。

*一要切实增强群众观念。*在新的历史条件下，看一个共产党员是不是合格，重要标志就是看能不能正确处理个人利益同人民群众利益的关系，能不能把自己摆在公仆的位置上。要把实现好、维护好和发展好最广大人民群众的根本利益作为一切工作的出发点和落脚点，把群众情绪作为想问题、作决策、办事情的第一信号，把群众高兴不高兴、拥护不拥护、赞成不赞成作为衡量工作成效的唯一标准，增强爱民、为民、富民、安民意识，更加自觉地实践党的宗旨。要自觉坚持马克思主义的物质利益原则，维护群众的切身利益，充分考虑群众的承受能力，不能侵害群众的利益。要树立正确的政绩观，不能急功近利，不能搞形式主义，更不能弄虚作假，编造“政绩”。

*二要认真解决群众的实际问题。*凡是群众需要的，都是我们要努力去做的。从当前来信来访情况看，农村反映干部作风

---

* 这是吴官正同志在山东省委七届六次全会上讲话的一部分。

不正、办事不公、以权谋私以及财务混乱问题的，占信访总量的30％，居各类热点问题首位；城市中反映下岗职工生活困难、企业负责人作风以及劳动纠纷、社会保障等方面问题的比较多。对这些问题，要认真研究，拿出具体措施。能够解决的要抓紧解决，一时难以解决的，要做好教育疏导工作，向群众解释清楚，取得群众的理解。

三要千方百计为群众搞好服务。在市场经济条件下，基层工作的方式方法必须有一个新的转变，从习惯于行政命令转变到热心为群众服务上来，多为群众办实事、办好事。通过搞好服务，组织、动员和引导群众推进改革、发展经济、维护稳定。各级各部门都要强化服务意识，拓宽服务领域，提高服务水平，决不能“门难进、脸难看、事难办”，更不允许乱收费、乱罚款、乱摊派，“吃、拿、卡、要”。农村党员干部要搞好示范服务，以榜样的力量启发群众，用周到的服务帮助群众，靠兴办示范服务基地带动群众，加快农民增收致富步伐。随着城市化进程的加快，搞好社区服务越来越重要。城市街居党组织，要根据群众需求，有针对性地开展专项服务，把社区党的工作做活、做细、做到群众的家中。

四要努力做群众的表率。保持党的先进性，最根本的就是要坚持“三个代表”重要思想。而党的先进性很重要的是从党员干部身上体现出来的。党员干部要发挥模范带头作用。要在政治上做表率，带头认真学习马列主义、毛泽东思想、邓小平理论和“三个代表”重要思想，提高思想政治素质；要增强党的意识，时刻牢记自己是一名共产党员，更加紧密地团结在以江泽民同志为核心的党中央周围，自觉执行党的路线方针政策，争做实践“三个代表”的模范。要在道德品质上做表率，带头遵守社会公德、职业道德和家庭美德，以自己良好的道德风范和人格形象影响群众，促进社会道德水平的提高。要在遵纪守法上做表率，廉洁自律，依法办事，守法经营，诚实劳动，不搞歪门邪道。要在本职工作上做表率，农民党员应当成为农村致富的带头人，工人党员应当成为生产经营的骨干，企业经营管理者中的党员应当懂得现代企业管理，各行各业的党员都要争做本职工作的模范。要努力学习科学文化知识，学习生产技能，提高自身素质。这是时代对共产党员的要求，是发挥党员先锋模范作用的需要。

积极推动企业技术进步*

（2001 年 6 月 14 日）

企业技术进步工作对调整经济结构、加快经济发展具有极为重要的意义。过去，在经济发展中，劳动密集型和资本密集型的生产方式具有明显的比较优势。但随着生产力发展水平的提高，特别是买方市场和市场经济的逐步形成，劳动力和资本的比较优势日益减弱，经济发展更多地需要依靠科学技术的推动。二十世纪三四十年代，苏联一直保持着 5％的增长率，而同期美国经济增长只有 3％。然而，到五六十年代以后，苏联经济发展乏力，一个关键原因就是经济增长过分依靠大量增加劳动和资本的投入，忽视技术创新和技术进步，致使企业结构和产品结构长期在低水平循环。

从仁元〔1〕同志和省经贸委提供的数据看，企业技术进步对我省经济发展起到了重要的促进作用。“九五”期间，全省开发新产品 36000 多项，新产品销售收入占全部销售收入的比例达到 14％，全省技改投资 2686 亿元。2000 年，全省工业增加值达到 3723.4 亿元，比上年增加 12.6％，其中企业技术进步对经济增长的贡献率由前几年的 35％提高到 43％，限额以上工业实现利税 1003 亿元。企业技术进步已成为经济增长有力的支撑力量。我们要从战略发展的高度，充分认识企业技术进步的重要作用，把技术进步与结构调整结合起来，推动工业上一个新

---

* 这是吴官正同志在山东省企业技术进步工作会议上的讲话。

水平。

要以高新技术产业化和改造传统产业为主攻方向。企业技术进步要追踪当今世界科技进步的潮流。高新技术是现代科学的先进成果，是推动生产力发展的强大动力。“九五”以来，我省高新技术产业有了较大发展，但总体水平还不高，在经济中所占的比重也比较小。抓住了高新技术就抓住了企业技术进步的关键。大家一定要充分认识发展高新技术的重要性，增强危机感和紧迫感，进一步加大高新技术发展的力度，创造山东经济的新优势。传统产业在我省经济中举足轻重。要加快用高新技术改造、提升传统产业的步伐，以高新技术的增量盘活传统产业的存量，尤其要积极采用国内外成熟的高新技术成果，提高装备工业水平，带动整个工业水平的提高。要继续坚持“四个一批”的做法，以机械、电子、化工、建材、冶金、纺织、食品等骨干行业的改造为重点，突出抓好先进技术的推广应用，提高产品的市场竞争力，全面提升传统产业的整体素质。

要着力提高企业的科研开发能力。发达国家的科研开发主要在企业。1997 年，美国科研经费中企业占 74%，日本为 73%，英国、法国和德国都在 60%以上，而我省的这一比重还不到 45%。企业要建立自己的技术开发中心，根据市场需求，进行有实用价值的科技开发。要与科研院校密切结合，建立以企业为主体，科研院校广泛参与，利益共享、风险共担的“产学研”合作机制。要鼓励有条件的高等院校和科研院所与企业联合办技术中心、中试基地，或者通过联营、投资、参股等多种方式实现与企业的联合，促进科技与经济的结合。基础研究是应用技术进步的基础和原动力。日本早期的企业技术进步，大都以引进和模仿美国的技术为主，对基础研究投入不足，其技术也只能与美国的水平接近，很难全面超越。后来加大了投入，技术水平有了长足进步。因此，对基础性研究要给予适当的关注，把高等院校、科研单位和企业的力量组织起来，在力所能及的基础上，结合企业产品的开发，有选择地进行攻关，为企业今后的发展积蓄力量。

要在扩大开放中加快企业技术进步。当前世界经济一体化进程加快，我国即将加入 WTO。新形势要求我们必须充分利用“两个市场、两种资源、两种资本、两种技术”，把企业技术进步与扩大对外开放有机结合起来，通过扩大开放带动企业技术进步，以企业技术进步促进扩大开放。一要高起点、高标准引进国外高新技术、先进技术，积极吸收人类社会创造的一切文明成果，为我所用。在这方面，思想要再解放一些，步子要再大一些。二要注意搞好消化创新，增强企业自主开发的能力，特别是对成套设备和生产线，要抓住关键部件和工艺，集中力量攻关，提高国产化程度。三要加大招商力度。认真筛选一批大项目、好项目，与国外大公司、跨国公司、大财团特别是世界 500 强企业进行合作，提高整体利用外资的水平。目前世界 500 强企业中已有 254 家进入了上海，我省仅有 81 家，必须采取相应的措施，集中力量，加强协调，形成合力，推动我省企业与国外大公司的合作。四要鼓励企业“走出去”，到海外市场参与竞争，在竞争中更快地推进技术进步。这方面潜力很大。到海外投资兴业，一定要注意所在国的法律和金融、税收、劳工、环保政策及社会文化方面的情况，因地制宜，有的放矢，站稳脚跟，逐步发展。海尔集团等企业已经做了有益的尝试，取得了良好的效果。下一步要争取有更大的作为。

要努力为企业技术进步创造良好环境和条件。企业技术进步需要适宜的外部环境和内部机制。必须深化改革，理顺管理体制，建立完善以市场为导向、以企业为主体、以产学研联合为途径的技术进步运行体系。要研究分析市场经济体制中企业技术进步的新情况、新问题，研究制定推动企业技术进步的政策措施。要建立积极有效的激励机制，特别是要鼓励企业增加技术创新投入。要把建立企业技术进步机制作为现代企业制度的重要内容，把建立健全企业技术开发机构作为增强企业的技术创新能力和可持续发展的重要措施。各有关部门要积极支持企业技术开发机构建设，支持企业跟踪行业技术发展的前沿，引进、消化国外先进技术，进行自主开发和技术创新，实现技术跨越发展，以技术优势争夺产品市场优势。要积极发挥民营企业的作用，挖掘它们的更大潜力，引导其健康发展。

要充分发挥人才在企业技术进步中的作用。人才是最重要的资源，企业之间的竞争，从根本上说是人才的竞争。培养人才要靠教育。高等教育要加快教学内容和学科结构的更新与调整，加强电子信息、生物工程、材料、金融、管理、法律等重点和急需学科建设。要进一步强化职业教育，培养各类有技能的劳动者，形成人才的梯次结构。要积极参与国内外人才竞争，在充分发挥现有人才作用的基础上，对我省重点领域急需的关键性人才，采取特殊的政策，灵活的方式，积极引进，尤其要注重引进一些拥有自主知识产权的专家。进一步加大用人制度的改革力度，充分体现知识和人才应有的价值，鼓励科技人员在竞争中创新创业。年轻人风华正茂，思维敏捷，接受新事物快，富有创新精神，是技术创新的骨干，要不拘一格地选用年轻人才，创造条件，使他们迅速成长。要依法保护知识产权，大力推广技术入股等新的分配形式，对在企业技术进步中作出突出贡献的技术创新、管理人才要予以重奖，吸引更多的科技人才投身于经济建设主战场，更充分地发挥作用。

注　释

〔1〕仁元，即王仁元，时任山东省经贸委主任。

尊重老同志　学习老同志*

（2001 年 6 月 28 日）

山东有着光荣的革命传统。早在 1921 年春，王尽美等人就在济南建立了早期共产党组织。1921 年 7 月，王尽美、邓恩铭作为济南地区的代表，参加了党的第一次全国代表大会，为我们党的创建作出了贡献。革命战争年代，山东的党员干部和人民群众，在党的领导下，前赴后继，英勇奋斗，不怕牺牲，战胜了日本侵略者和国民党反动派，为民族独立和人民解放作出了巨大的贡献，千千万万革命志士献出了宝贵生命，谱写了无数惊天地、泣鬼神的英雄篇章。

新中国建立以后，全省各级党组织带领广大人民群众，胜利实现了由新民主主义向社会主义的伟大转变，取得了社会主义革命和建设的巨大成就。这段时间，尽管也发生过失误，甚至遭受到像“文化大革命”那样的严重破坏，但全省各级党组织和广大党员干部，尤其是老同志们，经受住了各种严峻考验，克服了种种困难，使山东社会主义建设事业不断发展。

党的十一届三中全会以后，经过拨乱反正，我省同全国一样，进入了改革开放的新时期。全省上下认真贯彻党的路线、方针、政策，把工作重点转移到社会主义现代化建设上来。山东省经济持续快速健康发展，社会政治稳定，精神文明建设不断加

---

* 这是吴官正同志在山东省纪念建党 80 周年驻济副省级以上党内老同志座谈会上的讲话。

强，民主法制建设逐步推进，党的建设上了一个新水平，全省提前实现翻两番的目标，人民生活达到小康。山东工作的前进和成绩，是与老同志、老干部的呕心沥血、努力工作分不开的。在座的各位老领导、老同志的贡献，全省党员、干部和广大人民群众铭记在心。

老同志、老干部是共产党人的优秀代表，是党的宝贵财富。尊重老同志，就是尊重传统；尊重老同志，就是尊重历史。老同志、老干部们的崇高精神和人格，感召和抚育着一代代共产党人，成为推动我们党和国家事业前进的巨大力量。老同志们在长期斗争中形成的坚定的立场和信念，崇高的精神和风范，优良的传统和作风，丰富的智慧和经验，是我们党的宝贵财富。在新的历史时期，坚持以“三个代表”重要思想为指导，努力开创社会主义现代化建设的新局面，很需要学习老同志，继承革命传统，弘扬革命精神，把老一辈开创的伟大事业不断推向前进。

要向老同志学习，坚定理想信念，把自己的一切献给党，献给人民。正是因为有坚定的共产主义理想，无论遇到任何挫折，面对任何困难，老同志都能始终保持坚定的革命信念和旺盛的革命斗志，即使个人受到委屈和不公正待遇，仍然对党坚信不疑。这种精神是激励和鼓舞新一代共产党人百折不挠、勇往直前的动力。

要向老同志学习，始终坚持全心全意为人民服务的根本宗旨，同人民群众保持血肉联系，永远扎根于群众，不脱离群众，真诚地把自己作为人民的勤务员，做到爱民、为民、富民、安民，关心群众疾苦，解决群众困难，鞠躬尽瘁，死而后已。

要向老同志学习，端正党风，坚持解放思想、实事求是的思想路线。老同志以自己的亲身实践，为后人树立了榜样。新的历史条件下，更加需要继承和发扬这种精神，坚持实践第一的观点，坚决反对和克服官僚主义、形式主义，尊重事实，尊重实践，讲实话,办实事,求实效,一切从实际出发,勇于创新,不断开拓进取。

要向老同志学习,提高驾驭全局、处理复杂问题的能力。在长期革命实践中,老同志积累了丰富的领导经验,特别是善于把握大局,考虑周密,处事果断,统筹兼顾,能够正确处理各种复杂问题的能力,很值得后来的同志学习。要认真吸取这些丰富的营养,针对新情况、新问题,不断改进领导方式和领导方法,把各项工作做得更好。

山东的工作还面临着许多困难,存在一些问题。在经济发展上,主要是经济结构层次较低,创新能力不足,财政增长、农民增收和扩大就业压力很大,水资源短缺日益严重,胶东地区水资源更为紧缺,已严重影响了经济发展和城乡人民生活;社会稳定方面存在一些不安定因素,有些地方社会矛盾还比较尖锐;干部作风、廉政建设方面还存在许多薄弱环节;不少干部在认识水平和实际工作能力上不适应,特别是缺乏驾驭全局、处理各种复杂问题的能力,等等。各位老领导、老同志长期在山东工作,对存在的问题看得很清楚,多年来对省委、省政府工作很支持。我代表省委、省政府表示诚挚的谢意。希望各位老同志今后一如既往地对我们的工作给予支持帮助,尤其是指出我们工作中的差距,提出宝贵意见,以把山东工作做得更好一些。

更大规模地利用外资*

（2001 年 7 月 26 日）

利用外资是我国实行对外开放的重要内容。当今世界，经济全球化深入发展，科学技术突飞猛进，综合国力竞争日益激烈。在新的形势下，解决钱从哪里来、人到哪里去的问题，对于经济发展和社会稳定至关重要。利用外资是解决这个问题的有效途径。特别是在市场经济条件下，利用外资正在成为扩大投资的主要来源之一。我省实际利用外资已累计 300 亿美元，相当于 2400 多亿人民币的投资。全省“三资企业”务工人员 170 万，还带动了一些相关产业的发展，创造的就业机会就更多了。这些年，利用外资引进了大批先进生产线和技术设备，推动了结构的调整优化，带动了生产水平和经济质量的提高。全省“三资企业”拉动出口 79 亿美元，已占全省出口总额的 51%，近年来出口增长主要依靠“三资企业”的支撑。由此可见，加快发展需要更大规模地利用外资，扩大就业需要更大规模地利用外资，提高经济质量需要更大规模地利用外资，增加出口需要更大规模地利用外资。而且，我们正面临着很好的对外开放机遇，中央卓越的外交努力，为我国创造了十分有利的国际环境；我国即将加入 WTO，使我们将更加直接地融入世界经济；北京申奥成功，在世界上产生了很好的影响，带来了新的商机。这些都会极大地促进我国在更深程度和更广领域参与国际竞争与合作，利用外

* 这是吴官正同志在山东省外资工作会议上的讲话。

资对于推动改革与发展的作用必将更加明显。一句话,利用外资事关重大,事关全局,事关长远,必须全力抓好。

但是,从我省利用外资的状况看,差距还不小。与南方一些省市相比,无论是利用外资的规模,还是质量和效益,我们都很惭愧。这种差距有客观原因和条件的不同,但从根本上讲还是我们工作有差距。我感到主要有四条:一是思想解放不够,创新精神不强。改革开放的步子能不能真正迈开,取决于思想是不是真正解放了。一些政策人家已经实行多年,我们还在争论能不能干,特别是在国际环境和对外贸易政策发生大的变化时,见事迟、反应慢,缺乏随机而动的创新勇气和实际行动,往往贻误时机。二是缺乏适用人才。有些领导干部决策驾驭能力不适应,对国际经济规则和市场运作方式不熟悉,对世界科学技术发展不了解,难以作出及时准确的判断和决策,影响利用外资的实际效果。上世纪 90 年代初期我们批准设立的 58 个省级经济技术开发区,到目前还有 10 多个利用外资为"零"。有的市县对外开放基础比相邻的市县好,但经过三四年时间,利用外资增幅连续下滑,致使国内生产总值、财政收入等经济指标也相应落后了。条件差不多,有的搞上去了,有的落后了,不能不说与领导的精神状态和决策水平有很大关系。三是有些地方在招商引资方面,往往重硬环境、轻软环境,偏重于政策优惠,而忽视提高服务水平。特别是一些地方的领导干部引进项目拍脑袋,洽谈项目拍胸脯,出了问题拍屁股,不重信誉,外资企业经营纠纷得不到及时妥善处理,影响了后续外资项目的兴办。四是抓落实不够。我们制定的政策、规划不少,提出的思路也是正确的,但有些并没有得到有效落实。工作指导大而化之,解决具体问题不够。有的干部"官气"十足,热衷于讲排场,搞形式主义,不讲实际效果。一些部门之间相互扯皮,办事效率低。这些都给外商造成不好印象,影响招商引资。

我们不仅要找出差距，也要看到有利条件和优势，坚定信心。首先，我省改革开放以来经济社会发展取得了巨大成就，经济总量居全国前列，一二三产业全面发展，产业体系比较完善，经济结构日趋优化，国有经济效益比较好，农业产业化发展较快，为利用外资提供了坚实的物质基础和产业载体。第二，地处沿海，有着良好的自然条件和区位优势，交通、电力、通信、城市建设等各方面的基础设施起步早、发展快、档次高，利用外资的硬环境是比较好的。第三，我省是人口大省，劳动力资源丰富，成本低，素质比较高，城乡人民生活水平初步实现了"小康"，全省年消费品零售总额2500多亿元，市场广阔，对外商投资有着巨大的吸引力。第四，我们是对外开放起步比较早的沿海省份，全国最早建立的14个经济技术开发区，我省占2个，对外开放积累了许多成功经验，也积蓄了一定的人才。第五，精神文明建设深入持久，民风朴实，社会稳定，治安状况比较好。第六，各级党委、政府协调组织能力比较强，广大干部和人民群众有干劲、有魄力，善于集中力量办大事。去年，全省发电装机总量2000万千瓦，高速公路通车里程2006公里，电话装机容量突破2500万门，都在全国名列前茅。只要我们目标明确，政策对头，措施得力，始终保持良好的精神状态，抓住机遇，开拓进取，就一定能够在利用外资上干出一番大事业。

一、以创新精神拓宽利用外资领域。要针对变化了的国际国内形势，进一步解放思想，勇于创新，更新思维方式和工作方法。根据国家最近作出的一系列新的政策调整，要从山东实际出发，迅速找准结合点，创造性地开展工作，以赢得新的发展机遇。特别是为了适应加入WTO和国际资本流动的新特点，国家已经提出要逐步扩大金融、保险、商业、旅游及其他服务业的对外开放，我们要珍惜机遇，紧紧抓住机遇，积极探索利用外资的新方式，包括探索风险投资、投资基金等方式，探索和扩大证券投资的领域和渠道，吸引外商特别是跨国公司购买、兼并大企业，参与国有企业的改组改造。开发区是利用外资的重要阵地，要进一步发挥它们的辐射带动作用。全省64个国家级和省级开发区投入大量资金改善环境，有的已经建设得很好。但也有相当数量的进展不够理想，甚至长期“开而不发”。各地要认真研究解决这个问题，推广先进开发区的成功经验。对开发区领导班子配备要坚持高标准严要求，多配一些熟悉涉外业务的同志，不能成为照顾安排干部的场所。

二、建立强有力的领导和协调机制。各级党委、政府要切实把利用外资工作摆上重要议事日程，作为促进经济发展的突破点，通盘考虑，统一部署，真抓实干。利用外资不是哪一两个部门的事情，需要方方面面落实责任，形成合力。计委、经贸委要着力抓好大项目和国有企业利用外资工作，力求尽快有一个较大突破。各行业主管部门要对本行业利用外资工作切实负起责任。外经贸主管部门要加强统一协调，做好利用外资的管理和服务工作。工商、海关、检验检疫、银行等监管部门都要加强监督和服务，维护正常的市场秩序，创造良好的公平竞争环境。

三、进一步优化投资环境。在新的形势下，利用外资主要是投资环境的竞争。各地区、各部门要按照完善社会主义市场经济体制的需要和我国即将加入WTO的要求，针对我省投资环境中存在的突出问题，努力抓好投资环境的优化。各级党委、政府的领导同志要亲自过问这件事，这比抓几个具体项目更带有长远性、根本性。最重要的是要切实转变政府职能，提高依法行政的意识和水平，提高信誉程度和办事效率。要严格依法管理外商投资企业，做到公开、公正、公平，减少人为性，杜绝随意性。各地区、各部门要以改革开放大局为重，破除门户之见，冲破利益束缚，认真负责地处理好外商投诉。各地区、各部门要在自己的职责范围内认真研究外商反映的各种问题，给予明确答复，限期落实解决的措施。对久拖未决的外商投诉案件，要进行梳理，列出单子，尽快拿出办法。政法部门要秉公执法，依法保护外商投资的权益。

四、充分发挥县市区在利用外资中的积极作用。实践证明，县市区是做好利用外资工作最活跃的主体之一，县域经济是扩大利用外资的重要增长点。即使青岛这样的大城市，今年以来的大部分外资也是所属几个市和区引进来的。要高度重视发挥好县市区在利用外资中的骨干作用，努力把基层招商引资的积极性和创造性引导好、调动好、保护好。青岛市和威海市的一些地方进行了许多积极的探索。他们通过破除某些政策性障碍，建立利益引导机制，把全社会特别是镇村、企业干部群众的积极性和创造性调动起来了，以发展出口加工贸易为突破口，推动对外开放，收到了引进外资、出口创汇、财政收入、群众就业、农民增收、集体得利的多重效果。青岛市城阳区是一个建区不足7年、人口43万人的新区，通过发展出口加工贸易带动利用外资，国内生产总值、财政收入、引进外资、出口创汇等重要经济指标均高速增长。实际利用外资累计7.1亿美元；60%的村庄办起了出口加工贸易项目；全区出口创汇10.6亿美元，名列全省县市区之首；地方财政收入3.89亿元，比上年增长43%，今年上半年又增长40%以上。有条件的县市区应当学习借鉴城阳区的做法，努力把本地利用外资工作提高到一个新水平。

加强党性锻炼的基本任务*

（2001 年 9 月 4 日）

共产党员必须讲党性。按毛泽东同志的话说，党性就是党的共同的性质、普遍的性质。江泽民同志指出，共产党员的党性锻炼，说到底是树立和坚持正确的立场、世界观的问题。增强党性，是保持党的先进性的必然要求。党性要求从来是和党在各个不同历史时期所肩负的任务紧密相连的。在新的历史条件下，增强党性最根本的就是坚持“三个代表”，实践“三个代表”，落实“三个代表”。

一、坚定正确的政治方向。党员领导干部必须讲学习、讲政治、讲正气，有坚定正确的政治立场和鲜明的政治观点，站在“三个代表”的高度分析和认识问题，在思想上政治上行动上同以江泽民同志为核心的党中央保持高度一致，增强政治鉴别力和敏锐性，同各种错误思潮和行为作坚决斗争。当各种思潮出现时，要用“三个代表”这把尺子量一量，符合的就坚持，偏离的就纠正，违背的就抵制，从而保证我们始终沿着有中国特色社会主义的正确道路前进。要坚决反对思想僵化，因循守旧，照抄照搬，本本主义，坚持解放思想，实事求是，与时俱进，以创新的精神推进党的各项工作。坚持正确的政治方向不是抽象的，它体现于政治生活、经济生活和社会生活之中，体现于发展社会主义市场经济、发展社会主义民主和法制、发展社会主义精神文明的丰富

---

* 这是吴官正同志在山东省委党校 2001 年秋季开学典礼上的讲话。

多彩的实践之中。这就要求我们紧密联系实际,把党的基本理论、基本路线、基本纲领全面正确地贯彻落实到各项事业中去。

二、坚持崇高的理想信念。坚定理想信念,对加强党性修养十分重要。理想信念坚定,才能在各种复杂的政治环境中始终保持清醒的头脑,把握正确的政治方向和政治立场,才能在胜利时不骄傲,困难时不气馁,挫折时不动摇,不为任何个人的功名利禄所左右,才能始终把党和人民的利益放在首位,真正实践"三个代表"的要求。坚定的理想信念,是建立在对人类社会发展规律的深刻理解和把握之上的。要按照江泽民同志的要求,正确认识社会主义发展的历史进程,正确认识资本主义发展的历史进程,正确认识我国社会主义改革实践给人们思想带来的影响,正确认识当今国际环境和国际政治斗争带来的影响。要围绕这一重大课题深入研究,努力做出有理论深度、有说服力的科学分析和回答,从思想上政治上达成共识,同心同德推进改革开放和现代化建设的伟大事业。实现共产主义是工人阶级政党的最高纲领,是人类追求美好生活的最高体现。但实现共产主义理想是一个非常漫长的历史过程。党在社会主义初级阶段的基本纲领,是共产主义运动在现阶段的行动纲领。离开这个基本纲领,脱离社会主义初级阶段的实际讲共产主义,就必然陷入空谈。各级领导干部必须正确认识和把握党的最高纲领和最低纲领的辩证关系,做党的最高纲领和最低纲领的统一论者和忠实实践者。作为一名党员干部,要找准党的最高纲领与最低纲领相统一的结合点,立足现实,脚踏实地为实现现阶段的基本纲领而努力奋斗,扎扎实实地完成每一项任务。当前,要把主要精力放在努力实现"十五"时期经济社会发展目标上,放在解决现实矛盾和问题上,放在帮助群众致富上,放在维护社会稳定、推进社会进步的一件件具体工作上。最重要的就是把经济建设搞上去。要努力解决增加财政收入、扩大就业、农民增收这三个对全局、对稳定、对发展都有很大影响的突出问题。进一步增强加快发展的紧迫感，克服固步自封，不思进取，畏难发愁，无所作为的思想，以高度的政治责任感和历史使命感，抓住机遇，千方百计加快经济社会发展。

三、树立牢固的宗旨观念。全心全意为人民服务是党的根本宗旨，也是党一贯坚持的党性原则。坚持“三个代表”的要求，最终要体现在代表最广大人民的根本利益上，切实把人民群众的经济、政治、文化利益实现好、维护好、发展好。要坚持党的群众路线，深入群众，深入基层，倾听群众呼声，反映群众意愿，集中群众智慧，使各项决策和工作符合实际和群众要求。要时刻把群众的安危冷暖放在心上，关心群众疾苦，体谅群众困难，努力为群众办实事、办好事，密切党群干群关系，保持党同人民群众的血肉联系。各级领导干部决不能只把为人民服务当做口号，而要变为切实的行动，一切工作都要以最广大人民的根本利益为出发点和归宿，切实做到办事要公、为政要廉、作风要实、用人要当，以实际行动赢得群众的信任和拥护。领导干部要坚持党和人民的利益高于一切，个人利益服从党和人民的利益，吃苦在前，享受在后，克己奉公，多作贡献。当个人利益与国家、集体利益发生矛盾时，要自觉牺牲个人利益，维护国家和集体利益；当个人利益与群众利益发生矛盾时，要自觉维护群众的利益，决不能与民争利。在发展社会主义市场经济条件下，要坚决防止和克服违背党的宗旨，为了局部的、小团体的以及个人的某些利益，不惜损害广大人民利益的错误倾向。

四、形成良好的工作作风。党的作风关系党的形象，关系人心向背，关系党的生命。在改进作风问题上，当前主要是反对形式主义和官僚主义。各级领导干部要大力发扬脚踏实地、埋头苦干的工作作风，时时处处坚持重实际、说实话、办实事、求实效。要大兴调查研究之风，把各方面的真实情况及其内在规律弄清楚,使主观认识与客观实际相符合,提高决策水平,增强总揽全局的能力。面对经济社会发展中大量的新情况、新问题、新矛盾,尤其需要克服大而化之,粗枝大叶,浮在面上,不深入、不扎实的工作作风。各项工作都要明确责任,加强督促检查,狠抓落实。要切实抓好安全生产和社会治安,重视做好信访工作,理顺情绪,化解矛盾,维护社会稳定,努力创造良好的社会环境。要进一步减轻农民负担。近年来,我省各级在这方面做了大量工作,取得了很大成效,来信来访中反映农民负担过重问题的少多了。这项工作必须常抓不懈,稍有放松,就可能反弹。现在,仍有个别地方和个别干部不顾中央和省委三令五申,巧立名目向农民乱收费、乱集资、乱罚款和强行摊派,引起了农民群众的不满。最近,中办、国办通报了全国 26 起涉及农民负担的恶性案件,虽然没有我省的,但也要从中吸取教训,引以为戒,举一反三,严格按照中央的要求,继续抓好减轻农民负担工作。要加大责任追究力度,今后对违反减轻农民负担政策而引发的严重群体事件和恶性案件,除严肃处理有关责任人外,还要追究当地党政主要领导的责任。各级干部要切实改进思想作风和工作作风,提高政治素质和政策水平,增强群众观念、政策观念和法制观念。在基层工作的同志直接面对群众,担负着繁重的任务,工作条件比较艰苦。大家工作很努力,作出了很大贡献。作为上级机关,对基层工作既要严格要求,又要热情支持,注意听取基层同志的意见,善于从基层反映出的问题反思自己工作上的差距,及时加以改进,提高领导水平。只要我们按照中央的要求,不断加强作风建设,认认真真抓好落实,就一定能把工作做得更好,进一步密切党群干群关系,促进全省改革发展稳定。

五、严格遵守党的纪律。党的纪律包括党的政治纪律、组织纪律、经济工作纪律、群众纪律、廉政纪律,等等。党员干部一定要增强纪律观念,时刻想到有党纪约束自己,严格按照党的规定办事，决不能违背党的纪律。现在我们有的同志，纪律观念淡薄，水平不高，胆子很大，惹出了一些乱子。更有甚者，拿党纪作儿戏，违背党的纪律、规定和工作程序，这是决不容许的。要严格遵守党的政治纪律，在政治上同以江泽民同志为核心的党中央保持高度一致，决不允许发表同党中央的决定相反的言论，决不允许散布同党的路线、方针、政策相反的意见，决不允许制造传播政治谣言，决不允许有令不行、有禁不止，搞"上有政策、下有对策"，决不允许参与和支持集体闹事。要严格遵守党的组织纪律，认真执行民主集中制原则，自觉做到党章规定的"四个服从"，反对自由主义，反对独断专行和软弱涣散，服从组织调配。坚决反对拉帮结派，搞亲亲疏疏、团团伙伙，纠正用人上的不正之风。要严格遵守经济工作纪律、群众工作纪律和廉洁勤政纪律。对中央提出的领导干部廉洁自律的一系列规定和要求，要不折不扣地贯彻执行。增强廉洁自律意识和法纪观念，自觉抵制权力、金钱、美色的诱惑，从思想上筑牢拒腐防变的堤防。自觉接受党组织和人民群众的监督，廉洁从政，执政为民，以党风廉政建设的实际行动树立良好的形象。加强党的纪律，关键在于从严治党。要把从严治党的方针贯穿于党的思想、政治、组织、作风建设的各个方面，落实到对各级党组织、广大党员和干部进行教育、管理、监督等各个环节中去。要坚决克服党内政治生活中存在的好人主义，加强对党员干部特别是"一把手"的监督和管理，这才是真正爱护和关心干部。

六、培养高尚的思想品德。加强社会主义思想道德建设，是发展先进文化的重要内容和中心环节。党员干部应当以身作则，带头贯彻依法治国与以德治国相结合的方针，既要模范遵守党纪国法，又要树立和保持共产党人的高尚情操与革命气节，在遵守社会公德、职业道德、家庭美德上，为全社会做出表率。要有高尚的精神追求和道德修养，在思想品德上努力做到：坚守信念，富有理想，乐于奉献，自觉克服个人主义，“先天下之忧而忧，后天下之乐而乐”；坚持原则，为人正派，办事公道，出于公心；工作第一，事业第一，他人第一，不能斤斤计较个人的职务升迁、生活待遇、名利地位；心胸宽广，顾全大局，严于律己，宽以待人，善于团结同志一道工作；襟怀坦白，诚实守信，表里如一，绝不当面一套、背后一套，当面不说、背后乱说；谦虚谨慎，不骄不躁，大胆工作，勇于负责，出了问题实事求是地承担责任，不嫉贤妒能，不争功诿过；讲文明，讲礼貌，尊老敬贤，提携后进，追求积极向上的生活情趣，反对低级趣味、庸俗作风。党员干部只有具备了良好的道德修养，才能有人格力量，才能增强说服力、号召力、凝聚力，产生巨大的示范带动作用。中华民族历来十分重视个人的品德修养。《礼记》中说：“欲治其国者，先齐其家；欲齐其家者，先修其身；欲修其身者，先正其心。”《论语》中讲：“吾日三省吾身。”孟子曾经提出，要有“恻隐之心”、“羞恶之心”、“是非之心”、“人不可以无耻”。这些至理名言至今仍有教益。我们每个党员干部都要从一点一滴做起，自觉加强修养，不断提高自己的思想品德。

加强党性锻炼，最根本的是用“三个代表”重要思想武装头脑，规范言行，指导实践。一要加强理论学习。学好理论是确立科学世界观的前提。要认真学习马列主义、毛泽东思想、邓小平理论和江泽民同志重要论述，特别是“三个代表”重要思想，在把握人类社会发展规律上下功夫，在掌握马克思主义精神实质上下功夫，在改造主观世界上下功夫。二要注重实践锻炼。这是增强党性修养的重要途径。要深入到改革和建设的第一线，到条件艰苦、困难多的地方，到党和人民最需要的地方，与人民群众同甘共苦，一起奋斗，在工作实践中得到最实际的锻炼。三要严格党内生活。这是加强党性修养的保证。党员领导干部要认真遵守党内生活的各项原则，自觉参加双重组织生活，认真开展批评与自我批评，接受党组织的教育管理和党员的监督。四要严格自律。时时刻刻想到自己是共产党员，是领导干部，经常反思、检查自己的言行是不是符合党员标准，是不是符合领导干部的身份，慎独慎微，防微杜渐，以免小处有失而铸成大错。

当前，党的干部队伍正处在一个整体性新老交替的重要时期。培养中青年领导干部意义重大，任务紧迫。刘伟〔1〕同志和省委组织部要根据中组部的要求，结合我省干部队伍的实际，抓紧抓好年轻干部的教育培养工作。现在的年轻干部，尽管接受了一些马克思主义和党的优良传统教育，但还要更系统、更扎实。许多年轻同志缺乏对中国历史和现状的深入了解，缺乏严格的党内生活和实践锻炼。一方面组织上要加强教育，精心培养，支持他们大胆工作，使他们在实践中增长才干和胆识；另一方面，年轻干部要正确对待组织的培养，更加刻苦地改造世界观，更加勤奋地学习各种知识，更加忘我地投入工作，更加虚心地对待同志，自觉加强党性修养，努力提高自身素质，更好地担当起历史的重任。

注　释

〔1〕刘伟，时任山东省委常委、组织部部长。

高度重视避免财政和股市风险问题*

（2001 年 10 月 1 日）

有两件事情，想起来甚为忧虑。

一、如何避免财政风险问题

请您给我搞一个材料：

1. 粮食亏损挂账多少亿？

2. 棉花亏损挂账多少亿？

3. 外贸累计亏损多少亿？

4. 商业和物资各累计亏损多少亿？

5. 全省乡和村各欠账多少亿？

6. 到今年 7 月 1 日，全省机关事业单位欠工资多少亿？其中今年以来欠多少亿？

7. 为解决农村和城市信用社问题，我省财政共计借银行多少亿？

8. 我省借外债多少亿美元？其中到期未还的有多少？

以上 8 个问题，如何化解，我心中常担忧，特请您想些办法，今后几年怎么办？可能会出现哪些问题？怎么避免出现财政危机和影响社会稳定？我们要对未来负责，对山东负责。

---

* 这是吴官正同志致山东省财政厅负责同志的一封信。

二、如何避免股市风险问题

对上市等问题，我较忧虑：一是有的企业包装上市，千万不能伪装上市，那样一旦出现问题，无法给股民交代，很可能引发难以预料的后果；二是担心个别企业领导心术不正，做假账，一旦审出问题并外泄出去，后果不堪设想；三是我省的证券公司，据说在全国还算好的，我还是那几句话，科学、精心决策，防止失误，防止风险，防止违规违法违纪问题的发生。

请您在百忙中，认真研究分析，防止不测。有的要采取措施，抓紧纠正过来。对今后的新上市和扩股企业，要严格要求，严格按规定办，为股民负责，为国家负责。

感情要真　办事要公　为政要廉　用人要当　工作要实　方法要妥*

（2001 年 10 月 9 日）

加强党的作风建设，核心问题是保持党同人民群众的血肉联系，马克思主义执政党的最大危险就是脱离群众。这是极为重要的政治观点，也是极为重要的政治要求。要紧紧抓住这个核心，使党的作风有明显进步，使党群干群关系有明显改善，使广大党员和群众看到实效，增强信心。

一、感情要真。对群众的感情问题也是一个世界观问题。作为党员干部，必须时刻心系群众，始终把群众利益放在第一位，在任何时候任何情况下，与人民群众同呼吸共命运的立场不能变，全心全意为人民服务的宗旨不能忘，坚信群众是真正英雄的唯物史观不能丢。心系群众不是空的，不能停留在口头上、文字上，要心口如一，言行一致。作决策、办事情要着眼于人民群众，时刻站在群众的立场上想问题，以人民满意不满意、赞成不赞成、拥护不拥护为根本标准。当前，尤其要关心困难群体，因为他们最需要帮助。对下岗职工、困难企业职工、城市贫困人口、贫困地区群众、受灾地区群众、工资被长期拖欠的基层干部等困难群体，要热诚帮助，把他们的工作和生活切实安排好。要带着深厚的感情做群众工作，为群众办事，让群众实实在在地受益，决不能做表面文章；要千方百计为群众排忧解难，决不能对

---

* 这是吴官正同志在山东省委七届七次全会上讲话的一部分。

群众反映的问题视而不见，麻木不仁，推诿扯皮；要诚心诚意向群众学习，决不能高高在上，自以为是，更不能专横跋扈，损害群众利益。

二、办事要公。立党为公，执政为民，是党的性质和宗旨决定的，是党的作风建设的根本目的。维护社会公正是马克思主义执政党的重要责任。一要大力推进社会主义民主，完善政务公开、厂务公开、村务公开，进一步发挥人民群众在民主选举、民主决策、民主管理、民主监督中的作用，保证权力的正确行使。二要从一件件具体工作做起，努力创造公平竞争的社会环境，使每个社会成员获得平等的发展机会，决不能搞特殊化，以权谋私，假公济私。三要维护司法公正，伸张正义，打击邪恶，坚决反对和防止徇私枉法，严肃查处司法腐败行为。四要积极推进分配制度改革，努力完善分配制度，理顺分配关系，调动各方面的积极性。

三、为政要廉。清正廉洁，克己奉公，是党员领导干部的必备素质。“公生明，廉生威。”我省各级党组织认真贯彻从严治党的方针，深入开展反腐倡廉工作，成效是明显的，但是存在的问题仍很突出。少数党员干部利用职权或工作之便，为自己或亲友谋私利；有的贪污受贿，徇私枉法，大搞权钱交易；有的行为很不检点，甚至奢侈淫逸，腐化堕落，严重损害了党的形象，等等。搞好党风廉政建设和反腐败斗争，要引导广大党员干部按照“三个代表”的要求，进一步坚定理想信念，在思想上筑牢拒腐防变的防线。要加强制度建设，通过体制和制度创新，从根本上铲除滋生腐败的土壤和条件。进一步转变政府职能，改革行政审批制度，清理行政审批事项，规范审批程序。要严格要求领导干部，认真贯彻执行中央关于廉洁自律的各项制度和规定，遵守省委提出的“约法三章”和省里的各项规章制度。严格要求和管好配偶、子女及身边工作人员，决不允许干预领导干部职权范围内的党政事务，特别是干部提拔和人事安排；不准参与与领导干部职权有关的工程项目承包和物资采购；不准接受礼金、有价证券和贵重礼品；不准在领导干部管辖范围内从事不允许的个人经商办企业活动；不准打着领导的旗号办私事。要加强财政资金的监管，在实行“收支两条线”管理的基础上，推行部门预算、国库集中收付、机关财会结算中心和会计委派等制度，全面清理预算外资金和“小金库”，堵塞公款消费的源头。搞好基本建设、产权交易、政府采购等方面的改革，引入市场机制，实行公开公平招标，杜绝不正当的行政干预。要进一步查处大案要案。对那些违反党纪国法，贪污受贿、徇私枉法、买官卖官的案件，对严重侵害国家、集体和群众利益的案件，要坚决查处，决不手软，决不让腐败分子在党内有藏身之地，以反腐倡廉的实际效果取信于民，警示党员干部。

四、用人要当。用什么人，不用什么人，对党的作风建设具有重要的导向作用。必须全面贯彻干部队伍革命化、年轻化、知识化、专业化的方针和德才兼备的原则，加快干部人事制度改革，坚持用好的作风选人，选作风好的人。在选拔干部上，要始终把德放在首位，重思想作风，重工作实绩，不仅看上级怎样评价，更要看群众的看法；不仅看在本单位的表现，还要看社会生活方面的情况。严格按照党政领导干部选拔任用条例和有关制度办事，公道正派，集体讨论决定，把那些政治素质高、开拓能力强、政绩突出、廉洁勤政、群众信得过的好干部，选拔到领导岗位上来。要坚决反对任人唯亲、自由主义、拉帮结伙、搞小圈子等用人上的不正之风。对个人主义严重、拉票或变相拉票、权欲熏心、得陇望蜀的要坚决制止。对那些跑官要官、严重违反党的干部工作原则和纪律的行为，必须严肃批评，依纪处理，绝不姑息。要加强对干部选拔任用工作的监督，对用人失察失误造成严重后果的要追究责任。

五、工作要实。做工作、办事情，贵在扎扎实实。现在，工作漂浮、大而化之、作风不实的问题在一些地方和干部身上表现得比较突出。有的同志陷在文山会海和应酬活动中，没把精力用在做实事、抓落实上；有的急功近利，沽名钓誉，搞形式主义；有的弄虚作假，虚报浮夸，报喜不报忧，欺骗上级，愚弄群众；有的听喜不听忧，使报喜者得喜，报忧者得忧，等等。这是导致我们许多决策和工作部署不落实的症结所在。各级领导干部要树立强烈的事业心和责任感，求真务实，真抓实干，力戒浮躁情绪，力戒弄虚作假，力戒清谈空谈，力戒华而不实，把各项工作做扎实。制定决策要从实际出发，充分调查论证，多听取各方面意见，不能单凭主观意志行事。做事情要脚踏实地，不能认为会开了、话讲了、文件发了就万事大吉，要扑下身子抓落实。特别是对中央、省委的重大决策和重要部署，一定要抓住不放，一抓到底，切实抓出成效。对涉及群众利益的事情和群众反映集中的问题，要高度重视，认真解决。要实事求是，工作有一是一，有二是二，讲成绩不夸大，说问题不掩饰，坚决刹住华而不实、弄虚作假的歪风。要改进对干部政绩的考核办法，对埋头苦干、求真务实的同志予以鼓励，对搞形式主义、欺上瞒下的人及时进行批评教育，情节严重的要严肃处理。要进一步精简文件、会议和各种应酬活动，拿出更多的时间和精力，谋全局、下基层、干实事、抓落实。

六、方法要妥。要把改进领导方式和工作方法，作为党的作风建设的一项重要内容，切实抓好。坚持动机与效果的统一，依法行政，依法办事，尽力而为，量力而行，不提不切实际的目标，不提过急过高的要求，不搞违背群众意愿的强迫命令。适应经济社会多样化和市场经济发展的要求，努力学习运用法律的、经济的、思想教育的方法，辅之以必要的行政手段，协调好不同群体间的利益关系。坚持因地因时因人制宜，实行分类指导，运用典型引路、示范服务等办法引导群众、组织群众，提高工作的针对性和实效性，切忌“刮风”、搞“一刀切”。当前，国际形势比较复杂，社会各方面的不稳定因素比较多。要正确处理新形势下的人民内部矛盾，认真排查问题隐患，研究落实防范措施，依法严厉打击境内外敌对势力的破坏活动，加强社会治安综合治理，妥善处置突发事件和群体事件，严防重大安全事故，努力维护社会稳定。

大力繁荣发展社会科学事业*

（2001年10月22日）

党的十五大以来，我省社会科学事业取得了很大的发展，特别是在学习宣传研究邓小平理论、党的十五大精神、江泽民同志"七一"重要讲话，为党委和政府重大决策提供理论服务和智力支持等方面作出了重要贡献，取得了一大批优秀成果，涌现出许多优秀人才。有不少重要成果，如党的第三代中央领导集体对邓小平理论的丰富和发展、农业产业化、建设"海上山东"、人口发展理论等重大问题的研究，在全国产生了比较大的影响。我省改革和建设成就的取得与广大社会科学工作者的努力密不可分，对他们的辛勤劳动表示感谢。

发展社会科学事业，对我们整个社会主义现代化建设是十分重要的。我们党历来重视理论建设，重视科学理论指导。党的三代中央领导核心都十分重视社会科学事业的发展。江泽民同志今年8月7日在北戴河会见部分国防科技和社会科学专家时，从人们认识世界、改造世界的重要工具，推动历史发展和社会进步的重要力量，综合国力的重要组成部分等方面，深刻阐述了哲学社会科学的重要地位和作用，提出发展哲学社会科学和自然科学同等重要，对在新的世纪里繁荣和发展哲学社会科学有着非常重要的指导意义。我们必须从全局的高度、战略的高度充分认识繁荣和发展社会科学的重要性，进一步推动我省社

---

* 这是吴官正同志关于发展社会科学事业的一次谈话。

会科学事业的发展。

山东是我国沿海经济大省，社会科学事业的发展，应与经济大省地位相适应。发展我省社会科学事业，关键是要结合山东的实际，勇于进行理论创新。当前，国际国内形势发展变化很快，许多重大理论和实践问题迫切需要社会科学工作者作出科学的回答。社会科学工作者要抓住这一时机，高举邓小平理论伟大旗帜，以“三个代表”重要思想为指针，发扬理论联系实际的优良学风，以深入研究重大现实问题为主攻方向，注重研究我国和我省经济和社会发展中带有全局性、战略性、前瞻性的重大课题，准确把握当今世界的发展趋势，深刻认识当代中国经济社会发展规律，努力取得一批新的有更大影响的社会科学研究成果。

在新的历史条件下，社会科学事业大有作为。全省广大社会科学工作者要解放思想，实事求是，追求真理，淡泊名利，讲求科学精神，推崇创新发展。各级党委、政府要加强领导，加大对社会科学事业的扶持力度，积极创造条件，形成良好的事业发展运行机制和人才培养激励机制，促进我省社会科学事业的繁荣和发展。相信全省广大社会科学工作者，在新的世纪征程上，一定能够以自己的聪明才智，为我省经济和社会的全面发展作出更大贡献。

财政收入一定要实*

（2001年11月1日）

春亭省长和我多次强调，财政收入一定要实，切不能弄虚作假，沽名钓誉。一定要坚决制止收过头税或虚列收入，也一定要防止该收的不收，望你们落实。经济工作的着力点是发展经济、调整结构、提高效益、培植财源，保持持续快速健康发展。今年的财政增长也不要过猛，还要考虑明年，年年有较快的稳定增长才是本事。要鼓劲，但不能盲目攀比，江苏的经济总量和质量都比我们高，地方财政收入比我们多也是正常的，只要山东日子过得去就行。

---

* 这是吴官正同志致山东省财政厅负责同志的一封信。

在改革和发展中解决就业问题*

（2002年1月14日）

1月13日《大众日报》刊载的沂南县靠企业改革和经济结构调整，使4600多名困难企业职工喜获新的工作岗位的报道，令人振奋。这个县把安排好困难企业职工的工作和生活作为实践“三个代表”的切入点和落脚点，坚持在改革和发展中扩大就业，值得大力倡导。

我省是人口大省，目前正值劳动力年龄人口增长的高峰期，随着企业改革和结构调整，还有一些下岗职工面临再就业，每年城镇劳动力供给量都在100万人以上。省委、省政府对此高度重视，近几年来一直把扩大就业作为一个全局性的问题千方百计加以解决，已经取得了明显成效。但目前这个问题仍比较突出，需要我们加倍努力。安居乐业，事关每个社会成员和千家万户的切身利益，是广大人民群众的热切愿望。坚持和实践“三个代表”，就要想群众之所想，急群众之所急，切实为群众排忧解难。沂南县从解决困难企业职工的就业问题入手，维护和实现人民群众的利益，是实践“三个代表”的实际步骤，也是转变干部作风，密切党群干群关系的具体行动。全省各级都应当从贯彻落实“三个代表”重要思想的高度，重视解决困难企业职工的工作和生活问题，把扩大就业作为经济社会发展的优先目标来考虑，作为领导干部的重要职责来对待，千方百计开辟新的就业领

---

* 这是吴官正同志以《大众日报》评论员署名发表的一篇文章。

域，使更多群众得到就业机会。

在发展社会主义市场经济条件下解决就业问题，办法、措施、途径很多，很重要的一条，就是要把改革开放、发展经济与扩大就业结合起来，坚持在改革和发展中创造更多的就业机会。沂南县就是一个好例子。深化企业改革，调整优化经济结构，提高经济增长的科技含量，是增强我省经济实力和发展后劲的根本举措，必须坚定不移地向前推进。经济总量和质量上去了，才能从根本上缓解和解决就业问题。各地要结合实际，努力寻找把改革、发展同扩大就业结合起来的有效途径。要大力兴办资金、技术、劳动密集型企业，在实现产业、产品升级的同时，扩大就业。要立足于盘活存量搞调整，通过资产重组、资本运营和技术改造，使一批停产半停产的困难企业起死回生，职工得到安置。要大力发展服务业和非公有制经济，加大对中小型企业的扶持力度，充分发挥其就业主渠道的作用。要更新观念，破除传统就业模式，努力扩大就业容量，加强和改善对就业的管理和服务，全社会齐心协力，把这件关系改革发展稳定大局的事情办好。

在城市建设中要注意维护群众利益*

（2002年1月22日）

今天召开这个现场办公会，主要是同市里的同志一起，就济南城市建设的一些重大问题进行研究，进一步统一思想，明确任务，解决实际问题，把济南市城市建设和经济发展搞得更好。会前，作了比较充分的准备，高丽〔1〕同志和寓群〔2〕、廷生〔3〕、克志〔4〕同志，以及省委政研室的王敏〔5〕等同志作了多次调查研究，听取了各方面的意见建议，形成了调研成果。下面我谈点意见。

要做点宣传工作，形成浓厚的舆论氛围。使济南市民知道市委、市政府所做的工作，知道今年要做几件什么事，城市规划是什么样子，今后五年干些什么。让市民参与，通过参与取得广大人民群众的支持，在参与过程中统一思想认识，提高市民素质。如乱建乱占、乱开乱挖、乱丢乱扔的问题，一定要解决。要让市民自己认识到“人民城市人民建，人民城市人民管”的道理。

对征地、拆迁、施工等涉及群众切身利益的问题，要耐心做工作，不能简单化，争取群众的理解和支持。要充分体谅群众的困难，考虑其生活来源，安置好群众的生活。你们拆迁、征地、安置任务很重，时间这么紧，会给市民带来不方便，要说些道歉、谅解的话，要讲清楚道理，讲清楚政策。要相信广大市民是讲道理

* 这是吴官正同志在济南城市建设现场办公会议上的谈话。

的，是会支持的，要把好事做好。市政府要向人大、政协通报工作，人大、政协也要帮助政府耐心做好工作。市里召开有关城市建设的重要会议时，也可以考虑请部分老同志参加。大家统一思想，形成共识，好事就会办好。关于项目的提法要注意，不要提什么“形象工程”、“景观大道”，这样提效果不好，还是要讲得实实在在，说清楚这是发展的需要，是提高人民群众生活质量的需要。

一定要注意把工业生产搞上去。从济南目前的实际出发，抓好工业至关重要。要通过深化改革，进一步搞活工业企业，提高竞争能力。工业搞好了，有利于增加财政收入，也有利于第三产业发展。要继续加快第三产业发展，到底搞什么？能否在服务业方面搞些有影响的、标志性的东西？这对安排就业也很重要。要招商引资，光靠自己这点钱是远远不够的。深圳、浦东发展快，都是大量吸引了外资。没有大量资金注入，城市、工业、服务业是很难有大发展的。因此，要努力改善经济环境，讲究信誉，提高办事效率，搞好服务和社会治安，整顿好市场经济秩序，使更多的投资者和经营者愿意到这里发展。省委、省政府已经组织了专题调研组，正在抓这项工作。济南市应当在这方面为全省带个头。

注　　释

〔1〕高丽，即张高丽，时任山东省委副书记、代省长。

〔2〕寓群，即韩寓群，时任山东省委常委、常务副省长。

〔3〕廷生，即林廷生，时任山东省副省长。

〔4〕克志，即赵克志，时任山东省副省长。

〔5〕王敏，时任山东省委副秘书长、政研室主任。

加快民营经济发展重在解放思想*

（2002 年 1 月 26 日）

加快民营经济发展，必须进一步解放思想。在社会主义市场经济条件下发展民营经济，是一件利国利民的大好事，每个社会成员都要满腔热情地关心支持。只要诚实劳动、合法经营，民营企业及其经营者和从业人员就应当得到各级党委、政府的支持和保护，也应当受到社会的尊重。对各种经济成分、各社会阶层，要一视同仁，平等相待，努力为他们创造公平竞争、共同发展的条件。领导干部首先要解放思想，从思想认识、精神状态、工作指导等方面摆查问题，采取改进措施。要更加自觉地以"三个代表"重要思想为指导，坚持"三个有利于"的标准，坚持一切从实际出发，鼓励支持基层干部群众，创造性地开展工作，大胆探索、大胆实践、大胆创新，解决影响民营经济发展的突出问题。不论是对国有集体经济，还是对个体私营经济，都应当热情服务，积极主动地帮助其解决困难，推动其健康发展。解放思想，要体现在进一步深化改革上，引导民营经济通过参股、联合、兼并、租赁等多种形式，参与公有制企业改革，促进形成多元投资结构，加快体制机制创新，为经济发展增添活力。

加快民营经济发展，必须研究制定相应的鼓励、扶持政策。过去制定的政策，凡是符合实际、行之有效的，都要继续执行，并

---

* 这是吴官正同志在山东省民营经济工作会议上讲话的一部分。

在落实上狠下功夫。当前,在政策措施上,一要进一步放宽民营经济经营范围,为民营经济开辟新的发展领域。二要鼓励和支持民营经济参与经济结构调整。尤其要在全省筛选出一批规模大、管理严、效益好、辐射带动能力强的重点民营企业,在技术改造、贷款担保、新产品开发等方面给予扶持,努力把企业做强做大。三要加快民营企业的科技进步,鼓励有条件的民营企业建立技术中心和科研开发机构,进入高新技术产业和领域。四要拓宽民营经济融资渠道,加大对民营经济的信贷支持。五要以加入世贸组织为契机,大力提高民营企业的外向度,支持和引导民营企业参与国际经济的合作与竞争。六要大力支持民营企业安置吸纳城镇下岗职工,扩大就业。对吸纳就业人员较多的企业,要在资金等方面给予优惠扶持。同时,要注意加强对民营经济的规范与管理,取缔无照经营,制止不正当竞争,建立企业信用监管体系,规范其市场行为,处理好严格执法、依法行政与热情服务的关系。

加快民营经济发展,必须创造良好的社会环境。要采取多种形式,广泛宣传党和政府鼓励、扶持民营经济发展的方针政策,宣传民营经济对经济社会发展的积极贡献,宣传民营企业经营者和从业人员中的优秀分子及其先进事迹,在全社会形成一个关心、支持民营经济发展,尊重、爱护民营企业经营者和从业人员的舆论氛围。要下大力气改善执法环境,各行政机关和执法部门,要进一步转变作风,依法行政、文明管理。对民营企业要做到公正、公平,保护经营者的合法权益。要坚决打击村霸、路霸、市霸特别是黑恶势力,坚决惩处各种刑事犯罪活动。进一步整顿、规范市场经济秩序。要进一步治理"三乱",特别要严肃查处"吃"、"拿"、"卡"、"要"等恶劣行为,为民营经济健康发展创造良好条件。要切实转变政府职能,加快行政审批制度改革,简化办事手续,借鉴对外资企业的做法,对民营企业实行一站式服务、一条龙审批。积极推行政务服务承诺制，提高办事效率。加强服务体系建设，为民营企业提供信息、技术、人才、资金、法律等多方面的服务。

坚持走科技与经济紧密结合的路子*

（2002 年 3 月 29 日）

发展高新技术产业，必须坚持走科技与经济紧密结合的路子，立足现实，着眼长远，突出重点，积极推进，努力实现跨越式发展。

用高新技术与先进适用技术改造和提升传统产业。支持重点行业和骨干企业进行技术改造，特别是装备工业生产企业，要强化产品开发和技术创新能力。抓好纺织、造纸、食品、酿造、机械、建材、石油、煤炭、化工等行业的技术改造工作，提升传统产业的科技含量，增强市场竞争力。我省是农业大省，要运用生物技术、信息技术、生态保护技术改造传统农业，在品种培育、农业资源有效利用等方面有新的突破，加快农业标准化、市场化、国际化进程，使我省农业焕发新的活力。

大力培植新兴产业，形成新的经济增长点。着力发展电子信息、生物技术、新材料等高新技术产业，形成新的“亮点”。我们现在的经济实力和科技实力还很有限，全方位追求“高、精、尖”技术是不现实的。要量力而行，有所为有所不为，选择一批我省有基础、对整个经济发展有重大带动作用的领域，集中力量，加强协调，精心组织，尽快突破，形成生产能力。比如，我省的海洋技术、生物工程、采矿技术、电子信息、纺织技术、农业技

---

* 这是吴官正同志在山东省高新技术工作会议上讲话的一部分。

术、机械加工技术等，有些在国内处于领先地位，有些在国际上也不落后，应发展得更快一些。特别需要强调，要加快发展信息产业，用信息化带动工业化，从而发挥后发优势。要以优势产业和重点项目建设为突破口，采取统筹规划、加强协调、重点扶持等措施，促进信息化建设，实现社会生产力的跨越发展。

努力办好各类开发区。赋予开发区相应的经济管理和行政管理权限，建立完善市场机制，发展特色主导产业，扩大生产规模，使其成为全省高新技术产业发展的基地。发展高新技术，不抓科研就没有持久的竞争力。要围绕产业升级，加强关键技术和共性技术的研究开发，加快科研成果的推广应用。尽快形成以企业为主体、高等院校为依托、自主创新与引进创新相结合的科技创新体系。大力发展高新技术创业服务中心、大学科技园、留学生创业园等多种类型的科技企业孵化器，使一大批科技含量高、市场前景好的高新技术企业脱颖而出。进一步改革科技体制，深化应用型科研机构和社会公益型科研机构改革，建立健全科技创新激励机制。

把发展高新技术同扩大开放结合起来。扩大对外开放，加强国际科技交流与合作，是快速提高我省科技水平、提升产业层次的有效途径。一方面，要继续积极引进国外先进技术和设备，特别要通过利用外资，引进关键技术，借鉴学习国外先进技术的管理使用经验，提高发展的起点，带动技术进步、效益提高、后劲增强、人才成长。另一方面，切实把引进、消化、吸收、创新衔接起来，组织力量有选择地对引进的一些基础性、关键性技术设备进行攻关，掌握核心技术，力争形成自主知识产权。

重视民营经济在发展高新技术中的作用。我省高新技术企业中，民营企业已占50%以上，是一支生力军。要认真贯彻落实省委、省政府关于加快民营经济发展的政策，大力扶持民营科技型企业加快发展。可先在全省筛选一批规模比较大、创新能力强、辐射带动作用明显的民营科技型企业，予以重点扶持，帮助其做大做强，带动整个民营科技型企业的发展。

培养和用好人才。发展高新技术，关键靠人才。要抓教育，特别是加快高等教育体制改革，调整学科和专业设置，改进教学方法，努力培养高科技人才和精通国际金融、财会、贸易、法律、管理的专业人才。要注意引进各类人才。在高新技术领域，吸引和留住一个高精尖人才，就意味着保住或新增一门新兴学科、一项关键技术，其潜在价值不可估量。要完善对各类人才的选拔任用、考核评价、激励监督制度，善于发现和大胆起用年轻优秀的科技人才。要通过我们的工作，吸引更多的人才来我省建功立业。认真落实高新技术人员创新、创业的手段和条件，落实技术、管理等生产要素参与分配的政策，落实对有突出贡献的科技人员和高层管理人员进行奖励的规定，充分发挥广大科技人员的积极性、创造性。用高新技术改造提升传统产业，可能会减少原有一些就业岗位。但如果工作做得好，就业不但不会减少，反而会有所增加。要把发展高新技术产业与发展劳动密集型产业结合起来，特别要注意发展带动能力强的龙头企业、骨干企业，大力发展第三产业，既促进经济质量和效益的提高，又为劳动力就业开辟广阔领域。

农业产业化发展需要解决的几个问题*

（2002 年 4 月 29 日）

第一，政策问题。发展农业产业化需要政策的扶持。近几年来，围绕农业产业化发展，各级出台了一系列政策措施，为产业化的发展创造了良好条件。省委、省政府即将下发关于深入推进农业产业化经营的决定，在政策上进一步加大了对农业产业化经营的扶持力度，各地各部门要认真抓好贯彻落实，同时根据当地情况制定各自的扶持政策。政策扶持要突出重点，起到引导和推动作用。一要有利于促进农业结构的战略性调整，用产业化推动发展高效农产品的种植养殖，增加农业效益。二要向龙头企业倾斜，以此为切入点，带动农户，拉动发展。三要加强配套体系建设，特别要促进市场的开发，建立和完善市场体系，为产业化发展开辟广阔空间。四要鼓励有条件的县、乡事业单位更好地为农业和农民服务，既提高服务效率，又开拓新的生产经营门路。五要进一步增加农业基础设施的投入，改善农业和农村生产条件。尤其是农村道路、电网、通讯、水利建设，要加强统一规划，提高投资效益。金融、税收、外贸、工商等部门和单位，都要改进服务，更加方便企业、方便农民。

第二，“龙头”问题。龙头企业不同于一般的工商企业，它一头连着市场，一头连着农户，肩负着带动农民进入市场、共同致

---

* 这是吴官正同志在山东省农业产业化工作会议上讲话的一部分。

富的重任,是农业产业化经营的关键环节。扶持产业化就是扶持农业,扶持龙头企业就是扶持农民。这些年我省农业龙头企业有了较大发展。但总体上看,各地发展不平衡,龙头企业规模和数量都远远不够,市场竞争力不够强,辐射带动能力仍比较弱。各级要充分认识农业龙头企业重要作用,遵循市场经济规律,打破所有制、行业和行政区域界限,多形式、多渠道培植壮大龙头企业。鼓励和支持工商企业发展农产品加工流通业,特别要把发展民营经济与发展农业龙头企业紧密结合起来,加快农业龙头企业发展。鼓励和支持那些机制好、竞争能力强的龙头企业突出主业,加快技术改造,扩大规模,增强实力,尽快成为大型龙头企业集团。要把发展龙头企业的重点放在鼓励农产品加工项目上,有重点地进行技术改造,搞好产品深加工,提高产品质量和档次。要以龙头企业为核心,通过兴办基地、开拓市场、发展中介组织、推广科技等多种方式,带动千家万户发展农业和农村经济。在扶持龙头企业发展中,要注意与推进小城镇建设结合起来,凡有条件的,要吸引龙头企业进镇办厂,增强小城镇经济实力,提高投资、生产、经营效益,更好地带动周围农村发展。

第三,科技问题。农业发展的根本出路在于科技。发展农业产业化经营,需要科技进步作支撑。要把发展产业化同农村科技推广结合起来,相互促进。一要加快普及先进适用技术。适应当前农业发展的新形势,以农业产业化经营组织、商品基地为重点,组织实施良种产业化工程、优质高效农产品基地开发工程、农业科技示范园区工程、农业标准化工程等一系列科技兴农工程。通过龙头企业和生产基地,使质量标准和技术规范进入千家万户,引导农民大力发展适销对路的名优特新产品,发展无公害农产品、绿色食品和有机食品,发展节水农业和生态农业,提高农业科技含量。二要加快建立新型农业科技创新体系。进一步创造条件，把农业龙头企业、农业科研院所、农村科技大户和中介服务组织推向市场经济前沿，使龙头企业成为吸纳科技人才、转化科技成果、推广先进技术、开发高新技术的主体，支持和鼓励应用型农业科研机构改制为科技型龙头企业，加速科研成果的转化，更好地带动农村科技水平的提高。三要搞好农民科技培训。建立灵活高效实用的培训体系，在巩固完善三级培训网络的同时，采取多种形式加强对农民的科技教育培训，不断提高其科技文化素质和致富本领。四要以信息化推进农业产业化。进一步加快以“金农工程”为重点的全省农业信息体系建设，为农业产业化经营提供生产、技术、市场等信息服务，特别是供求、价格、库存、进出口等方面的信息，指导企业和农民及时调整生产，增加收益。

第四，体制问题。旧的农业管理体制已不适应农业产业化经营，迫切需要建立和形成新的管理体制。要不断深化改革，转换机制，理顺体制，为产业化健康发展创造好的体制环境。要建立完善产业化经营利益机制，引导龙头企业与农户按照公司加农户的基本方式，在自愿平等的基础上，建立利益共享、风险共担的经营机制。要指导龙头企业进一步完善委托生产、订单农业、入股分红、利润返还等行之有效的利益分配方式，密切与农户的经济联系，形成更加紧密的利益共同体。要通过整顿市场秩序，规范龙头企业和农户的经济关系，提高诚信程度。属于合同契约关系的，要规范合同行为，提高合同履约率；属于合作制、股份合作制关系的，要建立健全规章制度，实现规范化运作，切实保护农民利益。要加快培育发展中介组织。积极推动供销合作社、村集体合作经济组织的改革改造，使之成为农业产业化经营的有生力量。认真研究制定相关政策和法律法规，引导和鼓励农民兴办各种类型的专业合作组织。针对加入 WTO 的新要求，加快建立各类农业行业协会，加强行业自律，规避外贸风险。

进一步深化农业管理体制改革。适应农业产业化经营的需要，改革计划经济条件下形成的条块分割、部门分割、产销脱节的管理体制。

不断提高驾驭经济工作的能力*

（2002年5月7日—9日）

这次和传升[1]等同志一起到三个县作了些调查研究，听了县里一些同志的情况介绍，受到鼓舞和启发。关于加强学习问题，我谈点认识。

加强学习的问题越来越重要。形势发展很快，不加强学习，就落后于时代。如果我们系统地而不是零碎地、准确地而不是片面地、实际地而不是教条地掌握了理论知识，就能够增强预见性和科学性。加强学习，主要是学习马克思主义，特别是邓小平理论和“三个代表”重要思想，掌握立场、观点、方法，提高认识问题、分析问题、解决问题的能力。同时要结合工作多学一些知识。我建议有条件的同志们挤时间读一读马克思的再生产理论，读一读恩格斯的《自然辩证法》，还要学一点当代经济学的著作，像萨缪尔森、斯蒂格利茨的经济学著作，进而深化对市场经济规律的认识，深化对资本扩张和经济全球化的认识，深化对可持续发展的认识。

在发展社会主义市场经济的过程中，我们遇到许多新问题。有的在老祖宗的经典著作中已涉及，随着实践的发展，我们将进一步体会到其中的深刻内涵。比如，马克思讲的再生产有四个环节，生产、交换、分配和消费，它们之间是一个有机的整体。生产决定交换，交换也反作用于生产，产品只有卖出去，价值才能

---

* 这是根据吴官正同志在山东省阳信、庆云、临邑三县调研时的几次谈话整理的。

够实现；生产和交换决定分配，分配方式对生产和交换也有反作用。生产是为了消费，消费也促进或拉动生产，从一定意义上说，消费也是生产。计划经济时期强调生产，不重视流通、分配和消费，结果反而造成商品短缺。改革开放以来，我国搞社会主义市场经济，结束了商品短缺，卖方市场变成了买方市场，这是了不起的历史性飞跃。同时，也带来了新的困难，需求不足成了制约经济发展的主要因素，如何扩大消费成为需要解决的突出问题。这就需要研究分配问题，在生产的特定阶段上，分配方式决定消费的性质和水平。一次分配要注重效率，二次分配要注重公平。完善分配方式，对于体现社会公平和扩大消费具有非常重要的作用。作为企业，消费就是市场。海尔的“定单即生产”的观念，就是这个道理。再如，马克思讲实现扩大再生产有两种形式，包括内涵扩大再生产和外延扩大再生产。在买方市场情况下，必须切实转变经济增长方式，主要走内涵扩大再生产的路子，防止低水平重复建设。恩格斯的《自然辩证法》内容非常丰富，我们可以从中受到多方面的教育和启示。关于人与自然的关系，恩格斯指出，人类对于自然界的每一次胜利，都会受到自然界的报复。我们在经济发展中，要重视人和自然的协调与和谐，处理好经济发展与人口资源环境的关系，努力实现可持续发展。他还指出，人类的历史是一个不断从必然王国向自由王国发展的历史，人们的主观与客观越符合，改造客观世界的活动就越能达到预期目的，盲目性就会减少，自由会越来越多。我们应当在改造客观世界的同时，改造自己的主观世界，不断深化对自然规律和社会规律的认识，不断地总结经验，有所发现，有所创造，有所前进，有所作为。总之，学习马克思主义理论，要与时俱进，坚持理论与实际相结合。

搞市场经济，必须弄清楚生产什么、怎样生产、为谁生产这些基本问题，学会用市场经济的手段调控经济运行。市场经济条件下，政府调控经济发展，有四个方面的指标非常重要。一是GDP状况，包括速度、质量和效益。经济增长的重要性是不言而喻的。在市场经济条件下，经济增长不单是物品数量的增多。因此要重视经济增长的质量。很重要的一个方面要注意看财政收入占GDP的比重，还有经济增长是否与人口、资源、环境相协调。二是失业率。要千方百计扩大就业，将失业率保持在尽可能低的水平上。三是通货膨胀率。物价稳定是通货稳定、供求平衡、比例协调的综合反映。四是收支平衡。包括国际收支平衡和国内收支平衡。这几个方面是相互作用、相互关联的。经济增长时，往往物价趋于上升，失业率趋于下降，财政收支状况较好；经济衰退时，物价常会下降，失业率上升，财政困难。当然，这是讲一般情况下，在有些时候经济增长，物价也比较稳定；经济衰退，物价飞涨。要具体问题具体分析。我们要综合运用调控手段，注意观察和把握这四个指标，处理好相互关系，保持经济的持续快速健康发展。

在今后一段时期内，我认为有几个问题必须高度重视，认真对待，努力加以解决。

第一，千方百计扩大就业。就业水平高低，是衡量经济社会发展的一个重要方面。人口众多是我们的基本国情，也是山东的省情。就业压力大将是我们在相当长的历史时期面临的问题。搞市场经济，存在失业现象是正常的，但必须把失业率控制在社会可以承受的限度以内。当前，虽然国有企业下岗人数有所减少，但失业人数继续增加，劳动就业矛盾十分突出。我们省城镇每年大约有70万新成长劳动力需要就业。失业人员增加就会影响社会稳定。过去人们手中无粮心发慌；现在有些群众是家有闲郎心着急。解决就业问题已成为关系改革顺利进行及经济社会稳定最为紧迫的问题。各级党委、政府要把扩大就业作为经济社会发展的优先目标来考虑，作为领导干部的重要职责来对待，作为关心群众生活的具体措施来安排，千方百计创造更多的就业机会。国有企业减员增效要与促进再就业相结合，下岗分流的规模和进度要与社会承受能力相适应。要积极发展民营经济，发展就业容量大、市场有需要的劳动密集型产业，开拓发展具有广阔空间的第三产业特别是社区服务业，发展灵活多样的就业方式，增加就业岗位。

第二，促进农村富余劳动力转移。这个问题不仅困扰着农村经济的发展，而且影响现代化建设的全局。我们的农村人口多，人均耕地少，农民的组织化程度低，农业的竞争能力比较弱。发展农村经济，必须深入研究钱从哪里来、人往哪里去的问题。“现代化”是一个相对的概念，人类社会的不同发展阶段，实现现代化都有不同的具体内容。我国现阶段所追求的现代化，基本内容仍然是“工业化”和“城市化”，是用现代科学技术和理论武装起来的“工业化”和“城市化”。发达国家的人口多数集中在城市，而我们省60%多在农村。人家几个人种地，100个人吃饭；我们60个人种地，100个人吃饭，怎么能有竞争力？所以，逐步把农村富余劳动力从农业生产中转移出来，是我们面临的艰巨任务。去年全省从农业生产中转移出来的劳动力大约有两百多万人。如这样发展下去，十几年后的山东，情况会大大改观。加快城市化进程，是转移农村劳动力的重要途径。资金、技术、劳动力向城镇流动和聚集，经济社会重心向城市转移，是现代化的必然趋势。要取消不合理的限制，采取灵活的政策措施，促使新办工商企业向城镇聚集，促进农村劳动力向城镇合理有序转移。要遵循城市发展规律，树立长远眼光，把城市规划好、建设好、管理好、经营好，注意防止出现“城市病”。要学会市场运作，善于经营城市，开辟更多的城镇建设融资渠道。同时要立足现实，进一步调整优化农村产业结构，大力发展农业产业化经营，培植壮大“龙头”企业，使更多的劳动力从事农村二、三产业。推进农业产业化经营的关键问题，是在生产、加工和销售之间建立合理的利益分配机制，让农民分享农业产业化的好处，分享农产品加工和流通领域的利润。有的县区通过市场建设吸纳社会资金，发展民营经济，扩大城镇规模等做法，见到了很好的效果。市场建设一定要注意科学规划，合理布局，与城镇建设的总体规划通盘考虑，搞好配套服务。在培育和繁荣市场的同时，要加强对市场的规范和管理，教育从业人员依法经营，照章纳税，保持良好的市场秩序。劳务输出也是劳动力转移的一种形式，要有组织地进行，注意维护外出打工者的合法权益，加强技能等方面的培训，进一步树立山东人诚实守信的良好形象。

第三，加快社会保障体系建设。改革开放以来，劳动力就业的市场化趋势，导致计划经济时期的"隐性失业"逐步显性化，失业和下岗问题越来越明显。加快社会保障体系建设，成为关系改革发展稳定大局的问题。经过几年的努力，我们已经建立起"三条保障线"制度，为离退休职工、国有企业下岗职工及城镇低收入居民提供了社会保障，有力地维护了社会稳定。但目前，我们的社会保障体系和功能还不够完善，与经济社会发展和群众的要求不相适应。要把建立健全社会保障体系作为实践"三个代表"重要思想的具体行动，按照中央的部署，结合我们的实际，切实把这项工作做好。要通过深化改革，完善各类社会保险制度，扩大社会保障覆盖面，努力做到应保尽保。要重视解决城市困难居民和困难企业职工的生活问题，搞好"三条保障线"的衔接，防止出现脱节现象。社会保障制度的建立和完善，关键是资金的筹措和运营。要采取多渠道筹资的方式，解决社会保障资金来源问题。加大对企业交纳社会保障金的收缴力度，财政要积极调整支出结构，多挤一些钱用于社会保障事业。社会保障制度改革是一项极其重大的社会改革，几乎涉及所有人的切身利益和利益再分配。要考虑到我们的国情、省情，从实际情况出发，不仅要有经济上的考虑，而且要有政治上的考虑，不仅要有短期考虑，而且要有长期考虑，在实践中探索，逐步完善有中国特色的社会保障制度。

第四，努力化解不良资产和债务。在经济发展中，决不能忽视金融和财政风险的防范和化解问题。目前农村基金会、银行不良贷款和企业债务、亏损挂账、市县乡财政借债等多年积累的问题，不同程度地存在，有的地方还很严重。其潜在的隐患和风险不可小视，处理不好就可能出乱子。要认真吸取过去的教训，精心操作，科学决策，避免出现新的不良债务。要切实增强风险意识，加强宏观调控，加大监管力度，确保金融、财政安全。要采取综合措施，努力减少不良资产和债务。现在利率市场化进程大大加快了，货币市场规模进一步扩大，金融业的开放度越来越高，竞争更加激烈。这些都对储蓄及信贷产生重大影响。我们必须适应新的形势，更好地筹集资金、使用资金。从根本上讲要靠提高经济质量和效益，主要通过发展经济逐步解决。国家财政收入占 GDP 的比重一般在 25%左右，有的发达国家更高一些，我们不少县还不到 10%。财政收入占 GDP 的比重低，说明我们的经济结构层次低，经济增长的方式仍然是粗放型的。因此，必须大力调整经济结构，转变经济增长方式，真正把经济增长转到依靠科技进步和提高劳动者素质上来，走内涵扩大再生产的路子，提高投入产出比率，进而提高财政收入占 GDP 的比重，把经济发展的成果体现到财政增收和人民群众生活水平的提高上。只有这样，才能逐步增强财力，扩大回旋余地，提高化解不良资产和各种债务的能力。

注　释

〔1〕传升，即杨传升，时任山东省委常委、秘书长。

文学艺术要反映时代风貌弘扬民族精神*

（2002 年 5 月 13 日—14 日）

发展先进文化和发展先进生产力，都是社会主义现代化建设的战略任务，都是人民群众的根本利益。一个民族的进步和发展，没有先进的生产力不行，没有先进的文化也不行。先进生产力是社会前进的物质动力，先进文化是社会前进的精神动力。文学艺术在培育和弘扬民族精神方面，发挥着独特的重要作用。我们党历来高度重视文艺工作。毛泽东同志《在延安文艺座谈会上的讲话》、邓小平同志《在中国文学艺术工作者第四次代表大会上的祝词》、江泽民同志在第七次全国文代会和第六次全国作代会上的讲话，是我们党在不同历史时期指导文艺工作的光辉文献。“三个代表”重要思想，丰富和发展了毛泽东思想和邓小平理论，为文艺创作更好地体现时代精神，增强感召力、吸引力，进一步指明了方向，为文艺的繁荣发展开辟了新的天地和广阔前景。

繁荣发展文学艺术，一方面要坚持正确的政治方向，弘扬主旋律，提倡多样化；另一方面要努力改造落后的文化，坚决抵制腐朽的文化。现在有一种现象值得警惕和关注，就是文艺的庸俗化倾向。在电视屏幕、互联网和一些报刊中，有一些格调低

---

* 这是根据吴官正同志在山东省文联、作协和文艺院团调研时几次谈话整理的。

下、粗制滥造的东西，有的甚至渲染消极、颓废、没落的思想意识。这些东西败坏人们健康的审美情趣，侵害青少年的纯洁心灵，我们必须高度关注，认真对待，坚决抵制。在新的历史条件下，文艺要贴近大众、面向市场，但决不能迎合低俗，制造文化垃圾。作家、艺术家是人类灵魂的工程师，要有强烈的社会责任感，把高品位、高质量的精神食粮奉献给人民。党委、政府要坚持一手抓繁荣，一手抓管理，扶优抑劣，净化文化市场。有关部门和社会各方面都要努力扶持和培育高雅艺术，完善“文企联姻”等合作方式，加强对优秀传统艺术的保护，表彰奖励有成就的作家、艺术家，促进我省文艺事业沿着先进文化的前进方向健康发展。

伟大的时代必然产生伟大的作品。古今中外的传世名作，都是那个时代的人民心灵呼唤和进步要求的反映，都是文艺家的思想感情、创作灵感与时代精神相融合的结晶。任何先进文化都是与时俱进的文化，都反映着时代的精神、时代的活力、时代的内容、时代的审美要求。听一支乐曲，赏一幅书画，诵一首诗歌，读一部小说，就能把我们带进一个特定的历史时代。从我国秦汉以前的诗经、楚辞，到汉赋、唐诗、宋词、元曲以及明清小说，从古希腊史诗，到欧洲文艺复兴以及18、19世纪浪漫主义和现实主义作品，都是社会进步的反映，时代精神的火炬。春秋战国之交，社会剧烈变革，带来了生产力的蓬勃发展，意识形态的百家争鸣，文学艺术的辉煌灿烂，产生了《论语》、《孟子》、《庄子》、《荀子》、《韩非子》等名篇，产生了屈原等伟大作家。汉代的辞赋，特别是“乐府”民歌，“感于哀乐，缘事而发”，生动反映了那个时代人民的思想感情，倾诉了人民的爱憎和愿望。唐朝是一个非常开放的时代，文化交流空前活跃，中国传统的文学、音乐、舞蹈、绘画、雕塑等各个艺术领域，都受到外来文化的深刻影响，尤其是诗歌创作达到了顶峰，产生了李白、杜甫、白居易等伟大诗人。宋代的文学艺术没有西汉或盛唐时的开阔恢弘，也是与当时的政治形势有关的。但宋词在思想意蕴和语言形式上达到非常完美的境界。元杂剧的形成，既是历史上各种表演艺术发展的结果，也是时代的产物，中下层文人与民间艺人的结合，促成了元杂剧的兴盛。《窦娥冤》、《西厢记》、《赵氏孤儿》等就是代表。明清和近代小说的繁荣，也是与城市工商业的发展及文化思想上的种种变化分不开的。古代如此，现代也是这样。“五四”时代是中国历史上又一个剧烈变革的时代，各种思想文化相互激荡。反帝反封建的新文化运动，催生了现代文学艺术，产生了鲁迅、郭沫若、茅盾等新文学巨匠。

我们正处在一个伟大的时代。科学技术日新月异，经济全球化趋势加快，各种思想文化相互渗透。新中国成立五十多年特别是改革开放二十多年来，我国的生产力加速发展，经济社会日益多样化。现实生活空前丰富多彩，作家、艺术家创作天地空前广阔，表现手段空前先进，艺术形式更加多样。处在这样的时代，我们的作家、艺术家应当加倍努力，创作出无愧于时代的优秀作品。艺术创造是非常艰苦的劳动，要有执著的追求和超常的毅力。杜甫“为人性僻耽佳句，语不惊人死不休”。曹雪芹的《红楼梦》“批阅十载，增删五次”，“字字看来皆是血”。当代作家、艺术家应当有“衣带渐宽终不悔，为伊消得人憔悴”的精神。党委、政府要关心作家、艺术家的工作和生活，全社会都要尊重他们的创造性劳动。广大文艺工作者要深入生活，贴近现实，体验人民群众的喜怒哀乐，不断向艺术的深度和广度开掘。

江泽民同志深刻指出：“一个民族，没有振奋的民族精神，没有高尚的民族品格，没有坚定的民族志向，不可能自立于世界先进民族之林。”振奋民族精神的一个重要方面，是发展民族文化，保持民族文化的特色和个性。任何一个民族的自尊、自信和自豪，都源自本民族深厚灿烂的文化。有特色有个性的民族文化，是一个民族的灵魂。失去了文化的特色和个性，也就意味着失去了民族精神。要古为今用，洋为中用，推陈出新，实现民族文化的与时俱进。

中国古代文学名著蕴含着深厚的民族精神，应当根据时代的要求发掘其新的内涵。从某个侧面来讲，读《三国演义》，使人感受比较深的是一个“忠”字。当然，那时的“忠”主要是“忠君”。现在我们也讲“忠”，指的是忠于祖国、忠于人民，共产党员对党要忠诚。《水浒传》一百单八将个个舍生忘死，为的是“义”。现在要讲民族大义，对人民群众要有情有义，对同志、对朋友、对合作伙伴也要讲情义、讲诚信。读《红楼梦》，万般滋味在“情”中，情牵梦绕，寓意隽永，从人际关系上透彻剖析了封建社会。《西游记》人物身上所表现出来的百折不挠、敢于斗争的精神，感人至深。《聊斋志异》通过人鬼神妖、真幻之间的生活画面反映现实矛盾，表现了对真善美的渴望。对古典名著思想内容的理解可能会各不相同，但有一点是共同的，就是应当从这些名著中，受到启示和教育，张扬民族个性。现在有一个问题值得重视，就是如何对青少年进行民族文化艺术的教育和熏陶，培养他们的民族精神、民族骨气，不让他们盲目追随西方文化和流行文化。对优秀的民族文化，如传统戏曲等，既要加以保护，不能让它失传，同时也要随着时代的发展不断创新，吸引更多的观众特别是青少年观众。

发展民族文化还有个地域特色问题。齐鲁文化底蕴丰厚，源远流长，是中华文化的重要组成部分。山东历来是人文荟萃之地。古代有孔子、孟子、孙子、王羲之、辛弃疾、李清照、蒲松龄等，在历史的长廊中有数不尽的齐鲁名士。现代的王统照、李苦禅、臧克家、季羡林、贺敬之、乔羽、谷建芬等文化名人也出自山东。古代文艺理论巨著《文心雕龙》，是山东人刘勰所作，戏剧名篇《桃花扇》的作者孔尚任也是山东人。当代作家、艺术家应当无愧于先人，进一步发扬齐鲁文化，创作出更多具有齐鲁风格、齐鲁气派的精品佳作。吕剧是山东的代表剧种，柳子戏比较古老。要振兴这些剧种，就要注意吸收和借鉴其他艺术形式的精华。比如越剧的服装，京剧的表演，等等，各种艺术形式之间可以相互借鉴，给人以美的享受。文艺创作要注重广泛的群众性，努力反映人民群众的理想愿望和审美要求，满足不同层次的需要。脱离大众、脱离生活的艺术，矫揉造作、无病呻吟的作品，不会有生命力。要从人民群众的伟大实践和丰富多彩的生活中汲取营养，不断进行生活积累和艺术积累。文艺作品要有思想性、艺术性，也要有观赏性，为广大群众所喜闻乐见。相信通过广大文艺工作者的辛勤劳动，山东文学艺术蓬勃繁荣、争奇斗艳的新景象一定会展现在我们面前。

有效运用金融财政杠杆支持经济社会发展*

（2002 年 5 月 21 日）

金融是现代经济的核心，财政是国家职能的重要组成部分。把山东的各项事情办好，需要有力的物质保障。现在，许多该办也想办的事情却办不了，或者办不好，很大程度上是因为资金紧张，心有余而力不足。要积极探索金融财政杠杆的有效运用方式，深入、扎实地做好金融财政工作，使之在加快经济和社会发展中发挥更大的作用。

确保金融财政稳定。金融、财政作为经济运行的"中枢"神经，在维护稳定方面具有举足轻重的作用。要积极防范和化解金融财政风险，确保经济安全。金融风险的联动性很强，一旦出问题就会发生连锁反应，不仅会造成经济波动，而且会波及社会，影响稳定。目前一部分金融机构的不良资产比例仍然较高，其隐患和影响不可小视。必须把加强监管、防范风险作为金融工作的重中之重，强化措施，加大工作力度。银行、证券、保险的监管机构，要落实监管责任，改进监管方式，全面提高监管水平。财政风险除了来自于金融风险的转嫁，还存在于内外债负担的加重。截至目前，我省利用世行、亚行和外国政府贷款累计达 37 亿多美元，最近几年每年还款额都在 1 亿美元左右，这些都是各级财政担保的。再加上 68 亿多元的国债转贷资金等，风险

* 这是吴官正同志在山东省金融财政工作会议上的讲话。

压力相当大。各级要高度重视，合理安排资金，确保债务如期偿还。

要切实把涉及人民群众切身利益的事情办好。财政工作不仅要算经济账，还要算政治账、社会账。当前重点是解决好工资发放、下岗职工基本生活、农民减负增收等三个问题。各级在财政预算安排上，要严格按照“保工资、保稳定、保法定支出”的顺序，确保行政事业单位工资正常发放，确保下岗职工基本生活费用足额开支，确保职工养老保险金及时到位。对于下岗人员所从事的经营活动，金融机构要在贷款投放、保险办理等方面给予照顾，支持再就业工程。农村税费改革事关农民减负和农村稳定，各级务必精心组织、稳妥进行。在此基础上，金融、财政要加大对“三农”的资金投入，帮助农民增收致富。

大力支持经济社会发展。发展是做好金融、财政工作的基础。做好金融、财政工作，必须谋发展、促发展，把金融、财政工作的立足点，牢牢放在支持和服务于经济发展上。近年来，山东经济和社会各项事业都有了长足发展，但我们观念要不断更新，视野要进一步拓宽，工作力度要进一步加大。现在资金不足是经济发展的最大制约之一，其中一个重要原因，就是不少地方融资渠道仍比较狭窄，习惯于用财政的钱，贷银行的款，从市场上直接融资的本领不高。差距也是潜力，要适应形势发展的要求，进一步更新观念，拓展理财思路。前不久，人民银行济南分行在菏泽举办的重点项目推介会，加强了银企之间的联系，深受各方面的欢迎，效果比较好。省财政去年拿出的财政贴息资金，吸引银行贷款，有力地支持了一大批重点技改项目，产生了较好的经济和社会效益。金融、财政是社会资金运动的“总枢纽”、“总闸门”，是调节经济基础的“总开关”，在筹措资金、支持经济发展方面具有得天独厚的优势和条件。要充分发挥金融、财政的作用，站在支持生产力发展的角度，多想些点子和办法，调动一切资金支持经济发展，并将资金导向效益高、前景好的产业和领域，争取使用较少的金融、财政资金，带动较多的社会消费和投资，发挥“四两拨千斤”的作用，为经济发展提供强有力的资金支持，促进结构的调整和经济效益的提高。要注意处理好支持发展与规范政策之间的关系。既要培植和壮大财源，又要严格依法治税。不能一强调支持发展，就片面理解为“放水养鱼”，该收的不收。要坚持依法行政，依率计征，对所有经济成分一视同仁，不歧视、不干扰，公平、统一、规范税收政策，鼓励公平竞争，这也是对经济发展的支持。

积极推进金融财政改革。金融财政改革既是经济体制改革的重点，又是其他各项改革的支撑。一方面，要深化自身改革。财政要以支出改革为核心，以调整支出结构、改革预算管理制度和资金分配方式为重点，以编制部门预算、实行国库集中收付、推行政府采购为突破，逐步建立符合社会主义市场经济发展要求的公共财政框架体系，增强财政调控能力。银行要按照建立现代企业制度的要求，改造成治理结构完善、运行机制健全、经营目标明确、财务状况良好、具有较强国际竞争力的现代金融企业。证券业改革要在改进监管、加快培育证券市场主体、稳步推进证券市场体系建设上下大力气。保险业要深化体制改革，转换经营机制，增强竞争能力，推进保险市场多元化。通过改革，不断发展壮大自身实力。另一方面，金融、财政要为其他各项重大改革提供支持。比如，对于国有企业改革，要积极落实有关政策，帮助国有企业减轻债务负担，增强融资能力，提高竞争力。对于农村税费改革，各级财政要重点解决好乡村组织的经费缺口，各金融机构的信贷等业务也要向农村、农民倾斜。对于各项事业改革，特别是对于走向市场的事业单位，要从金融和财政政策上给予支持和鼓励。各级要把金融、财政改革与其他改革紧密结合起来，通盘考虑，稳妥推进，务求取得实效。

创造良好的信用环境。市场经济是信用经济，不守信用就是扰乱市场经济秩序。有的地方不遵守借款信用，逃废银行债务和借款本息被悬空的问题十分严重，不少企业信息失真，企业公司编造假账、中介机构出具虚假报告的问题时有发生。加入世贸组织以后，要按国际惯例办事，对信用问题需要加倍重视。一方面，党委、政府要把信用建设，作为对金融财政工作加强领导和支持的重点。各级制定的政策、做出的承诺，要说到做到，取信于民。要加强对社会中介机构和各类企业的政府监管，对于不守信用的单位，给予严格制裁。另一方面，各类经济主体单位要把提高信用度，作为强化内部管理和寻求良好发展的重要内容。不能只顾短期和局部利益而拖欠借款、逃废债务，这样才能争取金融部门更大的支持，形成良性循环。各方面共同努力，树立重信守信的良好形象。

着眼教育　健全制度　强化监督 进一步推进党风廉政建设*

（2002 年 5 月 23 日）

筑牢思想道德防线是拒腐防变的基础

对党员干部来说，在拒腐防变的问题上，最基本的约束是思想道德约束。一些领导干部甚至高级干部，在权力、金钱、美色面前吃了败仗，内因是他们的贪欲、堕落和腐化。领导干部越是位高权重，越要有如临深渊的警醒。要加强世界观、人生观的改造，严于律己，防微杜渐，及时发现自己的缺点和弱点，并努力加以纠正和弥补。要牢记江泽民同志的教诲，经常想一想参加革命是为什么，当干部应该做什么，将来身后留点什么？想清楚这三个问题，并按照党的宗旨去做，就是树立了正确的世界观和权力观。权力的基本属性是“公”，来自于公众，服务于公众。古人说，“以公灭私，民允其怀”。意思是说，为官用权谋公利而不谋私利，百姓就会信任和拥护。抗日名士范筑先将军，从沂水县长调任聊城专员的时候，老百姓执手相送，沿街摆上一碗清水、一面镜子，赞扬他的公正廉明。我们是无产阶级政党，社会主义国家，决不能把权力当成谋取私利的工具。

如何对待个人利益问题，是对领导干部能否正确行使权力

---

* 这是吴官正同志在参加山东省委七届十次全会纪委组讨论时的发言。

的严峻考验。权力能使人高尚,也能使人堕落,手中有权,遇到的诱惑和考验也多,如果没有正确的权力观,以权谋私,腐化堕落,就必然被人民群众所唾弃。圣哲先贤崇尚“吾日三省吾身”;宋代包拯在《书瑞州郡斋壁》中也讲,“清心为治本,直道是身谋”,意思是,心地清静,这是治事的根本;正道直行,这是立身的纲领。共产党员特别是领导干部更应该经常给自己敲敲警钟,按照江泽民同志的要求,“自重、自省、自警、自励”。加强学习,是筑牢思想道德防线的根本。领导干部勤于学习,勤于思考,不仅可以开阔眼界,增长见识,也有助于陶冶情操,提高思想境界和道德修养。境界上去了,修养加强了,对个人的名誉、地位、利益等问题就会看得透、想得开,淡泊明志,就不会斤斤计较个人得失,就能正确看待和行使人民赋予的权力,诚心诚意为人民群众的利益而工作、而奋斗。

加强制度建设是防治腐败的保证

腐败现象的发生,固然与一些领导干部的思想和生活作风问题密不可分,但是组织制度、监督制度、工作制度等方面的建设更为重要。邓小平同志深刻指出:“制度好可以使坏人无法任意横行,制度不好可以使好人无法充分做好事,甚至会走向反面。”改革开放以来特别是进入新的历史时期,我们党结合形势的发展变化,全面推进了制度建设。在党委决策、党内民主生活、基层组织建设、党员干部队伍建设、党风廉政建设的各个方面,都出台了一系列党内条例、法规和制度规定。我省也结合实际作了一些探索,制定和完善了一些具体规定。现在,最重要的问题是抓好制度规定的落实,并在实践中健全和完善。纪检监察机关是负责抓廉政制度建设落实的,要有无私无畏的勇气,有科学求实的态度,有埋头苦干的作风,有一抓到底的韧劲,努力在全省形成用制度规范从政行为、按制度办事、靠制度管人的风气，保证权力真正沿着制度化法制化的轨道运行。

强化监督是防治腐败的关键

防治腐败单靠自觉自律还是不够，必须加强监督制约。监督什么、从哪些地方监督？我认为，要着重看以下几个方面：

第一，要看是不是廉洁公正。廉洁，不仅要看领导干部本人，还要看他的家庭，看他对配偶、子女是不是严格要求。有的同志说得好，对于领导干部来说，党风连着家风，家风也影响着党风。公正，就是看处理问题是不是正派。己不正焉能正人？《清碑・官箴》中有一句名言："吏不畏吾严而畏吾廉，民不服吾能而服吾公。公则民不敢慢，廉则吏不敢欺。公生明，廉生威。"其寓意是很深刻的。官吏不是畏惧我严厉，而是畏惧我清廉；老百姓不是佩服我有能耐，而是佩服我公正。公正就能明辨是非，廉洁就能赢得威信。我们各级领导干部，要明白这个道理，自觉做到清正廉洁，公道正派。纪检机关和组织部门对党员干部的监督检查，应当把廉洁公正作为一项重要内容。

第二，要看是不是民主决策。当领导干部特别是主要领导干部，一定要有民主作风。重大问题和重要人事任免，必须按照程序进行集体研究，不能独断专行。决策不民主、不科学，不按制度和原则办事，刚愎自用，我行我素，是党性不纯、作风不正的表现，是对人民的事业不负责任的表现。历史上有作为的政治家，都是"广开言路"、"从谏如流"、"择善而从之"的。毛主席批阅二十四史，评点萧衍"专听生奸，独任成乱"。说的就是萧衍刚愎自用，不能兼听，以至"小人日近，良佐日远"。我们应当比古人更聪明、更智慧、更民主、更科学。现在经济社会日益多样化，工作中遇到的问题也越来越复杂，对我们的决策能力提出了更高的要求。各级领导干部和领导班子作决策、办事情、用干部，要广泛听取意见，充分调查论证，防止失察失误。各级纪检监察机关要加强对民主决策、科学决策情况的监督检查，对违反制度规定，不按程序办事，盲目决策，造成严重后果的，要追究责任。

第三，要看能不能搞好团结。党的团结和统一，是党的生命，是党的力量所在。领导干部要带头维护党的团结统一，维护中央权威，维护党委集体领导，不能无组织无纪律。主要领导干部要有容人之量，在用人上广开进贤之路，不能武大郎开店——比自己高的不要。要搞五湖四海，公道正派，决不能搞团团伙伙、亲亲疏疏。如果我们的领导班子不能团结一致，又怎么能够团结凝聚广大干部群众呢？各级领导班子都要认真贯彻执行民主集中制原则，既要注意发挥“一把手”的主导作用，又要重视调动班子成员的积极性，充分发扬民主，实行正确集中。大家要互助、互谅、互让、互学，团结一致干事业。在推进改革和建设的各项措施时，要注意维护团结和稳定，充分考虑各方面的利益和社会承受能力，提高党的凝聚力和社会的聚合力。纪委和组织部门要加强这方面的监督，经常检查各级领导班子遵守政治纪律、维护团结、维护大局方面的情况，对长期搞不团结、软弱涣散的领导班子，要分清是非，该批评的批评，该调整的调整。

第四，要看是不是俭朴勤政。江泽民同志多次倡导，要在全党“大兴艰苦朴素、勤俭节约之风”。我们要切实加强对各级干部艰苦奋斗精神的教育，努力形成以俭朴节约为荣，以铺张奢侈为耻的风气。我们查处的一些腐败案件，也兜出一些声色犬马的丑闻。领导干部权力在手，一旦醉心物欲，沉溺声色，必定丧失信念，丧失原则。唐朝有个大臣叫马周，是我们山东茌平人，他在奏章中说“勤俭于身，恩加于人”。意思是，自己节俭的人，才能为老百姓办事。这句话是很有道理的。如果一个部门、一个地区的领导，整天为个人和亲属的利益盘算，花天酒地，纸醉金迷，他能想着下岗职工和困难群众吗？能想着欠发工资的基层干部和老师吗？能把心思集中在工作上吗？能得到群众的拥护吗？我看不能。所以，领导干部的生活作风问题不是小事，不可小视。反腐倡廉要注意从生活作风抓起，认真落实党的十五届六中全会《决定》，在加强和改进思想作风、工作作风、领导作风和党风建设的同时，抓好生活作风的建设，严格要求，强化监督，防微杜渐。

重视做好宗教工作*

（2002年5月25日）

宗教的存在有着复杂的自然根源、社会根源和认识根源。历史和现实都说明，宗教来源于现实社会，而现实社会矛盾斗争和不平衡发展的长期性，决定了宗教存在的长期性，它的消亡可能比阶级、国家的消亡还要漫长。

宗教问题从来就不是孤立的，总是与一定社会的经济、政治、文化联系在一起，具有特殊的复杂性。西方敌对势力总是把民族、宗教问题作为遏制我们发展、颠覆社会主义制度的重要手段。国际宗教领域的对立和斗争，归根到底是围绕不同的政治、经济利益的斗争进行的。我省是少数民族散杂居地区，佛教、道教、伊斯兰教、天主教、基督教俱全，民族问题与宗教问题时常交织在一起，大部分宗教组织与境外有着历史的、广泛的联系。宗教问题处理得好，就能增进信教群众与不信教群众以及不同民族之间的团结，挫败境内外敌对势力的政治图谋，维护社会稳定；处理不好，也很容易激化矛盾，扩大事态，甚至酿成群体性、突发性事件，给社会稳定带来严重影响和危害。要以高度的政治责任感做好全省宗教工作，一要全面正确地贯彻宗教信仰自由政策。宗教信仰自由是我们党一项长期的基本政策，是宪法赋予公民的一项基本权利。要正确处理党同宗教界人士和信教群众的关系，坚持“政治上团结合作、信仰上相互尊重”的原则，

---

* 这是吴官正同志在山东省宗教工作会议上讲话的一部分。

增强党在信教群众中的凝聚力、吸引力。二要依法加强对宗教事务的管理。依法管理宗教事务，是实施依法治国方略的必然要求。依法管理的要旨，是保护合法，制止非法，抵御渗透，打击犯罪。三要着力抓好农村宗教工作。我省信教群众 90%以上在农村。农村宗教工作做好了，全省宗教工作的大头就稳住了。四要积极引导宗教与社会主义社会相适应。这既是社会主义社会对我国宗教的客观要求，也是各宗教自身存在的客观要求。宗教界人士和信教群众要热爱祖国，拥护共产党的领导，遵守国家的法律、法规和方针政策；从事的宗教活动要服从服务于国家的最高利益和民族的整体利益。五要坚决抵御境外宗教渗透。坚持独立自主自办教会原则，是我国信教群众的自主选择。越是在扩大开放的形势下，越要坚持独立自主自办的原则不动摇，越要做好抵御渗透的工作。六要加强宗教团体自身建设。重视和支持各宗教团体加强自身建设，努力做好培养人的工作，不断巩固和发展党同宗教界的爱国统一战线。

要加强马克思主义宗教观和党的宗教政策的宣传教育，加强马克思主义唯物论和无神论教育，防止和抵御宗教对党员思想的侵蚀。要努力学习和掌握党的宗教政策，熟悉宗教方面的法律法规，了解宗教知识，提高工作水平。从事新闻出版、影视传媒、文学艺术等领域工作的同志，要认真学习宣传党的宗教政策。公开发表涉及宗教问题的文章、文艺作品、音像制品和其他出版物，必须严格遵守党的宗教政策，不得伤害信教群众的感情，不准人为炒作宗教问题。对于利用宗教歪曲历史、损害国家统一和民族团结的，要严肃处理。

为建设“大而强、富而美”的新山东而努力奋斗*

（2002 年 6 月 3 日）

21 世纪，是中华民族在中国共产党领导下实现伟大复兴的世纪。继续推进现代化建设，完成祖国统一大业，维护世界和平与促进共同发展，是我们党肩负的重大历史任务。山东作为沿海经济大省、人口大省，应当发展得更快更好一些，为实现民族复兴作出更大的贡献。新世纪前十年，是全面建设小康社会，加快推进社会主义现代化建设的关键时期。国际环境的挑战更加严峻，国内竞争日趋激烈，形势逼人，不进则退。我们必须居安思危，增强使命感和紧迫感，以只争朝夕的精神，大力推进经济社会发展。建设“大而强、富而美”的社会主义新山东，是我们动员和鼓舞全省人民团结奋进的宏伟目标。实现这个目标，就是基本实现现代化。这需要较长时期的艰苦努力。现阶段的主要任务是，全面建设小康社会，努力使全省人民过上更加宽裕的小康生活。总的设想是：未来五年，国内生产总值力争年均增长 9％以上。到 2010 年，全省国内生产总值达到两万亿元，人均两万元以上。人们的物质生活更加殷实，精神文化生活更加丰富，受教育程度和人口素质普遍提高，环境质量明显改善，社会全面进步，沿海有条件的地方争取率先基本实现现代化。全省各级

---

* 这是吴官正同志在中国共产党山东省第八次代表大会上报告的节选。

党组织和全体共产党员要认清肩负的历史使命，以“三个代表”重要思想为指导，坚持党的基本理论、基本路线、基本纲领，进一步解放思想，实事求是，开拓创新，扎实苦干，团结带领全省人民，为实现宏伟的发展目标而努力奋斗。

城市发展要高起点规划 高标准建设　高效能管理*

（2002 年 7 月 1 日）

实现现代化的过程，也可以说是一个加速城市化的过程。城市越发展，越需要提高规划、建设、管理水平。否则，城市规模大了，带来的问题也会多起来，甚至出现“城市病”。这方面，世界上一些城市在发展中，既有经验，也有教训。巴黎市在市政建设中很重视历史与现实的结合，城市的文化气息浓厚，由此带来的效益非常可观，每年到巴黎的游客多达 5000 多万人次。加拿大和澳大利亚、新西兰的城市建设，比较注重与自然的和谐统一，人们的居住环境十分优美。美国的一些城市具有浓郁的现代化气息，也给人留下深刻印象。但有些城市过分追求规模，规划管理又跟不上，导致了住房拥挤、交通紧张、贫富悬殊、污染严重、社会问题丛生。巴西的圣保罗、委内瑞拉的加拉加斯、尼日利亚的拉各斯等城市，都出现了类似的问题，给后人造成了许多麻烦。

促进城市的健康发展，最根本的是把城市规划建设管理作为一个系统工程，作为一个不断发展的过程来对待。既要立足当前，又要兼顾长远，一切从实际出发，量力而行，尽力而为；既要看经济增长指标，又要看人文指标、资源指标、环境指标，努力

---

* 这是吴官正同志在山东省城市规划建设管理工作会议上讲话的一部分。

实现城市经济、社会、人口、环境的可持续发展。同时,不仅要抓好城市基础设施、提高城市的经济实力等"硬件"建设,还要抓好人的素质培养、城市文化繁荣、综合管理水平提高等"软件"建设,推进城市物质文明和精神文明全面进步。还要把城市作为一个开放的大系统,敞开城门搞发展,打破城乡壁垒、区域壁垒、部门和行业壁垒,加强与外界的交流、分工与协作,扩大对外开放,在开放中提高竞争力,获取最大的经济和社会效益。

现代城市的建设和发展必须坚持以人为本,一切为了人、尊重人、关心人。在城市规划建设管理上,要把人民群众的利益放在第一位,把为群众创造方便、舒适、优美的环境作为根本出发点和落脚点。改革开放以来,我省城市建设取得了很大成绩,城市居民的生活和居住环境得到较大改善。但有的城市,在规划建设管理中也存在一些脱离群众的现象。当前,城市规划建设管理的重点,要放在改善群众的工作和生活条件、完善城市综合服务功能、解决市民关心的热点难点问题上。一是扩大就业。要把增加就业岗位、扩大就业领域与城市建设和管理紧密结合起来。在发展高新技术产业的同时,注意发展一些劳动密集型产业,特别要加快发展现代物流、中介服务、社区服务、城市旅游等新兴第三产业,发展民营经济,为城市提供更多的就业机会。二是改善居住环境。污染严重、生态环境脆弱的问题,在城市更为突出,必须引起我们的高度警觉。积极开展以绿化美化、污水处理、垃圾处理和空气净化为主的生态环境体系建设,为群众创造良好的环境。三是方便群众生活。随着城市化进程的加快,一些城市的学校、医院等公用设施发展滞后。要统筹考虑,加强协调,城市发展到哪里,学校、医院等公用设施就要建到哪里,解决入学、就医等实际困难,方便群众的工作和生活。四是做好城市稳定工作。现在城市群众的来信来访已占到信访总量的52.9%,而且还有上升的势头。要从讲政治、讲大局的高度,充分认识城市稳定的重要性，针对城市特点，正确处理新形势下的人民内部矛盾，特别是在住房拆迁、企业改制、下岗分流等涉及群众切身利益的问题上，更要慎重妥善处置，严格依法办事，切实维护群众的利益。要加强社会治安综合治理，打击刑事犯罪，确保城市安定，努力使人民群众安居乐业。

在城市管理上，要处理好民主与集中的关系，积极推进城市管理决策的民主化和科学化。城市重大规划、建设项目和管理政策，一定要向市民公开，充分听取市民和专家的意见，尊重市民的知情权、参与权和监督权。城市规划确定以后，要维护其权威性，谁也不能随意废止和更改。要从实际出发，高起点规划，高标准建设，高效能管理。城市建设，要充分考虑市民的承受能力，不能搞所谓"形象工程"、"政绩工程"。有些建设项目，在大多数群众不接受、工作做不通的情况下，不能强行上马，防止激化矛盾，欲速则不达。通过我们做细致的工作，努力把好事办好，使群众满意。

要学会经营城市。城市是重要的资源和财富，但经营不好也可能成为包袱。在新形势下，城市的领导者不仅要规划建设管理好城市，也要经营好城市。要扬长避短，发挥优势，加快经济结构调整，重视培育特色产业和特色产品，提高企业的核心竞争力，形成自己的竞争优势，增强城市经济实力。要搞好城市土地、基础设施等资源的运营和资产的经营，采取不同方式，盘活存量资产，为城市建设聚集资金。要善于搞好城市环境的经营。城市环境反映了一个城市的生活质量，是吸引人才、资金、技术、信息的关键因素。改善城市环境，要在加强基础设施建设的同时，注重城市管理体制和管理方式的创新，创造良好的社会环境、人文环境、法治环境和政策环境。要经营好城市文化。城市特色的根基在文化，文化是城市的灵魂。要高度重视文化在城市发展中的重要作用，把发展城市文化作为城市经营的重点来抓。特别要重视保护历史文化遗迹和文物，正确处理保护与开发的关系，把握经济与文化相互融合和一体化发展的趋势，弘扬优秀传统文化，推进城市文化创新，营造浓厚的城市文化氛围。

努力解决就业和再就业问题*

（2002 年 7 月 9 日）

发展是硬道理。解决就业问题，归根到底靠发展。集中精力把经济建设搞上去，才能创造更多的就业机会。在发展中，要处理好改革、调整与就业的关系，把增加企业效益与搞好分流安置结合起来，把发展高新技术产业与发展劳动密集型产业结合起来，把增强国有经济的竞争力与发展非公有制经济结合起来，千方百计增加就业岗位。实施下岗职工再就业工程，要把重点放在增加就业岗位、促进下岗职工重新就业上。企业兼并、重组、破产等，要认真负责地安排好下岗职工的生产生活，在确保稳定的前提下推进改革。有条件的企业要千方百计挖掘内部潜力，通过主辅分离、多种经营等渠道，尽可能多地安置分流人员。要认真落实优惠政策，进一步搞好就业服务、生活保障援助和特困群体援助，为下岗职工再就业创造良好环境。

社会保障工作非常必要。要围绕深化国有企业改革，搞好各项配套改革，特别要加快建立和完善养老、失业、医疗等社会保障制度。首先要认真做好“两个确保”和“一个低保”的工作，保障广大下岗职工和困难群体的基本生活不出问题。严格按照中央关于“三个不变”的要求，确保下岗职工基本生活费和企业离退休人员养老保险金按时足额发放。及时做好衔接工作，将

---

* 这是吴官正同志在山东省再就业职工代表座谈会上讲话的一部分。

下岗失业人员按规定纳入城市居民最低生活保障范围，做到应保尽保。

解决下岗职工再就业问题，要充分发挥广大人民群众特别是下岗职工的积极性和创造性。参加今天座谈会的10位职工代表，有的靠两个气球开始创业，有的组织带领其他下岗职工共同创业，有的投资建设养老院，有的辞去公职自谋职业，有的人下岗思想不下岗，在再就业中自觉发挥共产党员模范带头作用。大家走出的成功之路不同，但共同点都是不等不靠，在党和政府的关怀下，靠自身努力创造新的生活。广大下岗职工要以这些同志为榜样，解放思想，更新观念，正确对待改革中的职业变化和利益调整，牢固树立与市场经济相适应的就业观念，努力提高参与市场竞争的素质和能力，多渠道、多形式地开辟就业门路。各级党委、政府、有关部门及社会各方面，都要满腔热情地关心和扶持下岗职工再就业，想他们之所想，帮他们之所需，从资金、技术、法律、舆论、服务等各方面，千方百计为下岗职工再就业排忧解难，努力使每个家庭、每个劳动者都能够安居乐业，把广大人民群众的根本利益实现好、维护好、发展好。

用发展着的马克思主义指导新的实践*

（2002 年 7 月 13 日）

马克思主义是发展的科学，与时俱进是马克思主义的理论品质。恩格斯说过："我们的理论是发展着的理论，而不是必须背得烂熟并机械地加以重复的教条。"革命导师们不仅是这样说的，更是这样做的。他们总是根据实践的变化和斗争的需要，不断丰富和发展自己的理论，是理论创新的光辉典范。

1848 年，《共产党宣言》出版。在以后的几十年中，马克思、恩格斯为它的不同版本写了多篇序言，根据历史条件的变化和研究的深入，对《宣言》中一些地方加以说明、订正或补充。在马克思、恩格斯看来，《宣言》作为历史文件，应当根据客观实践的发展而不断检验、完善和发展。《宣言》的各篇序言，就是马克思、恩格斯坚持科学态度，在实践中不断发展自己理论学说的有力证明。

恩格斯晚年对历史唯物主义的发展，也充分体现了科学创新的态度。1884 年，恩格斯写了《家庭、私有制和国家的起源》一书，用唯物史观阐述摩尔根关于古代社会的研究成果，填补了历史唯物主义研究的一个空白。时隔两年，恩格斯又写了《路德维希·费尔巴哈和德国古典哲学的终结》，进一步丰富和发展了

---

* 这是吴官正同志在山东省委理论学习中心组读书会上发言的一部分。

历史唯物主义的基本原理。特别是在晚年关于历史唯物主义的诸多信件中，恩格斯批判了当时把马克思主义曲解为形而上学“机械决定论”和“经济决定论”的倾向，有针对性地强调了精神对物质、上层建筑对经济基础的反作用。

马克思在《资本论》中揭示了资本主义基本矛盾的不可克服性，指明了资本主义必然灭亡、社会主义必然胜利的历史发展趋势。但是，马克思、恩格斯并没有停留在已有结论上，而是对资本主义社会不断进行观察，注意研究它的每一重大新变化，作出新的科学概括。恩格斯认为，他在 1845 年出版的《英国工人阶级状况》一书中描写的情况，至少就英国而言，现在在许多方面都已成为过去。他在 1888 年 9 月底写的《美国旅行印象》一文中，对美国人的务实进取精神给予了积极评价，对美国这一后起的资本主义国家进行了分析和思索，提出了一些新的论断。马克思曾认为，未来社会主义社会，已经消灭了商品经济。列宁最初也持这种观点，并据此制定和实行了战时共产主义政策，将私营企业收归国有，在农村实行余粮收集制，取消商品交换。结果许多收归国有的企业管理混乱，处于停产和半停产状态，也引起不少地方农民的不满。列宁对此及时作了深刻反思，果断停止战时共产主义的做法，采取新经济政策，允许农民把余粮拿到市场上自由买卖。在实行新经济政策的时期，列宁提出了许多新的思想观点，从理论和实践上丰富和发展了马克思主义。

中国共产党人在运用马克思主义指导革命、建设和改革的过程中，不断把马克思主义中国化提高到新境界。毛泽东同志把马克思主义关于暴力革命的普遍原理同中国的具体实际相结合，走出了一条农村包围城市、武装夺取政权的正确道路，指引中国革命从胜利走向胜利，实现了马克思主义与中国实际相结合的第一次历史性飞跃。邓小平同志总结我国社会主义革命和建设的历史经验，创立了邓小平理论，为建设有中国特色社会主义的伟大实践指明了根本方向，实现了马克思主义与中国实际相结合的第二次历史性飞跃。

在新的历史时期，江泽民同志的一系列重要论述，特别是“三个代表”重要思想，创造性地提出了许多新思想、新观点、新论断，丰富和发展了毛泽东思想、邓小平理论，使我们对党的执政规律、社会主义建设规律和人类社会发展规律的认识大大深化，对新世纪面临的历史机遇和严峻挑战的认识大大深化，对全面推进建设有中国特色社会主义的路线方针政策的认识大大深化。“三个代表”重要思想与马克思列宁主义、毛泽东思想、邓小平理论一脉相承，是我们的立党之本、执政之基、力量之源，是加强和改进党的建设、推进我国社会主义制度自我完善和发展的强大理论武器。用“三个代表”重要思想这一发展着的马克思主义指导新的实践，我们就一定能战胜前进道路上的任何艰难险阻，全面开创我省社会主义现代化建设的新局面。

全面贯彻“三个代表”重要思想，关键是坚持与时俱进，核心是保持党的先进性，本质是坚持执政为民。我们要牢牢把握这个根本要求，以实际行动把“三个代表”重要思想贯彻落实到改革开放和现代化建设的各个方面和全部过程。

要以创新精神促进“三个代表”重要思想的贯彻落实。“三个代表”重要思想充分体现了与时俱进。贯彻“三个代表”重要思想，实践“三个代表”重要思想，必须开拓创新。要进一步加强理论学习，提高马克思主义理论素养，解放思想，与时俱进，把思想认识从那些不合时宜的观念、做法和体制的束缚中解放出来，从对马克思主义错误的和教条式的理解中解放出来，从主观主义和形而上学的桎梏中解放出来，使我们的认识达到一个新的境界。要加快制度创新，深化农村改革、国有企业改革、社会保障制度改革，进一步完善社会主义市场经济体制。积极稳妥地推进政治体制改革，促进社会主义民主政治的制度化、规范化、程序化，健全和完善法制，建设社会主义政治文明。要加快经济增长方式的创新，以新的思路、新的措施调整优化经济结构，促进经济增长方式的根本转变，提高经济发展的质量和效益，增强综合竞争力。要加快科技创新，改革科技体制，鼓励科学创造，培养科技人才，建立科技推广体系，促进经济跨越式发展。要加快环境创新，转变政府职能，提高工作效率，优化发展环境，努力创造统一开放、法规健全、诚实守信、公平竞争、活而不乱的社会主义市场经济秩序。要创新，就要勇于探索，坚持实践第一的观点，用改革的办法解决经济社会发展遇到的各种新问题。

要把发展作为第一要务。省第八次党代会提出了建设“大而强、富而美”新山东的奋斗目标和阶段性任务。这是我省贯彻发展是第一要务的具体体现。要把党代会确定的发展目标和任务，分解落实到各个方面，围绕发展这个主题，动员一切力量，想尽千方百计，促进经济发展。要把发展成果体现和落实到改善人民生活上，使人民群众尽快过上更加富裕的小康生活。要努力维护社会公正，充分调动一切积极因素。凡是涉及群众切身利益的事情，必须向群众公开，让群众明白，取得群众的理解和信任。要关心群众的物质利益，努力满足广大人民群众的物质利益要求，绝不能侵犯群众利益。要坚持人民群众是历史创造者的唯物史观，尊重群众的首创精神，认真总结推广基层和群众创造的新鲜经验，把人民群众的积极性引导好、保护好、发挥好。这样，社会才有聚合力，人们才能齐心协力干事业。

自觉做到执政为民的基本要求*

（2002 年 8 月）

全面贯彻“三个代表”重要思想，关键是坚持与时俱进，核心是保持党的先进性，本质是坚持执政为民。党员领导干部能不能始终铭记执政为民这一本质要求，并落实到思想和行动中，是检验学习实践成果的一个重要标志。我认为，要深刻理解和始终坚持执政为民，必须从五个方面不断努力。

要有执政为民的坚定立场。立场决定思想和行动，决定认识、思考和解决问题的出发点和落脚点。对于马克思主义执政党来说，执政为民就是坚持走群众路线，充分调动人民群众的积极性、创造性，发展先进生产力和先进文化；对于党员领导干部来说，执政为民就是坚持群众观点，牢记党的宗旨，把执政为民的要求落实到工作中。这是党员领导干部必须明白的基本常识，但一些干部却在思想和工作中往往忽视。比如，有的地方抓经济发展，不是为了富民，而是为自己搞政绩、树形象，结果是劳民伤财；有的地方做决策、办事情，不是集中民智、尊重科学，而是独断专行、自作主张，结果造成决策失误，损害人民群众的切身利益。因此，要真正认识和理解执政为民，必须真正搞清楚人民群众的历史作用，搞清楚党与人民群众的关系，始终不渝地站在人民群众的立场上，把人民利益放在首位。

---

* 这是根据吴官正同志在山东省农村“三个代表”学习教育活动中几次会议上的讲话综合整理的。

人民群众是社会的主体，也是历史的主体，人民群众创造历史，也推动历史前进。这是马克思主义唯物史观的精髓，也是历史发展的逻辑。尊重人民、尊重规律和尊重历史，是完全一致的。我们的力量和智慧来自人民，我们决不比人民更高明，更不是什么一方神圣。如果摆不正与人民群众的关系，甚至把自己放在群众之上，自以为是，自视高明、自诩英雄，其后果轻则脱离群众，重则损害群众，必然受到历史的惩罚。因此，要做到执政为民，首先必须尊重人民群众的主体地位，尊重社会历史发展的规律。只有这样，才能坚持群众观点，虚心向人民群众学习，从人民群众中吸取养分、智慧和力量，推动经济社会健康发展。

政治立场问题的实质，是根本利益问题。作为执政党，我们党与人民群众的关系是公仆与主人的关系。党来自人民，植根于人民，服务于人民。离开了人民，就将一无所有、一事无成；背离了人民的利益，这个公仆就会被辞退，这个代表就会被罢免。作为人民的公仆和代表，党的一切执政活动都必须把群众利益放在第一位。作为一个党员领导干部，如果只是从个人利益、从“小圈子”的利益出发去考虑问题，就不可能做到执政为民。因此，摆正与人民群众的关系，真正做到从人民群众的根本利益出发来思考和处理问题，是学习贯彻“三个代表”重要思想所要解决的根本立场问题。解决了立场、观点和思想认识问题，才有做工作的力量源泉，才有坚持真理的勇气与活力，才不会迷失方向。

要有执政为民的思想境界。落实执政为民的要求，必须努力提高思想境界。认识提高了，境界上去了，才能在困难和风险面前不左摇右摆；在利益面前不患得患失；在成绩面前不固步自封；在消极腐败现象面前不随波逐流。思想境界高，就能正确对待现实和理想的关系，自觉实践共产党人的远大理想和根本宗旨。共产党人坚信人类社会必然走向共产主义，同时也认识到实现共产主义是一个非常漫长的历史过程，从而把现实的努力和理想的追求联系起来，而不是只顾眼前利益而忘记远大理想，或者离开现实努力而空谈远大理想。思想境界高，就能正确对待个人和人民群众的关系，自觉把个人利益服从于人民利益，把个人的前途寄托于党和人民的事业上。

党员领导干部的权力观和责任感，反映其思想境界。在市场经济条件下，在“天下熙熙，皆为利来；天下攘攘，皆为利往”的氛围中，党员领导干部有没有正确的权力观，有没有做好工作的责任感，这是当前人民群众关心的热点，也是领导干部执政为民的根本问题。领导干部的责任就是运用人民赋予的权力为人民服务，而不能把权力变成为个人或少数人谋取私利的工具。现在干部队伍中存在的一个突出问题，是缺乏责任感，缺乏敬业精神，工作不能落到实处。权力和责任是对立统一的关系，要履行好权力，就必须明确责任。面对经济社会发展中大量的新情况、新问题、新矛盾，特别要克服大而化之、浮在面上、不负责任的现象，通过落实各项工作责任制，努力实现人民的愿望、满足人民的需要、维护人民的利益。

要有执政为民的工作能力。执政为民不能停留在口头上，必须落实到实际工作中。党中央就提高执政能力问题，明确提出了五个方面的基本要求，就是必须提高科学判断形势的能力、驾驭市场经济的能力、应对复杂局面的能力、依法执政的能力和总揽全局的能力。这些要求是从党所处的时代特点、党所面临的任务和干部队伍的现实状况提出来的，是我们党长期执政经验的科学总结，是借鉴国际上一些执政党的经验教训得出的，是就全党来讲的。联系当前实际，我感到，在提高干部执政能力和领导水平这个问题上，比较迫切的有三个方面。

一是努力认识和遵循市场经济规律。这是抓好第一要务、实现人民群众根本利益的关键所在。对于党员干部特别是各级领导干部来说，不断适应市场经济发展的要求，用发展的思路、改革的办法和创新的精神解决前进中的新问题，是领导人民群众进行现代化建设的首要任务。我们各级领导干部迫切需要解决的一个重要问题是，如何把奋斗精神同科学态度结合起来，把工作热情同创造性地开展工作结合起来，把借鉴外地做法同总结自身经验结合起来，不断增强对社会主义市场经济的适应性和主动性。从而，真正做到一切从实际出发，努力按规律办事，实现经济社会持续快速健康发展。

二是学会综合运用民主法制的办法解决热点难点问题。这是新形势下需要认真研究的重大课题，也是维护人民群众根本利益的重要方面。随着改革的深入和利益关系的调整，经济社会多样化趋势进一步发展，各种社会矛盾广泛存在，有些问题还相当突出。在这种情况下，以往的某些老办法、老手段，就可能难以完全适用了，迫切需要在实践中不断增强民主意识、民主作风，坚持依法办事。通过正确运用民主的手段来避免引发矛盾，通过严格依法办事来维护社会公正，通过深入细致的思想政治工作化解矛盾，把人民群众的积极性凝聚和引导到现代化建设中去。

三是善于做结合的文章。对于地方干部来说，执政能力和领导水平主要体现在是不是善于把党的路线方针政策和中央的决策部署同本地区、本部门、本单位的实际结合起来，创造性地开展工作。可以说，做结合文章的水平就是领导水平，就是执政为民的水平。吃透上情、熟悉下情，是搞好结合的基础；解放思想、实事求是、与时俱进，是搞好结合的关键。结合是为了解决实际问题，而实际是不断发展变化的。实践无止境，结合也无止境。善于做结合的文章，就要努力使我们的工作体现时代性、把握规律性、富于创造性。

要有执政为民的良好作风。执政党的党风，关系党的形象，关系人心向背,关系党和国家的生死存亡。党员领导干部的良好作风,是保证党的路线方针政策得到落实,保证人民利益得到实现的重要方面。从我省来看,这些年党的作风建设取得很大进展,干部作风有了很大改进。但也存在一些亟待解决的问题:有的地方经济发展不快,群众得实惠不多;有的地方干部工作方法简单,作风粗暴,干群关系比较紧张,等等。这些问题究其原因仍然是形式主义和官僚主义作怪。有的停留在一般号召,没有切实的行动;有的浮在上面,不深入基层;有的为追求所谓"政绩",搞"形象工程"、"容貌工程"等等。总之,为人民的利益、为当地实实在在的发展,下的真功夫少,作的表面文章多。因此,必须把改进党员干部的作风作为执政为民的大事来抓,真正做到群众利益无小事,一枝一叶总关情。

弘扬艰苦奋斗精神,是改进干部作风的需要,也是凝聚民心的需要。坚持执政为民,必须保持共产党人的政治本色,大力发扬艰苦奋斗的精神。我们党处于执政的地位,党员领导干部的一言一行都有很强的示范作用。在农村流行这样的说法:组看组,户看户,群众看干部。说的就是,党员干部特别是领导干部的表现,广大群众是看在眼里、记在心里的。人民群众往往把干部作风看成党风、政风的体现。他们总是通过各级干部的言行来看待党、认识党,总是把各级干部的人格形象同党的形象相联系,由相信各级干部到相信党、依靠党。因此,干部的精神状态、干部的作风、干部的形象,是一种自然的影响力。只要广大党员干部始终保持艰苦奋斗的创业精神,就会产生强大的凝聚力、向心力和发展动力,就会克服前进道路上的困难和风险,实现我们的宏伟目标。

要有执政为民的制度保证。我们党要始终做到立党为公、执政为民,必须有健全的制度作保证。在新的形势下,如何从制度上更好地保证各级党组织充分听取广大人民群众的意见和建议，从制度上保证领导干部的决策部署真正体现人民群众的愿望和要求，这是带有根本性、全局性、稳定性和长期性的重大问题。现在，人们的自我意识、公民意识和民主意识日益增强，民意表达和社会舆论的作用越来越大。各种传播媒介的发达，使群众表达和传播看法与要求的渠道空前拓宽。如果不从制度上解决民主决策和有效开展工作的问题，党的凝聚力和战斗力就必然受到削弱；如果不从制度上强化对权力运行的监督制约，就难以遏制腐败现象，就会失去人民群众的拥护和支持。因此，必须按照"三个代表"重要思想的要求，加强和改进党的制度建设，保证党的路线方针政策和决策部署全面反映人民的利益和时代的要求。

加强党的制度建设，重点是在快速准确表达民意、综合群众利益、扩大党内民主、维护团结统一、强化监督制约等方面进行创新，减少领导工作的随意性，实现科学决策、民主决策。比如，就一个地方而言，对重大问题特别是重大投资项目的决策如何保证领导、专家、群众相结合的决策机制有效运作，决策失误承担什么责任，都要有明确具体的规定和监督措施。加强党的制度建设，特别要注重制度的有效性和权威性，严肃党的纪律，确保中央政令畅通。同时，要加强对制度执行情况的监督检查，保证各项制度规定的落实。

当代青年要在现代化建设实践中建功立业*

（2002 年 9 月 22 日）

改革开放和现代化建设的伟大实践，为当代青年展示才华、实现志向，提供了广阔的舞台。大学生是青年人中接受高等教育、掌握专门知识的优秀群体。从高校大门走出的一批又一批优秀青年知识分子，已经和正在成为各行各业的骨干力量。在党政机关，许多年纪轻、文化高、德才兼备的优秀人才被选拔到各级领导岗位。在科技界，年富力强的中青年走在前沿。我省去年新当选院士山东大学的张运、省医科院的谢立信，都才 50 岁左右。在企业界，一批优秀的企业家大都是恢复高考以后毕业的大学生。在教育界，挑教学和科研大梁的，也主要是中青年教师。随着干部人事制度改革的推进，人才成长进步的机会越来越公平，机制越来越灵活，天地也越来越广阔。执政党的一项重要职责就是维护社会公正，让每个社会成员凭德才、凭贡献而不是凭别的，赢得社会承认，创造美好生活。

对青年人特别是大学生来说，关键在于努力提高自己的综合素质。首先要坚定理想信念。成大业者必先立大志。青年人最富有理想，也是世界观、人生观、价值观形成的关键时期。在大学时代树立崇高的理想信念，对一生都非常重要。当代青年要为实现祖国的现代化、实现中华民族的伟大复兴而不懈奋斗。

---

* 这是吴官正同志为大学生作形势报告的一部分。

青年人有活力,有激情,最少保守思想,最具创新潜能。古往今来许多杰出人物,在风华正茂时就创造出了不平凡的业绩。马克思、恩格斯发表《共产党宣言》时分别是30岁和28岁。毛泽东参加第一次党代会时28岁,新中国成立时只有56岁。哥白尼38岁提出日心说。牛顿22岁发明微积分。爱迪生发明留声机时30岁,发明电灯时32岁。贝尔发明电话时29岁。居里夫人发现镭、钍、钋三种元素的放射性时也才31岁。普朗克提出量子假说时42岁,并因此获诺贝尔奖。爱因斯坦提出狭义相对论时26岁,提出广义相对论时37岁。美籍华裔科学家李政道、杨振宁发现弱相互作用下宇称不守恒定律时分别是30岁和34岁。历史上贾谊、王勃、李贺等文人学士,也都是在青春年少时就写下不朽篇章,确立了在文学史上的地位。要取得成功,就要努力奋斗。从现在做起,从学习开始,加快充实自己,努力掌握真才实学,在术业有专攻的基础上,拓宽知识面,并且把学习和思考结合起来,不断提高分析和解决问题的能力。作为学生,要尊重师长,这是我们中华民族的好传统。要加强品德修养,养成良好的学习、工作、生活习惯,做到品学兼优。

前段时间,我同齐涛[1]同志谈教育工作时说过,明年高考招生,可不可以考虑拿出些名额,采取特殊办法,专门招收那些总分不够而单科成绩特别突出的学生,让他们有机会到大学里深造。在这些人中有可能出一些偏才、怪才、奇才。有的人作文很好,能够得满分,但数理化不一定行;有的人数学很好,可以拿大奖,但作文不一定写得好。如数学家陈景润,研究哥德巴赫猜想,取得了辉煌成果,但生活能力赶不上常人。学术大家钱钟书,当年考清华大学时,数学只考了15分。著名诗人臧克家,当年考山大时,数学得了零分,语文得了98分,都是被破格录取的。还有数学家华罗庚、相声大师侯宝林等,没上过大学,靠自学成才,创造出了骄人的业绩。大学是培育人才的重要场所,但进了大学并不等于成才。将来能不能有成就，还要看自己的努力。大家一定要有紧迫感和危机感，充分利用大学的优越条件，刻苦读书，奋发向上，使自己真正成为对祖国、人民、社会有用的合格人才。

注　　释

〔1〕齐涛，时任山东省教育厅厅长。

坚定信心　战胜旱灾*

（2002 年 9 月）

入夏以来，我省出现了有记载以来最严重的夏旱。全省广大干部群众同旱灾作斗争，付出了极大的努力，取得了一定成果。在严重的旱灾面前，我们一方面要千方百计抗旱保苗，能保一亩是一亩，能保一分是一分，能保一棵是一棵，力争把损失减到最低限度。凡是有水源的地方，要充分挖掘现有潜力，顽强拼搏，力争为全省农业发展多作贡献；水源严重不足的地方，要先千方百计保人畜饮水，保果树和种子田。另一方面，要广辟生计，力争秋粮损失多种经营补，农业损失工副业补，使全年农民收入不受大的影响。现在旱情还在继续发展，在困难面前要记住三句话：第一句话是鲁迅先生讲的，“地上本没有路，走的人多了，也便成了路”，只要我们坚持不懈、持之以恒，任何困难都可以克服；第二句话是，“山重水复疑无路，柳暗花明又一村”，只要大家动脑筋就能找到办法；第三句话是，“天无绝人之路”，只要有顽强的意志和毅力，有战胜困难的必胜信心，就一定能战胜困难，一定会发展得更快、更好。在严重的旱灾面前，我们都要认真反思，在遭受严重干旱的情况下，为什么有些地方庄稼长势仍然良好，主要是因为多年来重视水利建设，在引黄灌溉、水库建设、打机井、修塘坝、在河道上拦水蓄水和发展节水农业等方面付出了艰辛的努力，取得了重大成就。这使我们进一步提高了

---

* 这是根据吴官正同志有关抗旱工作的讲话整理的。

对水的认识。水是农业的命脉,是人类生存发展的重要条件,是制约山东下一步经济社会发展的重大问题,甚至可以说是极重大的问题。我们要因地制宜,从长远计议,通过长期不懈的努力,进一步把这个问题解决好。

目前主汛期已过,出现较大降雨的可能性越来越小。全省各类水利工程蓄水仅有 36.8 亿立方米,比历年同期少一半以上,抗旱水源严重不足,下一步的抗旱形势将更加严峻。今年山东省级财政已紧急安排抗旱资金 1000 万元、人畜吃水资金 3000 万元、救灾资金 1500 万元,再增加投入困难很大,我省已请求国家解决特大抗旱资金 5000 万元。同时先后两次以省政府的名义向国务院及有关部门写了报告,恳请水利部及黄委从龙羊峡、刘家峡水库向下游紧急调水,确保秋种期间进入山东的流量达到每秒 1000 立方米以上,以解燃眉之急,并建议南水北调东线工程尽快上马,以解决我省水资源严重短缺的局面。

当前的抗旱工作,目标是实现三个确保:确保城市供水和农村人畜吃水不出大的问题;确保今年秋种和冬季农业用水不出大的问题;确保农民增收目标的落实。

现在全省水库蓄水很少,地下水位大幅度下降,引黄水量虽有增加,但总的水量严重不足,我很担心明年汛前这八个月在用水方面出现大的问题。必须统筹规划,合理安排,把工作做细做实,确保城乡生活用水。今年的秋种因为干旱,困难很大,这件事关系到明年夏粮收成和群众的生活,事关大局,绝对不能有半点疏忽,一定要用好黄河水,进一步挖掘现有水源潜力,确保把秋种搞好。冬季农业是山东的一大优势,也是农民增收的一大来源,今年更要好好抓一抓。农村二三产业、个体私营经济、劳务输出、多种经营,这些既是农村结构调整的重点,也是农民增收的潜力所在,要有更快更好的发展。今年的受灾人口多,救灾任务重,要搞好调查摸底,采取借粮、社会捐助、国家救济等办法解决。要认真落实救灾措施,做到不漏村、不漏户、不漏人,决不能出现乞讨现象。认真落实农村税费改革的各项政策,做好大灾之年减负工作。按受灾程度和国家的规定,认真落实灾区农业税收减免政策。

解决干旱缺水问题是一项长期的任务。着眼长远,围绕水的问题,必须抓好三件大事:一是水利工程建设。国家和我省确定的四大水利工程,即南水北调工程、胶东地区引黄调水工程、沂沭泗河东调南下工程、病险水库除险加固工程,这些工程是从根本上提高抗旱能力的战略措施,困难再大,也要下决心上,快上干好。今冬明春的农田水利基本建设要早部署、早行动,更大规模地干。只要这样坚持干上几年,山东抗御旱灾的能力就会有一个大的改观。二是节约用水。解决水资源供需矛盾,既要靠挖潜,靠调水,更要靠节水。现在是一方面严重缺水,一方面浪费水、污染水,节水潜力大得很。农业、工业和其他各行各业,都要增强节水意识,同时要制定节水政策,推广节水技术,用行政的、市场的、法律的手段促进节水,加快建立节水型农业、节水型工业、节水型社会。三是结构调整。经济结构调整必须同水结合起来。否则,连生存都困难,还谈什么发展?要以抗旱促调整,以调整促节水,发展高效农业,优化农业结构。不单是农业,整个国民经济都要考虑水的问题,量水为用,量水发展。

加强“文化纽带”建设先进文化*

（2002年9月）

在我国现代化建设进程中，针对促进祖国统一、民族团结、维护世界和平、促进共同发展的重大历史任务，江泽民同志提出了“文化纽带”的思想。1995年，在《为促进祖国统一大业的完成而继续奋斗》的讲话中，即对台关系八项主张中，江泽民同志明确指出：“中华各族儿女共同创造的五千年灿烂文化，始终是维系全体中国人的精神纽带。”1997年，在美国哈佛大学的演讲中，江泽民同志又进一步指出：“悠久的中华文化，成为维系民族团结和国家统一的牢固纽带。”在工作实践中，结合山东省的实际，我深切体会到，学习贯彻江泽民同志“文化纽带”思想，对于深入领会“三个代表”重要思想，全面推进将山东省建成文化大省的战略目标，具有重要的理论意义和现实意义。

一

我们党的三代中央领导集体，都十分重视从经济、政治、文化综合发展的高度把握全局，十分注重文化在推动经济社会发展中的重大作用。毛泽东同志在《新民主主义论》中，深刻分析

---

* 这是吴官正同志发表在《求是》杂志2002年第18期上的一篇文章。

了新民主主义的政治、经济和文化，从多方面作了精辟的论述，明确提出："至于新文化，则是在观念形态上反映新政治和新经济的东西，是替新政治新经济服务的。"在《论联合政府》中，毛泽东同志明确把完成新民主主义国家的政治、经济、文化建设的各项任务提到了全党同志面前。邓小平同志在领导我国改革开放的过程中，也十分注重从经济、政治、文化综合发展的高度提出战略目标，明确作出了物质文明和精神文明"两个文明一起抓"、"两手都要硬"的战略部署。以江泽民同志为核心的党的第三代中央领导集体，坚持毛泽东思想、邓小平理论的科学立场和方法，同样十分重视从经济、政治、文化综合发展的高度总揽我国改革、发展和稳定的全局。1991 年，在庆祝中国共产党成立 70 周年大会上，江泽民同志全面分析了有中国特色社会主义的经济、政治和文化。在党的十五大报告中，江泽民同志对建设有中国特色社会主义的经济、政治、文化进一步作出深刻的阐述，明确提出："建设有中国特色社会主义的文化，就是以马克思主义为指导，以培育有理想、有道德、有文化、有纪律的公民为目标，发展面向现代化、面向世界、面向未来的，民族的科学的大众的社会主义文化。"江泽民同志还把我们党关于文化建设的理论和经验运用于完成祖国统一大业，维护世界和平与促进共同发展的实践中，在对台关系八项主张和在美国哈佛大学的演讲中，明确提出了"文化纽带"的概念和思想，这是对我们党关于文化建设的理论和实践作出的重要发展。

需要强调指出的是，以毛泽东、邓小平、江泽民同志为核心的党的三代中央领导集体，在推进祖国统一大业的进程中，都是注重从经济、政治、文化综合发展的高度把握全局的。由于他们所处的历史时期和世界环境不同，侧重点又有所不同。以毛泽东同志为核心的党的第一代中央领导集体，提出了"和平统一"的重要思想，从政治上指出了两岸统一的根本前景；以邓小平同志为核心的党的第二代中央领导集体，提出了"一国两制"的重要思想，在政治上继承"和平统一"重要思想的基础上，又从经济制度上予以重大发展；以江泽民同志为核心的党的第三代中央领导集体，继承和发展了"一国两制"、"和平统一"的重要思想，通过提出"文化纽带"的概念和思想，强调了从文化上推进民族团结和祖国统一的极端重要性。这是对党的民族团结和祖国统一理论的丰富和发展。

二

"三个代表"重要思想，特别是其中有关"始终代表中国先进文化的前进方向"的科学论断，与"文化纽带"的重要思想是完全相通的。

第一，文化的先进性与"文化纽带"的关系。文化要具有先进性，就必须能够反映先进生产力的发展要求和最广大人民的根本利益。而"文化纽带"的内涵，则是指通过我们扎实有效的工作，使先进文化深入人心，最大限度地调动一切可以调动的积极因素。这就要求我们的文化能够全面反映先进生产力的发展要求和最广大人民的根本利益，特别是把出发点和归宿点牢固定位在最广大人民的根本利益上。这样的文化才是先进的文化，才能真正起到"文化纽带"的积极作用。

第二，文化的继承性与"文化纽带"的关系。江泽民同志在提出代表先进文化的前进方向时，明确指出：要"努力继承和发展中华民族的一切优良的文化传统"，"必须继承和发扬一切优秀的文化"。江泽民同志所说的先进文化包含着对优秀传统文化的继承和改造，要建设有中国特色的先进文化，必须继承和发扬一切优秀的传统文化。而作为"纽带"的"文化"，由于其主要面向海外华人和世界人民的重要特点，相应地更侧重于对优秀传统文化的阐发和挖掘，这也是在新形势下发挥先进文化巨大威力的题中应有之义。

第三，文化的开放性与“文化纽带”的关系。江泽民同志提出，代表先进文化前进方向，必须“努力学习和吸收一切外国的优秀文化成果”，“必须具有世界眼光”。江泽民同志所说的先进文化，包括对一切外国文化优秀成果的学习和借鉴。而“文化纽带”的一个基本含义，就是要实现对外的文化交流和互动，这同样包含着中华文化与外国文化在交流中的学习与互补。

第四，文化的科学性与“文化纽带”的关系。江泽民同志明确指出：要“努力改造落后的文化，努力防止和坚决抵制腐朽文化和各种错误思想观点对人们的侵蚀，逐步缩小和剔除它们借以滋生的土壤”。文化要发挥其“纽带”的作用，使其深入人心，调动一切可以调动的积极因素，就必须具有科学性和凝聚力，这就要求我们在发挥“文化纽带”作用的同时，必须与各种错误的、褊狭的文化划清界限。

第五，文化的凝聚力与“文化纽带”的关系。增强文化的凝聚力，是代表先进文化前进方向的一个重要方面。江泽民同志关于“始终代表中国先进文化的前进方向”的论述，涵盖着增强文化吸引力和感召力的内容。正是因为先进文化具有凝聚人心的巨大力量，因而能够发挥“纽带”的作用。江泽民同志关于“文化纽带”的思想，就是用形象生动的语言，表述了通过文化联结海内外华人和国际友人的重要作用。

三

学习和研究江泽民同志关于“文化纽带”的重要思想，对于山东省进行文化大省建设的实践，具有现实的指导意义。多年来，我们对此进行了认真的研究和探索。在国务院领导同志倡导的“华夏文化纽带工程”启动和开展后，我省有关地区和部门与“华夏文化纽带工程”组委会进行了卓有成效的合作，取得了一些可喜的成果。

第一，以江泽民同志“文化纽带”思想为指导，以文化能否打动人心、是否具有“纽带”功能，亦即人民群众是否欢迎和需求为标准，对省内的各项文化资源进行综合梳理。在深入学习“三个代表”重要思想过程中，进一步学习和贯彻江泽民同志在“七一”讲话中的重要论述：“我国几千年历史留下了丰富的文化遗产，我们应该取其精华、去其糟粕，结合时代精神加以继承和发展，做到古为今用。同时，必须结合新的实践和时代的要求，结合人民群众精神文化生活的需要，积极进行文化创新，努力繁荣先进文化，把亿万人民紧紧吸引在有中国特色社会主义文化的伟大旗帜下。”我们以此为指导，细致研究全省人民的文化需求，制定出文化发展的战略目标和发展规划，使其与我省经济、政治同步发展，努力创造优良的人文环境，满足全省人民物质文明和精神文明发展的需要。

第二，以江泽民同志“文化纽带”思想为指导，努力使我省的文化资源具有生动的形式，能够发挥面向人民，特别是面向世界华人的“纽带”作用。我们特别注重从山东的具体实际出发，开发优秀传统文化中的积极内涵。山东是我国传统文化的发祥地之一，孔子、孟子、孙子、墨子等先哲的诞生地都在这里。我们注重弘扬传统文化的精华，以此吸引海外华人前来进行交流。在今年9月的中国曲阜孔子文化节上，“华夏文化纽带工程”组委会会同有关机构，将举办首届华人中华文化经典朗诵会暨友谊赛。消息传出，得到港澳台同胞和海外华人的广泛响应和支持，充分证明了“文化纽带”的感召力，证明了海内外华人的同文性。与此同时，我们还十分注重发展文化旅游事业，兴建标志性文化景观，在建筑中挖掘传统文化的深层内涵，努力使海外华人对故土产生神圣、神往、神奇的感情。济宁市在“华夏文化纽带工程”的指导下，在孔孟故里之间的九龙山区筹建主题文化公园（大家称之为“华夏文化标志城”），引起了海内外华人和国际友人的广泛关注和积极参与。我们力图通过贯彻江泽民同志“文化纽带”思想，使全省的对外文化交流和文化旅游事业有一个新的发展。

第三，以江泽民同志“文化纽带”思想为指导，努力发展山东省的文化产业。文化建设可以产生凝聚人心的作用，可以满足人们的精神文化需要，可以产生巨大的社会效益和经济效益。在全球进入信息时代后，人们的精神世界和文化需求日趋丰富，那种文化和经济截然分割的观念已显示出明显的局限性和狭隘性。我们要通过发展山东的文化产业，发挥我国优秀文化资源的影响和辐射作用，使中华文化的“纽带”作用得到进一步体现。

在新的历史时期，通过深入学习贯彻江泽民同志“文化纽带”思想，我们可以在理论和实践两个方面加强文化建设，从而促进民族团结、社会稳定、祖国统一、世界和平大业，为中华民族的伟大复兴作出贡献。

万望再给予关心爱护*

（2002 年 11 月 15 日）

谢谢你们几年来的理解、支持和帮助，万望再给予关心爱护。我返济南时，请不要告诉其他领导同志，你们来一下就非常感谢了。我还是在食堂吃饭，在家住宿，一切照常。离济南赴京时，你们有时间去一下就够了。

初步打算，18 日上午到中纪委出席传达十六大精神干部大会并讲话，下午返济南。19 日上午请哪位副秘书长帮助，一起乘面包车到几家军区辞别，下午到几位老同志家拜别。20 日我收拾东西。21 日上午上半段开常委会，下半段开大会，下午就离济去京。

希望能按照我的意思去办，我心里踏实，拜托了。

---

* 这是吴官正同志在党的十六届一中全会和中央纪委一次全会上当选中共中央政治局常委、中央纪委书记后致山东省委有关负责同志的信。

永远忠于党、忠于人民、忠于祖国*

（2002 年 11 月 19 日）

革命先烈的鲜血告诫我们，要永远忠于党、忠于人民、忠于祖国；激励我们公正廉洁、艰苦奋斗、惩恶扬善；鞭策我们为建设中国特色社会主义，最终实现共产主义理想而不懈奋斗。

---

* 这是吴官正同志在济南战役纪念馆凭吊革命烈士时的题词。

一如既往地欢迎同志们对我严格监督*

（2002 年 11 月 21 日）

刚才，国强同志宣布了中央关于中共山东省委主要领导职务调整的决定，并作了重要讲话。我完全拥护中央的决定，完全赞成国强同志对山东工作提出的要求。相信在以胡锦涛同志为总书记的党中央领导下，以高丽同志为班长的省委，一定能够全面贯彻“三个代表”重要思想，认真落实党的十六大精神，努力学习，顾全大局，公正廉洁，紧紧依靠全省广大党员干部和人民群众，团结一致、同心同德，与时俱进、开拓创新，把我们省的各项工作做得更好。山东各项事业一定会取得新进步，社会主义现代化建设一定会开创新局面。

我来山东工作的这几年，在以江泽民同志为核心的党中央领导下，同全省干部群众一道，为推动改革开放和社会主义现代化建设，做了自己应该做的工作。五年多的工作和生活，使我心系山东。我深切地感到，我们省的人民勤劳智慧、忠诚质朴、顾全大局，有着爱党爱国、不怕牺牲、勇往直前的光荣传统。我们省的干部思想解放、聪明能干、拼搏进取，有着不甘落后、不辞辛苦、奋力争先的开拓精神。在这片孕育了灿烂历史文化，创造出可歌可泣英雄业绩，先哲名人辈出的热土上，齐鲁儿女在党的英明领导和历届省委的带领下，谱写了新的辉煌篇章。特别是改

---

* 这是吴官正同志在山东省领导干部会议上的讲话。

革开放以来，山东大地发生了历史性巨变，这十三年来的变化，更加令人瞩目。我深感山东的人民好，山东的党组织好，山东的干部好。我为山东人民感到骄傲，也为自己有机会同大家一起奋斗感到荣幸。

山东干部群众的优秀品德和创造精神，使我深受教益，将激励我永远忠于党、忠于祖国、忠于人民，公正廉洁，尽职尽责，全心全意为人民服务，为党的伟大事业而不懈奋斗。

我的工作得到省委一班人、省几套班子、各级干部、老同志的大力支持和帮助。在此，向同志们表示衷心的感谢！由于我能力有限，有的工作没做好。有的事情要求过急，批评同志有时讲了过头话，甚至使有的同志受了委屈。在这里，诚恳地向同志们致歉。

我一如既往地欢迎全省广大党员干部和人民群众对我严格监督。今后如果有人打着是我的亲属或身边工作人员的旗号办事，无论是真是假，恳请一概拒绝。大家对我的监督，就是对我工作的支持。在此，拜托同志们了。

我衷心祝愿山东各项事业繁荣进步！祝愿山东人民幸福安康！

后　记

我们选编了吴官正同志在山东工作期间的部分讲话、谈话、文章、书信和批示，汇成了这本集子，几次征求他的意见要求公开出版，终获同意。吴官正同志在武汉工作期间的部分文稿出版了《汉水横冲》，在江西工作期间的部分文稿出版了《庙堂之高　江湖之远》，关于党风廉政建设出版了《正道直行》。他在山东工作期间的文稿，凝结着他对一些理论和现实问题的思考、探索和实践，结集出版反映这一时段的文稿，具有不可或缺的价值。

吴官正同志在山东五年多的工作和生活，使他心系山东。山东干部群众的优秀品德和创造精神，激励他为山东的发展、为人民的福祉而勤奋努力。远古时代用结绳记事的方法记载史实，这本集子就可作为那段历程的一个绳结。在编辑过程中，我们坚持忠于历史、保持原作，忠实呈现文稿原貌。吴官正同志认为，如果其中有些有价值的认识和思考，那是在中央领导下，省委一班人结合实际所形成的共同成果；如果记述了一些有益的做法和探索，那源于山东干部群众的经验结晶和实践创造。

我们相信，本书的出版，对于广大党员干部在以胡锦涛同志为总书记的党中央领导下，深入贯彻落实科学发展观，更加自觉地坚持立党为公、执政为民，紧紧依靠人民群众推进社会主义现代化建设；对于人民群众更好地理解党的路线方针政策和各级党委、政府的决策部署，进一步坚定信心，全面建设小康社会，将会产生有益的启迪。

在本书的编辑过程中，中共山东省委常委、秘书长王敏，省委副秘书长、办公厅主任颜世元，省台办主任倪明元，省教育厅副厅长郭建磊，以及省委办公厅的毕晓东、苏晓龙、李勇，省委政研室的都杰等同志，付出了辛勤劳动。本书付梓前，还请中央纪委党风室主任余蚕烛帮助审阅。在此，一并致谢。

编　者

二〇一〇年二月

责任编辑：张振明　柏裕江
　　　　　张怀海　陈光耀
封面设计：马仕睿
责任校对：吴海平

图书在版编目(CIP)数据

民贵泰山——山东改革发展稳定的实践与思考/吴官正.
-北京：人民出版社，2010.4
ISBN 978-7-01-008814-3

Ⅰ.民…　Ⅱ.吴…　Ⅲ.改革开放-山东省-文集
Ⅳ.D619.52-53

中国版本图书馆 CIP 数据核字(2010)第 051580 号

民贵泰山
MIN GUI TAISHAN
——山东改革发展稳定的实践与思考

吴官正

人民出版社 出版发行
(100706　北京朝阳门内大街 166 号)

涿州市星河印刷有限公司　新华书店经销

2010 年 4 月第 1 版　2010 年 4 月北京第 2 次印刷
开本：710 毫米×1000 毫米 1/16　印张：32
字数：375 千字　印数：50,001—100,000 册

ISBN 978-7-01-008814-3　定价：50.00 元

邮购地址 100706　北京朝阳门内大街 166 号
人民东方图书销售中心　电话 (010)65250042　65289539